水下目标检测与基于图的跟踪方法

李　轲　张建强　刘倩倩　田晓东　毛　盾　著

電子工業出版社

Publishing House of Electronics Industry

北京·BEIJING

内 容 简 介

本书系统、全面地介绍了作者团队在水下目标检测与跟踪领域的研究成果，主要内容包括声呐图像分割、目标检测、目标识别、基于最小生成树的目标跟踪算法、基于图的半监督目标跟踪算法、基于 ℓ_1 图半监督学习的目标跟踪算法、基于多视图半监督协同训练的目标跟踪算法。此外，还给出了一些水下目标检测与跟踪应用的案例。

本书可作为高等院校水声工程、无人装备工程、信息工程专业本科生或研究生的教材或参考书，还可供从事系统工程、雷达工程、电子对抗、军事指挥等专业的科研人员和工程技术人员参考。

图书在版编目（CIP）数据

水下目标检测与基于图的跟踪方法/李轲等著 . —北京：电子工业出版社，2022. 7
ISBN 978-7-121-43631-4

Ⅰ. ①水… Ⅱ. ①李… Ⅲ. ①水下目标识别 ②水下目标–目标跟踪 Ⅳ. ①U675.7

中国版本图书馆 CIP 数据核字（2022）第 094435 号

责任编辑：张正梅
印　　刷：北京七彩京通数码快印有限公司
装　　订：北京七彩京通数码快印有限公司
出版发行：电子工业出版社
　　　　　北京市海淀区万寿路 173 信箱　　邮编：100036
开　　本：720×1 000　1/16　印张：17.75　字数：348 千字
版　　次：2022 年 7 月第 1 版
印　　次：2024 年 6 月第 2 次印刷
定　　价：126.00 元

凡所购买电子工业出版社图书有缺损问题，请向购买书店调换。若书店售缺，请与本社发行部联系，联系及邮购电话：(010) 88254888，88258888。

质量投诉请发邮件至 zlts@ phei. com. cn，盗版侵权举报请发邮件至 dbqq@ phei. com. cn。

本书咨询联系方式：zhangzm@ phei. com. cn。

前　言

　　我国是海洋大国，海域国土面积占陆地面积的三分之一左右，海域包括内水、领海、毗连区、专属经济区和大陆架。此外，与部分邻国还存在相当大的争议海区。在海域国土内，一方面要对油气等自然资源进行开发，另一方面还需要对重要港口、码头等要地进行警戒防御，从而对水下目标检测与跟踪技术有非常迫切的现实需求。由于电磁波受其物理特性限制，在水介质中的衰减极为严重，所以，声信号是目前在水下进行目标探测与识别的最重要手段。随着成像声呐设备和数字图像处理技术的迅猛发展，将相关理论方法应用在声呐图像数据上已经成为本领域的研究热点。这就需要根据水声环境、声呐图像特点和水下目标运动特性，对目标检测与跟踪等算法进行重新设计与深入研究，这给相关从业者提出了巨大挑战，但又为本领域的发展带来广阔的空间。

　　本书分为 11 章，第 1 章概述了水下目标检测与跟踪技术的研究现状，并分析发展趋势。第 2 章介绍图像预处理，重点阐述声呐图像预处理技术。第 3 章介绍声呐图像分割的基本原理、算法设计和实验研究。第 4 章详细描述了目标检测算法模型和实验研究。第 5 章介绍了几种基于不同原理的声呐图像目标识别算法。第 6 章重点介绍根据不同特征和准则对声呐图像目标进行跟踪的算法。第 7 章 ~ 第 10 章深入介绍了基于图理论的目标跟踪算法的数学模型、算法设计和实验结果比较分析，其中，第 7 章介绍基于最小生成树的目标跟踪算法，第 8 章介绍基于图的半监督目标跟踪算法，第 9 章介绍基于 ℓ_1 图半监督学习的目标跟踪算法，第 10 章介绍基于多视图半监督协同训练的目标跟踪算法。第 11 章主要针对本书第 7 章 ~ 第 10 章所提出的 4 种目标跟踪算法，以及能获得开源代码的 8 种公开算法，将其在无人机对地（海）面目标视频跟踪中的应用结果进行了定量和定性的对比分析。

　　本书总结了作者及其所在团队十多年的工作成果，湖北省自然科学基金面上项目（2015CFB644、2017CFB524）、海军工程大学自主立项项目（2020503050）支撑了本书涉及的相关研究工作。本书的出版得到了海军工程大学电子工程学院"双重"建设子项目"重点课程和重点教材建设"的资助。此外，书中参考了大量国内外相关文献，每章后都列出了参考资料，在此一并表示感谢。

作者还要感谢海军工程大学电子工程学院于雷院长、周媛媛处长，系统工程学科点负责人、海军专业技术少将刘忠教授，以及给予我关心、帮助的家人、朋友、同事和学生，他们在本书撰写和出版过程中对我提供了诸多支持。

作为一家之言，书中难免有疏漏与不当之处，恳请读者批评指正。

李 轲

2022 年 1 月于武汉，海军工程大学

目　录

第1章

概　述

1.1　水下目标检测与跟踪的意义

随着科技发展和社会进步，海洋因其经济上的巨大潜力和军事战略上的重要地位越来越受到人们的重视[1]。海洋为人类提供了丰富的水产、航运和矿藏，同时还蕴藏着巨大的能源，全球石油资源总量中的34%来自海洋。尤其进入21世纪以来，鉴于海洋对世界各国的重要性，针对水下地形地貌和水中物体探测的强烈需求，极大促进了水声探测技术的发展。

在经济建设领域，海洋资源勘探、研究和开发需要进行工程勘测和水下探测，如海底测量，以及探测海洋深度、鱼群和虾群、海底沉船、礁石、海底电缆、水下管道等；在极具争议的海洋划界谈判中，清晰的海底地貌资料会成为有力的谈判支撑。航道疏浚工程和护岸工程也需要地形地貌测量和工程量评估，重要港口、码头更需要对相关海域的水下情况进行监控[2]。

在国防建设领域，水声探测技术的发展可以有效进行水下爆炸物检测识别、舰艇安全防御、地形匹配导航、航线封锁和战场侦察；对重要水上活动区域、钻井平台、洞库、水下设施进行警戒，防范小型潜器（如微型潜艇）和"蛙人"的非对称攻击。水下"蛙人"可在夜色的掩护下抵近侦察我方公务船只，布放渔网、漂浮物等障碍物，对我方船只安全造成严重的威胁[3]。特别是在现阶段，已建成使用的南沙岛礁不仅实现了国防力量的战略前伸，而且大幅提高了我国海洋资源的可开发性，但随之而来的是，各类抵近侦察和水下监视活动不计其数。通过查阅资料[4]发现，大国在崛起过程中尤其易遭受非对称攻击，美、英、法等国的军舰和货轮均出现过被"蛙人"携带爆炸物炸沉的事件，利用水声探测技术可以自动、有效地进行监视报警，甚至引导攻击。在利用这些水域资源进行经济活动的同时，必须提高对水下环境的监视和预警能力，以保障国家财产安全和国防建设成果。

水下目标检测可通过不同的成像技术实现，声呐可以在低能见度条件下可靠运行，是目前最常用的检测手段。声呐设备主要包括前视声呐[5]、侧扫声呐[6]和合成孔径声呐[7]，通常安装在自主或非自主水下航行器上，在航行器行进过程中不断发射和接收声呐信号，从而实现检测。前视声呐分为单波束和多波束两种，其中单波束前视声呐形成一个波束，利用基阵的自然方向性进行定向，一次收发过程只能观察一个波束所覆盖的空间。在探测较大的固定区域时，需要转动波束使其覆盖整个区域；多波束前视声呐可同时发射多个波束，形成扇形探测区，从而进行条带式测量。侧扫声呐基于目标物对入射声波的反向散射原理探测水下目标形态，将声呐回波数据逐行排列，能够直观地提供水下目标物形态的声成像[8]。合成孔径声呐是将合成孔径雷达原理推广到水声领域而形成的一种新型高分辨率水下成像声呐，它利用小孔径基阵的移动，通过对不同位置接收信号的相关处理，获得移动方向上的合成孔径，从而得到方位方向的高分辨力[9]。这种分辨力与水下探测距离无关，距离越大，合成孔径长度越长，合成阵的角分辨率越高，从而抵消距离的影响，保持分辨力不变。

水下图像目标检测主要是指对成像声呐所获取的水下图像进行图像处理、图像分析与图像理解的过程。众所周知，由于声信息传输信道的复杂性和多样性、声波本身的传播特性和声呐设备成像的非线性，因此形成的声呐图像在很多方面与光学图像有所不同，存在图像质量差、目标物与背景之间对比度低等特点。通过数字图像处理技术结合声呐图像的物理特性，研究能够满足高性能应用需求的水下图像目标检测算法，是当前水声探测技术的重要环节之一，也是水声对抗领域中一个亟待解决的问题。

本书撰写的目的在于：以水下目标检测与识别为出发点，基于侧扫声呐和合成孔径声呐成像平台，研究涉及的关键技术，如图像预处理、图像分割、目标检测、目标识别等，从理论上提出或改进相关算法，提高处理的精度和实时性，实现远距离的粗略目标分类能力和近距离的精确目标识别能力；结合不同的应用背景，分析、梳理并解决相关算法的环境适应性修正，为工程化应用提供必要的技术基础和有价值的参考。

本书撰写的意义在于：在理论上，通过对图像中目标自身及其运动特征的分析，改进和提出适用声呐图像预处理、图像分割、目标检测与识别的算法，提高算法的实时性和鲁棒性，研究成果具有较好的理论意义；在应用上，在水声对抗中，可实现复杂环境下基于声呐图像的动目标检测与识别，有助于提高水下预警能力和战场防护能力。因此，本书的研究成果对于水下情报信息的侦察、搜集与处理等都具有非常重要的现实意义。

1.2　目标检测技术的研究现状

当下许多成熟的视觉技术并不适用于水下环境，这是由于水下环境比陆地环境更加复杂、多变，拍摄环境恶劣，光线的散射及水体对光线的吸收，导致视频模糊不清，甚至难以分辨，使目标检测任务变得更加困难。如何对水下动目标视频进行目标检测，是目前图像识别研究领域的热点问题之一[10,11]。

在图像目标匹配方面，李鹏等人[12]针对声呐图像中目标匹配较难的问题，提出采用 SURF 算法结合恒虚警算法，来提取目标区域的特征点对，通过环状域检测来进一步寻找最优匹配点对，最后计算最优特征点对之间的几何关系，来确定尺度变换、旋转变换的大小，对待匹配图像进行旋转校正后，可以更精确地匹配目标区域。傅卫平等人[13]利用 SIFT 算法检测目标特征点对，结合仿射变换求出目标的形心位置，但是形心位置的计算需要准确提取目标边缘轮廓，该方法易受声呐图像复杂背景噪声的影响。廉蔺等人[14]提出利用加窗灰度差直方图来计算外围区域灰度差，以弥补哈尔（Haar）描述符特征点周围信息的缺失，但是该方法会使特征矢量维度降低，响应的辨识力也降低。Dekel 等人[15]提出利用最好兄弟相似性（Best-Buddies Similarity，BBS）准则进行图像的模板匹配，但是在目标存在剧烈形变或背景占有较大比例时，匹配的准确度大大降低。

在目标检测方面，张明华等人[16]利用计算机视觉技术对水下鱼类目标进行快速目标检测，提出了一种基于背景去除的水下视频目标检测方法，将帧的 RGB 格式转换为 HSI 格式，并进行中值滤波器去噪预处理，利用 GMG 背景去除过程，提取基于局部二值模式（LBP）纹理和灰度系数的重要特征，最后将所提取的特征，利用 PLS 分类器，实现了分别对白天和夜晚环境中水下鱼类目标的检测，解决了应用背景去除技术所产生的视觉源质量差或低质量而产生的帧内噪声，以及前景物体作为移动物体投影的阴影区域问题。该方法在高清光学图像上取得了较好的目标检测效果，但是否适用于声呐图像尚不得而知。李荣等人[17]对比了几种经典边缘检测方法在无噪声和有噪声声呐图像中的处理效果及各自的特点，将其应用于猎雷声呐图像处理，认为分数阶傅里叶变换可以有效用于对猎雷声呐图像中目标特征的提取。马硕等人[18]将图像间隙度纹理特征分析方法运用于海底目标检测研究，利用海底背景、阴影区和海底目标在声呐图像中间隙度纹理特征值分布的特点，通过定量估算图像不同区域的间隙度，标识出目标所在的图像区域，以实现目标检测。陈强等人[19]采用灰度共生矩阵描述合成孔径声呐图像纹理方面的特征，通过计算灰度共生矩阵在方位向和距离向的能量、相关性、对比度和熵值，并构造特征向量，对合成孔径声呐图像中的目标进行准确检测。从实验结果可以看出，基于纹理信息可以准确实现合成孔径声呐图像目标检测，但是该算法实验 SAS 图像中的目标均为人工布放，并从中选取具有代表性的目标图像进行研究，因此还需要对海底实测声呐图像数据做进一步研究。

机器学习方法通过提取鱼类特征，再将特征输入支持向量机（Support Vector Machine，SVM）[12]等分类器进行检测分类。Sherin 等人[20]采用语言信号在不同频率范围的分布特征，对每帧特征向量利用 K-means 算法进行聚类，构造声呐图像纹理特征，作为支持向量机（SVM）的训练集来训练二分类模型，泛化误差为 9%。Rova 等人[21]提出了一种基于模板匹配的可变形提取技术用于鱼类检测。Dalal 和 Triggs[22]提出了方向梯度直方图（Histogram of Oriented Gradients，HOG）特征，具有较好的分类特性。上述方法提取到的鱼类特征通常只适用于光照充足、清晰度高、背景环境对比度高的情景，在水下较难产生作用。

在深度神经网络之前，早期的传统声呐图像目标检测方法耗时且精度不高，随着深度学习基于区域的卷积神经网络[23]（R-CNN）方法提出后，目标检测的性能有了一个质的飞跃。在目标检测领域，主要有两类方法：一类是以 R-CNN 为代表的二阶段（Two-stage）检测算法，它使用区域候选网络（RPN）产生候选区域，然后通过神经网络对候选区域进行分类和定位，这种方法的准确度较高，但检测速度稍慢；另一类是以 YOLO（You Only Look Once）[24]为代表的单阶段（One-stage）检测算法，该算法直接回归得出目标区域，再通过神经网络进行分类。One-stage 检测算法不需要 RPN 阶段，所以检测速度较快，但检测精度较低。

2016 年，Joseph Redmon 等人提出了基于回归的目标检测算法 YOLO[25]，同时回归目标的类别和边框于同年对网络进行了改进，提出了 YOLO v2 [26]，在 VOC2007 数据集上检测速度达到了 67fps，同时平均准确率达到了 76.8%，使得目标检测任务在真正意义上达到了实时的速度。但用来预测边框和类别的最后一层特征图（Feature Map）的空间信息有限，YOLO v2 在小目标检测任务上表现较差。刘青山等人[27]提出了一种基于类加权 YOLO 网络的水下目标检测方法，在深度网络 YOLO 的基础上，构造类加权损失函数，平衡样本难易程度，以获得更好的效果，并引入目标框自适应维度聚类方法，进一步提升检测性能。该算法可以检测出大部分目标物体，但由于经过目标框自适应维度聚类，因此对于个别目标框形状特殊的目标物体，并不能很好地召回。

无论是传统的模式识别和图像检测算法，还是基于 YOLO 等深度学习的目标检测算法，对于背景模糊复杂、紧凑密集且高度重叠目标的检测性能通常都较差。基于深度学习的水下目标检测算法，虽然在精度和速度上具有一定的优越性，但面对复杂的水下图像也有很多不可忽略的局限性。由于水下目标形状尺度的多样性，因此基于锚点框的深度学习算法很难获得较高的召回率。此外，水下目标形态差异较大，不同类型样本的特征学习难度差异较大，也会影响目标检测效果，增加模型的不稳定性。

1.3 目标跟踪技术的研究现状

詹令明、姬红兵等人[28]提出了一种基于显著图的红外弱小目标动态规划检测前跟踪算法。该算法采用改进的局部区域差分算子提取显著图，根据注意力转移机制设计搜索策略，利用目标移动速度实时更新搜索范围，对多帧连续的显著图进行滤波跟踪，实现对红外图像弱小目标的检测。

近年来，受到人类视觉机制的启发，在红外图像弱小目标检测方法中，基于视觉显著特性的算法引起了广泛关注。文献[29]首次提出基于自下向上视觉注意机制的目标检测方法，其结合方向、强度和颜色三种模式的信息获取显著图检测目标，多种信息的融合成为算法检测性能好坏的关键。文献[30]认为，从视觉上，一个小目标通常有一个各向同性的高斯型形状，而背景杂波普遍存在方向性，从而区分出目标和背景，避免多种特征信息融合带来的困难。文献[31]利用边界联通性感知图像背景，前景目标利用颜色特征计算获取，最后融合多个低级特征获得显著图。该方法适用于空间分布复杂的背景，但是需要设计严格的边界先验条件。

王智文等人[32]针对帧间差分运动目标检测方法检测出的运动目标容易产生拖影现象及存在一定程度的空洞等缺陷，提出基于关联帧差分法的运动目标检测与跟踪方法，通过计算相邻三帧图像的相似度，求取相邻帧之间的差分图像，对差分图像进行与操作后进行轮廓填充来获取运动目标，弥补了帧间差分运动目标检测方法存在的缺陷。

张家铭等人[33]选用 Canny 边缘检测算法和霍夫变换进行白线检测，基于自适应阈值化图像分割算法分割出的目标，选用卡尔曼滤波器方法实现目标跟踪，最后对跟踪的目标选用卷积神经网络进行分类识别，对不同的声呐图像目标获得了较高的识别准确率。

马珊、张铁栋等人[34]通过引入联合概率数据关联算法，建立了联合概率数据关联—粒子滤波算法模型，使粒子权值得以反映量测与目标轨迹间的关联概率，有效保证了各目标跟踪轨迹的连续性，但该算法双重跟踪门的距离及角度门限仅由经验确定，在更复杂的运动跟踪场景中适用程度还有待进一步验证。

EI-Hawary[35]采用广义卡尔曼滤波模型进行自适应水下目标跟踪，通过指定权值使跟踪在精确性和稳定性间取得平衡。Tena-Ruiz 等人[36]引入最近邻数据关联方法（Nearest Neighbor Data Association，NNDA），利用卡尔曼滤波器进行目标跟踪，并通过 NNDA 将量测和轨迹关联起来，实现对目标的持续跟踪。Lane 等人[37]基于暂态及静态特征将声呐图像中的目标进行分类，并采用光流运动估计法跟踪运动目标。张铁栋等人[38]进行了基于前视声呐图像的高斯粒子滤波目标跟踪技术研究，采用不变矩和面积进行双特征匹配。虽然针对水下目标跟踪已有一定的研究，但水下环境复杂多变及声呐图像的固有缺陷，现有的粒子滤波及数据关联算法不能直接应用于水下多目标的探测与跟踪，在特定应用中仍会存在一定的问题。

刘立昕、卞红雨[39]针对前视声呐的成像特点，研究了目标多特征提取、多特征和粒子群优化粒子滤波（Particle Swarm Optimized Particle Filter，PSOPF）的融合方法，设计了以自适应加权特征值为适应度值的优化跟踪算法。这种方法可有效控制粒子贫乏和发散，提高系统鲁棒性，在降低粒子数目的同时提高了跟踪精度。文献[40]提出的 PSOPF 将最新的观测值引入采样分布，以优化采样过程，使采样分布向后验概率较高的区域运动，从而避免粒子贫乏现象的产生。与此同时，PSOPF 能在较少粒子数目的情况下保证较强的系统鲁棒性[41]。文献 [42] 利用多特征融合粒子滤波，将直方图和边缘特征融于 PF 算法，通过动态调节粒子数目实现了光学图像的非线性目标跟踪，但不能及时修正似然概率位于先验概率尾部的情况，因此无法准确地逼近后验概率。

高文等人[43]提出一种步步为营的反馈式学习方法，该方法在通过正、负约束实现提高目标模型和分类器的判别能力和容错能力的同时，使更新带来的误差尽量小，对提高目标的尺度变化、形变、旋转、视角变化、模糊等都有较好的适应性，该方法的鲁棒性较好，有很高的研究和应用价值。许多学者利用自学习这种跟踪器预测目标，用靠近当前位置的正实例和远离当前位置的负实例来更新模型。这种策略能使跟踪器适应新的外观和背景，但是只要跟踪器出错，这个策略也将失败。自学习的这个弊端被 Rosenberg 用互训练得以解决，即以跟踪为背景采用互训练来得到可移植的、判别能力强的分类器。这种跟踪算法有重检测的能力，在处理一些有挑战性的视频时比自学习效果更好[43]。Kalal 等人[44]证实了这种互训练方法不适用于目标检测，因为实例（图像块）是从一个形态中采样得到的。从一个形态中提取的特征可能是相互关联的，这与互训练的假设前提相违背。互训练的另一个缺点是不能利用实例间的数据结构，因为其认为实例间的数据结构是相互独立的[44]。

1.4 基于图理论的算法

1.4.1 基于图方法的基本概念

在视觉目标跟踪中，因为目标和背景的动态变化，要获取充足且准确的反映目标（或背景）信息的标记样本是比较困难的。但由于目标与背景具有一定差别，因此可以借助大量既包含目标又包含背景的未标记样本的内在结构特征来提高在标记样本有限条件下的分类准确率，从而提高跟踪的精度。目前大部分判别式跟踪方法仅仅利用了有限的标记样本进行监督学习，而忽视了大量作为未标记样本的候选区域所提供的信息，影响了跟踪的鲁棒性和精确性。

基于图的方法是一种非常重要的半监督学习方法。该类方法利用有标记和未标记数据构建图结构，并且根据图上的邻接关系将标记从有标记样本向未标记样本传播。根据标记传播方式的不同，可将基于图的半监督学习方法分为两大类：一类是通过定义满足某种性质的标记传播方式来实现显式标记传播，例如，基于高斯随机场与谐函数的标记传播、基于全局和局部一致性的标记传播等；另一类则是通过定义在图上的正则化项实现隐式标记传播，如通过定义流形正则化项，迫使类别预测函数对图相互靠近的样本输出相似的类别信息，从而将标记从有标记样本隐式地传播至未标记样本。

基于图的方法的核心是构建一个图模型，用有标记和未标记的样本点代表图中的顶点，边代表样本点间的相似度。这种学习方法一般假定模型满足两个条件：局部和全局一致性假设。局部一致性表示图中距离较近的样本点间具有相同的标识，全局一致性假设表示图中同一个流行结构内的样本具有相同的标识。基于图的方法可被视为在图中估计一个标识函数，该函数应同时满足两个条件：对于已知的标识样本，由此函数估计出的标识应与给定的一致；在全图中，此函数必须是平滑的，即应有连续的一阶和二阶偏导数。目前，一些较成熟的基于图的方法的不同之处主要在损失函数和规划项的选取上。例如，Blum 和 Chawla 等人提出的最小图切割法（Graph Mincut），Ghahramani 等人提出的离散马尔可夫场方法，Zhu 等人提出的高斯随机场及调和函数，Zhou 等人提出的正规化拉普拉斯算法，Belkin 等人提出的拉普拉斯流行规划方法。此类方法也存在一些需要改进的地方，如选取什么样的图模型、图中的参数如何确定等。

1.4.2　图的构造方法

我们首先对图要有一个初步的认识，怎样构建图模型？什么样的图模型可以称为好的图模型呢？一个好的图模型应该能反映出该图模型所用领域的先验知识。大部分基于图的方法可以视为在图模型基础上估计函数，我们希望此函数能满足两个条件：对于已知的标识样本，用它估计出的标识必须与给定的非常接近；它在图中必须是光滑的，即必须有连续的一阶和二阶偏导数。如果从图规划角度来看待这个条件，这两个条件分别相当于依据图模型构建适当的损失函数和规划函数。目前，各种基于图的半监督学习算法主要区别在于，它们选取何种损失函数和规划函数。当前图模型的设计问题是一个值得考究的方面，图模型设计好后，需要实践者即时反馈实验情况，如此理论与实际不断促进，来为得到更好的基于图模型的半监督学习算法服务。查阅资料发现，常用的图模型如下[45]。

（1）全连接图。顾名思义，就是将所有结点都两两相连，图中的边必须是带有权重的，如此相似的样本点才能具有大的边权重。全连接图的优势在于权重学习（具有不同的权重计算函数），使用它可以很容易得到超参数衍生图来更好地解决实际问题。不足之处在于，其计算复杂度较大（虽然我们可以使用一些快速计算方法）。大量实验已经表明，先验的全连接图的实验效果劣于稀疏图模型。

（2）稀疏图。我们可以使用 k 近邻图或者 ε 近邻图等方法来对相似度矩阵进行稀疏化处理，让有相似性的节点间对应的矩阵元素有数值，没有相似性的节点间的矩阵元素为 0，以更好地反映样本内部的聚类信息。在稀疏图中，每个节点只与其他部分节点相连接，即有边权重，这样不仅减少了不同类别样本间的干扰性，而且在运算时能降低计算复杂度。此方法的不足之处在于，对于权重学习不好处理，如改变算法中的参数，样本的近邻点选取将发生变化，导致后续的优化难题。

（3）k 近邻图。如果节点 j 是节点 i 的 k 个近邻点中的一个，那么 i 和 j 之间有边相连。k 是控制图密度分布的参数，k 近邻图具有良好的自适应尺度特性，因其近邻半径自动根据样本区域的密度大小进行适度调整。k 选取过小会导致图中没有连接成分，就没有意义了。

（4）ε 近邻图。如果节点 j 和节点 i 的欧几里得距离 $d(i,j) \leq \varepsilon$，那么它们之间则有边相连。参数 ε 控制近邻半径大小，虽然参数 ε 在实际中应该是随着样本密度连续变化的，但是我们搜索 ε 时是以离散值来不断寻优的，此过程的计算复杂度最大为 $O(n^2)$。

（5）tanh 权重图。权重 $\boldsymbol{W}_{ij} = (\tanh(\alpha_1(d(i,j) - \alpha_2)) + 1)/2$。此双曲正切函数相当于近邻图中的近似，当 $d(i,j) >> \alpha_2$，$\boldsymbol{W}_{ij} \approx 0$；$d(i,j) << \alpha_2$，$\boldsymbol{W}_{ij} \approx 1$ 时，参数 α_1 和 α_2 分别代表伸缩范围和切割值。此图模型的意图是在 α_2 切割范围内，对图进行一个软切割，来达到使图中距离近的节点相连，不同类的节点不相连。区别于 ε 近邻图，双曲正切图中的参数 α_1 和 α_2 是连续变化的，适合用梯度下降法来求最优值，方便实现。

（6）exp 权重图。$\boldsymbol{W}_{ij} = \exp(-d(i,j)_2/\alpha_2)$，此函数也是连续的，但是它在 Y 轴上的切割值不如 tanh 权重图那么明显，参数 α 为衰变因子，控制函数值下降的程度。如果 $d(i,j)$ 为欧几里得距离，那么可以给样本的每个特征维都定义一个 α。

以上是一些常见的构建图模型用来表征样本内部结构信息的方法，每种方法都有其对应的权重函数，都引入了自身的参数，这些方法的选取要视具体情况而定。从大量实验中已经发现，选用 k 近邻图方法时，k 值选取偏小一些在各项综合指标中都获得了不错的效果。总而言之，构建图模型就是用一个 $n \times n$ 的权重矩阵 W 来描述图结构，如果图中节点 i 和节点 j 间没有边相连，则 $W_{ij} = 0$。值得一提的是，权重矩阵 W 无须满足半正定条件。由于 W 中的元素都是非负且对称的，可以考虑将图拉普拉斯矩阵引入图模型中加以利用。

具体构建方法为：

给定一个数据集 $X = \{x_i\}_{i=1}^n$，其中，前 l 个是标记样本 $\{(x_i, y_i)\}_{i=1}^l$，其余的 $n-l$ 个是未标记样本 $\{x_i\}_{i=l+1}^n$。$y_i = (y_{ij})_{j=1}^c$ 是标签向量，c 表示类别数量，$y_{ij} = 1$ 表示样本 x_i 属于第 j 类；反之，则 $y_{ij} = 0$。定义一个无向图为 $G = (V, E)$，其中，$V = \{v_i\}_{i=1}^n$ 是图中 n 个节点的集合，每个节点 $v_i \in V$ 一一对应于一个样本点 $x_i \in X$，$E = \{e_{ij}\}_{i,j=1}^n$ 是边的集合，e_{ij} 是连接第 t 个节点和第 $D_{ii} = \sum_j w_{ij}$ 个节点的边，每条边 e_{ij} 都与一个权值 w_{ij} 相连接。$W = (w_{ij})_{i,j=1}^n$ 是权值矩阵。

常见的图构造方法有 k 近邻图和 ε 近邻图。通常，图的构建有两个步骤：一是建立图的邻接结构；二是确定图的权值。

定义一个距离函数 ψ：$\mathbf{R}^d \times \mathbf{R}^d \to \mathbf{R}$，距离矩阵 $\{\psi | \psi_{ij} = \psi(x_i, x_j)\} \in \mathbf{R}^{N \times N}$。

k 近邻图构建如下。

（1）对任意一个样本 x_i 选取与其距离最近的 k 个样本。

（2）计算样本 x_i 到 k 个样本的相似度，并构建如下相似矩阵。

$$w_{ij} = \begin{cases} \psi(x_i, x_j), x_j \in N(x_i) \\ 0, 其他 \end{cases} \tag{1-1}$$

式中，$N(x_i)$ 表示与样本 x_i 距离最近的 k 个样本的集合。有时 k 近邻图不是对称的，有三种方法对其进行对称化：①互 k 近邻图，其权值矩阵为 $\hat{W} = \min(W, W^T)$；②对称 k 近邻图，其权值矩阵为 $\hat{W} = \max(W, W^T)$；③favored 对称 k 近邻图（Symmetric-favored k Nearest Neighbor Graph），其权值矩阵为 $\hat{W} = W + W^T$。

ε 近邻图构建如下，对于任意一个样本 x_i，计算其到各个样本的距离，并构建相似矩阵：

$$w_{ij} = \begin{cases} \psi(x_i, x_j), |\psi(x_i, x_j)| < \varepsilon \\ 0 \end{cases} \tag{1-2}$$

ε 是一个任意选取的参数。在一般情况下，ε 近邻图在实际情况中较少使用，因为不恰当的 ε 可能生成许多不连接的子图。

图权值的确定有多种方法，如高斯核函数法、Hein & Maier 相似函数法、局部线性嵌入法等。

高斯核函数法采用高斯核函数来计算样本之间的相似度：

$$w_{ij} = \exp(-\parallel x_i - x_j \parallel^2 / \delta^2) \tag{1-3}$$

式中，δ 为核函数窗宽。

Hein & Maier 相似函数定义为：

$$w_{ij} = \begin{cases} \exp(-\parallel x_i - x_j \parallel^2 / (\max\{h(x_i), h(x_j)\})^2), & \parallel x_i - x_j \parallel^2 \leq \max\{h(x_i), h(x_j)\} \\ 0 \end{cases}$$

$$\tag{1-4}$$

式中，$h(x_i)$ 是 x_i 的 k 近邻距离。

局部线性嵌入法通过求解以下最优问题得到权值矩阵：

$$\min_{W \in \mathbf{R}^{n \times n}} \sum_{i=1}^{n} \parallel x_i - \sum_{x_j \in N(x_i)} w_{ij} x_j \parallel_2$$

$$\text{s. t. } W 1_n = 1_n, \quad W \geq 0 \tag{1-5}$$

式中，$\parallel \cdot \parallel_2$ 表示 $\cdot$ 的 2 范式。

1.4.3 基于图方法在视频跟踪中的应用

图方法具有直观性和可解释性，且分类能力较一般方法强，同时基于图的方法是一种重要的半监督学习方法，能有效利用标记和未标记样本的综合信息，图方法已经在维数约简、音素识别、人脸识别、图像分类、一般分类问题中得到广泛应用。

目标跟踪是计算机视觉领域一项基础而重要的课题。虽然经过数十年的研究发展，但目标和背景动态变化，例如，光照变化、遮挡、形状变化、相似物体的出现等，目前目标跟踪仍然是一项非常艰巨的任务。在线学习是处理目标和背景动态变化的一种有效方法。根据学习对象的差别，在线学习目标跟踪方法可以分为产生式方法和判别式方法。产生式方法重在对目标进行准确建模，而忽视目标所处背景的信息。判别式方法则将目标跟踪问题看作目标或背景的两分类问题，着重关注如何建立合适的分类器，以区分候选区域是目标还是背景。然而在缺乏足够数量的训练样本时，传统有监督分类器的性能受影响较大，从而影响跟踪精度，半监督分类方法正是针对这一问题提出的。半监督分类方法不仅利用有限的标记样本，而且综合考虑包括标记样本和未标记样本在内的样本集的内在结构特征，从而提高在标记样本有限情况下的分类准确率。

在视觉目标跟踪中，因为目标和背景的动态变化，要获取准确和充足的反映目标信息的标记样本是比较困难的。但目标和背景之间具有一定差别，因此大量既包含目标又包含背景的未标记样本可以借助样本集合的内在结构特征，提高在标记样本有限条件下的分类准确率，从而提高跟踪的精度。目前，大部分判别式跟踪方法仅利用了有限的标记样本进行监督学习，而忽视了大量作为未标记样本的候选区域所提供的信息，影响了跟踪的鲁棒性和精确性。

参考文献

［1］王炳和，李宏昌. 声呐技术的应用及其最新进展［J］. 物理，2001，30（8）：491-496.

［2］刘晨晨. 数学形态学图像处理算法应用研究［D］. 哈尔滨：哈尔滨工程大学，2003.

［3］田晓东. 成像声呐水下目标探测技术及应用研究［D］. 武汉：海军工程大学，2007.

［4］鱼京善，成二丽. 侧扫声呐系统及其在海洋环境监测和保护中的应用［J］. 海洋测绘，2004，24（2）：63-66.

［5］Haniotis S, Cervenka P, Negreira C, et al. Seafloor segmentation using angular backscatter responses obtained at sea with a forward-looking sonar system［J］. Applied Acoustics, 2015, 89（89）：306-319.

［6］Barngrover C, Althoff A, Deguzman P, et al. A brain- computer interface（BCI）for the detection of mine-like objects in sidescan sonar imagery［J］. IEEE J of Oceanic Engineering, 2016, 41（1）：123-138.

［7］Williams D P. Fast target detection in synthetic aperture sonar imagery：a new algorithm and large-scale performance analysis［J］. IEEE J of Oceanic Engineering, 2015, 40（1）：71-92.

［8］Kumar N, Mitra U, Narayanan S S. Robust object classification in underwater sidescan sonar images by using reliability-aware fusion of shadow features［J］. IEEE J of Oceanic Engineering, 2015, 40（3）：592-606.

［9］Hansen R E, Lyons A P, Sæbø T O, et al. The effect of internal wave-related features on synthetic aperture sonar［J］. IEEE J of Oceanic Engineering, 2015, 40（3）：621-631.

［10］Toshiaki T, Yoshinori H, Hiroshi S. Low frequency synthetic aperture sonar［J］. NEC Resource & Development, 2003, 44（2）：161-164.

［11］Salman A, Siddiqui S A, Shafait F, et al. Automatic fish detection in underwater videos by a deep neural network-based hybrid motion learning system［J］. ICES Journal of Marine Science, 2020, 77（4）：1295-1307.

［12］李鹏，马味敏. 融合特征点与环状域检测的水下声呐目标匹配［J］. 电子测量与仪器学报，2019，33（11）：120-127.

［13］傅卫平，秦川，刘佳，等. 基于 SIFT 算法的图像目标匹配与定位［J］. 仪器仪表学报，2011，32（1）：163-169.

［14］廉蔺，李国辉，田昊，等. 加窗灰度差直方图描述子及其对 SURF 算法的改进［J］. 电子与信息学报，2011，33（5）：1042-1048.

［15］ Dekel T, Oron S, Rubinstein M, et al. Best-Buddies Similarity for robust template matching ［C］. 2015 IEEE Conference on Computer Vision and Pattern Recognition （CVPR）, 2015.

［16］ 张明华, 龙腾, 宋巍, 等. 一种水下鱼类动态视觉序列运动目标检测方法 ［J］. 图学学报, 2021, 42 （1）: 52-58.

［17］ 李荣, 李响, 吉玲. 声呐图像边缘检测方法对比研究 ［J］. 理论算法, 2020, 11: 60-66.

［18］ 马硕, 谭爱民. 基于间隙度纹理特征的海底目标检测方法 ［J］. 兵工学报, 2015, 36 （增刊2）: 149-155.

［19］ 陈强, 田杰, 刘维, 等. 基于纹理特征的合成孔径声呐图像目标检测研究 ［J］. 声学技术, 2013, 32 （4）: 273-276.

［20］ Sherin B M, Supriya M H. SOS based selection and parameter optimization for underwater target classification ［J］. 2016: 1-4.

［21］ Rova A, Mori G, Dill L M. One fish, two fish, butterfish, trumpeter: recognizing fish in underwater video ［EB/OL］. ［2020-06-03］. http: //citeseerx. ist. psu. edu/viewdoc/summary? doi = 10. 1. 1. 144. 501.

［22］ Dalal N, Triggs B. Histograms of oriented gradients for human detection ［C］//2005 IEEE Computer Society Conference on Computer Vision and Pattern Recognition （CVPR'05）. New York: IEEE Press, 2005: 886-893.

［23］ Ren S, He K, Girshick R, et al. Faster R-CNN: Towards Real-Time Object Detection with Region Proposal Networks ［J］. IEEE Transactions on Pattern Analysis & Machine Intelligence, 2017, 39 （6）: 1137-1149.

［24］ Redmon J, Divvala S, Girshick R, et al. You Only Look Once: Unified, Real-Time Object Detection ［C］//IEEE Computer Vision and Pattern Recognition. Las Vegas, America, 2016.

［25］ Redmon J, Farhadi A. Yolov3: an InCremental Improvement ［J］. ArXiv Preprint: 2018, 1804, 2767.

［26］ Redmon J, Farhadi A. YOLO9000: Better, Faster, Stronger ［C］//IEEE Conference on Computer Vision and Pattern Recognition. Hawaii, America, 2017: 7263-7727.

［27］ 朱世伟, 杭仁龙, 刘青山. 基于类加权 YOLO 网络的水下目标检测 ［J］. 南京师大学报（自然科学版）, 2020, 43 （1）, 129-135.

［28］ 詹令明, 李翠芸, 姬红兵. 基于显著图的红外弱小目标动态规划检测前跟踪算法 ［J］. 计算机辅助设计与图形学学报, 2019, 31 （7）: 1061-1066.

［29］ Itti L, Gold C, Koch C. Visual attention and target detection in cluttered natural scenes ［J］. Optical Engineering, 2001, 40 （9）: 1784-1794.

［30］ Qi S X, Ma J, Tao C, et al. A robust directional saliency-based method for infrared small-target detection under various complex backgrounds ［J］. IEEE Geoscience and Remote Sensing Letters, 2013, 10 （3）: 495-499.

［31］ 刘峰, 沈同圣, 韩艳丽, 等. 融合背景感知和颜色对比的显著性检测方法 ［J］. 计算机辅

助设计与图形学学报，2016，28（10）：1705-1712.

[32] 王智文，王宇航，蒋联源，等. 基于关联帧差分法的运动目标检测与跟踪 [J]. 现代电子技术，2021，44（2）：174-178.

[33] 张家铭，丁迎迎. 基于深度学习的声呐图像目标识别 [J]. 舰船科学技术，2020，42（12）：133-136.

[34] 马珊，张铁栋，庞永杰，等. 基于改进粒子滤波的声呐图像多目标跟踪方法 [J]. 上海交通大学学报，2013，47（12）：1848-1855.

[35] EI-Hawary F. Adaptive underwater target tracking via a generalized Kalman filter [J]. Autonomous Underwater Vehicle Technology. Halifax, NS：IEEE Press, 1990：275-279.

[36] Tena-Ruiz I, Petillot Y, Lane D, et al. Tracking objects underwater multi beam sonar images [C]. IEEE Colloquium on Motion Analysis and Tracking. England：IEEE Press, 1999：11/1-11/7.

[37] Lane D M, Chantler M J, Dai D. Robust tracking of Multiple objects in sector-scan sonar image sequences using optical flow motion estimation [J]. Oceanic Engineering, 1998, 23（1）：31-46.

[38] 张铁栋，万磊，王博，等. 基于改进粒子滤波算法的水下目标跟踪 [J]. 上海交通大学学报，2012，46（6）：38-43.

[39] 刘立昕，卞红雨. 用于水下目标跟踪的多特征融合 PSOPF 算法 [J]. 应用科学学报，2013，31（6）：564-568.

[40] 方正，佟国峰，徐心和. 粒子群优化粒子滤波方法 [J]. 控制与决策，2007，22（3）：273-276.

[41] 宫轶松，归庆明，孙付平，等. 智能优化方法与粒子滤波技术融合的分析与展望 [J]. 海洋测绘，2009，29（2）：74-76.

[42] 姚剑敏，杨春建，刘经场，等. 多特征融合的非线性目标跟踪算法 [J]. 光电工程，2008，35（3）：6-7.

[43] 高文，汤洋，朱明. 目标跟踪中目标模型更新问题的半监督学习算法研究 [J]. 物理学报，2015，64（1）：1-9.

[44] Kalal Z, Matas J, Mikolajczyk K. Conference on Computer Vision and Pattern Recognition, CVPR [C]. San Francisco, CA, US, 2010.

[45] 曹盼东. 基于图模型的半监督 SVM 分类算法研究与应用 [D]. 哈尔滨：哈尔滨工程大学，2012：15-16.

第2章

图像预处理

2.1 引言

图像预处理是对于图像分析与图像理解而言的一种前期处理过程。它是特征提取和识别的基础，其根本目的是去除或削弱原始图像中的无用信息[1]。预处理结果的好坏将直接影响后续特征提取和检测识别的效果。

目前，由于水声环境恶劣、水下地形复杂、背景噪声严重等影响，成像声呐采集的声呐图像质量不高，表现出对比度差、边缘恶化、目标形状畸变等问题。另外针对水下小目标而言，其本身体积较小，仅占 10~30 像素不等，有时甚至更小，导致目标很容易被大量噪声淹没；且受传感器本身的系统噪声干扰，使得图像的信噪比降低，给水下目标检测和识别带来了很大困难。现阶段，任何成像声呐系统的性能都受到背景噪声的限制，了解背景噪声的形成和统计特性是非常有必要的。

背景噪声可以分为三类：混响、环境噪声和随机噪声。混响是主动声呐工作中特有的干扰形式，是海洋中大量无规则散射体对主动声呐的入射信号产生的散射波信号在接收点叠加而成的，是限制主动声呐对近距离目标检测的主要因素[2]。海洋噪声是环境噪声的主要来源，它是由大量无规则因素叠加在一起产生的[3]。随机噪声主要是指成像声呐在采集目标图像的过程中，受水中悬浮物的影响而在图像中形成的大量不需要的较亮斑点。

针对背景噪声对图像质量的较大影响，研究背景抑制（Background Suppression）技术，剔除杂波、提高图像的信噪比，是后续高级别处理的重要基础。目前，由于传统滤波方法在处理脉冲噪声、白噪声和非平稳过程信号时存在一定的局限性，现代滤波方法逐渐兴起，主要有基于数学形态学的滤波、基于神经网络的滤波、基于偏微分方程的滤波，以及基于小波变换的滤波等。本章将对这些方法原理进行梳理，并对滤波性能进行比较，在分析水声呐图像统计特性的基础上，介绍几种适用于声呐图像预处理的新方法。

14

2.2　滤波算法简述

2.2.1　平滑线性滤波

平滑线性滤波也称为均值滤波，主要用于模糊处理和减小噪声，在提取较大的目标之前去除图像中的一些琐碎细节和杂波。平滑滤波器掩模邻域内各像素点的灰度值按照一定的权值相加后再取平均值，以此代替图像中的每个点。该方法对于由灰度级的尖锐变化所引起的随机噪声非常有效。图 2-1 显示了两个 3×3 的平滑滤波器，其中第一个滤波器的数学表达式为：

$$R = \frac{1}{9} \sum_{i=1}^{9} z_i \tag{2-1}$$

式中，R 是由掩模定义的 3×3 邻域内像素灰度的平均值；z_i 为各像素点的灰度值。

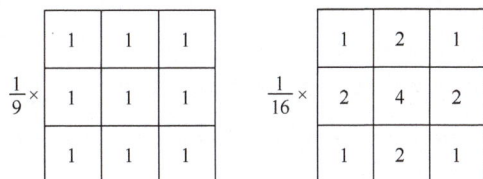

1. 算术均值滤波器

这是最简单的均值滤波器。令 S_{xy} 表示中心在 (x,y) 点，且尺寸为 $m \times n$ 的矩

图 2-1　滤波器掩模

形子图像窗口的坐标组。其滤波过程就是用滤波掩模 S_{xy} 在受噪声污染的图像 $g(h,k)$ 上滑动，并用计算得到的算术平均值替代掩模中心点 (x,y) 的灰度值，即：

$$\hat{f}(x,y) = \frac{1}{mn} \sum_{(h,k) \in S_{xy}} g(h,k) \tag{2-2}$$

这个滤波过程也可以用系数为 $\frac{1}{mn}$ 的卷积模板来完成，其缺点是在滤除噪声的同时容易模糊图像细节。

2. 几何均值滤波器

几何均值滤波是指由滤波掩模内的像素点灰度值进行自相乘，然后取 $\frac{1}{mn}$ 次幂，以替换中心像素点 (x,y) 的灰度值。其数学表达式为：

$$\hat{f}(x,y) = \left[\prod_{(h,k) \in S_{xy}} g(h,k) \right]^{\frac{1}{mn}} \tag{2-3}$$

几何均值滤波器的平滑效果与算术均值滤波器的相似，但是可以在滤波的同时保护图像细节。

3. 谐波均值滤波器

谐波均值滤波器对盐噪声的处理效果要好于对胡椒噪声的处理，尤其是在处理高斯噪声时，其效果更佳。其操作过程的数学表达式为：

$$\hat{f}(x,y) = \frac{mn}{\sum\limits_{(h,k) \in S_{xy}} \dfrac{1}{g(h,k)}} \tag{2-4}$$

4. 逆谐波均值滤波器

逆谐波均值滤波器对一幅图像进行操作的数学表达式为：

$$\hat{f}(x,y) = \frac{\sum\limits_{(h,k) \in S_{xy}} g(h,k)^{Q+1}}{\sum\limits_{(h,k) \in S_{xy}} g(h,k)^{Q}} \tag{2-5}$$

式中，Q 表示滤波器的阶数。该滤波器适合对椒盐噪声进行处理。当 Q 为正值时，适用于消除胡椒噪声；当 Q 为负值时，适用于消除盐噪声。但逆谐波均值滤波器不能同时消除这两种噪声。从数学表达式中可以发现，当 $Q=0$ 时，逆谐波均值滤波器等同于算术均值滤波器；当 $Q=-1$ 时，逆谐波均值滤波器等同于谐波均值滤波器[4]。

2.2.2 维纳滤波

维纳滤波是指利用平稳随机过程的频谱特性和相关特性对含噪信号进行处理的过程。维纳滤波由 N. Wiener 在 1942 年提出，是一种最早也最为人们所熟知的线性图像复原方法。维纳滤波器属于自适应滤波器，是一种以最小平方为最优准则的线性滤波器，具有两个明显的作用：一是平滑区域内部；二是锐化区域边缘。在一定约束条件下，其输出与期望输出的差的平方达到最小，通过数学运算最终可变为一个特普利茨方程的求解问题。

维纳滤波器的滤波过程就是寻找一种使统计误差最小的函数：

$$e^2 = E\{(f - \hat{f})^2\} \tag{2-6}$$

式中，$\hat{f}$ 是最小的估计；E 是期望值操作符；f 是未退化的图像。式（2-6）的输入为含噪声的随机函数，期望输出与实际输出的差值定义为误差，然后求其均方值。均方值越小，说明滤波效果越好，反之则越差。式（2-6）在频域可表示为：

$$\hat{F}(u,v) = \left[\frac{1}{H(u,v)} \frac{|H(u,v)|^2}{|H(u,v)|^2 + P_n(u,v)/P_f(u,v)} \right] \times G(u,v) \tag{2-7}$$

式中，$H(u,v)$ 为退化函数；$H(u,v)^2 = H^*(u,v)H(u,v)$，其中，$H^*(u,v)$ 表示 $H(u,v)$ 的复共轭；$P_n(u,v) = |N(u,v)|^2$ 为噪声的功率谱；$P_f(u,v) = |F(u,v)|^2$

为未退化图像的功率谱；$P_n(u,v)/P_f(u,v)$ 为噪信功率比。

与平滑线性滤波相比，维纳滤波的效果更好，能够保留图像的边缘细节和其他高频分量，尤其对白噪声的滤波效果最佳[4]，缺点是计算量较大。

2.2.3　低通滤波

在频域滤波中，一幅图像分为低频和高频两个部分。低频部分主要决定图像在平滑区域中总体灰度级的显示，高频部分决定图像的细节部分，如边缘和噪声，因此可以通过设计只允许图像低频部分通过的低通滤波器来衰减图像中的指定高频部分，以实现滤波降噪的目的。比较典型的低通滤波器有理想低通滤波器、巴特沃思滤波器和高斯低通滤波器。在频域中，基本的滤波模型为：

$$G(u,v) = H(u,v)F(u,v) \tag{2-8}$$

式中，$F(u,v)$ 是被平滑的傅里叶变换函数。目标是选择一个滤波器变换函数 $H(u,v)$，以通过衰减 $F(u,v)$ 的高频成分产生 $G(u,v)$。

1. 理想低通滤波器

理想低通滤波器也是最简单的低通滤波器，它将傅里叶变换中所有与原点距离大于指定值 D_0 的高频成分全部"截断"，滤波器函数为：

$$H(u,v) = \begin{cases} 1, & D(u,v) \leqslant D_0 \\ 0, & D(u,v) > D_0 \end{cases} \tag{2-9}$$

式中，D_0 为指定值，且为非负数；$D(u,v)$ 为点 (u,v) 到距频率矩形中心的距离。如果图像尺寸为 $M \times N$，变换后仍然保持相同尺寸，那么频率矩形的中心在 $(u,v) = (M/2, N/2)$ 处，从点 (u,v) 到傅里叶变换中心（原点）的距离为：

$$D(u,v) = \left[(u - M/2)^2 + (v - N/2)^2 \right]^{1/2} \tag{2-10}$$

对于理想低通滤波器的横截面，在 $H(u,v)=1$ 和 $H(u,v)=0$ 之间的过渡点称为截止频率。理想低通滤波器的名称表明，在半径为 D_0 的圆内，所有频率无衰减地通过滤波器，而在此圆之外的所有频率完全被衰减掉。实验表明，理想低通滤波器会使图像出现较严重的模糊和振铃现象。

2. 巴特沃思滤波器

巴特沃思滤波器有一个表明滤波器阶数的参数，当阶数较高时，巴特沃思滤波器接近理想滤波器。设截止频率与原点的距离为 D_0，则 n 阶巴特沃思滤波器的传递函数为：

$$H(u,v) = \frac{1}{1 + \left[D(u,v)/D_0 \right]^{2n}} \tag{2-11}$$

式中，$D(u,v)$ 由式（2-10）给出。与理想低通滤波器相比，巴特沃思滤波器在通带与被滤除的频率之间没有特别明显的截断。通常一阶巴特沃思滤波器不会发生振铃现象，二阶巴特沃思滤波器的振铃现象微小，但随着阶数的增高，振铃现象愈加明显。实验表明，二阶巴特沃思滤波器是在有效的低通滤波和可接受的振铃特性之间折中。

3. 高斯低通滤波器

基于高斯函数的滤波有特殊的重要性，因为它们的形状易于确定，而且高斯函数的傅里叶变换和反变换均为高斯函数。由此构成了一个在频域具有平滑性能的高斯低通滤波器，对于抑制服从正态分布的噪声非常有效，避免了振铃现象的出现。在图像处理过程中，主要考虑二维形式的高斯低通滤波器：

$$H(u,v) = e^{-D^2(u,v)/2\sigma^2} \tag{2-12}$$

式中，$D(u,v)$ 是距傅里叶变换原点的距离；σ 表示高斯曲线扩展的程度，当 $\sigma = 0$ 时，可以将滤波器表示为更熟悉的形式，即：

$$H(u,v) = e^{-D^2(u,v)/2D_0^2} \tag{2-13}$$

式中，D_0 是截止频率。当 $D(u,v) = D_0$ 时，滤波器下降到它最大值的 0.607 倍处。实验表明，高斯低通滤波器虽然可以有效消除振铃，但达不到有相同截止频率的二阶巴特沃思低通滤波器的平滑效果[5]。

2.2.4 中值滤波

中值滤波是一种基于排序统计理论的滤波技术，其处理过程为：确定一个以某像素为中心点的邻域，将邻域中所有像素点按灰度值排序，将处于中间位置的灰度值作为中心点像素的新灰度值，该邻域窗口在图像中移动，直至遍历整幅图像。这种处理方式能够将与周围像素灰度值相差较大的像素点平滑掉，适用于消除孤立噪声[6]。其数学描述如下。

假设取其排序为：$x_1 \leq x_2 \leq x_3 \leq \cdots \leq x_n$，则

$$Y = \text{Med}\{x_1, x_2, \cdots, x_n\} = x((1+n)/2), n 为奇数 \tag{2-14}$$

$$Y = \text{Med}\{x_1, x_2, \cdots, x_n\} = \frac{1}{2} \times [x(n/2) + x((1+n)/2)], n 为偶数 \tag{2-15}$$

式中，x 为像素点的灰度值；n 为邻域内像素点个数；Med 为取中间值函数；Y 为中心点像素的新灰度值。

在算法功能上，中值滤波适用于处理产生跳变的孤立噪声点，可以衰减随机噪声，特别是脉冲噪声等。由于中值滤波并不是简单地取平均值，因此不会模糊图像中目标物的边缘特征。但是中值滤波的模板形状较为单一，对于特征较为简单的图像处理效果较好，而对于拥有点、线、尖角比较多的复杂图像处理效果较

差，甚至会改变未受噪声污染的像素点值，破坏图像细节。

2.2.5 基于数学形态学的滤波

数学形态学是一种非线性的图像处理和分析工具，其核心思想是以结构元为"探针"，探测图像的几何结构特征信息。

在数学形态学中，膨胀算子定义为：

$$(f \oplus b)(x,y) = \max\{f(x-s,y-t) + b(s,t) \mid (x-s,y-t) \in D_f; (s,t) \in D_b\}$$

$$(2-16)$$

腐蚀算子定义为：

$$(f \ominus b)(x,y) = \max\{f(x+s,y+t) - b(s,t) \mid (x+s,y+t) \in D_f; (s,t) \in D_b\}$$

$$(2-17)$$

式中，$f(x,y)$ 为输入的灰度图像函数；$b(s,t)$ 为结构元素，是一个子图像函数，与 $f(x,y)$ 相比通常较小。

通过膨胀算子可将一些细小的裂缝连接到一起，修复一些间断的区域，腐蚀算子可以消除二值图像中不相关的细节。膨胀算子和腐蚀算子按不同顺序组合起来，就得到了数学形态学中的开算子和闭算子，从而对图像进行滤波处理。

（1）开运算。结构元素 B 对二值图像 A 作开运算记为 $A \circ B$，定义为：

$$A \circ B = (A \ominus B) \oplus B \tag{2-18}$$

（2）闭运算。结构元素 B 对二值图像 A 作闭运算记为 $A \bullet B$，定义为：

$$A \bullet B = (A \oplus B) \ominus B \tag{2-19}$$

开运算能够使图中的对象轮廓更加光滑，消除细小的毛刺等凸出物；闭运算在平滑轮廓线的同时，还能够填补狭窄的间断和鸿沟、消除孔洞、修补轮廓线中的断裂部分。在对噪声呐图像滤波时，常采用开运算和闭运算交替组合的形态学的滤波器。

2.2.6 基于神经网络的滤波

神经网络（人工）是由大规模神经元互联组成的高度非线性动力学系统，在认识、理解人脑组织结构和运行机制的基础上模拟其结构和智能行为的一种工程系统。虽然神经网络滤波器具有自组织和自学习能力，但是基于单一神经网络理论的滤波器去噪效果并不理想[6]。目前，已提出了一系列结合自适应理论、小波变换、模糊理论等其他理论方法的神经网络滤波器，如融合自适应理论和小波变换的神经网络滤波器、基于 Sugeno 模型的模糊神经网络滤波器等。

设 $sn(k)$ 为噪声信号，输入信号为 $x(k)$，实测带噪信号为 $y(k)$，即：

$$y(k) = x(k) + \text{sn}(k) \tag{2-20}$$

设 $h(k)$ 为有限长单位脉冲响应，$\hat{y}(k)$ 为滤波后信号，则根据有限冲击响应（FIR）滤波器原理可知：

$$\hat{y}(k) = y(k) * h(k) = \sum_{n=0}^{N-1} h(k)y(k-n) \tag{2-21}$$

由式（2-21）可建立神经网络，如图 2-2 所示。

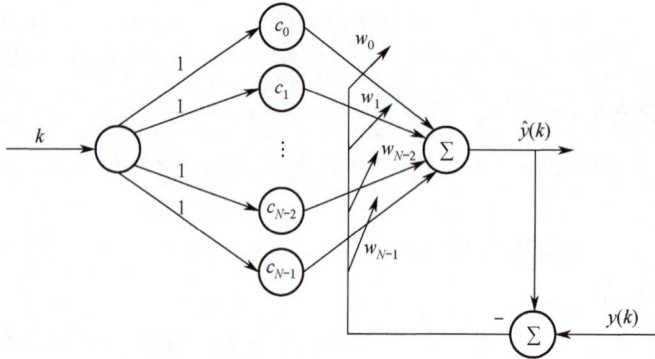

图 2-2　神经网络自适应滤波示意

在图 2-2 中，有：

$$\begin{cases} c_n = y(k-n) \\ w_n = h(n) \end{cases}, n = 0, 1, 2, \cdots, N-1 \tag{2-22}$$

设权值矩阵 $\boldsymbol{W}$ 和激励矩阵 $\boldsymbol{C}$ 分别为：

$$\begin{aligned} \boldsymbol{W} &= [w_0, w_1, \cdots, w_{N-1}]^{\mathrm{T}} \\ \boldsymbol{C} &= [c_0, c_1, \cdots, c_{N-1}]^{\mathrm{T}} \end{aligned} \tag{2-23}$$

则神经网络的输出为：

$$\hat{x}(k) = \boldsymbol{W}^{\mathrm{T}}\boldsymbol{C} \tag{2-24}$$

其误差函数为：

$$e(k) = y(k) - \hat{y}(k) \tag{2-25}$$

设性能指标为：

$$J = \frac{1}{2}\sum_{k=1}^{n} e^2(k) \tag{2-26}$$

权值调整采用最小二乘法，由 $\dfrac{\partial J}{\partial \boldsymbol{W}} = 0$ 可得最小二乘递推法：

$$\begin{cases} \boldsymbol{W}(k+1) = \boldsymbol{W}(k) + K(k)\boldsymbol{e}^{\mathrm{T}}(k) \\ K(k) = P(k)\boldsymbol{C}(k)/[1 + \boldsymbol{C}^{\mathrm{T}}(k)P(k)\boldsymbol{C}(k)] \\ P(k+1) = [I - K(k)\boldsymbol{C}^{\mathrm{T}}(k)]P(k) \end{cases} \tag{2-27}$$

令 $W(0) = 0, P(0) = \beta I$（β 是足够大的正数，I 是单位阵），设置性能指标阈值 Tol，通过对样本数据的训练，可得神经网络权值 W，则求出滤波后的信号 $\hat{y}(k)$。

2.2.7　基于偏微分方程的滤波

偏微分方程是指在一个微分方程中，如果存在多元函数对不同自变量的各阶偏导数，那么该方程就称为偏微分方程。由偏微分方程的定义就可以看出，对其进行深入研究是必不可少的，因为随着自然科学研究的不断深入，其研究对象不可能只受某一个因素的影响，必然会与多个变量产生紧密联系，因此用偏微分方程来描述问题显然会更加准确，求得的结果也更符合客观事实。但是到目前为止，运用偏微分方程解决问题很难得到实用性较广的一般性结论，只能具体问题具体分析。当然，随着对有关偏微分方程的研究不断深入和研究范围逐渐扩大，偏微分方程理论已经得到了极大发展，取得了一系列成果。Gabor 最早将偏微分方程应用于图像处理，Koenderink 指出高斯滤波与热传导方程有联系，即热传导方程的传导系数为常数[7]。

图像处理中的偏微分方程非常多，下面介绍几个常用的与图像滤波处理有关的非线性抛物线方程：

$$\begin{cases} \dfrac{\partial^2 u}{\partial t} = -a^2 \Delta u \\ u(x,0) = u_0(x) \end{cases} \tag{2-28}$$

这个偏微分方程对应的滤波器具有锐化的作用，可以使图像的模糊边缘变得比较明显，但有时会制造出一些假边缘。

$$\begin{cases} \dfrac{\partial u}{\partial t} = \| Du \|_B \\ u(x,0) = u_0(x) \end{cases} \tag{2-29}$$

式中，D 是微分算子，这个偏微分方程与膨胀算子或者腐蚀算子的迭代会产生一定的联系。

$$\begin{cases} \dfrac{\partial u}{\partial t} = (\mathrm{curv}(u)) |Du| \\ u(x,0) = u_0(x) \end{cases} \tag{2-30}$$

这个偏微分方程称为曲率流方程，它可以和中值滤波器的迭代产生联系。同时，它本身也具有比较深刻的物理意义。

$$\begin{cases} \dfrac{\partial u}{\partial t} = (\mathrm{curv}(u))^{1/3} |Du| \\ u(x,0) = u_0(x) \end{cases} \tag{2-31}$$

这个偏微分方程导出了仿射形态学尺度空间算子,能够满足平移不变、灰度平移不变、仿射不变、数学形态学不变等多种不变性。

基于偏微分方程的图像滤波技术在滤波过程中,同时检测图像特征强弱及其方向,其滤波效果较好地兼顾了去噪和特征保持,是一种较好的图像滤波技术。

基于偏微分方程理论的 P-M 扩散模型由 Perona 和 Malik 在 1990 年提出,它利用热传导系数有选择性地控制扩散活动,使其主要发生在图像非边缘区域,因此高对比度区域得到控制,图像边缘得到保护,而低对比度区域则会越来越平滑。P-M 扩散模型有效平衡了平滑噪声和锐化边缘特征这一对图像预处理中经常出现的矛盾,效果较为满意。与热扩散模型相比,P-M 扩散模型的特点是利用图像梯度决定扩散速度,也能够兼顾平滑噪声和保留特征两个方面[8]。其数学描述为:

$$
\begin{cases}
\dfrac{\partial u(x,y,t)}{\partial t} = \mathrm{div}(c(x,y,t)\,\nabla u) \\
u(x,y,0) = u_0(x,y)
\end{cases}
\tag{2-32}
$$

且

$$
c(s) = \frac{1}{1 + (s/k)^2}
\tag{2-33}
$$

式中,div 是散度算子;∇是梯度算子;$|\nabla u|$ 是图像的梯度模,扩散系数 $c(s)$ 是关于 $|\nabla u|$ 的非负函数,用于控制扩散速度。

P-M 扩散模型也存在几点不足:①当图像存在噪声时,噪声点的梯度较大,扩散系数较小,对噪声的去除不利;②其模型本身在数学上是病态的。

2.2.8 基于小波变换的滤波

小波变换是一种信号的时间—尺度(时间—频率)分析方法,它具有多分辨率分析的特点,而且在时频两域都具有表征信号局部特征的能力,是一种窗口大小固定不变但其形状、时间窗和频率窗都可以改变的时频局部化分析方法。自从小波变换理论被引入图像去噪领域后,就取得了很好的效果,并被广泛推广应用,究其原因主要有以下几点:

(1)低熵性。小波系数的稀疏分布能够降低信号的熵值。

(2)多分辨率特性。它能够准确描述包括边缘、点、尖角等信号的非平稳特征,即在处理后能够成功地保留图像细节特征,有利于后续的特征提取操作。

(3)去相关性。小波变换能够消除信号的相关性,因此在小波域的滤波去噪效果要好于在时域进行处理。

(4)多样性。小波基的选择具有多样性特点,可以针对不同的应用对象灵活地选择不同的小波函数。

鉴于以上四个小波变换的特点，用该方法进行滤波去噪能够获得较好的效果，这是因为小波变换后的图像能量主要集中在大尺度子带上，而小尺度子带上的能量较低。设原图像为 $\{f(i,j), i,j = 1,2,\cdots,N\}$，其中，$N$ 是 2 的整数次幂。图像受到加性噪声干扰后，$g(i,j) = f(i,j) + \varepsilon(i,j), (i,j = 1,2,\cdots,N)$，其中，$\{\varepsilon(i,j)\}$ 是独立同分布的噪声，对于二维小波变换来说，图像可以分解为以下四个分量：

$$\begin{cases} A_2^{ds}f = (f(i,j) \cdot \varphi_2^s(-i)\varphi_2^s(-j))(2^{-s}n, 2^{-s}m)_{(m,n)\in Z^s} \\ D_2^{1s}f = (f(i,j) \cdot \varphi_2^s(-i)\phi_2^s(-j))(2^{-s}n, 2^{-s}m)_{(m,n)\in Z^s} \\ D_2^{2s}f = (f(i,j) \cdot \phi_2^s(-i)\varphi_2^s(-j))(2^{-s}n, 2^{-s}m)_{(m,n)\in Z^s} \\ D_2^{3s}f = (f(i,j) \cdot \phi_2^s(-i)\phi_2^s(-j))(2^{-s}n, 2^{-s}m)_{(m,n)\in Z^s} \end{cases} \quad (2\text{-}34)$$

式中，φ 和 ϕ 分别是相应的尺度函数和小波函数[9,10]。

式 (2-34) 的意义是：对于第 s 层上的小波变换来说，图像被分解为四个 1/4 大小的图像，其中每个都是小波基与图像的内积，每层包含上一层 $s-1$ 的低频信息 $A_2^{ds}f$、水平方向的信息 $D_2^{1s}f$、垂直方向的信息 $D_2^{2s}f$、对角线方向的信息 $D_2^{3s}f$。

将图像写成矩阵形式：$\boldsymbol{G} = \{g(i,j)\}_{i,j}$，$\boldsymbol{F} = \{f(i,j)\}_{i,j}$，$\boldsymbol{E} = \{\varepsilon(i,j)\}_{i,j}$，并设 $\boldsymbol{W}$ 为正交小波变换算子，则小波系数矩阵及关系可表示为：

$$\boldsymbol{Y} = \boldsymbol{WG}, \boldsymbol{X} = \boldsymbol{WF}, \boldsymbol{V} = \boldsymbol{WE}, \boldsymbol{Y} = \boldsymbol{X} + \boldsymbol{V} \quad (2\text{-}35)$$

以上分析说明小波系数具有可加性，利用其对噪声进行分析成为可能。目前，常用的运用小波变换对数字图像进行平滑去噪的方法主要包括四种：①基于小波变换域的尺度相关性去噪方法；②基于小波变换模极大值原理的去噪方法；③Mallat强制去噪；④Donoho 阈值去噪方法。

在信号学上，小波去噪是一个信号滤波问题，可以看作特征提取和低通滤波器的有效结合；但在数学上，小波去噪实际上可以看作一个函数逼近问题，即在小波母函数平移和伸缩形成的函数空间中，找出对原始信号的最佳逼近，最终实现对图像信号和噪声信号的有力区分，从而恢复图像信号。

2.3　声呐图像灰度统计模型特性分析

2.3.1　声呐图像统计特性

1. 声呐图像特性

由于水下声传播环境的复杂性和多变性，以及目标对声波的固有反射特性等因素，与光学图像或雷达图像相比差别较大，其特性表现为以下几点。

（1）声呐图像是一幅低频图像，细节分量较少，其背景噪声是幅值比较大的高频脉冲噪声。

（2）声呐图像的目标灰度级相对较少，而背景噪声的灰度级却比较丰富。

2. 声呐图像特征与普通光学图像特征的区别

理论分析和工程实践表明，图像滤波去噪方法的效果主要取决于图像的统计特性。张海澜[10]从声呐图像的成像机理分析声呐图像的统计特性，并对多幅声呐图像进行数字统计测量。结果表明，与普通光学图像相比，声呐图像的统计特性有明显不同。

（1）声呐图像像素间的相关性常表现为较强的各向异性，相关性远弱于普通光学图像。水平和垂直方向的相关性程度和该方向的分辨尺度相近，如果声呐的横向分辨尺度比纵向分辨尺度大，那么声呐图像的横向相关性就比纵向相关性强。

（2）普通光学图像的概率密度曲线通常有好几个尖峰[11]，而声呐图像通常是单峰的，有时会在最低或者最高灰度阶处形成尖峰，但一般都是仪器限幅造成的。

（3）声呐图像中的噪声一般都是水底或水中不规则物体（散射元）对声波的散射造成的，因为这些散射元在水下是随机分布的，所以在统计学上可以将声呐图像的散射噪声看作近似服从零均值的高斯分布[12]。

为了更好地完成对声呐图像的处理、分析和理解，需要对其灰度分布特性加以分析。图像灰度分布模型的选择在一定程度上对图像滤波和分割等处理算法的性能有较大的影响。针对雷达图像的像素灰度分布模型已得到了较深入的研究，且在雷达图像处理和目标识别领域发挥了重要作用，而对于声呐图像灰度分布模型的研究还比较少。

2.3.2 统计模型描述

目前，常用的几种灰度概率分布模型有 K-分布、伽马（Gamma）分布、韦布尔（Weibull）分布及瑞利（Rayleigh）分布等。由于主动声呐系统的发射波形及带宽等因素的不同，不同的声呐图像的灰度分布也会存在一定的差别，其包络函数的形状随之发生变化[13,14]，因此对于不同的声呐图像而言，灰度分布模型应具有一定的自适应能力。

1. K-分布[15]

K-分布的概率密度函数表示为：

$$p_k(h) = \frac{2}{h\Gamma(v)\Gamma(L)}\left(\frac{Lvh}{\mu}\right)^{\frac{L+v}{2}}K_{v-L}\left(2\sqrt{\frac{Lvh}{\mu}}\right), x > 0 \tag{2-36}$$

式中，μ 为参考单元的均值；v 为形状参数；L 为图像视数；$\Gamma(\cdot)$ 为 Gamma 函数；

K_{v-L} 为修正贝塞尔函数。

均值和形状参数的估计值为：

$$\mu = \frac{1}{N}\sum_{i=0}^{N-1} h_i \tag{2-37}$$

$$\left(1+\frac{1}{v}\right)\left(1+\frac{1}{L}\right) = \frac{\frac{1}{N}\sum_{i=0}^{N-1} h_i^2}{\left(\frac{1}{N}\sum_{i=0}^{N-1} h_i\right)^2} \tag{2-38}$$

2. Gamma 分布[16]

Gamma 分布的概率密度函数表示为：

$$p_{\mathrm{gamma}}(h) = \frac{\beta^v}{\Gamma(v)}h^{v-1}\exp(-\beta h), x>0 \tag{2-39}$$

式中，v 为形状参数；β 为尺度参数；$\Gamma(\cdot)$ 为 Gamma 函数。

形状参数 v、尺度参数 β 可以分别由下式估计：

$$v = \frac{m_1^2}{m_2-m_1^2}; \beta = \frac{m_1}{m_2-m_1^2} \tag{2-40}$$

式中，对于所有的 $\{h_i\}_{i=0}^{N-1}$ 有 $m_r = \frac{1}{N}\sum_{i=0}^{N-1} h_i^r$，$r=1,2$。

3. Weibull 分布

威布尔（Weibull）分布模型中含有多个自由度，根据参数取值的不同可得到多种不同的分布特性，Rayleigh 分布和指数分布都是其中之一。对于用噪声模型难以得到精确的声呐图像来说，利用 Weibull 分布模型的自适应性可以更准确地描述声呐图像中灰度分布状态。总的来说，Weibull 分布模型具有两个参数，表达式如下：

$$p_{\mathrm{Weibull}}(h;\min,c,a) = \frac{c}{a}\left(\frac{h-\min}{a}\right)^{c-1}\exp\left[-\frac{(h-\min)^c}{a^c}\right] \tag{2-41}$$

式中，$x>\min$；a 为尺度参数，且满足 $a>0$；c 为形状参数，且满足 $c>0$。

$$\hat{\min} \approx x_{\min}-1, y_{\min} = \min_s(x_s) \tag{2-42}$$

定义 $\hat{x}_s = x_s - \hat{\min}$，则有：

$$\hat{a} = \left(\frac{1}{M}\sum_{s=1}^{M}\hat{x}_s^{\hat{c}}\right)^{1/\hat{c}} \tag{2-43}$$

$$\frac{\sum_{s=1}^{M}\hat{x}_s^{\hat{c}}\cdot\ln\hat{x}_s}{\sum_{s=1}^{M}\hat{x}_s^{\hat{c}}} - \frac{1}{M}\sum_{s=1}^{M}\ln\hat{x}_s = \frac{1}{\hat{c}} \tag{2-44}$$

当 Weibull 分布模型中参数 c 取不同的值时，其对应的概率分布曲线会发生变化，这体现了 Weibull 分布的自适应性。在具体的应用过程中，可根据实际待处理的声呐图像，实时更新参数值，以得到满足概率分布曲线的最逼近声呐图像灰度直方图分布的参数值。

4. Rayleigh 分布

实际上 Rayleigh 分布是 Weibull 分布在形状参数 $c=2$ 时的一种特殊形式，也是 Weibull 分布最常用的形式，可表示为：

$$p_{\text{Rayleigh}}(h;\min,2,a) = \frac{2(h-\min)}{a^2} \cdot \exp\left[-\frac{(h-\min)^2}{a^2}\right] \qquad (2-45)$$

式中，$\min$ 为图像灰度序列中的最小值；h 为图像各像素点的灰度值；a 为尺度参数。

分布模型中尺度参数 a 的估计如下：

$$\hat{a} = \left(\frac{1}{M}\sum_{s=1}^{M} h_s^{\hat{c}}\right)^{1/\hat{c}} \qquad (2-46)$$

式中，$\hat{c}=2$；M 为像素点总数。

另外，还有指数分布和幂律分布等，其中指数分布可较好地描述大几何尺度海底特征（如岩石等）的大小分布情况[17]。

5. 评价准则

为定量评估模型的性能，目前常用的两种准则分别是 χ^2 准则和科尔莫戈罗夫（Kolmogorov）距离准则，其中后者定义更为直观，物理意义更加明确，直接描述了概率模型分布曲线和归一化灰度直方图之间的拟合程度，定义如下：

$$\text{dk} = \sum_{i=1}^{G} |\text{hit}(i) - p_g(i)| \qquad (2-47)$$

式中，hit 为归一化灰度直方图；p_g 为估计的灰度分布概率函数曲线；G 为灰度级。

2.3.3 对比分析

图 2-3（a）~图 2-3（d）分别为不同的声呐图像背景混响区域图。图 2-4（a）~图 2-4（d）分别对应图 2-3 采用 K-分布、Gamma 分布、Rayleigh 分布及 Weibull 分布得到的灰度分布概率曲线和归一化图像灰度直方图曲线的对比。由图 2-4 可以看出，采用 Gamma 分布模型和 Weibull 分布模型能够较准确地模拟背景混响区域的灰度分布情况，只是 Weibull 分布模型形状参数的估计需要进行搜索算法，计算量较大，这对于在图像中逐像素点滑动进行模型参数估计的目标检测算法来说，难以达到实时性要求。而 Rayleigh 分布和 K-分布模型的拟合性能相当，与 Gamma 分布

模型相比，Rayleigh 分布和 K-分布拟合误差较大。计算得到的各分布模型的拟合误差对比如表 2-1 所示。在本书后续各种处理算法的研究中，将主要采用 Gamma 分布和 Weibull 分布作为灰度分布的概率模型。

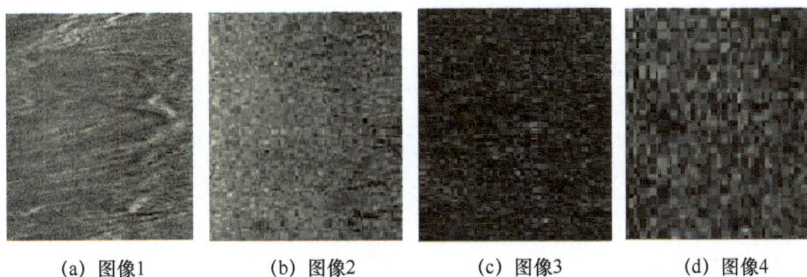

(a) 图像1　　(b) 图像2　　(c) 图像3　　(d) 图像4

图 2-3　声呐图像背景混响区域图

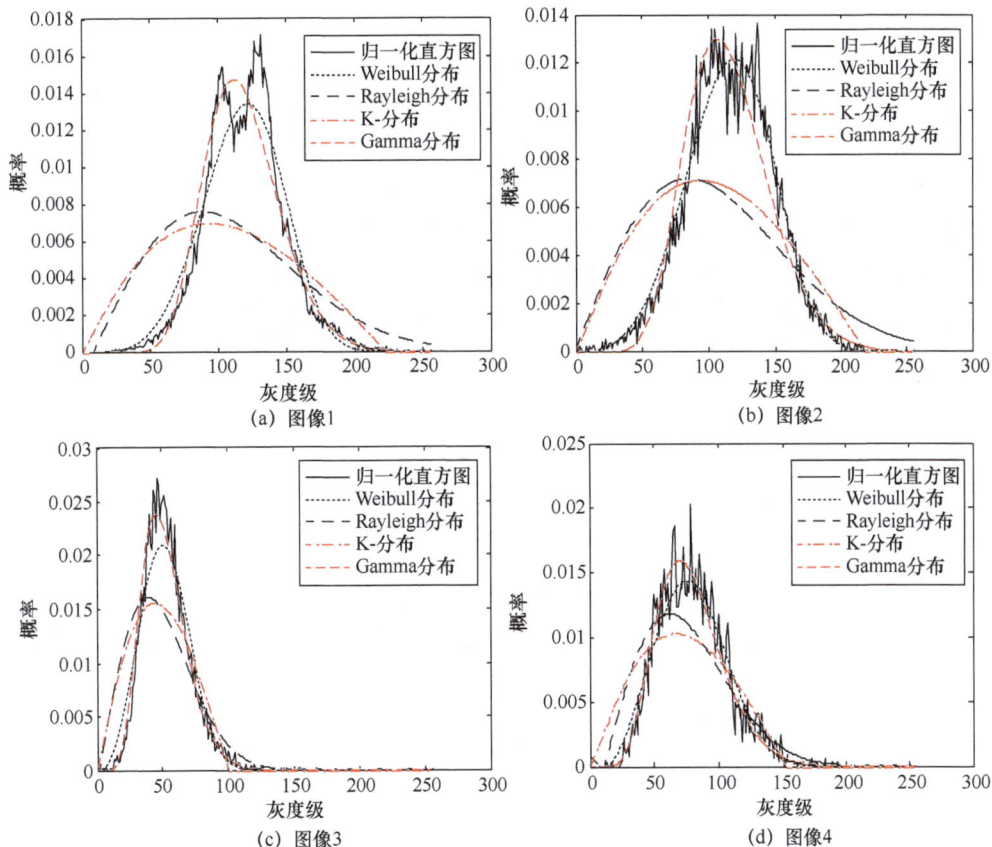

(a) 图像1　　　　(b) 图像2

(c) 图像3　　　　(d) 图像4

图 2-4　灰度分布概率曲线和归一化图像灰度直方图曲线对比

表 2-1　各分布模型的拟合误差对比

各分布模型的拟合误差		图像 1	图像 2	图像 3	图像 4
Kolmogorov 距离	Weibull 分布	0.2007	0.1199	0.1884	0.1837
	K-分布	0.7508	0.5853	0.4281	0.4178
	Gamma 分布	0.1664	0.1855	0.1137	0.1615
	Rayleigh 分布	0.7527	0.6752	0.4622	0.4169

2.4　基于偏微分方程的非线性扩散滤波算法

2.4.1　相干斑噪声

相干斑噪声是一种乘性噪声，具有独特的统计特性，广泛存在于激光雷达、合成孔径雷达、红外医学图像中，并且在影响图像质量的各种因素中，相干斑噪声的影响远比其他各类噪声大，降低了图像的空间分辨率，隐藏了图像的精细结构，使图像的可解译性变差[18]。根据声呐图像的成像原理可以知道，声呐图像（特别是合成孔径声呐图像）中也包含大量相干斑噪声。研究相干斑噪声的滤波方法对于声呐图像的滤波降噪、声呐图像的平滑度提升，为后续处理提供较为准确可靠的信息来说，具有重要意义[19]。

图像滤波降噪方法包括频域降斑技术和空域降斑技术两种方法。

（1）频域降斑技术：将原始图像进行频域变换，在频域内根据斑噪声和信号的频谱特性不同进行滤波，称为频域滤波。频域滤波需要假设信号和噪声的频谱特性，同时计算量较大，而且有些图像会产生低频干涉效应。目前，最具代表性的方法是小波变换[20,21]和多尺度分析等。

（2）空域降斑技术：空间滤波技术一般采用滑动窗滤波的方式，并应用滤波窗口中的观测值对中心像素进行重构。传统的空域滤波算法主要包括：均值滤波、中值滤波、Lee 滤波[22]、Frost 滤波、形态滤波[23]、最大后验概率滤波[24,25]、同态滤波[26]、P-M 扩散滤波[27]、分形滤波[28]、信息熵滤波及上述滤波算法的增强改进版本等。

从物理意义上来分析，乘性散斑噪声在图像中表现为散斑状，而不像高斯噪声或椒盐噪声那样表现为孤立的噪声点。小波变换阈值算法只是从频率的角度（灰度梯度变化）来考虑，没有考虑特定像素点在各个方向上梯度的差异，因此不能准确描述乘性噪声的特性，而且小波变换方法将图像变换到小波域，然后将某些尺寸的元素丢弃，再进行逆变换以去除噪声。但该方法很难选择合适的尺度，如果丢弃小尺度信号，则不能有效除去噪声；如果丢弃大尺度信号，则可能丢失有用信号[29]。形态学滤波算法从本质上讲是一类窗口选择较灵活的统计排序滤波器，其滤波特性受窗口尺寸和形状选择的影响较大。Lee 滤波、Frost 滤波等均是从统计学的角度分析，是从图像或滑动窗口内像素灰度的均值、方差等总体特征角度去考虑的，像素定位能力较弱。从这一角度来说，各向异性的非线性扩散滤波算法是最具有物理意义的滤波方法之一。

2.4.2　非线性扩散滤波模型

传统的空域滤波算法大多来源于求解初始值为输入图像的非线性偏微分方程，其扩散系数大多是标量，是各向同性的，保持图像细节特征（尤其是边缘特征）的能力较差。而非线性 P-M 扩散方程则有效地利用了图像的边缘方向性，自动调节扩散系数，在平滑图像平坦区域的同时，保持并锐化了图像中边缘等细节信息。近年来，偏微分方程在图像处理中的应用越来越广泛，主要应用于图像平滑、图像复原、图像分割等[30]。目前，非线性扩散滤波算法的研究主要集中在扩散函数的选取和目标边缘检测算法两个方面。其中，目标边缘检测算法的主要目标是精确定位和抗噪，有高斯核函数平滑后进行梯度检测的方法和形态学边缘检测算法[31]等。文献［32］中针对具体的应用背景对 P-M 扩散滤波算法进行了改进。文献［33］提出了一种小波域上的图像扩散滤波恢复模型，避免了小波阈值去噪的伪 Gibbs 现象，具有较强的图像滤波和边缘保护能力。文献［34］通过分析线性偏微分方程去噪模型的解析解，得到了非线性去噪模型中扩散系数与最优停止时间的确定方法，保证了算法去噪的效果和稳定性。

为了弥补传统的光滑滤波器的主要缺陷，Perona 和 Malik 提出了基于 P-M 扩散的图像光滑思想，从而使图像的质量有了很大的改善。P-M 扩散方程为：

$$\frac{\partial I}{\partial t} = \text{div}(c(|\nabla I|) \cdot \nabla I) \tag{2-48}$$

式中，I 为演化图像；div 为散度算子；$\nabla I = [I_x, I_y]$ 为图像的梯度；$|\nabla I| = (I_x^2 + I_y^2)^{1/2}$ 为图像的梯度模；$c(|\nabla I|)$ 为扩散系数，该参数的选择与定义对于滤波结果有着较大的影响，这也是非线性扩散滤波算法研究中的重点和热点之一[35]。

令 η 为图像的梯度方向，ξ 为梯度方向的垂直方向，则在坐标系 (η, ξ) 下，P-M扩散方程的表达式为：

$$\frac{\partial I}{\partial t} = c_\eta \cdot I_{\eta\eta} + c_\xi \cdot I_{\xi\xi} \tag{2-49}$$

式中，$I_{\eta\eta}$、$I_{\xi\xi}$ 分别为 I 沿 η、ξ 的二阶方向导数，其定义为：

$$I_{\eta\eta} = \frac{I_x^2 I_{xx} + 2I_x I_y I_{xy} + I_y^2 I_{yy}}{I_x^2 + I_y^2}; \quad I_{\xi\xi} = \frac{I_y^2 I_{xx} - 2I_x I_y I_{xy} + I_x^2 I_{yy}}{I_x^2 + I_y^2} \tag{2-50}$$

c_η、c_ξ 分别为沿 η、ξ 方向的扩散系数，P-M 扩散方程选取的扩散系数可定义为如下表达式（也可定义为其他形式）：

$$c(\,|\nabla I|\,) = \frac{1}{1 + |\nabla I|^2/T^2} \tag{2-51}$$

则对应的沿 η、ξ 方向的扩散系数为：

$$c_\eta = \frac{1 + 2|\nabla I|/T - |\nabla I|^2/T^2}{(1 + (|\nabla I|/T)^2)^2}; \quad c_\xi = \frac{1}{1 + (|\nabla I|^2/T^2)} \tag{2-52}$$

根据式（2-52）计算扩散系数与梯度模值的关系曲线，如图 2-5 所示。从图 2-5（a）可以看出，随着梯度模值的增大，扩散系数 c_η、c_ξ 均呈下降趋势，平滑能力逐渐减弱，从而可以更好地保留图像边缘等细节特征。根据图 2-5（b）可知，随着参数 T 的增大，扩散系数的下降趋势逐渐减缓，但在梯度模值较大的条件下，T 的取值对扩散系数的影响较小。

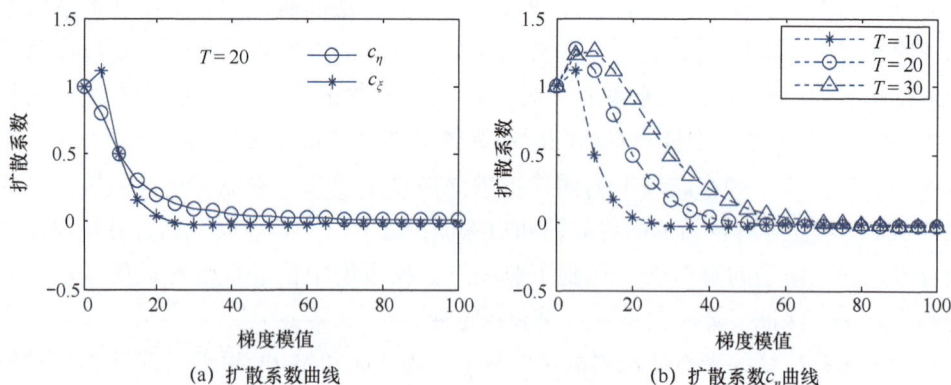

(a) 扩散系数曲线   (b) 扩散系数 c_η 曲线

图 2-5 扩散系数与梯度模值的关系曲线

通常在滤波过程中，T 取定值，这就使得当图像中像素点的梯度模值较大时，扩散系数趋近于零而不等于零。分析可知，T 的值越小，扩散系数值越小，为此本书采用自适应改变 T 值的方法，取像素点处的比例因子（定义见"边缘检测模板"部分）作为 T 的取值。在边缘处，比例因子较小，梯度较大，扩散系数较小。

对受到噪声污染严重的图像，梯度方向与梯度幅值具有很大的不确定性，因此有必要对演化图像用具有一定尺度的卷积核进行光滑处理，然后提取图像的边缘信息，并用得到的边缘信息来定位局部坐标和选取扩散系数。为此，Catt 等人给出的扩散方程为：

$$\frac{\partial I}{\partial t} = \mathrm{div}(c(\,|\nabla(G_\sigma * I)|\,) \cdot \nabla I)$$

式中，G_σ 是方差为 σ 的高斯函数；* 为卷积运算。

尽管以上改进算法对计算图像的梯度模值、降低噪声的影响具有一定作用，但同时也带来了平滑尺度参数的选取问题。如果平滑尺度参数选得过大，图像的边缘特征就会有较大的损失，特别是边缘定位的精度会下降；如果平滑尺度参数过小，则平滑效果不明显。

2.4.3　算法改进

1. 噪声点检测算法

在数字图像中往往存在大量孤立的噪声点，在进行图像梯度运算提取边缘时，这些噪声点会产生较大影响，造成许多伪边缘的存在。而孤立的噪声点在各个方向上的梯度都较大，计算得到的各个方向的扩散系数都较小，而使该像素点处的噪声得不到有效平滑。因此，在进行梯度运算时，可先进行噪声点的检测与消除，以得到后续较为精确的图像边缘梯度模值。

噪声点和图像边缘的主要区别在于，噪声点处像素的灰度值与其周围邻域内的像素点的灰度值均相差较大，即其处于孤立状态；而边缘点处的像素值只与其邻域内部分像素点的灰度值相差较大，与另一部分点的灰度值相近。鉴于这一特点，噪声点检测算法设计如下：

设图像为 u，图像中的某个像素点 (x,y) 处的灰度值为 h_{xy}，以 3×3 的模板为例，该点处邻域内的点的灰度值可表示为：

$$\{ h_{x-1,y-1} \quad h_{x-1,y} \quad h_{x-1,y+1} \quad h_{x,y-1} \quad h_{x,y+1} \quad h_{x+1,y-1} \quad h_{x+1,y} \quad h_{x+1,y+1} \}$$

则该点同邻域点的灰度差值的绝对值可表示为：

$$k = \{ k_1 \quad k_2 \quad k_3 \quad k_4 \quad k_5 \quad k_6 \quad k_7 \quad k_8 \}$$

设定阈值 λ，如果 $\min(k) \geqslant \lambda$，则判断该像素点 u_{ij} 为孤立噪声点，利用中值滤波方法对其进行剔除处理。如果 $\min(k) < \lambda$，则认为该像素点为边缘点或内部点，保持不变。

2. 边缘检测模板

图像的边缘是图像最基本的特征。两个具有不同灰度值的相邻区域之间总存在边缘，边缘就是图像中亮度函数发生急剧变化的位置，是图像分割、纹理特征提取和形状特征提取等图像分析的基础。这种灰度的不连续可以通过求导数方便地检测到。

边缘检测结果的好坏直接影响扩散滤波系数的计算，边缘检测算子检测每个像素的邻域，并对灰度变化率进行量化，也包括方向的确定。大多数使用基于方向倒数掩模求卷积的方法，可应用 Roberts 边缘检测算子、Sobel 边缘检测算子、

Prewitt 边缘检测算子、拉普拉斯边缘检测算子和高斯拉普拉斯边缘检测算子等进行计算。

1）Roberts 边缘检测算子

Roberts 边缘检测算子是一种利用局部差分算子寻找边缘的算子，其模板如图 2-6 所示。

2）Sobel 边缘检测算子

图 2-7 所示为两个卷积核形成的 Sobel 边缘检测算子，图像中的每个点都用这两个核做卷积，一个核对通常的垂直边缘响应最大，而另一个核对水平边缘响应最大。两个卷积的最大值作为该点的输出位。运算结果是一幅边缘检测图像。

$$\begin{bmatrix} 1 & 0 \\ 0 & -1 \end{bmatrix} \begin{bmatrix} 0 & 1 \\ -1 & 0 \end{bmatrix} \qquad \begin{bmatrix} -1 & -2 & -1 \\ 0 & 0 & 0 \\ 1 & 2 & 1 \end{bmatrix} \begin{bmatrix} -1 & 0 & 1 \\ -2 & 0 & 2 \\ -1 & 0 & 1 \end{bmatrix}$$

图 2-6　Roberts 边缘检测算子　　　　图 2-7　Sobel 边缘检测算子

3）Prewitt 边缘检测算子

图 2-8 所示为两个卷积核形成的 Prewitt 边缘检测算子，与使用 Sobel 边缘检测算子的方法一样，图像中的每个点都用这两个核做卷积，取最大值作为输出。Prewitt 边缘检测算子也产生一幅边缘检测图像。

4）拉普拉斯边缘检测算子和高斯拉普拉斯边缘检测算子

拉普拉斯边缘检测算子是对二维函数进行运算的二阶导数算子。通常使用的拉普拉斯边缘检测算子如图 2-9 所示。

$$\begin{bmatrix} -1 & 0 & 1 \\ -1 & 0 & 1 \\ -1 & 0 & 1 \end{bmatrix} \begin{bmatrix} -1 & -1 & -1 \\ 0 & 0 & 0 \\ 1 & 1 & 1 \end{bmatrix} \qquad \begin{bmatrix} 0 & -1 & 0 \\ -1 & 4 & -1 \\ 0 & -1 & 0 \end{bmatrix} \begin{bmatrix} -1 & -1 & -1 \\ -1 & 8 & -1 \\ -1 & -1 & -1 \end{bmatrix}$$

图 2-8　Prewitt 边缘检测算子　　　　图 2-9　拉普拉斯边缘检测算子

把高斯平滑滤波器和拉普拉斯锐化滤波器结合起来就构成了高斯拉普拉斯边缘检测算子。常用的高斯拉普拉斯边缘检测算子是 5×5 模板，如图 2-10 所示。

$$\begin{bmatrix} -2 & -4 & -4 & -4 & -2 \\ -4 & 0 & 8 & 0 & -4 \\ -4 & 8 & 24 & 8 & -4 \\ -4 & 0 & 8 & 0 & -4 \\ -2 & -4 & -4 & -4 & -2 \end{bmatrix}$$

图 2-10　高斯拉普拉斯边缘检测算子

图像中噪声点和边缘细节一样，具有较高的梯度模值，因此需要选取具有较强抗噪能力的边缘检测算子，否则在非线性 P-M 扩散滤波中得不到满意的平滑效果。本书采用了一个比值型边缘检测器，得到了较准确的边缘检测结果，而且受噪声的影响较小。其模板如图 2-11 所示，图中"●"代表当前像素点，在90°、0°、135°、45°方向上的检测模板分别如图 2-11（a）、图 2-11（b）、图 2-11（c）、图 2-11（d）所示，为降低噪声的影响，在每个方向上均采用三个不同大小的滑动窗口，大小分别为 3×3、5×5 和 7×7。以90°方向边缘检测为例，定义图中左侧画线填充区域为 T_1，右侧画线填充区域为 T_2，则比例因子可统一表示为：

$$R = \min\left\{\frac{X_{T1}}{X_{T2}}, \frac{X_{T2}}{X_{T1}}\right\} \tag{2-53}$$

式中，X_{T1}、X_{T2} 分别是区域 T_1 和 T_2 内像素点的灰度均值。对应的 3×3、5×5 和 7×7 大小的窗口的比例因子分别记为 R_3、R_5 和 R_7。

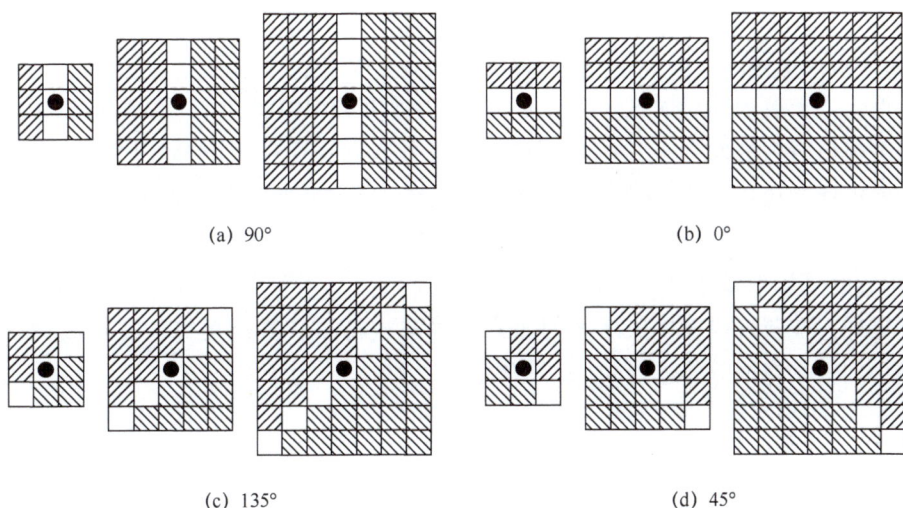

(a) 90°   (b) 0°

(c) 135°   (d) 45°

图 2-11　边缘检测模板

由式（2-53）定义可以看出，当前像素点处于均质区域内时，T_1 和 T_2 内的像素点的灰度值应该相同，则 R 应接近于 1；而当像素点位于边缘上时，左右两侧的区域内像素点灰度值的差别较大，则 R 值较小，而且 R 值越小，该点处的边缘越明显。

设定判断阈值为 edge_thres，则当 R_3、R_5 和 R_7 均小于该阈值时，认为该像素点位于图像中的目标边缘上。同样的计算过程可得到该像素点在 0°、135°、45°上的比例因子，比较四个方向上的比例因子，选择比例因子最小的方向作为该像素点处的梯度方向。

3. 自适应迭代次数

在滤波过程中，如果迭代次数过多，则会造成图像过平滑，使得图像中的边缘细节和纹理细节等模糊化；如果迭代次数过少，平滑效果又难以满足要求。因此，如何根据图像中像素点的特性自适应确定滤波迭代次数，就成为各种滤波平滑算法需要共同解决的问题之一了[34]。

图像中各像素点处的灰度梯度模值可作为判断该像素点为均匀区域或边缘区域的标准之一，而图像中脉冲噪声点处的灰度梯度通常较大，由于前面已进行了孤立噪声点的检测与剔除，故此处不必考虑脉冲噪声的影响。

设图像大小为 $M \times N$，像素点 (x,y) 处的灰度梯度模值为 $g(x,y)$，进行归一化处理得 $g'(x,y)$ 为：

$$\begin{cases} g_{\min} = \min\{g(x,y) \mid (x,y) \in M \times N\} \\ g_{\max} = \max\{g(x,y) \mid (x,y) \in M \times N\} \\ g'(x,y) = \dfrac{g(x,y) - g_{\min}}{g_{\max} - g_{\min}} \end{cases} \tag{2-54}$$

设定滤波过程的最大迭代次数为 $n_{\max}$，为了充分保留图像中的细节信息，在灰度梯度模值较大的像素点处应采用较小的迭代次数；而在灰度梯度模值较小的像素点处应增加迭代次数，提高平滑效果。为此，定义各像素点处的迭代次数为：

$$n = n_{\max} - \text{int}\{g'(i,j) \cdot (n_{\max} - 1)\} \tag{2-55}$$

式中，$\text{int}\{\cdot\}$ 为取整运算。

这样，在灰度梯度模值最大的像素点处只进行一次滤波运算，在灰度梯度模值最小的像素点处需要进行 $n_{\max}$ 次迭代运算。

2.4.4　实验研究

首先，为验证算法的有效性，采用标准的 Lena 图像作为测试样本，图 2-12（a）为 Lena 图像原图。图 2-12（b）为在原图上叠加 20% 乘性噪声的结果；图 2-12（c）为中值滤波的结果；图 2-12（d）～图 2-12（g）分别为扩散滤波迭代 5 次、10 次、15 次及 20 次的结果；图 2-12（h）为同态滤波算法结果；图 2-12（i）为小波软阈值的结果，选取小波函数为 sym5 基函数，分解级数为 3。

滤波质量采用如下评价准则进行评判：

$$\text{PSNR} = \frac{\displaystyle\sum_{x=1}^{M}\sum_{y=1}^{N} |I_s(x,y) - I_n(x,y)|}{\displaystyle\sum_{x=1}^{M}\sum_{y=1}^{N} |I_n(x,y)|} \tag{2-56}$$

式中，I_n 为未加噪声的图像；I_s 为平滑滤波后的图像，图像大小为 $M \times N$。

该指标的值越小，说明滤波后的图像与原图之间的差别越小，在一定程度上说明平滑效果越好。性能评价指标对比如表 2-2 所示，表中标注的迭代次数均为最大迭代次数。从表 2-2 中可以看出，扩散滤波在迭代 5 次时，其平滑效果较中值滤波等算法稍差；当迭代到 10 次以上时，扩散滤波算法的性能指标明显好于其他算法。值得注意的是，当迭代次数过多时，会出现过平滑现象，即算法的性能指标出现先下降后上升的现象。

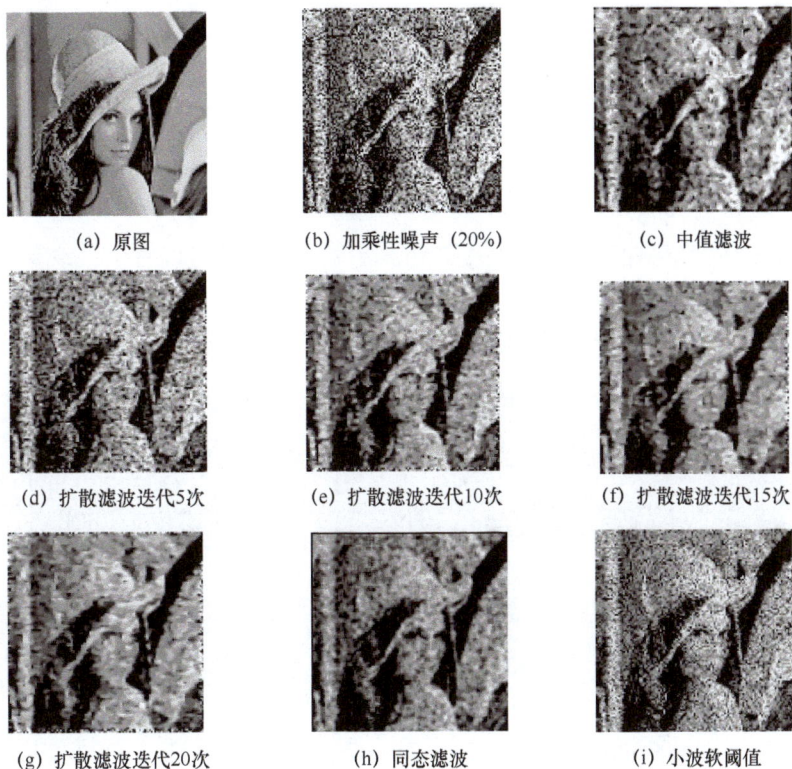

(a) 原图　　　　　　　　(b) 加乘性噪声（20%）　　　　　　(c) 中值滤波

(d) 扩散滤波迭代5次　　　(e) 扩散滤波迭代10次　　　(f) 扩散滤波迭代15次

(g) 扩散滤波迭代20次　　　(h) 同态滤波　　　　　　(i) 小波软阈值

图 2-12　滤波结果

表 2-2　性能评价指标对比

滤波方法	性能指标（PR）	滤波方法	性能指标（PR）
扩散滤波（最大迭代 5 次）	0.2141	中值滤波	0.2090
扩散滤波（最大迭代 10 次）	0.1713	同态滤波	0.1902
扩散滤波（最大迭代 15 次）	0.1600	小波软阈值	0.2509
扩散滤波（最大迭代 20 次）	0.1669	加噪后图像	0.3674

在不同信噪比条件下，对本书滤波算法的滤波效果指标进行统计，如图 2-13 所示。图 2-13 中滤波次数为 0 时，对应的指标值为加噪后图像的指标，可以看出本书算法均能取得较好的滤波平滑效果；在最大滤波次数达到 5 次以上时，滤波效果均好于其他几种滤波器，而且在滤波次数达到一定量后滤波效果趋于稳定。

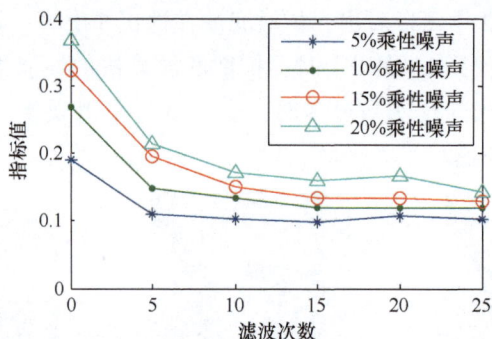

图 2-13　统计结果

将算法应用于声呐图像中，结果如图 2-14 所示。由图可以看出，该算法可较好地对声呐图像背景区域进行平滑，但随着迭代次数的增加，会出现模糊程度增大的趋势。在实际应用中，应综合滤波平滑效果、细节保持及计算效率等多种因素。

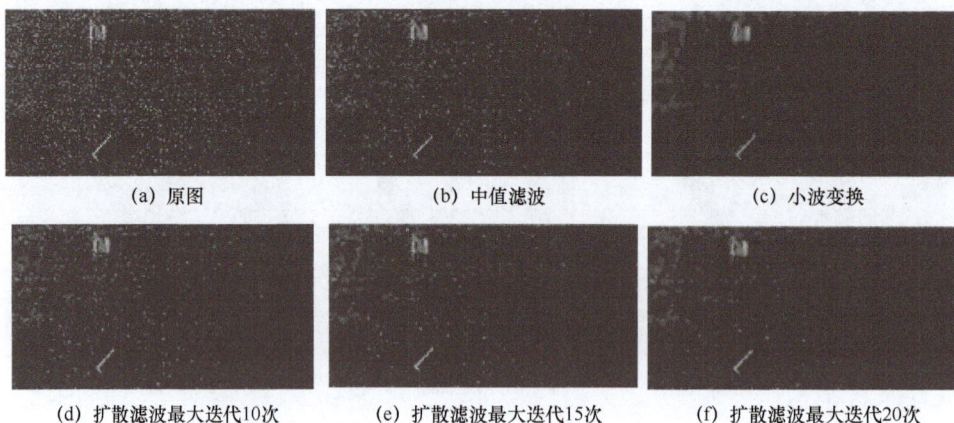

（a）原图　　　　　　　　（b）中值滤波　　　　　　　　（c）小波变换

（d）扩散滤波最大迭代10次　　（e）扩散滤波最大迭代15次　　（f）扩散滤波最大迭代20次

图 2-14　声呐图像滤波结果

2.5　基于窗口选择的自适应增强算法

为了改善声呐图像的视觉效果，突出图像中的有效目标特征，提高图像的可读性，图像增强技术就成为预处理过程中必不可少的步骤之一。

图像增强技术通常有频域法和空域法两种。

（1）频域法：指在图像的某种变换域中（通常是在频率域中）对图像的变换值进行某种运算处理，然后变换回空间域。这是一种间接处理方法，算法较复杂，耗时较长。目前，常用的方法有小波变换[36]和高通滤波器等。

（2）空域法：指在空间域中直接对图像像素灰度值进行运算处理。从处理效果来看，图像滤波降噪也是图像增强的一种。目前，常用的增强算法主要有直方图均衡化[37]、直方图规定化、灰度拉伸、模糊增强及伪彩色处理等。

对于声呐图像增强来说，增强的目的是突出图像中的目标回波及阴影等感兴趣区域，增大感兴趣区域与图像背景之间的对比度，使之便于视觉观察，有助于人工辅助判读和决策等，更重要的是，有助于后续的机器分析，如目标检测与识别、目标跟踪等。

2.5.1　窗口选择

在图像增强算法中，滑动窗口的选择至关重要，主要涉及窗口尺寸和形状。通常尺寸较大的窗口平滑能力较强，但对图像细节信息的破坏也较严重；而窗口的形状应尽可能与图像中目标边缘等信息一致，以保证检测的准确性。

设选取的窗口组合为 $W_k, k = 1, 2, \cdots, n$，其中，n 为窗口的个数，则每个窗口内像素灰度值的方差定义为：

$$\mathrm{var}_k = \frac{1}{N} \sum_i \left[w_k^i - \overline{w_k} \right]^2 \tag{2-57}$$

式中，N 为窗口内的像素个数；$\overline{w_k}$ 为窗口 w_k 内的像素灰度值的均值。

依据方差最小准则，窗口选择如下：

$$w = \underset{k}{\mathrm{argmin}} \{ w_j \mid \mathrm{var}_k, \ k = 1, 2, \cdots, n \} \tag{2-58}$$

文献［38］给出的窗口组合由九个 3×3 的邻域窗口组成，在仿真中发现该窗口组合的计算量较大，而本书所处理的声呐图像具有目标形状轮廓相对简单的特点，为此给出如图 2-15 所示的窗口组合，图中 " * " 为当前像素点。

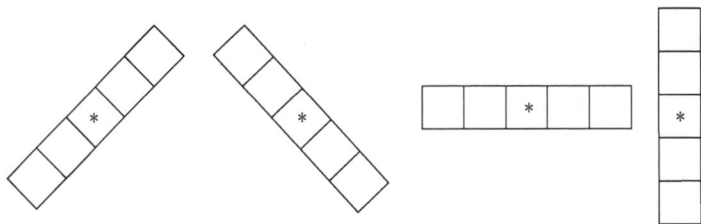

图 2-15　窗口组合

2.5.2　自适应窗口增强方法

文献［38］中给出的算法目的在于增强目标阴影区域，在各像素点处，在均值滤波的基础上叠加窗口内最小灰度值，以达到拉伸对比度的目的。而实际上，由于孤立噪声点的影响，背景区域内像素的邻域窗口内最小像素灰度值往往也为

0，这种情形下像素灰度得不到增强，在一定程度上影响了增强效果。为此，本书提出了基于顺序滤波的增强算法，通过判断当前像素点的类别，给出不同的增强策略。方法简述如下：

对选出的滑动窗口 w 内的像素点灰度值 $h^i (i=1,2,\cdots,N)$ 进行排序，得到灰度值序列，$h_w = \{h^1, h^2, h^3, \cdots, h^N\}$，满足 $h^1 \leqslant h^2 \leqslant \cdots \leqslant h^N$。定义滤波增强算法为：

$$y^i = h^i + h_w^{(M+1-J)} \tag{2-59}$$

式中，y^i 为增强后的像素灰度值；$M = (N-1)/2$，$-M \leqslant J \leqslant M$。

式（2-59）中参数 J 的选择主要依据当前像素点所在的区域，这就涉及像素点的判断问题。为此下面给出了一种简单的判断方法。设当前像素点的灰度值为 h，窗口内像素灰度值的最小值为 h^1，最大灰度值为 h^N，则判断准则定义如下：

$$\begin{cases} \text{echolight}, & h \geqslant k \cdot (h^N - h^1) \\ \text{shadow}, & h \leqslant (1-k) \cdot (h^N - h^1) \\ \text{background}, & \text{其他} \end{cases} \tag{2-60}$$

式中，k 为比例系数，满足 $0 < k < 1$，由人工经验选取。

当窗口位于目标阴影区域时，窗口内像素灰度值序列的最小值为 0，取 $J = M$，对应于在原像素灰度值的基础上叠加一个邻域窗口内的最小灰度值，故像素点的灰度值保持不变；当窗口位于目标回波区域时，窗口内像素灰度值序列的最大值为 255，取 $J = -M$，对应于在原像素灰度值的基础上叠加一个邻域窗口内的最大灰度值，故像素点的灰度值在原始值的基础上再增加 255；当窗口位于背景区域时，由于噪声的影响，窗口内像素灰度值序列的最小值仍可能为 0，最大值可能为 255，但为了同时增大背景区域与回波区域和阴影区域的对比度，取 $J = 0$，对应于在原像素灰度值的基础上叠加一个邻域窗口内灰度值序列的中值。这样处理的结果就是，不同区域的增强效果不同，灰度值越低，叠加的灰度值越小，从而进一步增大了图像中不同区域内像素灰度值间的差异，增强了对比度。

2.5.3 实验研究

对图 2-16 所示的声呐图像进行增强处理，首先采用文献[38]中给出的窗口组合，分别利用文献增强算法和本书的增强算法进行处理，结果如图 2-17、图 2-18 所示。对比可以看出，图 2-17 中背景区域和目标回波区域的增强效果不明显，而图 2-18 中图像的各个区域均得到了较好的增强。采用本书给出的窗口组合和自适应增强算法的处理结果如图 2-19 所示，增强效果与采用文献窗口组合的增强算法的效果相当，二者的共同特点是增强后图像中各区域之间的对比度得到了极大的提高，只是本书改进增强算法的运算时间减少，实时性增强。

图 2-16　原图

图 2-17　文献算法结果

图 2-18　本书算法（文献窗口组合）结果

图 2-19　本书算法结果

采用图像的频域响应作为度量标准，频域响应如图 2-20 所示。从处理结果的二维傅里叶变换可以看出，图像直方图均衡算法增强后，图像的低频和高频成分均得到了一定的增强，但在频率的中间段增强最为明显；模糊增强算法的图像增强效果从频域响应图上来看，并不明显。本书中给出的增强算法保留了较多的图

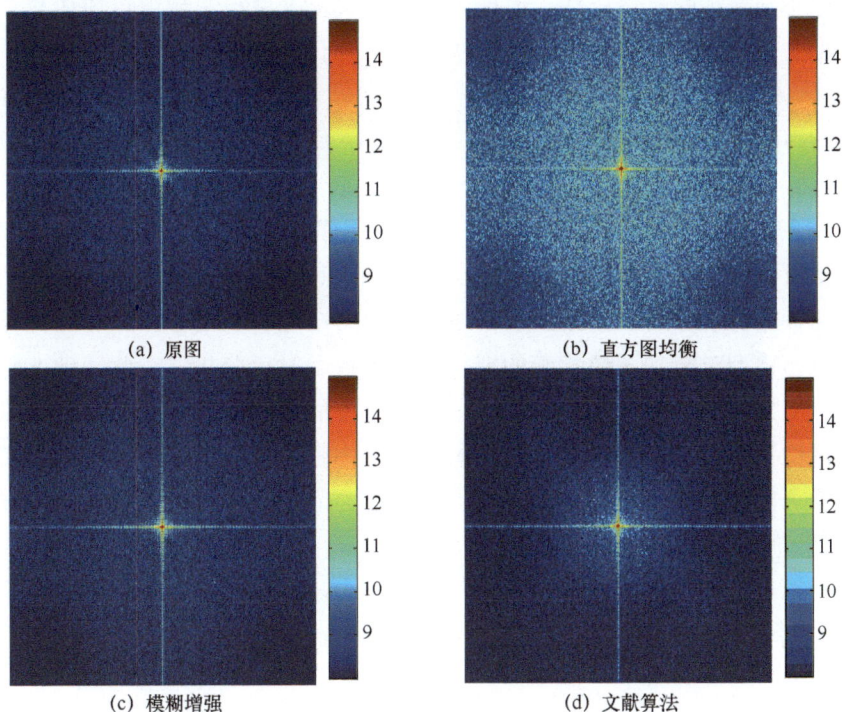

(a) 原图

(b) 直方图均衡

(c) 模糊增强

(d) 文献算法

图 2-20　频域响应

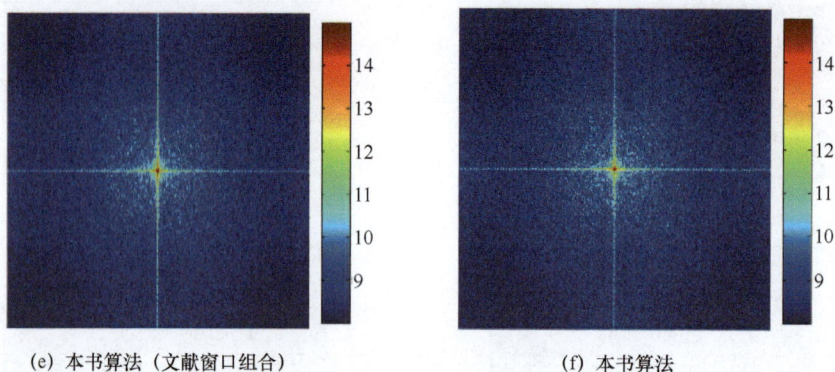

(e) 本书算法（文献窗口组合）　　　　　　　　(f) 本书算法

图 2-20　频域响应（续）

像细节，而且从低频到高频，图像能量呈逐步递减的趋势，过渡平缓，与原始声呐图像的频域响应相比，本书的增强算法在低频部分和高频部分均有较明显的增强，而在中间频段上增强较弱，提高了目标区域和背景区域之间的对比度。

本书给出的自适应增强算法的自适应能力主要表现在两个方面：一是滑动窗口的选择，根据最小方差准则，在各像素点处选择不同的窗口形状和尺寸进行处理；二是增强处理的自适应性，依据当前像素点灰度值与邻域窗口内像素点灰度值之间的关系，判断当前像素点所属的区域，进行相应的增强处理。

2.6　小结

本章主要研究了声呐图像的预处理（滤波）算法。首先，对多种传统和现代滤波方法进行了简述，梳理了它们各自的优缺点和适用条件；其次，对声呐图像的统计特性进行了分析，给出了图像滤波算法的性能评价指标，并对几种常用灰度概率分布模型对声呐图像背景的拟合效果进行了对比分析，在此基础上分别介绍了可以有效抑制相干斑噪声的基于偏微分方程的非线性扩散滤波算法，以及改善声呐图像视觉效果的基于窗口选择的自适应增强算法，从而为研究基于模型的声呐图像分割和目标检测识别研究提供了必要的依据，也为对声呐图像的理解和分析提供了一定的理论基础。

参考文献

[1] 赵春晖，李誉斐. 基于偏微分方程的声呐图像去噪 [J]. 黑龙江大学自然科学学报，2008，25（1）：10-14.

［2］ 田晓东，刘忠. 基于自适应迭代阈值的声呐图像增强算法［J］. 舰船电子工程，2006，26
　　（2）：154-157.

［3］ 刘晨晨. 高分辨率成像声呐图像识别技术研究［D］. 哈尔滨：哈尔滨工程大学，2006.

［4］ Rafael C G. 数字图像处理［M］. 北京：电子工业出版社，2007.

［5］ 田晓东. 成像声呐水下目标探测技术及应用研究［D］. 武汉：海军工程大学，2007.

［6］ 田晓东. 声呐图像滤波方法比较分析［J］. 声学与电子工程，2007（1）：22-25.

［7］ 万山，李磊民，黄玉清. 融合偏微分方程和中值滤波的图像去噪模型［J］. 计算机应用，
　　2011，31（9）：2512-2514.

［8］ 王正明，谢美华. 偏微分方程在图像去噪中的应用［J］. 应用数学，2005，18（2）：
　　219-224.

［9］ Rafael C. Gonzalez, Richard E. Digital Image Processing［M］. 2nd Edition. Tennessee：Pear-
　　son Education, 2002.

［10］ 张海澜，徐文，朱维庆. 声呐图像统计特性的研究［J］. 声学学报，1991，16（5）：
　　381-387.

［11］ 陈勇，李海林. 一种顾及像元邻域信息的高光谱影像异常目标探测方法［J］. 海军工程大
　　学学报，2010（3）：38-42.

［12］ 汤春瑞. 水下目标声呐图像多分辨率分析及识别研究［D］. 哈尔滨：哈尔滨工程大
　　学，2009.

［13］ Gareth R E, Judith M B. Pseudospectral time-domain modeling of non-Rayleigh reverberation：
　　synthesis and statistical analysis of a sidescan sonar image of sand ripples［J］. IEEE Journal of
　　Oceanic Engineering, 2004, 29（2）：317-329.

［14］ Douglas A A, Anthony P L. Reverberation envelope statistics and their dependence on sonar
　　bandwidth and scattering patch size［J］. IEEE Journal of Oceanic Engineering, 2004, 29（1）：
　　126-137.

［15］ 李岚. 合成孔径雷达图像恒虚警目标检测［D］. 北京：中国科学院电子学研究所，2001.

［16］ 李岚，邓峰，彭海良. 合成孔径雷达图像的恒虚警率目标检测［J］. 华北工学院测试技术
　　学报，2002，16（1）：9-13.

［17］ Douglas A A, Anthony P L. Novel physical interpretations of K-distributed reverberation［J］.
　　IEEE Journal of Oceanic Engineering, 2002, 27（4）：800-813.

［18］ 邹焕新，匡纲要. 一种从 SAR 海洋图像中检测舰船航迹的算法［J］. 现代雷达，2004，
　　26（1）：41-44.

［19］ Joeelyn C, Frederic M, Alain H. Scalar image processing filters for speckle reduction on synthet-
　　ic sperture sonar images［J］. IEEE, 2002：2294-2301.

［20］ 邓承志，汪胜前，刘祝华，等. 基于层间特性的多级小波收缩去噪算法［J］. 江西师范大
　　学学报（自然科学版），2004，28（4）：334-336.

［21］ Isar A, Isar D, Moga S, et al. Multi-scale MAP despeckling of sonar images［J］. Oceans-Eu-

41

rope，2005（2）：1292-1297.

[22] 郦苏丹. SAR 图像特征提取与目标识别方法研究 [D]. 长沙：国防科技大学，2001.

[23] 蒋立辉，赵春晖，王骐. 基于非线性加权均值的多方向广义形态滤波算法的 Speckle 噪声抑制 [J]. 信号处理，2003，19（2）：145-148.

[24] Mickael G，Goze B B，Jean M B，et al. Contribution of the fractal dimension to multiscale adaptive filtering of SAR imagery [J]. IEEE Transaction on Geoscience and Remote Sensing，2003，41（8）：1765-1772.

[25] Ian M C，Richard W，Chris O，et al. The DRA despeckling algorithm [J]. IEEE Colloquium on Recent Developments in Radar and Sonar Imaging Systems：What Next，1995-11-12：9/1-9/6.

[26] 蒋立辉，李宁. 基于一种新的同态滤波算法的散斑噪声压缩 [J]. 激光与红外，2000，30（1）：11-15.

[27] Frederic M，Jocelyn C，Sofia C V，et al. Adaptive anisotropic diffusion for speckle filtering in SAS imagery [J]. Oceans-Europe，2005（1）：305-309.

[28] Shiu Y Y，Chun K F，Kwok L C，et al. Fractal dimension estimation and noise filtering using Hough transform [J]. Signal Peocessing，2004（84）：907-917.

[29] 彭韵，李德玉，林江莉，等. 基于各向异性扩散的超声医学图像滤波方法 [J]. 航天医学与医学工程，2005，18（2）：135-139.

[30] 张良培，王毅，李平湘. 基于各向异性扩散的 SAR 图像斑点噪声滤波算法 [J]. 电子学报，2006，34（12）：2250-2253.

[31] 蔡超，周成平，丁跃明，等. 一种应用于异质扩散的噪声腐蚀新算子 [J]. 华中科技大学学报（自然科学版），2004，32（11）：48-50.

[32] Guy G，Yehoshua Y Z. Image enhancement and denoising by complex diffusion processs [J]. IEEE Transaction on Pattern Analysis and Machine Intelligence，2004，26（8）：1020-1036.

[33] 石澄贤，王洪元，夏德深. 小波域上图像非线性扩散滤波 [J]. 中国图像图形学报，2004，9（12）：1449-1453.

[34] 谢美华，王正明，谢华英. 图像去噪的偏微分方程模型的最优参数选取 [J]. 遥感技术与应用，2005，20（2）：261-265.

[35] 王发牛. 基于偏微分方程的图像平滑技术及其应用研究 [D]. 合肥：安徽大学，2002.

[36] 闫敬文，朱明. 基于小波变换的低光照对比度或强噪声背景下图像增强与目标提取方法 [J]. 厦门大学学报（自然科学版），2004，43（2）：195-198.

[37] 郭海涛，孙大军，田坦. 属性直方图及其在声呐图像模糊增强中的应用 [J]. 电子与信息学报，2002，24（9）：1287-1290.

[38] 王连玉，厚宇德，郭海涛. 一种自适应图像增强方法及其应用 [J]. 佳木斯大学学报（自然科学版），2003，21（2）：138-140.

第3章

声呐图像分割

3.1 引言

图像分割是图像处理和模式识别必不可少的步骤，它按照一定的图像特征，如图像的灰度特征、纹理特征、运动特征等将图像中具有特殊含义的不同区域分开，从而减少后续处理的数据量。分割后的各子区域应满足完整性、独立性、连通性等要求[1]。图像分割是对整幅图像的处理，数据量较大，对于应用系统而言，实时性是图像分割算法的重要指标之一。另外，分割中出现的误差会全部或部分传播至后续更高层次的图像理解和分析中，因此准确性就成为衡量分割算法优劣的另一个重要指标[2]。

3.2 图像分割算法简述

图像分割是图像处理与机器视觉领域的一个经典难题，到目前为止还难以找到一种通用的图像分割方法。目前，常用的图像分割方法主要有三大类：阈值化图像分割、边缘检测图像分割及区域和基于区域的分割[3]。

3.2.1 阈值化图像分割

此种方法简单、容易实现，但分割准确率较低。图像 R 的完全分割是区域 R_1，$R_2,\cdots,R_s$ 的有限集合：

$$R = \bigcup_{i=1}^{s} R_i, R_i \cap R_j = \varnothing, i \neq j \tag{3-1}$$

阈值化图像分割处理能够实现对图像的完全分割，实际上，阈值化是输入图像 f 到输出图像 g 的如下变换：

$$g(i,j) = \begin{cases} 1, f(i,j) \geqslant T \\ 0, f(i,j) < T \end{cases} \tag{3-2}$$

式中，T 是阈值。对于物体的图像元素有 $g(i,j)=1$，对于背景的图像元素有 $g(i,j)=0$（反之亦然）。

3.2.2　边缘检测图像分割

边缘检测图像分割的常见问题是在没有边界的地方出现了边缘，以及在实际存在边界的地方没有出现边缘，这是图像噪声或图像中的不适合信息造成的。

图像像素点(x,y)在x方向的一阶偏导数为：

$$I_x(x,y) = \frac{\partial I(x,y)}{\partial x} \tag{3-3}$$

式中，函数$I(x,y)$为图像灰度。

对应的差分算子为：

$$\Delta I_x(x,y) = I(i,j) - I(i-1,j) \tag{3-4}$$

点(x,y)在y方向上的一阶偏导数为：

$$I_y(x,y) = \frac{\partial I(x,y)}{\partial y} \tag{3-5}$$

对应的差分算子为：

$$\Delta I_y(x,y) = I(i,j) - I(i,j-1) \tag{3-6}$$

点(x,y)在θ方向上的一阶方向导数为：

$$I_\theta(x,y) = \frac{\partial I(x,y)}{\partial x}\cos\theta + \frac{\partial I(x,y)}{\partial y}\sin\theta \tag{3-7}$$

点(x,y)处的梯度为：

$$\nabla I(x,y) = \begin{bmatrix} G_x & G_y \end{bmatrix}^T = \begin{bmatrix} \frac{\partial I}{\partial x} & \frac{\partial I}{\partial y} \end{bmatrix}^T \tag{3-8}$$

该梯度的模为：

$$|\overline{\mathrm{grad}}| = \sqrt{\left(\frac{\partial I}{\partial x}\right)^2 + \left(\frac{\partial I}{\partial y}\right)^2} \tag{3-9}$$

边缘的方向与梯度的方向垂直。

图像像素点(x,y)在x方向的二阶偏导数为：

$$I_{xx}(x,y) = \frac{\partial I^2(x,y)}{\partial x^2} \tag{3-10}$$

点(x,y)在y方向的二阶偏导数为：

$$I_{yy}(x,y) = \frac{\partial I^2(x,y)}{\partial y^2} \tag{3-11}$$

经典的边缘检测算子主要有 Roberts 边缘检测算子、Sobel 边缘检测算子、Prewitt 边缘检测算子、拉普拉斯边缘检测算子、LOG 边缘检测算子、Canny 边缘检测算子等[4]。

3.2.3 基于区域的分割

常用的基于区域的分割算法有：区域生长及区域分离与合并。

令 R 表示整幅图像区域并选择一个谓词 P，分割处理就是将 R 划分为 n 个子区域 $R_1, R_2, \cdots, R_n$ 的过程，如图 3-1 所示。

（1） $\bigcup\limits_{i=1}^{n} R_i = R$。

（2） R_i 是一个连通的区域，$i = 1, 2, \cdots, n$。

（3） $R_i \cap R_j = \varnothing$，对于所有的 i 和 j，$i \neq j$。

（4） $P(R_i) = \text{TRUE}$，对于 $i = 1, 2, \cdots, n$。

（5） $P(R_i \cup R_j) = \text{FALSE}$，对于任意相邻区域 R_i 和 R_j。

1. 区域生长法

区域生长是依据一定的准则将像素点聚合成更大区域的过程。其基本方法是以一组种子点开始，将与种子性质相似（诸如灰度级或颜色的特定范围）的相邻像素附加到生长区域的每个种子上。

2. 区域分离与合并

区域生长的过程是从一组种子点开始的，而区域分离与合并则是在开始时将图像分割为一系列任意不相交的区域，然后对它们进行拆分和聚合（见图 3-1、图 3-2）。

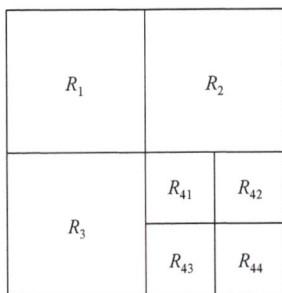

图 3-1　被分割的图像　　　　　图 3-2　对应的四叉树

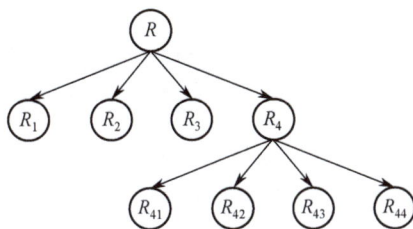

如果只拆分，最后的分区可能会包含相同性质的相邻区域，要想矫正这种缺陷，就必须对相邻区域进行聚合，但聚合的不同区域中相互连接的像素必须满足谓词 P。也就是说，只有在 $P(R_j \cup R_k) = \text{TRUE}$ 时，两个相邻的区域 R_j 和 R_k 才能聚合。

以下是具体拆分和聚合过程。

（1）对于任何区域 R_i，如果 $P(R_i) = $ FALSE，就将每个区域都拆分为 4 个相连的象限区域。

（2）将 $P(R_j \cup R_k) = $ TRUE 的任意两个相邻区域 R_j 和 R_k 进行聚合。

（3）当无法再进行聚合或拆分时，停止操作。

3.2.4 基于形态学分水岭的分割

分水岭算法是一种以数学形态学为基础的区域分割方法，由 Meyer 和 Beucher[5] 首次将其应用在图像分割领域，将图像看作一幅地形图，图中山峰的高度与输入图像的灰度级值成比例，最高山峰的值是由输入图像灰度级可能具有的最大值决定的，分水岭分割法的主要应用是从背景中提取近乎一致的对象，能够对图像进行较完整的分割，特别是当目标的边缘像素较弱时，仍能得到闭合的轮廓线。

令 $M_1, M_2, \cdots, M_R$ 为表示图像 $g(x,y)$ 的局部最小值点的坐标的集合，令 $C(M_i)$ 为一个点的坐标的集合，这些点位于与局部最小值 M_i 相联系的汇水盆地内。符号 min 和 max 代表 $g(x,y)$ 的最小值和最大值。最后，令 $T[n]$ 表示坐标 (s,t) 的集合，$g(s,t) < n$，即 $T[n] = \{(s,t) | g(s,t) < n\}$。

在几何上，$T[n]$ 是 $g(x,y)$ 中点的坐标集合，集合中的点均位于平面 $g(x,y) = n$ 的下方。

水位以整数量从 $n = \min + 1$ 到 $n = \max + 1$ 不断增加，算法都需要知道处在水位之下的点的数目。假设 $T[n]$ 中的坐标处在 $g(x,y) = n$ 平面之下，并被标记为黑色，所有其他坐标被标记为白色。然后，当水位以任意增量 n 增加时，从上向下观察 xy 平面，会看到一幅二值图像。在图像中，黑色点对应函数中低于平面 $g(x, y) = n$ 的点。

令 $C_n(M_i)$ 表示汇水盆地中的点的坐标集合。这个汇水盆地与在第 n 阶段被淹没的最小值有关。$C_n(M_i)$ 也可以看成由式（3-12）给出的二值图像：

$$C_n(M_i) = C(M_i) \cap T[n] \tag{3-12}$$

如果 $(x,y) \in C(M_i)$ 且 $(x,y) \in T[n]$，则在位置 (x,y) 有 $C_n(M_i) = 1$，否则 $C_n(M_i) = 0$。我们只需在水溢出的第 n 阶段使用与（AND）算子将 $T[n]$ 中的二值图像分离出来即可。$T[n]$ 是与局部最小值 M_i 相联系的集合。

接下来，令 $C[n]$ 表示第 n 阶段汇水盆地被水淹没部分的合集：

$$C[n] = \bigcup_{i=1}^{R} C_n(M_i) \tag{3-13}$$

然后令 $C[\max + 1]$ 为所有汇水盆地的合集：

$$C[\max + 1] = \bigcup_{i=1}^{R} C(M_i) \tag{3-14}$$

处于 $C_n(M_i)$ 和 $T[n]$ 中的元素在算法执行期间是不会被替换的,而且这两个集合中的元素的数目与 n 保持同步增长。因此,$C[n-1]$ 是集合 $C[n]$ 的子集。根据式 (3-12) 和式 (3-13) 可知,$C[n]$ 是 $T[n]$ 的子集,所以 $C[n-1]$ 是 $T[n]$ 的子集。从这个结论可以得出:$C[n-1]$ 中的每个连通分量都恰好是 $T[n]$ 的一个连通分量。

寻找分水岭的算法开始时设定 $C[\min+1] = T[\min+1]$,然后算法进入递归调用。假设在第 n 步时,已经构造了 $C[n-1]$,根据 $C[n-1]$ 求解 $C[n]$ 的过程如下:

令 Q 代表 $T[n]$ 中连通分量的集合。然后,对于每个连通分量 $q \in Q[n]$,有下列三种可能性:

(a) $q \cap C[n-1]$ 为空。

(b) $q \cap C[n-1]$ 包含 $C[n-1]$ 中的一个连通分量。

(c) $q \cap C[n-1]$ 包含 $C[n-1]$ 中多余一个的连通分量。

根据 $C[n-1]$ 构造 $C[n]$ 取决于这三个条件。当遇到一个新的最小值时,若符合条件 (a),则将 q 并入 $C[n-1]$ 构成 $C[n]$。当 q 位于某些局部最小值构成的汇水盆地中时,若符合条件 (b),则将 q 合并入 $C[n-1]$ 构成 $C[n]$。当遇到全部或部分分离两个或更多汇水盆地的山脊线时,符合条件 (c)。进一步注水会导致不同盆地的水聚合在一起,从而使水位趋于一致。因此,必须在 q 内建立一座水坝(如果涉及多个盆地就要建立多座水坝),以阻止盆地内的水溢出。用 3×3 个 1 的结构元素膨胀 $q \cap C[n-1]$,并且需要将这种膨胀限制在 q 内时,一条宽度为 1 像素的水坝是可以构造出来的[4]。

3.3　基于标记和模糊聚类的分水岭声呐图像分割

在各种干扰因素的影响下,分水岭算法有时会造成图像的过分割。目前,消除或减轻过分割问题的方法主要分为前处理和后处理。前处理包括滤波降噪、设定阈值和标记提取等方法,但前处理不能有效利用分水岭执行过程的中间信息。后处理方法则是利用图像的某些特征对相似区域进行合并,但合并准则不好确定[5]。本书结合前、后两种处理方法的优点和声呐图像的特点,首先对分割图像进行高斯滤波和形态学梯度运算;其次利用 $H-\min$ 变换提取新的标记,并进行分水岭分割;再次利用粒子群算法从中搜索出较为准确的初始聚类中心;最后利用改进目标函数的模糊 C–均值聚类算法对分水岭分割后的小区域聚类,取得了较好的分割效果。

3.3.1 分水岭前处理及变换

1. 形态学梯度图像运算

由于梯度图像的灰度跃变更剧烈、边缘更清晰，便于构建分水岭，因此分水岭算法通常在梯度图像上执行。但声呐图像一般存在严重的噪声干扰，所以在梯度运算前需要进行滤波，以免噪声也被增强。本书选择常用的高斯滤波器 F_{Gauss} 对图像进行平滑处理，然后再进行梯度运算。在形态学处理中，梯度图像定义为膨胀变换减去腐蚀变换：

$$G(f) = (F_{Gauss}(f) \oplus b) - (F_{Gauss}(f) \ominus b) \tag{3-15}$$

式中，f 为原始图像；$G(f)$ 为处理后的梯度图像；$\oplus$ 表示膨胀变换；$\ominus$ 表示腐蚀变换；b 为结构元素。结构元素分为平面型和非平面型，在二维图像处理中主要采用平面型结构元素，包括矩形、菱形、线形等，如图 3-3 所示。在具体使用中可根据需要和目标的特性选择、设计合适的结构元素。

$$b = \begin{bmatrix} 1 & 1 & 1 & 1 & 1 \\ 1 & 1 & 1 & 1 & 1 \\ 1 & 1 & 1 & 1 & 1 \end{bmatrix} \quad b = \begin{bmatrix} 0 & 0 & 1 & 0 & 0 \\ 0 & 1 & 1 & 1 & 0 \\ 1 & 1 & 1 & 1 & 1 \\ 0 & 1 & 1 & 1 & 0 \\ 0 & 0 & 1 & 0 & 0 \end{bmatrix} \quad b = \begin{bmatrix} 1 & 1 & 1 & 1 & 1 & 1 & 1 \end{bmatrix}$$

图 3-3　结构元素示意

2. 标记提取

在执行分水岭算法前，采用标记提取的方法进行前处理，可以在一定程度上抑制梯度局部不规则性等因素造成的分水岭过分割。

标记提取主要分为两个步骤：①预处理；②定义一个所有标记都满足的准则集合。本书利用 $H-min$ 变换技术对梯度图像进行预处理，并定义内部标记准则为：

（1）区域中的点能够组成一个连通分量。

（2）位于该区域中的点都具有相同的灰度级。

$H-min$ 基本原理为：设定标准阈值 h，将梯度图像 $G(f)$ 中的像素点与给定的阈值 h 进行比较，将灰度值低于 h 的像素点值置为 0[6]，获取初始标记图像 I_{mask}。

$$I_{mask} = H_{min}(G(f) \mid h) \tag{3-16}$$

式中，H_{min} 为 $H-min$ 变换函数。在预处理之后，满足内部标记准则的内部标记点会形成大小不一的斑点状区域；然后对图像进行分水岭分割，并限制内部标记只能是允许的局部极小值，从而在图像上得到分水岭，并记为外部标记，这些外部标记有效地将图像分割成不同区域。使用标记可以将图像的先验知识引入处理过程，分水岭算法是一种能够有效使用这类知识的机制。

3. 分水岭变换

分水岭算法是一种数学形态学上的分割算法[7]。对分水岭算法的描述主要有两种：雨滴法和溢流法。

（1）雨滴法。当雨滴分别从地形表面的不同位置向下流动时，它最终将流向各个局部极小区域，那些汇聚到同一区域的雨滴会形成一个连通区域，称为汇水盆地。

（2）溢流法。在各极小区域的表面打一个小孔，让泉水从小孔中不断涌出，水位在上升的同时会淹没极小区域周围的区域，这些波及的区域称为汇水盆地。

分水岭算法的数学描述如下：

$$f^* = \text{watershed}(I_{\text{mask}}) \tag{3-17}$$

式中，f^* 表示分水岭变换后的图像；watershed 为分水岭函数；I_{mask} 为标记图像。

在分水岭算法中，淹没的汇水盆地就是各个局部极小值区域，刚好与图像中关注对象的较小梯度值联系起来，说明分水岭算法与图像的梯度紧密相关。

3.3.2　基于粒子群算法的模糊聚类

模糊 C-均值聚类（Fuzzy C-Means，FCM）算法，与传统图像分割算法相比，FCM 算法能够保留更多图像信息。但是普通的 FCM 存在两个方面的弊病：①未考虑邻域信息，降低算法效率；②如果初始聚类中心选择不恰当，则算法将陷入局部最优。针对以上两个问题，结合粒子群（Particle Swarm Optimization，PSO）算法在全局寻优方面的良好效果，本书对传统 FCM 算法进行改进，并引入 PSO 算法确定初始聚类中心。

1. FCM 算法

在传统的 FCM 算法中，设 $x_k \in X, X = \{x_1, x_2, \cdots, x_n\}$ 为数据样本集合；n 为样本个数，$1 \leqslant k \leqslant n$；$v_i \in V, V = \{v_1, v_2, \cdots, v_c\}$ 为聚类中心集合；c 为中心个数（$1 \leqslant i \leqslant c$）；$\mu_{ik} \in U, U$ 为隶属度矩阵集合，μ_{ik} 为隶属度函数值；$m \in [1, \infty)$ 是一个控制聚类结果的权重指数，则聚类目标函数可写成：

$$J(U, V) = \sum_{k=1}^{n} \sum_{i=1}^{c} \mu_{ik}^m d_{ik}(x_k, v_i) \tag{3-18}$$

式中，$d_{ik} = \| x_k - v_i \|^2$。在 FCM 算法中，各样本点到聚类中心的隶属度函数值 μ_{ik} 和聚类中心 v_i 会被迭代更新，并最终实现 $J(U, V)$ 的最小化。$J(U, V)$ 值的大小与图像区域的紧致性成反比，值越小表示像素是一个区域的可能性越大，聚类效果

越好；值越大表示像素是一个区域的可能性越小，聚类效果越差。利用拉格朗日条件极值法求解，得到隶属度函数和聚类中心的迭代公式为[8]：

$$\mu_{ik}^{t+1} = \frac{1}{\sum_{j=1}^{c} \left(\frac{d_{ik}}{d_{jk}} \right)^{1/(m-1)}} \tag{3-19}$$

$$v_i^{t+1} = \frac{\sum_{k=1}^{n} (\mu_{ik}^{t+1})^m x_k}{\sum_{k=1}^{n} (\mu_{ik}^{t+1})^m} \tag{3-20}$$

当相邻两代目标函数值之差满足 $|J_{t+1} - J_t| < \varepsilon$ 时，就获得了数据样本的最优划分，$\varepsilon > 0$ 为指定的终止阈值，t 为迭代次数。

2. 粒子群全局寻优算法

粒子群全局寻优算法（PSO）将聚类中心作为寻优粒子编码[9]，首先初始化一群随机粒子，然后通过迭代寻找最优解。在每次迭代过程中，粒子通过跟踪两个极值实现更新，一个是粒子本身的最优解——个体极值 PB；另一个是整个群体的最优解——全局极值 GB。在一个 D 维问题中，假定有 N 个粒子，$X = \{X_i, i = 1, 2, \cdots, N\}$，其中 $X_i^0 = (x_{i1}^0, x_{i2}^0, x_{i3}^0, \cdots, x_{iD}^0)$、$Y_i^0 = (y_{i1}^0, y_{i2}^0, y_{i3}^0, \cdots, y_{iD}^0)$ 分别为粒子的初始位置和初始速度，$X_i^{t+1} = (x_{i1}^{t+1}, x_{i2}^{t+1}, x_{i3}^{t+1}, \cdots, x_{iD}^{t+1})$、$Y_i^{t+1} = (y_{i1}^{t+1}, y_{i2}^{t+1}, y_{i3}^{t+1}, \cdots, y_{iD}^{t+1})$ 分别为第 $t+1$ 次迭代时的更新位置和更新速度。PB 和 GB 的更新原则是：计算每个粒子的当前适应度值，将第 i 个粒子的适应度值与相应的个体极值 PB 进行比较。若前者优，则用其替换 PB，否则保持 PB 不变。然后再从所有的 PB 中选择最大值，作为全局极值 GB。当这两个极值都被找到后，粒子通过式（3-21）和式（3-22）更新自己的位置和速度。

$$y_{id}^{t+1} = \omega^t y_{id}^t + c_1 r_1 (\mathrm{PB} - x_{id}^t) + c_2 r_2 (\mathrm{GB} - x_{id}^t) \tag{3-21}$$

$$x_{id}^{t+1} = x_{id}^t + y_{id}^{t+1} \tag{3-22}$$

式中，ω^t 是第 t 次迭代时的非负惯性因子；c_1、c_2 是非负学习因子；r_1、r_2 是 $[0,1]$ 之间的随机数；$1 \leqslant d \leqslant D$，$1 \leqslant i \leqslant N$。当 PSO 算法搜索到的最优位置满足设定的阈值或达到最大迭代次数时，停止迭代。

针对声呐图像的成像特点，本书重新定义了适应度函数：

$$f(x_i) = \| x_i - v_i \|^2 \tag{3-23}$$

聚类效果的好坏与该适应度函数值成正比，效果越好，$f(x_i)$ 值越大，反之则越小。最后选择最好的聚类效果作为 FCM 初始聚类中心。

3. 改进的 FCM 算法

经过推导 FCM 数学模型发现，它没有充分考虑图像中任意小区域 i 的灰度均值和域中每个像素点灰度值的相关性[10,11]。本书提出灰度相异性概念 h_i，即第 i 个小区域的灰度均值和点 x_k 的灰度值相异性 $h_i = \mathrm{Avg}(i) - x_k$，$\mathrm{Avg}(\,\cdot\,)$ 为计算均值函数。重新定义样本点 x_k 到聚类中心距离的计算方式，即：$d_{ik} = h(i) \parallel x_k - v_i \parallel^2$。

改进的聚类目标函数为：

$$J(U,V) = \sum_{k=1}^{n} \sum_{i=1}^{c} \mu_{ik}^{m} h(i) \parallel x_k - v_i \parallel^2 \tag{3-24}$$

式中，第 i 个小区域灰度均值和样本点 x_k 灰度值的相异性越小，它们属于同一个小区域的可能性就越大，反之可能性则越小。由此得到新的隶属度矩阵和聚类中心的迭代公式：

$$\mu_{ik}^{t+1} = \frac{1}{\displaystyle\sum_{j=1}^{c} \left(\frac{h(i)}{h(j)} \frac{\parallel x_k - v_i \parallel}{\parallel x_k - v_j \parallel} \right)^{1/(m-1)}} \tag{3-25}$$

$$v_i^{t+1} = \frac{\displaystyle\sum_{k=1}^{n} (\mu_{ik}^{t+1})^{m} x_k}{\displaystyle\sum_{k=1}^{n} (\mu_{ik}^{t+1})^{m}} \tag{3-26}$$

式中，$\sum_{i=1}^{c} \mu_{ik} = 1$，$0 \leqslant \mu_{ik} \leqslant 1$，$1 \leqslant k \leqslant n$。

4. 算法实现

（1）处理原图。利用式（3-15）对高斯滤波后的原图进行处理，获得梯度图像 $G(f)$。

（2）标记提取和分水岭分割。通过式（3-16）得到标记提取后的图像 I_{mask}，并对其进行分水岭处理，得到分割后的图像 f^*。

（3）设定参数 m、N、D、c_1、c_2、ω_{min}、ω_{max}、T、ε 值，利用 PSO 算法初始化聚类中心。首先在图像上运用改进的 FCM 算法，根据式（3-26）得到初始聚类中心。

（4）初始化每个粒子的初始位置和初始速度 $X_i^0 = (x_{i1}^0, x_{i2}^0, x_{i3}^0, \cdots, x_{iD}^0)$、$Y_i^0 = (y_{i1}^0, y_{i2}^0, y_{i3}^0, \cdots, y_{iD}^0)$，并将各粒子的初始位置设为 PB。

（5）利用式（3-21）和式（3-22）更新粒子当前的位置 X_i^t 和速度 Y_i^t。

（6）评价适应度。利用式（3-23）计算每个粒子的适应度函数及自身的历史最优位置 PB 和群体的历史最优位置 GB 的适应度函数，并进行比较更新。

（7）再次计算式（3-24）、式（3-25）、式（3-26），并判断终止条件：如果 $\parallel J^t - J^{t+1} \parallel < \varepsilon$，或 $t = t+1$，则返回步骤（4）。

（8）根据搜索到的最优粒子位置逼近全局最优解，即初始聚类中心，然后在图像上应用这个聚类中心运行改进的 FCM 算法，完成全部分割过程，处理流程如图 3-4 所示。

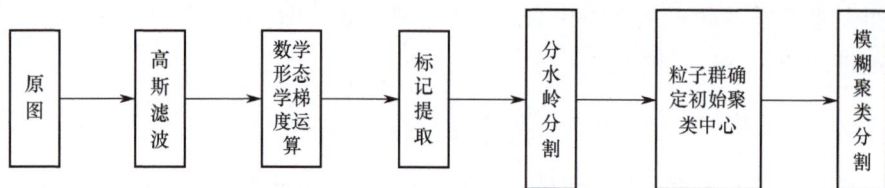

图 3-4 处理流程

3.3.3 实验研究

选择在标准 Cameraman 图像上对本书所提算法和文献［12］中的算法进行分析比较。采用 Klein 5000 侧扫成像声呐提供的在 80～100m 水深环境下的水下小目标探测数据验证算法的鲁棒性，图片大小为 230 像素×271 像素，取其中 200 幅图片进行算法验证。该图中，除了三个人造目标，还有一些海底的岩石等，如果仅从反射回波的强度或声呐图像的灰度上分割，提取人造目标会比较困难[12,13]，分割结果中会存在诸多干扰点。

对各参数设置如下：在二维平面图像上，为降低模型的复杂度，取粒子维数 $D=2$；PSO 算法中粒子群的规模为 $N=30$，惯性权重 $\omega_{max}=0.9$ 线性减小到 $\omega_{min}=0.1$，$c_1=c_2=2$；FCM 算法中权重指数 $m=2$，而迭代次数 $T=200$ 和终止阈值 $\varepsilon=1\times10^{-4}$ 的设置是在实验中不断调整的，以平衡算法速度和精度之间的矛盾。当迭代次数达到一定数量时，算法的处理效果会处于停滞状态。其中，图 3-5（a）为标准 Cameraman 原图；图 3-5（b）为传统分水岭算法的分割结果；图 3-5（c）为文献［12］方法的分割结果；图 3-5（d）为本书算法的分割结果。

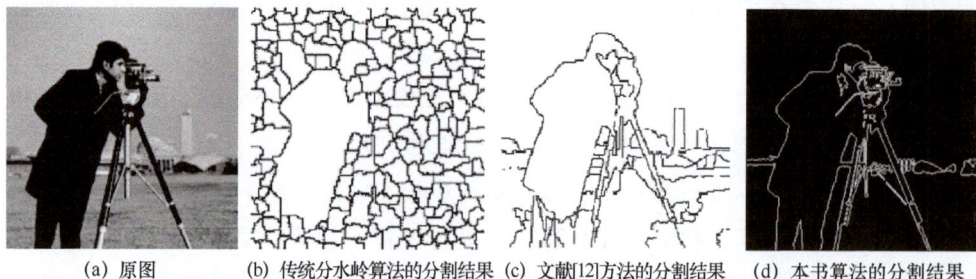

(a) 原图　(b) 传统分水岭算法的分割结果　(c) 文献[12]方法的分割结果　(d) 本书算法的分割结果

图 3-5 标准 Cameraman 图像的分割结果

图 3-5（b）中，对于实验中的声呐图像数据，传统分水岭算法会产生严重的过分割现象，结果基本不可用；图 3-5（c）中，虽然能够较清晰地提取出目标轮

廓，但在背景草坪面上还有过分割现象；而在图 3-5（d）中，Cameraman 基本从包括天空和草坪的背景中分离出来，并且更好地展示了眼睛、耳朵、领口等细节。

图 3-6 为实测声呐图像的分割结果，图 3-6（b）为传统分水岭算法的分割结果，过分割现象十分严重；图 3-6（c）为采用文献［12］中方法对声呐图像进行分割的结果，虽然也能够将目标从背景中分割出来，但却将类似目标的干扰物也提取出来了，而且所分割的目标发生了严重的失真和变形；图 3-6（d）为本书算法的分割结果，虽然在目标物的边缘会存在一些毛刺现象，但能够将三个海底目标物从背景中分离出来。

（a）原始声呐图像　（b）传统分水岭算法的分割结果　（c）文献[12]方法的分割结果　（d）本书算法的分割结果

图 3-6　实测声呐图像的分割结果

图 3-7 为算法各步骤的处理结果，图 3-7（c）虽然能够将目标标记出来，但是留有太多干扰点；图 3-7（d）中还存在过分割现象，但与直接应用分水岭分割相比，已经有了较大缓解；图 3-7（e）则显示了较理想的分割结果。

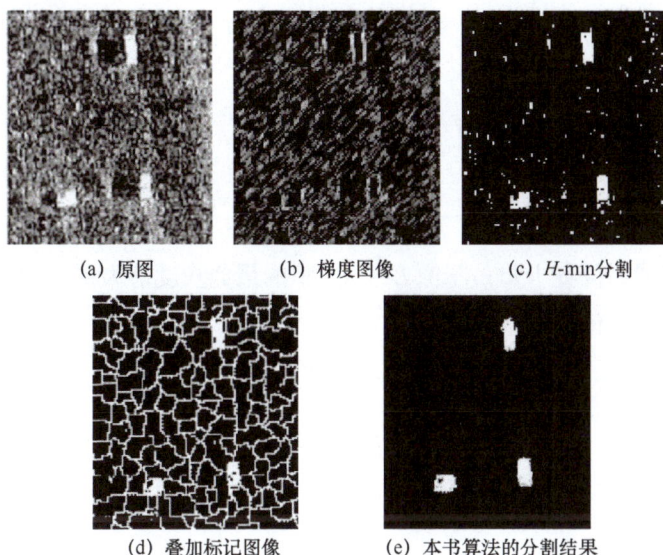

（a）原图　　　　　（b）梯度图像　　　　　（c）H-min分割

（d）叠加标记图像　　　　　（e）本书算法的分割结果

图 3-7　各步骤的处理结果

在 200 幅实验图片中，本书所提算法能在其中 178 幅图片上实现准确分割，有效分割率达到 89%，说明本书所提算法具有较强的鲁棒性。在处理时间上，文献 [12] 中的方法对 Cameraman 的处理时间为 1.653s，本书所提算法的处理时间是 1.125s，速度提高 32%；文献 [12] 中的方法对图 3-6（a）的处理时间为 1.865s，本书所提算法的处理时间是 1.206s，速度提高 35%；文献 [12] 中的方法对 200 幅图片的平均处理时间为 1.901s，本书所提算法的处理时间是 1.294s，速度提高 32%，体现出了本书所提算法具有一定的工程实践价值。

3.4　基于自适应迭代阈值的声呐图像分割算法

考虑算法的实时性等因素，本节介绍一种自适应迭代阈值图像分割算法，该算法具有原理简单、易于实现、实时性好的特点。

3.4.1　算法描述

1. 滤波平滑处理

为了降低噪声的影响，在图像分割前进行必要的图像滤波平滑处理。滤波平滑处理可采用第 2 章中介绍的几种滤波算法，在此考虑实时性等因素，采用较为简单的中值滤波算法对图像进行平滑预处理。

中值滤波算法是把数字图像或数字序列中一点的灰度值用该点邻域中各点值的中值代替。对于二维中值滤波可利用某种形式的二维窗口，如方形、圆形、十字形等。设 $\{h_{xy},(x,y)\in I\}$ 表示数字图像中各点的灰度值，滤波窗口为 A 的中值滤波可定义为：

$$h'_{xy} = \underset{A}{\mathrm{Med}}\{h_{xy}\} = \mathrm{Med}\{h(x+r),(y+s)\quad(r,s)\in A\} \tag{3-27}$$

式中，$\mathrm{Med}[\cdot]$ 表示中值操作。

2. 阴影区域增强

（1）假设观测位置未知，图像 $E(x,y)$ 中的最低灰度值为 μ_d^0，可视为分割门限的预估计值，η^0 为像素的平均灰度值。初始化分割门限定义为：

$$T^0 = \frac{1}{2}(\mu_d^0 + \eta^0) \tag{3-28}$$

（2）在第 t 步，计算图像平均灰度级 η^t，可计算得到图像分割的阈值 $T^t = (\eta^t + \mu_d^t)/2$，对每个像素点，如果 $E(x,y) > T^t$，则令 $E(x,y) = \eta^t$，其他像素点保持灰度值不变。

（3）如果 $T^t = T^{t-1}$，则停止循环，否则返回步骤（2）。

3.4.2 实验研究

采用上述算法对声呐图像进行分割处理，结果如图3-8所示。图3-8（a）为原始声呐图像，可以看出，图像中目标回波区域和阴影区域均不明显，尤其是阴影区域几乎淹没在混响背景中，视觉效果较差，直接采用常规灰度阈值分割算法难度较大。

图3-8（b）为自适应阈值迭代分割算法结果，可以看出，该算法较好地提取了目标阴影区域，但由于噪声点的影响和声呐图像成像质量差的特性，提取出的阴影区域存在丢失像素的现象，可通过后续的形态学运算等处理予以弥补。该算法的优点在于计算量小、实时性好，适用于对分割精度要求不高的情况。

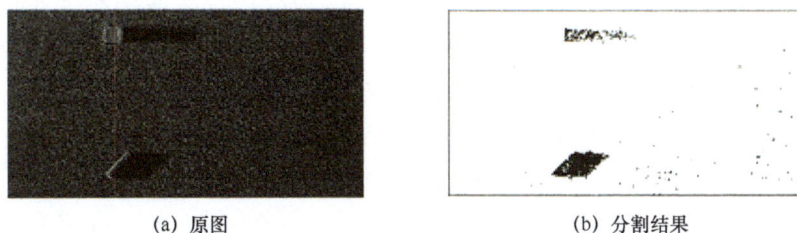

(a) 原图   (b) 分割结果

图 3-8　自适应迭代阈值分割结果

该算法不仅可用于分割图像中的目标阴影区域，而且通过修改算法中的迭代条件判断准则，也可用于目标回波区域的分割处理，具有较强的通用性。

3.5　基于马尔可夫随机场的声呐图像分割算法

随机场模型不同于其他常用的图像分割算法，它根据图像自身数据，从图像数据结构这一角度出发考虑图像数据之间的关系，从而解决一些常规分割算法难以解决的问题。数字图像一般具有局部特性，即一个像元的灰度值仅与其邻域的灰度有关。这种特性可由马尔可夫随机场（Markov Random Field，MRF）模型来描述，但由于MRF是用条件概率分布来定义的，无法反映随机场变量的联合概率分布。因此，利用吉布斯（Gibbs）分布与MRF模型之间的等价性，成为贝叶斯估算问题中的一种有效的先验模型，依靠其提供的联合分布特点，应用于复杂的图像处理（如纹理模型的构造与生成、图像的分割与复原、运动估算等）中，都已取得很大成功[14]。

马尔可夫随机场模型充分利用图像的局部信息和噪声分布模型先验信息，采用迭代条件估计算法和最大似然估计算法进行模型参数的辨识。文献［15,16］针对传统算法计算量大、无监督参数估计困难等不足，提出了分级的马尔可夫随机场分割模型。文献［17］中将随机场模型分割方法引入序列图像的分割中，并将前一帧图像的分割结果作为后一帧图像的初始标记场，较好地避免了比重法对空间域分割精度的依赖性问题。文献［18］结合二维 Wold 分解技术对图像进行分割，将图像分解为确定性随机场和纯不确定性随机场，通过调整它们之间的比例来加强纹理边缘，从而改善马尔可夫标记场模型纹理边缘过平滑的现象。文献［19］采用一种同时将区域和边界作为图像统计特征的马尔可夫模型，分两步进行图像边缘定位。

在此基础上，为提高分割算法的效率和准确度，一些新的马尔可夫随机场模型得到了深入研究，并被应用在图像分割处理算法中，如多尺度随机场[20,21]、马尔可夫链[16,22]、隐马尔可夫[23,24]、模糊随机场[25]及与 Snake 算法相结合的马尔可夫模型[26]等。

通过前面的仿真对比结果可以知道，Weibull 分布和 Gamma 分布的概率曲线与图像的归一化直方图拟合效果最好。其中，Weibull 分布的拟合精度最高，但计算效率较 Gamma 分布稍差。在图像滤波算法中，采用了实时性更好的 Gamma 分布，而本节以分割精度为主要指标，采用 Weibull 分布作为灰度分布先验模型，同样可扩展到 Gamma 分布的情形。

3.5.1　算法描述

由于本章中分割的目标只是将目标阴影区域从背景中提取出来，因此只需将图像分成两个部分[15,16]，定义随机场集合 $Z = \{X, Y\}$，其中，$Y = \{Y_s, s \in S\}$ 为观测场；Y_s 取值为声呐图像的灰度值，即 $Y_s \in [0, 255]$。$X = \{X_s, s \in S\}$ 为标记场，且 X_s 的取值包括 $\{e_0 = 阴影, e_1 = 混响\}$。在观测场 Y 已知的基础上，图像分割过程即最大后验概率估计过程，由贝叶斯理论可得：

$$P_{X|Y}(x \mid y) \propto \frac{P_X(x) P_{Y|X}(y \mid x)}{P_Y(y)} \tag{3-29}$$

由于观测场 Y 是确定且已知的，故式（3-29）可等价为：

$$P_{X|Y}(x \mid y) \propto P_X(x) P_{Y|X}(y \mid x) = \exp(-U(x, y))$$

$$U(x, y) = \sum_{s \in S} \Psi_s(x_s, y_s) + \sum_{(s,t)} \beta_{st}[1 - \delta(x_s, x_t)] \tag{3-30}$$

式中，$\Psi_s(x_s, y_s) = -\ln P_{Y_s|X_s}(y_s \mid x_s)$；$\delta$ 为 Kronecker 函数；$\beta_{st} = \beta_1, \beta_2, \beta_3, \beta_4$ 对应像素对（又称基团）(s, t) 的关系分别为水平、垂直、右对角、左对角的情形，如图 3-9 所示。后验概率的最大值估计问题就转化为 $U(x, y)$ 的最小化问题了。

v_1	u_2	v_2
u_1	x_s	u_3
v_3	u_4	v_4

β_1 　　β_2 　　β_3 　　β_4

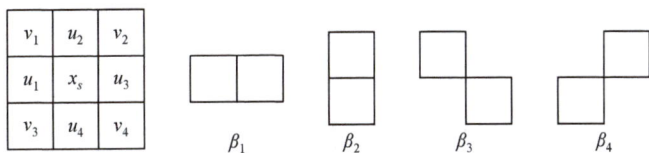

图 3-9　邻域和基团

1. 随机场模型参数估计算法

令随机场先验模型中的参数集合为 $\phi_x = (\beta_1,\beta_2,\beta_3,\beta_4)^{\mathrm{T}}$，设当前像素点为 x_s，其邻域为 $\eta = \{u_1,u_2,u_3,u_4,v_1,v_2,v_3,v_4\}$，则先验概率模型可表示为：

$$P_{X_s}(x_s,\phi_x) \propto \exp[-\boldsymbol{\Theta}(x_s,\eta)^{\mathrm{T}}\phi_x] \tag{3-31}$$

$$\boldsymbol{\Theta}(x_s,\eta) = [I(x_s,u_1)+I(x_s,u_3),I(x_s,u_2)+I(x_s,u_4),$$
$$I(x_s,v_1)+I(x_s,v_3),I(x_s,v_2)+I(x_s,v_4)]^{\mathrm{T}}$$

式中，$I = 1-\delta$。对于分成两类的图像分割来说，x_s 有两种取值，即 $x_s = e_0$（shallow）或 $x_s = e_1$（reverberation），则有：

$$\ln\frac{P_{Xs}(e_1,\phi_x)}{P_{Xs}(e_0,\phi_x)} = [\boldsymbol{\Theta}(e_0,\eta)-\boldsymbol{\Theta}(e_1,\eta)]^{\mathrm{T}}\phi_x \tag{3-32}$$

式中，ϕ_x 为未知的待估计参数。

在灰度图像中，可通过每类基团在图像标记场中出现的概率来表示先验概率，则式（3-32）可重写为：

$$\ln\frac{P_{Xs}(e_1,\phi_x)}{P_{Xs}(e_0,\phi_x)} = \ln\frac{P\{s \in S:x_s = e_1,\eta\}}{P\{s \in S:x_s = e_0,\eta\}} \tag{3-33}$$

从而可得到关于四个未知量的超定结构方程，通过最小二乘法即可求得参数 ϕ_x。

2. 参数的迭代估计算法

可以采用的参数迭代运算与图像分割算法分割开来，即先进行参数的迭代估计运算，在得到参数的最优值后，再利用最优参数值进行图像的分割运算。参数迭代运算采用迭代条件估计算法。算法简要描述如下：

噪声分布模型的参数集合为 ϕ_y，随机场参数集合为 ϕ_x，则构造总的算法参数集为 $\phi = (\phi_x,\phi_y)$。

首先初始化参数值 $\phi^{(0)} = (\phi_x^{(0)},\phi_y^{(0)})$，为保证迭代过程的快速收敛，要求参数初始值与最优值的偏差不太大。则由观测场 Y 和第 k 步的参数估计结果 $\phi^{(k)}$，在实际计算中根据大数定律，可得到第 $k+1$ 步的参数估计值：

$$\phi_x^{(k+1)} = \frac{1}{n}[\hat{\phi}_x(x_{(1)}) + \hat{\phi}_x(x_{(2)}) + \cdots + \hat{\phi}_x(x_{(n)})] \tag{3-34}$$

$$\phi_y^{(k+1)} = \frac{1}{n}\left[\hat{\phi}_y(x_{(1)}) + \hat{\phi}_y(x_{(2)}) + \cdots + \hat{\phi}_y(x_{(n)})\right] \tag{3-35}$$

式中，$x_{(i)}$，$i = 1, 2, \cdots, n$ 为根据后验分布函数得到的标记场 X 的吉布斯采样。n 的值取得越大，计算得到的参数值偏差越小。但在实际计算中，为提高计算效率，通常取 n 为一个较小的自然数。

3. 算法改进

在本章，采用参数估计和图像分割同时进行的算法，即在参数初始化后进行图像的第一次分割，利用分割的结果得到新的标记场；根据新的标记场进行参数的重估计，再利用估计得到的参数值进行图像分割；依此循环，直至满足循环次数或相邻两次分割结果中的标记场中的标记值发生变化的像素点总数不超过某一给定的阈值。算法流程如图 3-10 所示。

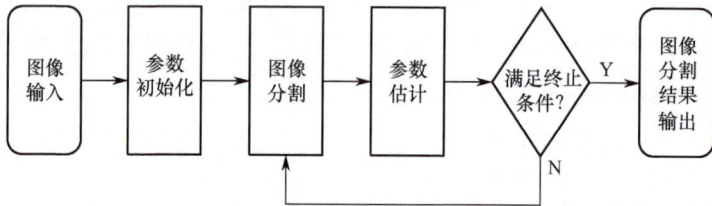

图像输入 → 参数初始化 → 图像分割 → 参数估计 → 满足终止条件? →(Y) 图像分割结果输出；(N) 返回图像分割

图 3-10　算法流程

由于参数初始化值对参数估计的收敛速度有较大影响，故应选取较为有效的图像预分割方法。文献［27，28］采用 K-均值聚类算法，优点在于可以自适应地确定分类数，无须人为设定，但该算法运算过程复杂、收敛速度较慢。文献［29］根据经验统计知识，提出了比例分割法，即通过大量的图像数据统计分析，得到目标阴影区域在整幅图像中所占的大致比例，利用图像的灰度直方图得到图像的灰度分割阈值。该方法运算简单、速度快，但其准确率较低，容易出现参数初始值偏离最优值较远的情况。本书综合考虑图像初始分割质量和运算效率两个方面，进行折中处理，选取了最大熵阈值算法。

对于算法最终得到的分割图像，在某些情况下会存在一些小的干扰，这主要是滤波算法的不足使得滤波后图像中仍存在些许噪声等因素造成的，但一般这些干扰对于阴影区域来说面积较小，可采用形态学滤波方法进行处理。

3.5.2　实验研究

分割结果如图 3-11～图 3-13 所示。由图可以看出，采用双 Weibull 分布的灰度分布模型时，分割效果最好，分割出的目标阴影区域完整，虚警很小，并且对图像预分割的依赖性较低。而其他两种灰度分布模型组合（高斯分布和 Rayleigh 分布、高斯分布和 Weibull 分布）的分割效果相当，而且在图 3-13 中还出现了分割失败的情况。

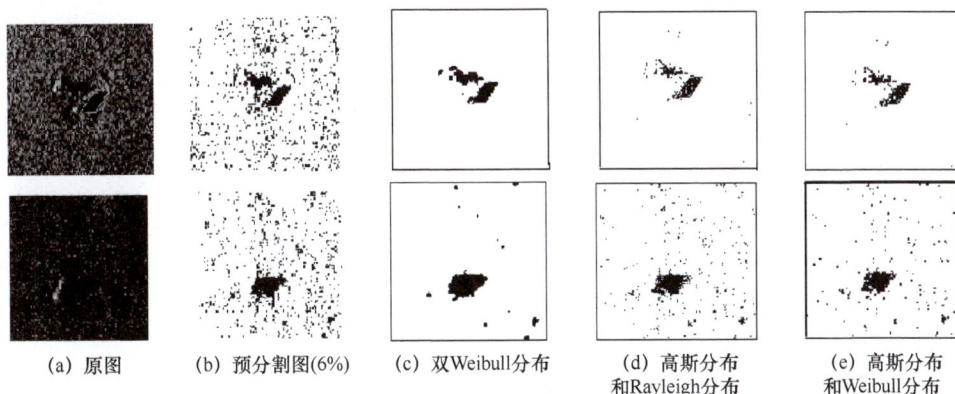

| (a) 原图 | (b) 预分割图(6%) | (c) 双Weibull分布 | (d) 高斯分布和Rayleigh分布 | (e) 高斯分布和Weibull分布 |

图 3-11　分割结果（一）

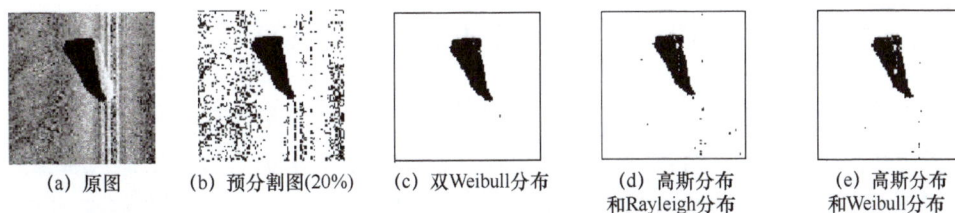

| (a) 原图 | (b) 预分割图(20%) | (c) 双Weibull分布 | (d) 高斯分布和Rayleigh分布 | (e) 高斯分布和Weibull分布 |

图 3-12　分割结果（二）

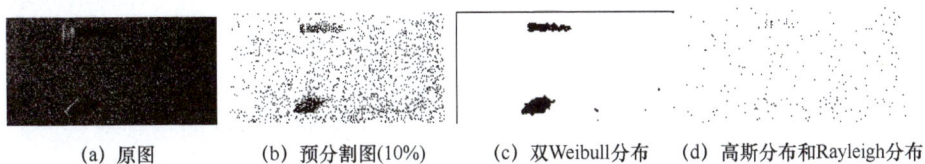

| (a) 原图 | (b) 预分割图(10%) | (c) 双Weibull分布 | (d) 高斯分布和Rayleigh分布 |

图 3-13　分割结果（三）

尽管通常认为目标阴影区域是声波反射不能到达造成的，其噪声也因此被认为主要是由电噪声组成的，可以看成是高斯分布模型。但本书仿真结果发现，利用高斯模型在某些情况下不能准确描述目标阴影区域的噪声分布状态。对于背景混响区域的噪声分布模型来说，当海底纹理粗糙时，由于成像声呐的工作频率较高、声波较短，因此可用 Rayleigh 分布作为背景区域的噪声分布模型。使用 Rayleigh分布代替 Weibull 分布的最大优势在于参数估计的计算量较小。在本书仿真过程中发现，Weibull 分布中形状参数 c 值的计算是一个比较费时的过程。对于 Rayleigh 分布而言，形状参数 $c=2$，为常数，由参数估计可知，尺度参数 a 也只与

59

观测场数据有关，从而大大简化了参数估计的复杂性，提高了计算效率。

对于参数的初始化来说，图像粗略预分割的结果直接决定参数初始化的精度。由图 3-14 可以看出，采用最大熵阈值算法得到的图像粗分割结果，与最终的分割结果更为接近。也就是说，初始化得到的参数值更接近参数的最优值，即只需较少的迭代次数即可。在最大熵初始化条件下得到的分割结果在精度上与上述结果相似，此处不再一一给出。

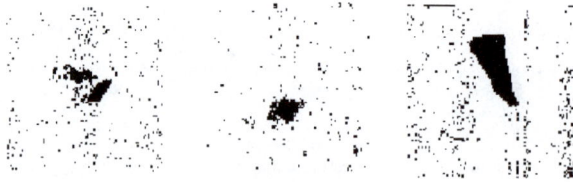

图 3-14　最大熵预分割结果

3.6　基于哈尔小波变换的水下小型沉底人造目标分割算法

小型沉底人造目标一般是近距离成像所得的，因此目标在图像上具有一定的形态特征，也保留了部分细节，进行图像分割的难度小于远景目标，但因其体积较小或被泥沙掩埋，难以仅凭借外形轮廓特征将目标从海底背景中分离出来[30]。与此同时，因小型沉底人造目标的建造材质特点，所以它在图像中表现为亮色区域，对于此类与周围背景的灰度差异较大的小目标，可以尝试利用图像的频域特征进行分析。但由于近距离成像，有部分海底反射了较强的光线，也在图像中形成亮色区域，干扰图像分割效果，因此在设计目标分割算法的同时，必须将这类干扰区域滤除[31,32]。文献［30］根据水雷目标在声呐图像中的形状特征，采用 Chan-Vese 模型的演化思想，提出了一种基于超椭圆形状约束的多相水平集主动轮廓模型，实验结果显示对声呐图像中的水雷目标具有较好的识别效果，但是这种基于椭圆形状模型的算法设计限制了其对其他形状目标的检测效果。文献［31］提出一种基于非下采样 Contourlet 变换（NSCT）域边缘检测和区域生长的侧扫声呐图像分割新方法，在边缘检测时充分利用了 NSCT 域尺度内相邻子带的相关性，以及噪声和边缘在不同方向子带系数之间的分布特性，综合考虑图像的大尺度行为和小尺度行为，解决了边缘检出率和抑噪能力的矛盾。在选择的模拟图像和实测数据中，人造目标的面积较大，轮廓线和尖角特征明显，属于非常理想的目标对象，降低了目标分割的难度，但运算速度慢，工程应用价值不高。

长期以来，傅里叶变换一直是变换域图像处理的基础，方便研究者在频域上进行算法设计，但傅里叶变换只提供了频率信息，局部信息会在变换过程中丢失[33,34]。而小波变换具有变化的频率和有限的持续时间，它是一种信号的时间尺度分析方法，具有多分辨率的特点，且在低频部分具有较高的频率分辨率和较低的时间分辨率，在高频部分具有较高的时间分辨率和较低的频率分辨率，很适合探测正常信号中夹带的瞬态反常现象并展示其成分[35]。在这样的理论基础上，本章在设计算法时，为方便进行数字图像处理、提高处理速度，首先对图像数据进行灰度化处理；其次进行小波变换，取 Haar（哈尔特征，Haar–like features）小波的第二层，将 LL 与 HH 进行差分得到新图以锐化边缘信息，再进行类似高斯滤波；再次针对造成干扰的海底强光反射区域，采用局部亮块抑制技术对图像中的干扰亮区进行灰度抑制，并进行中值滤波，使目标边缘更加清晰；最后从灰度直方图中得到二值化阈值，用该阈值对图像进行二值化再配合相关的简单处理，将感兴趣的人造目标从海底背景中分割出来。Haar 小波变换算法流程如图 3-15 所示。

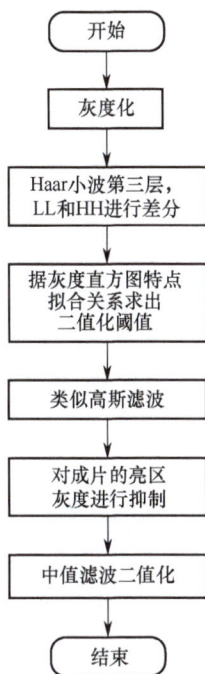

```
┌─────────┐
│  开始   │
└────┬────┘
     │
┌────▼────┐
│ 灰度化  │
└────┬────┘
     │
┌────▼──────────┐
│ Haar小波第三层，│
│ LL和HH进行差分 │
└────┬──────────┘
     │
┌────▼──────────┐
│ 据灰度直方图特点 │
│ 拟合关系求出   │
│ 二值化阈值    │
└────┬──────────┘
     │
┌────▼──────────┐
│  类似高斯滤波  │
└────┬──────────┘
     │
┌────▼──────────┐
│ 对成片的亮区   │
│ 灰度进行抑制   │
└────┬──────────┘
     │
┌────▼──────────┐
│ 中值滤波二值化 │
└────┬──────────┘
     │
┌────▼────┐
│  结束   │
└─────────┘
```

图 3-15　Haar 小波变换算法流程

3.6.1　算法描述

图 3-16 为高分辨率声呐的原图数据，首先要对其进行灰度化处理，再进行小波变换。

图 3-16　高分辨率声呐的原图数据

这里采用简单实用的 Haar 小波进行初步处理。Haar 小波变换的基函数是最古老的也是最简单的正交小波，其矩阵形式为：

$$T = HFH^{\mathrm{T}} \tag{3-36}$$

式中，F 是一个 $N \times N$ 的图像矩阵；H 是一个 $N \times N$ 的变换矩阵；T 是一个 $N \times N$ 的变换结果。对于 Haar 变换，变换矩阵 H 包含 Haar 基函数 $h_k(z)$，它们定义在连续闭区间 $z \in [0,1]$，$k = 0,1,2,\cdots,N-1$ 上，其中 $N = 2^n$。为了生成 H 矩阵，定义

整数 k，即 $k = 2^p + q - 1$，这里，$0 \leqslant p \leqslant n-1$，当 $p = 0$ 时，$q = 0$ 或 1；当 $p \neq 0$ 时，$1 \leqslant q \leqslant 2^p$。由此可得 Haar 变换的基函数：

$$h_0(z) = h_{00}(z) = \frac{1}{\sqrt{N}}, z \in [0, 1] \tag{3-37}$$

且

$$h_k(z) = h_{pq}(z) = \frac{1}{\sqrt{N}} \begin{cases} 2^{p/2}, (q-1)/2^p \leqslant z < (q-0.5)/2^p \\ -2^{p/2}, (q-0.5)/2^p \leqslant z < q/2^p \\ 0, 0 \leqslant z \leqslant 1 \end{cases} \tag{3-38}$$

Haar 变换矩阵的第 i 行包含元素 $h_i(z)$，其中，$z = 0/N, 1/N, 2/N, \cdots, (N-1)/N$。例如，当 $N = 4$ 时，k、p 和 q 的取值如表 3-1 所示。

表 3-1 当 $N = 4$ 时，k、p 和 q 的取值

k	p	q
0	0	0
1	0	1
2	1	1
3	1	2

此时 4×4 的变换矩阵 $\boldsymbol{H}_4$ 为：

$$\boldsymbol{H}_4 = \frac{1}{\sqrt{4}} \begin{bmatrix} 1 & 1 & 1 & 1 \\ 1 & 1 & -1 & -1 \\ \sqrt{2} & -\sqrt{2} & 0 & 0 \\ 0 & 0 & \sqrt{2} & -\sqrt{2} \end{bmatrix} \tag{3-39}$$

Haar 变换是离散的小波变换，使用 Haar 基函数对图像数据进行多分辨率分解后，所得结果除了包含与原图同样的像素数，还具有三个方面的优点：①局部统计数据相对稳定并较易给出数学模型；②大多数值都接近 0，有利于进行后续图像压缩；③原图中的粗分辨率和细分辨率可以近似从中提取，即能够从处理后的图像中找出比原图更多的特征细节[36-38]。

利用 Haar 小波得到的结果是缩小为原图 1/4 大小的四幅图（如图 3-17 所示），左上角小图表示原图均值滤波之后的效果，即原图的低频信息，保留了大量原图信息；左下角是 HL 信息（H 代表横向高频信息，L 代表纵向低频信息）；右上角是 LH 信息，即横向低频信息和纵向高频信息；右下角是 HH 信息，即横向和纵向均是高频信息[10]。需要指出的是：HH 本质是对原图的所有邻域做横向和纵向的减法；LL 恰好相反，即做加法，相当于均值滤波的效果。然后将归一化（将像素

点灰度值恢复到 0 ~ 1，主要是因为前面的加减法运算会产生负值）的 LL 对应减去归一化的 HH，得到边缘信息更加突出的目标图像。

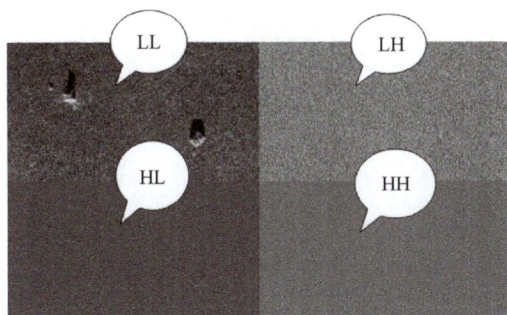

图 3-17 Haar 小波处理结果

假设目标为纯白，灰度值是 255；背景为纯黑，灰度值为 0，那么 LL 与原图的差异只是尺寸区别，而 HH 中除目标边缘清晰可见外，其他地方全部同色。因此，用 LL 减去 HH 将更加凸显目标的边缘信息（如图 3-18 所示）。为进一步突出目标边缘，本书所提算法进行了两次 Haar 小波变换，即取的是小波变换的第二层（如图 3-19 所示）。

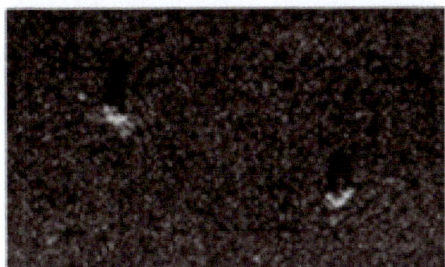

图 3-18　LL 减去 HH 的结果

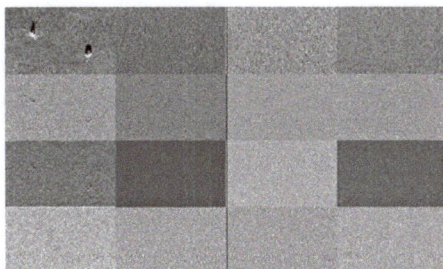

图 3-19　Haar 小波变换第二层

3.6.2　二值化阈值

首先统计上一节经小波变换处理后的图像直方图，将图中所有小目标作为整体目标进行二值化，目标显示为白色。由于 Ostu 算法的处理结果比较粗糙，这里针对每帧原图进行 Ostu 算法处理，再估计得到一个平均的直方图（如图 3-20 所示，图中分别是两帧目标图像的直方图）上的导数（如 $dy/dx = 0.003/20$，即纵坐标差值除以横坐标差值），最后将直方图上对应这个导数的灰度值作为二值化阈值。要求取直方图曲线上的导数，需要将直方图进行平滑处理。这里只对直方图峰值过后 1/4 处后面的曲线段进行平滑处理，因为二值化的阈值大多出现在此区域。平滑曲线的方法是：将初始曲线划分为等间隔的区间，将区间边界点取原来的值，区间上的值取相邻区间边界点作为端点的线段上的值。然后不断地将初始区间减半，之前的端点成为视觉上的折点，将折点作为新区间的边界点，重复上面的过程。平滑过程如图 3-21 所示，图中的虚线和实线分别代表不同的间隔段。可以看到，随着迭代的进行，间隔越来越小，最终得到平滑后的结果，如图 3-22 所示。

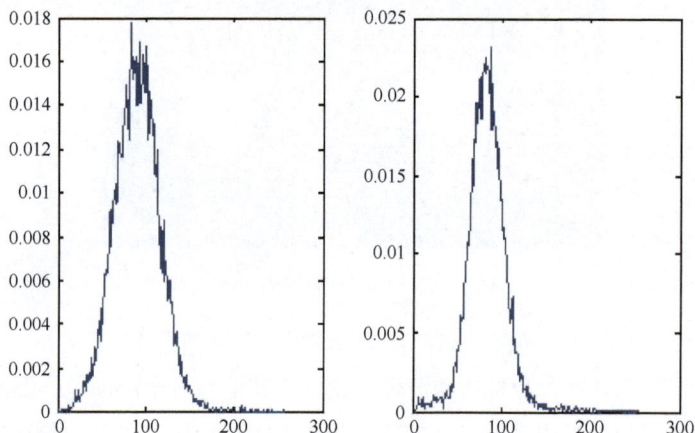

图 3-20　直方图

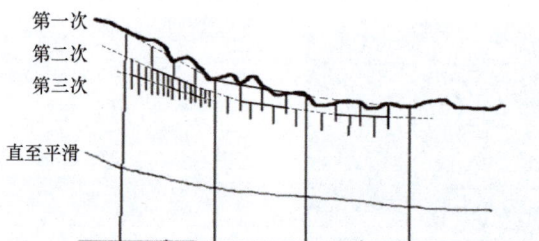

图 3-21　平滑过程

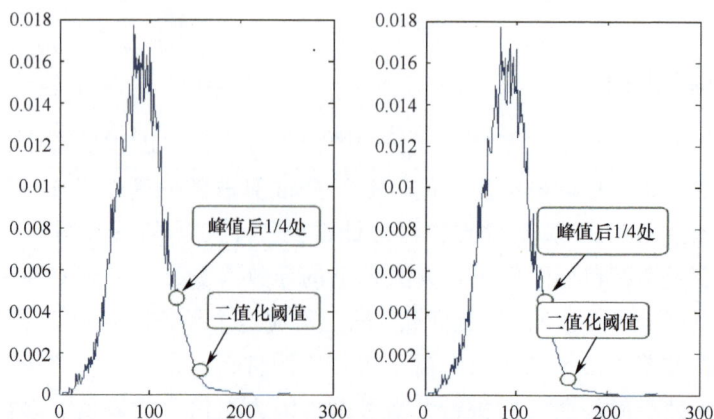

图 3-22　最终平滑结果

下面确定初始平滑区间。这里将峰值与峰值过后 1/4 处的灰度差和峰值量作为参照，确定初始平滑区间。为了遵循"曲线越陡、区间越细"的原则，需要拟合成指数型关系式，关系式的自变量 refer 为：

$$\text{refer} = \frac{0.75 \times \text{PeakVal}}{f(0.25 \times \text{PeakVal 对应百分比}) - f(\text{PeakVal 对应百分比})} \quad (3\text{-}40)$$

设峰值为 PeakVal；直方图关系设为 gray $= f(p)$，$p < 1$，p 为灰度值小于 gray 的直方图曲线段下面的面积。函数值即初始区间大小。拟合结果为：

$$\text{nScale} = 50 \times 0.8091 \times \exp(-1766 \times \text{refer}) + 3 \quad (3\text{-}41)$$

根据多次测算，初始间隔一般在 24 的灰度差上下波动。

对前面的处理结果进行类似高斯滤波，即用一个 3×3 的掩模遍历图像中的每个像素，用掩模确定的邻域内像素的加权平均灰度值替换模板中心像素点的值。掩模表达式为：

$$\begin{bmatrix} 0.25 & 0.5 & 0.25 \\ 0.5 & 6.0 & 0.5 \\ 0.25 & 0.5 & 0.25 \end{bmatrix} \div 9$$

3.6.3　干扰抑制

在实验中发现，直接采用上节求取的阈值进行二值化会出现很多干扰点，原因是原图中存在大片干扰亮色区域，与目标亮度接近（见图 3-23），干扰亮区在二值化处理后保留下来，需要对其进行专门抑制。这里将图像划分为多个小方格（方格一般比目标稍大），统计每个方格的平均灰度，然后考查每个方格的 8 邻域，如果连续出现三块以上灰度相似的方格，就将当前方格的灰度值减半。灰度抑制后的效果如图 3-24 所示，图中那些成块的暗色区域就是抑制过的区域。

图 3-23　含干扰亮色区域的声呐图像数据　　　　图 3-24　灰度抑制后的效果

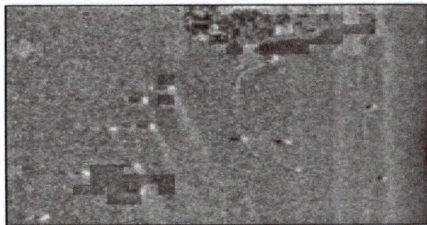

根据前面计算出来的二值化阈值进行二值化处理，再进行一次中值滤波，即可得到最终的目标检测结果。本书中值滤波选用 3×3 的滑动模板，对 8 邻域范围内的像素值进行单调上升排序后，选取中值替换当前像素点的灰度值。

图 3-25 和图 3-26 分别为两帧原图数据经本书所提算法完整处理后的结果。

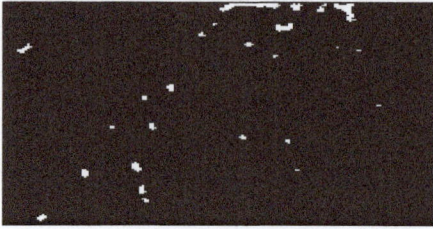

图 3-25　本书算法处理结果 1

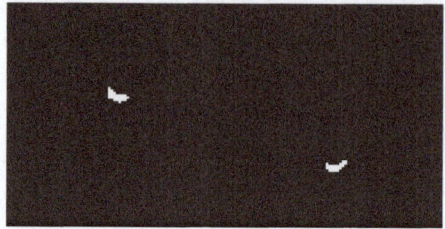

图 3-26　本书算法处理结果 2

为验证本书所提算法的工程应用前景，本书对单帧大小为 464MB、含 8800 × 5560 个像素点的高分辨率合成孔径声呐图像进行算法测试，记录系统内存的使用情况和运算时间。如果算法运行前后，系统内存的使用维持在一个有限的范围内，则该算法稳定。计算机配置为联想笔记本计算机 1 台，CPU 为 Intel（R）Core（TM）i5-3337U CPU @ 1.80GHz，内存为 4.00GB（3.88 GB 可用）。重复该运算 200 次，其中前 20 次内存使用情况和运算时间的实验结果统计如表 3-2 所示。

表 3-2　实验结果统计

序号	起始时剩余内存/MB	结束时剩余内存/MB	内存差值/MB	检测时间/s
1	2681	2721	40	24.05
2	2744	2774	30	23.35
3	2796	2783	13	23.73
4	2819	2807	12	22.87
5	2818	2823	5	23.00
6	2832	2845	13	23.04
7	2861	2851	10	23.26
8	2865	2918	53	23.01
9	2887	2885	2	23.16
10	2905	2894	11	23.19
11	2910	2902	8	23.27
12	2907	2889	18	23.17
13	2898	2927	29	23.52
14	2925	2901	24	23.30
15	2905	2903	2	23.12
16	2906	2901	5	23.24
17	2905	2901	4	23.41

序号	起始时剩余内存/MB	结束时剩余内存/MB	内存差值/MB	检测时间/s
18	2906	2904	2	23.00
19	2907	2901	6	23.06
20	2916	2901	15	23.27

实验结果表明，算法运行前后系统内存保持在合理的区间范围内，这说明本书所提算法稳定性较好。运算时间虽然达到 23s 左右，但考虑处理对象大小为 464MB，以及深海干涉合成孔径声呐系统实时成像时间较长，所以本书所提算法仍具有一定的工程应用价值。

本节所提算法在 Haar 小波变换进行图像多分辨率处理的基础上，利用函数拟合与迭代确定二值化处理阈值，并进行了基于 8 邻域灰度统计信息的干扰抑制。从实验数据的处理效果来看，能够将小型沉底人造目标从海底背景中提取出来，具备一定的应用实践价值。此方法中的二值化阈值是通过对直方图信息的统计得出的，对于采自同类数据源的图像具有通用性，但采自其他数据源的图像如果与此类图像出入较大，则可能需要重新拟合数学关系确定二值化阈值。

3.7　小结

本章主要研究声呐图像分割算法。对几种常用图像分割方法的基本原理进行了简述，梳理了其各自的优缺点和适用条件；针对分水岭算法处理声呐图像时出现的过分割现象，研究了基于标记和模糊聚类的分水岭声呐图像分割算法；结合工程实践需要，研究了一种简单快速的基于自适应迭代阈值的声呐图像分割算法；研究了有效利用图像局部信息和噪声分布模型先验信息的基于马尔可夫随机场的声呐图像分割算法；研究了一种适用于水下小型沉底人造目标的基于 Haar 小波变换的分割算法。

参考文献

[1] 东秀阁. 基于信息熵的图像分割方法研究及其在 DSP 中的快速实现 [D]. 天津：天津大学，2003.

[2] 李炜. 基于图像信息的模式识别方法与应用研究 [D]. 武汉：华中科技大学，2003.

[3] 潘秀琴. 图像处理算法及其在运动目标检测及跟踪中的应用研究 [D]. 北京：北京理工大学，2002.

[4] Rafael C G. 数字图像处理 [M]. 阮秋琦, 译. 北京: 电子工业出版社, 2007.

[5] Meyer F, Beucher S. Morphological segmentation [J]. Journal of Visual Communication and Image Representation, 1990, 1 (1): 21-46.

[6] Gao H, SUI W C, HOU C H. Improved techniques for automatic image segmentation [J]. IEEE Transactions on Circuits and Systems for Video Technology, 2001, 11 (12): 1273-1280.

[7] 黄展鹏, 易法令, 周苏娟, 等. 基于数学形态学和区域合并的医学 CT 图像分割 [J]. 计算机应用研究, 2010, 27 (11): 119-121.

[8] 龚劬, 姚玉敏. 基于分水岭和改进的模糊聚类图像分割 [J]. 计算机应用研究, 2011, 28 (12): 4773-4775.

[9] 许永峰, 姜振益. 一种基于粒子群优化的 K-均值彩色图像量化算法 [J]. 西北大学学报 (自然科学版), 2012, 42 (3): 351-354.

[10] Wang Y X, Bu J. A fast and robust image segmentation using FCM with spatial information [J]. Digital Signal Processing, 2009, 11 (7): 1-10.

[11] 彭丽华, 杨云霞. 基于分水岭变换的图像分割方法 [J]. 太原师范学院学报 (自然科学版), 2008, 7 (4): 133-135.

[12] 胡敏, 蔡慧芬. 基于形态学标记连通的分水岭图像分割 [J]. 电子测量与仪器学报, 2011, 25 (10): 864-869.

[13] 宁纪锋, 吴成柯, 姜光, 等. 基于偏微分方程和分水岭算法的图像分割 [J]. 模式识别与人工智能, 2008, 21 (5): 664-669.

[14] 林亚忠. 心脏 MR 序列图像感兴趣区的自动检测与基于 Gibbs 随机场的分割研究 [D]. 上海: 第一军医大学, 2001.

[15] Mignotte M, Collet C, Perez P. Sonar image segmentation using an unsupervised hierarchical MRF model [J]. IEEE Transaction of Image Processing, 2000, 9 (7): 1216-1231.

[16] Mignotte M, Collet C. Three-class Markovian segmentation of high-resolution sonar image [J]. Computer Vision and Image Understanding, 1999, 76 (3): 191-204.

[17] 陈韩锋, 戚飞虎. 视频对象分割中基于 Gibbs 随机场模型的时空分割结合方法 [J]. 电子学报, 2004, 32 (1): 34-37.

[18] 张翔, 田金文. 基于多随机场遥感图像分割 [J]. 华中科技大学学报 (自然科学版), 2003, 31 (8): 24-26.

[19] Destrempes F, Mignotte M. Unsupervised Detection of contours using a statistical model [J]. International Conference on Image Processing (ICIP'02), 2002: 1-5.

[20] Wilson R, Chang T L. A class of Discrete multiresolution random fields and its application to image segmentation [J]. IEEE Transaction on Pattern Analysis and Machine Intelligence, 2002, 25 (1): 42-56.

[21] Hyeokho C, Richard G B. Multiscale Image Segmentation Using Wavelet-Domain Hidden Markov Models [J]. IEEE Transaction on Image Processing, 2001, 10 (9): 1309-1321.

［22］ 张燕宁，黄伟华. 采用一种新的马尔可夫模型进行癌症医学图像分割［J］. 北方交通大学学报，2003，27（5）：42-45.

［23］ Provost J N, Collet C, Rostaing P, et al. Hierarchical Markovian Segmentation Of Multispectral Images For The reconstruction of water depth maps［J］. Computer Vision and Image Understanding, 2004（93）：155-174.

［24］ Osman N U, Albora A M, Aydogan D. On the use of markov random field in geophysical application：gelibolu peninsula［J］. Istanbul Univ Muh Fak, yerbilimleri Dergisi, 2004, 17（1）：35-46.

［25］ 林压忠，陈武凡. 基于广义模糊吉伯斯随机场图像分割新算法［J］. 计算机学报，2003，26（11）：1464-1469.

［26］ Reed S, Petillot Y, Bell J. An automatic approach to the detection and extraction of mine features in sidescan sonar［J］. IEEE Journal of Oceanic Engineering, 2003, 28（1）：90-105.

［27］ 李岚. 合成孔径雷达图像恒虚警目标检测［D］. 北京：中国科学院电子学研究所，2001.

［28］ 李岚，邓峰，彭海良. 合成孔径雷达图像的恒虚警率目标检测［J］. 华北工学院测试技术学报，2002，16（1）：9-13.

［29］ 高贵，计科峰，匡纲要. 基于马尔可夫随机场的 SAR 目标切片图像分割方法［J］. 现代雷达，2004，26（5）：42-44.

［30］ 李娟娟，马硕，朱枫，等. 基于主动轮廓的声呐图像水雷识别方法［J］. 计算机应用研究，2014，31（12）：3841-3843.

［31］ 李庆武，马国翠，霍冠英，等. 基于 NSCT 域边缘检测的侧扫声呐图像分割新方法［J］. 仪器仪表学报，2013，34（8）：1795-1801.

［32］ 刘光宇，卞红雨，沈郑燕，等. 基于规一化割的声呐图像谱抠图分割［J］. 哈尔滨工程大学学报，2012，33（3）：308-312.

［33］ 刘光宇，卞红雨，沈郑燕，等. 基于声呐图像的水平集分割算法研究［J］. 传感器与微系统，2012，31（1）：29-31.

［34］ 赵广超，肖斌，国闯，等. 小波分析理论与图像降噪处理［J］. 图形、图像与多媒体，2011，30（19）：35-37.

［35］ 桑恩方，沈郑燕，高云超. 小波域声呐图像自适应增强［J］. 哈尔滨工程大学学报，2009，30（4）：411-416.

［36］ 孙红进. Haar 小波在图像多尺度分解与重构中的应用［J］. 煤炭技术，2010，29（11）：157-159.

［37］ 徐志平，张海朝. 基于 Haar 小波变换和分块 DCT 的人脸识别［J］. 图形、图像与多媒体，2009，21：25-28.

［38］ 王乐佳，王欣. 基于双 Haar 小波的边缘检测［J］. 山东大学学报（工学版），2004，34（2）：35-37.

第4章

目 标 检 测

4.1 引言

针对作用对象的不同，目标检测技术可分为静目标检测和动目标检测，所涉及的相关算法有很大不同。在上一章中研究了声呐图形分割问题，利用目标和背景之间的对比关系，可将目标从图像背景中分离出来，但未考虑分割出的目标是人造目标还是岩石等自然目标。针对静目标的检测技术则利用这种差异性，将图像中的人造目标检测出来，这在水下救捞、水雷探测等领域具有重要的应用价值[1]。近些年才发展起来的基于成像声呐的水下动目标检测技术受到了人们的极大关注，具有较强的军事应用前景，特别是在大型舰船靠港驻泊时反蛙人入侵和小型潜艇袭击方面，可以发挥重要作用。

在图像中，人造目标一般表现为较规则的形状，且表面纹理简单；而自然场景目标的形状表现为多样性和不规则性，且具有复杂的纹理特征。人造目标的检测技术在红外、遥感等图像中已得到了广泛的研究，主要包括从自然场景（树林、山地等）中检测坦克、车辆等人造目标，在遥感图像中检测桥梁、机场跑道等目标[2]。但针对声呐图像的人造目标检测技术直至近几年才引起人们的关注。目前常用的检测思路是，利用人造目标和自然场景之间在统计模型、纹理结构及几何形状等方面的差异进行检测。常见的检测方法主要有模板匹配滤波器、灰度统计信息[3]、分形特征[4]、回波谱密度特征[5]、频域变换法[6]、局部迭代统计算法[7]和图像序列的目标检测算法[8]等。

使用基于模板匹配的检测算法需要具备目标形状的先验知识，而随着水雷技术的发展，特别是随着形状可变的柔性水雷等仿生水雷的研制成功，使得获取敌方水雷的精确形状特征变得越来越困难，基于模板匹配的检测算法的检测性能也受到较大的影响；而基于灰度统计量的检测算法对图像的成像质量、回波强度及滑动窗大小均具有较强的依赖性。通过前面几章的分析论述可以知道，声呐图像具有对比度低、噪声污染严重、模糊化程度较高等特点，这对灰度统计量的计算都有着较大的影响，但相对于单一像素点灰度值，灰度统计量可更准确、可靠地描述图像中的人造目标，抗噪性能更好。而且，由于目标尺寸、声波入射角度、探测目标的距离、声呐平台的高度等条件的不同，图像中目标区域或其阴影区域的大小是不同的，这就为滑动窗口尺寸的选择带来了一定的不确定性，更加重要的是灰度统计量特征在声呐图像场景较复杂的情况下检测效果较差。

相比较来说，分形检测算法具有更强的通用性[9]，可用于检测与分辨不同条件下未知尺寸形状的水雷目标，受成像质量的影响较小。但其存在着计算量较大的不足，而且分形参数的定义与计算方法多种多样，利用不同的计算方法所得到的检测结果也有所不同。为获得鲁棒性强、准确度高的检测结果，利用信息融合理论，将上述各种特征进行融合是一种好的思路[10]。本章在分析相关文献的基础上，提出了几种不同特征定义下的声呐图像目标检测算法，得到了一些有意义的结论。

4.2　基于灰度统计量的检测算法

4.2.1　算法描述

1. 统计量的选择

样本均值是描述样本分布中心的统计量。在声呐图像中，由于目标回波信号表现为灰度值较高的区域，目标阴影区域的灰度值较低，而混响背景区域的像素点灰度值则显得较为分散，因此在均值统计量上就表现为，目标回波区域的均值较大，而阴影区域的均值较小。理论上，样本均值的计算需要大量的样本数据，而在声呐图像目标检测中这是不可能实现的。由大数定理可知，在样本个数较多的情况下，采用样本算术平均取代样本统计平均，计算得到的统计量的偏差较小。

在实际计算过程中，采用滑动窗算法，将滑动窗内的像素点转换成一维向量，计算这个一维向量的平均值作为滑动窗内像素点灰度值的均值统计量。滑动窗的取值大小对计算结果影响较大，滑动窗过小，其包含的像素点数越少，样本算术平均和统计平均之间的偏差越大，则样本算术平均不能准确地描述样本的均值统计量；滑动窗过大，受图像大小和目标区域大小的限制，可能会使一些较小的目标区域漏掉，降低了检测结果的准确度。本书中采用的滑动窗的尺寸为人工经验选取的，如何自动准确地描述滑动窗的尺寸有待今后进一步研究。设 h_i 为像素点灰度，滑动窗内样本均值的计算公式如下：

$$\bar{h} = \frac{1}{N} \sum_{i=1}^{N} h_i \tag{4-1}$$

同理，样本标准差可较好地反映样本分布的离散程度，在图像的灰度一致区域，各像素点的灰度值较为接近，计算得到的标准差相应较小；而在混响背景区域或目标边缘区域，像素点的灰度值分布较分散，相差较大，相应地，标准偏差也较大。标准偏差的计算如下：

$$\sigma = \left(\frac{1}{N-1} \sum_{i=1}^{N} (h_i - \bar{h})^2 \right)^{\frac{1}{2}} \tag{4-2}$$

式中，$\bar{h}$ 为采样点灰度值的均值。

样本偏态（Skewness）是对样本数据围绕其均值的对称情况的度量。如果偏度为负，则数据分布偏向于其均值的左边；反之，则偏向右边。样本偏态的定义为：

$$s = \frac{E(h - \bar{h})^3}{\sigma^3} \tag{4-3}$$

对目标回波区域来说，灰度值较高，而此处的灰度值较低的像素点可视为噪声点，这些噪声点的存在使得这一子窗口内的灰度均值变小，因此数据分布偏向于均值的右边，偏度值为正。相反，对于目标阴影区域，偏度值为负；而在背景区域，像素灰度分布应大致围绕其均值附近呈近似均匀分布，偏度值为零点附近的值。

样本峰度（Kurtosis）为单峰分布曲线"峰的平坦程度"的度量，定义为：

$$k = \frac{E(h - \bar{h})^4}{\sigma^4} - 3 \tag{4-4}$$

根据式（4-4），正态分布的峰度值为0，曲线比正态分布曲线平坦的分布，其峰度大于0；反之，则小于0。对背景区域来说，灰度分布较为分散，其分布曲线也就相对平坦，峰度应大于0；而包含目标边缘的区域，则存在灰度值的突变，其分布曲线表现为两个或多个明显的峰。

2. 检测准则的定义[11]

1）检测准则1：直方图最大熵算法

利用一定大小的滑动窗计算图像中各像素点处的统计量 μ，构造统计量 μ 的直方图为 $h_\mu(i)$，$i \in (\mu_{\min}, \mu_{\max})$，表示统计量为 i 的出现次数。利用最大熵算法计算直方图 $h_\mu(i)$ 的最佳分割阈值。令归一化的直方图 $p_i = h_\mu(i) / \sum_{\mu_{\min}}^{\mu_{\max}} h_\mu(i)$。设阈值为 t，则图像可分为两个区域，即 $R_1 = \{\mu_{\min}, \mu_{\min} + 1, \cdots, t\}$；$R_2 = \{t+1, t+2, \cdots, \mu_{\max}\}$。两个区域 R_1 和 R_2 相伴的熵为：

$$E_1(t) = -\sum_{i=\mu_{\min}}^{t} \frac{p_i}{P_t} \lg \frac{p_i}{P_t} = \lg P_t + \frac{E_t}{P_t} \tag{4-5}$$

$$E_2(t) = -\sum_{i=t+1}^{\mu_{\max}} \frac{p_i}{1-P_t} \lg \frac{p_i}{1-P_t} = \lg(1-P_t) + \frac{E_n - E_t}{1-P_t} \tag{4-6}$$

式中，$E_t = -\sum_{i=\mu_{\min}}^{t} p_i \lg p_i$ ；$E_n = -\sum_{i=\mu_{\min}}^{\mu_{\max}} p_i \lg p_i$ ；$P_t = \sum_{i=\mu_{\min}}^{t} p_i$

定义直方图的熵为 $E = E_1 + E_2$，则最佳分割阈值 thr 应满足：

$$\text{thr} = \max_t E \tag{4-7}$$

2）检测准则 2：熵函数法

在阈值 t 条件下，通过计算各行（或列）上被分割出的像素点的个数所占的比例，计算熵函数值：

$$E_{\text{axis}}(t) = -\sum_{P_{\text{axis}}(i,t) \neq 0} P_{\text{axis}}(i,t) \cdot \log_2(P_{\text{axis}}(i,t)) ; i = 1,2,\cdots,N_{\text{axis}} \tag{4-8}$$

式中，N_{axis} 为行（列）数；$P_{\text{axis}}(i,t)$ 为第 i 行（列）中在阈值 t 下分割出来的像素所占的比例。

通过实际计算得到的熵函数曲线可知，该熵函数的变化并不是平稳的，存在曲率突变的点，通过对这些点进行检测即可得到图像的目标检测阈值。

4.2.2 实验研究

1. 基于低阶统计量（均值和标准差）的检测结果

从低阶统计量上来看，回波区应具有较大的均值和较小的标准差，阴影区和背景区应具有较小的均值和较小的标准差，在不同区域的交界处会出现较大的标准差。实际计算中发现，由于滑动窗通常取为方形窗口，而目标回波区域常为窄条形状，因此滑动窗内包含了目标回波区域和背景区域之间的边缘信息，故计算得到的回波区域的标准差一般表现为较大的值。而背景区域和阴影区域由于所占的面积较大，故滑动窗的形状对其影响不大，计算得到的标准差较小。

图 4-1 为水下声呐图像，图 4-2 为计算得到的标准差－均值统计图，横坐标为标准差，纵坐标为均值。从图 4-2 中可以看出，各像素点的统计量分布大致可分为三个区域。图 4-2 中左下角区域的标准差和均值均为较小的值，可判断为图像中的目标阴影区域；中间区域面积较大，可判断为混响背景区域；右上角区域较为分散的一些点处均值和标准差均较大，根据上面的分析可判断为图像中的目标回波区，标准差较大是由于目标回波区域较小，滑动窗内包含了目标边缘等造成的。图 4-3（a）、图 4-3（b）分别为统计量标准差和均值的归一化直方图，从该直方图中可以看出，阴影区域所占的

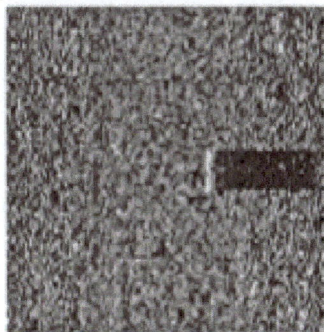

图 4-1　水下声呐图像

像素点数较多一些，在归一化直方图中表现为较小的峰；混响背景区域的像素点数最多，表现为明显的峰；目标回波区域由于所占像素点数较少，在直方图中不能明显分辨出来。

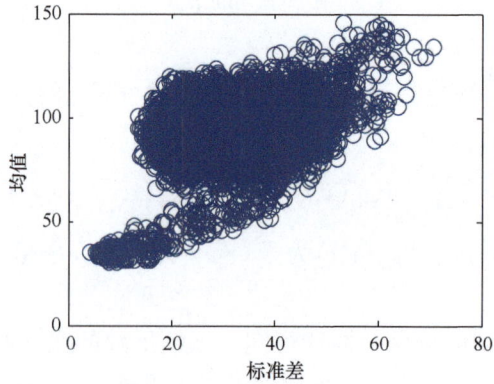

图 4-2　标准差－均值统计图

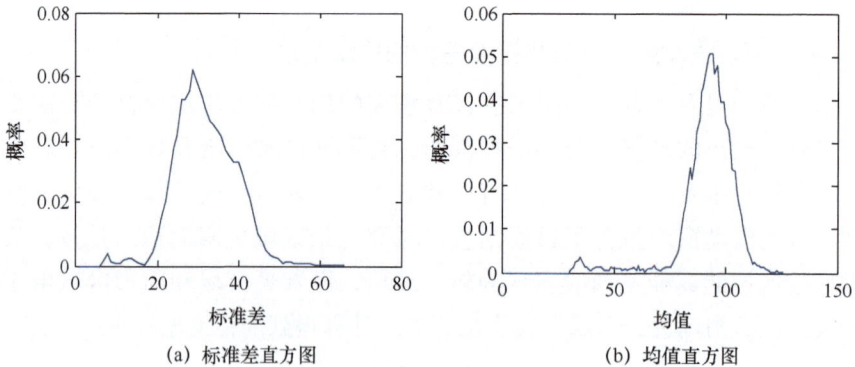

(a) 标准差直方图　　　　　　　　　(b) 均值直方图

图 4-3　统计量的标准差和均值归一化直方图

1）基于检测准则 1 的检测结果

在不同的检测阈值下计算统计量直方图的熵，得到的变化曲线如图 4-4（a）、图 4-4（b）所示。图 4-4（a）为标准差的熵变化曲线，熵的最大值对应的最佳分割阈值为 62；同理可由图 4-4（b）得到基于均值统计量的最佳分割阈值为 125。检测结果如图 4-5 所示，图 4-5（a）为双门限检测结果；图 4-5（b）为基于均值门限的检测结果；图 4-5（c）为基于标准差门限的检测结果。可见，在双门限条件下检测结果更加准确。

2）基于检测准则 2 的检测结果

在式（4-8）的定义下，分别计算均值和标准差在行方向和列方向上的熵函数曲线，如图4-6所示。从图中可以看出，随着检测分割阈值的增大，熵函数曲线呈下降趋势，但其下降的速率会发生变化，其中在突变点处即图像中目标回波区和阴影区的分割阈值所在，如图4-6中箭头所示。

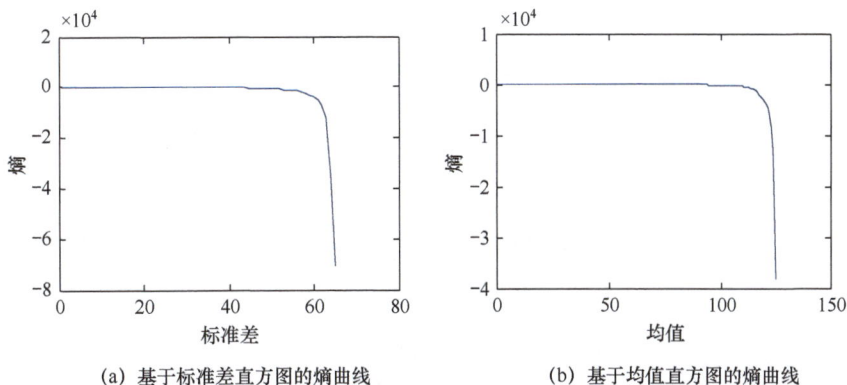

(a) 基于标准差直方图的熵曲线

(b) 基于均值直方图的熵曲线

图4-4 统计量熵曲线（一）

(a) 双门限

(b) 基于均值门限

(c) 基于标准差门限

图4-5 检测结果

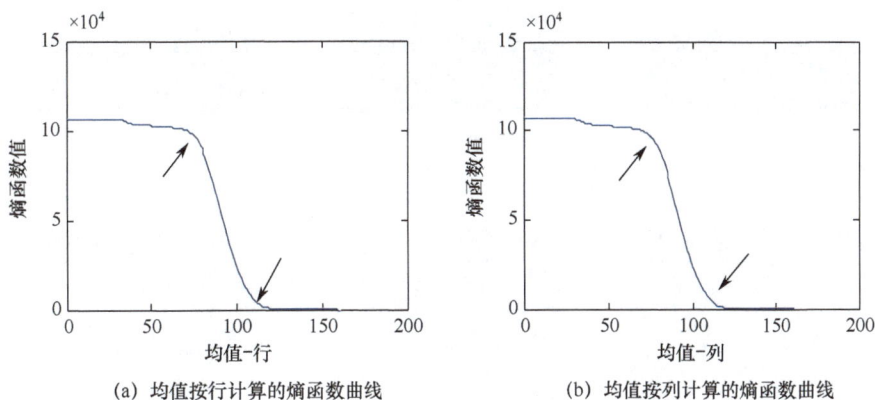

(a) 均值按行计算的熵函数曲线

(b) 均值按列计算的熵函数曲线

图4-6 统计量熵函数曲线（一）

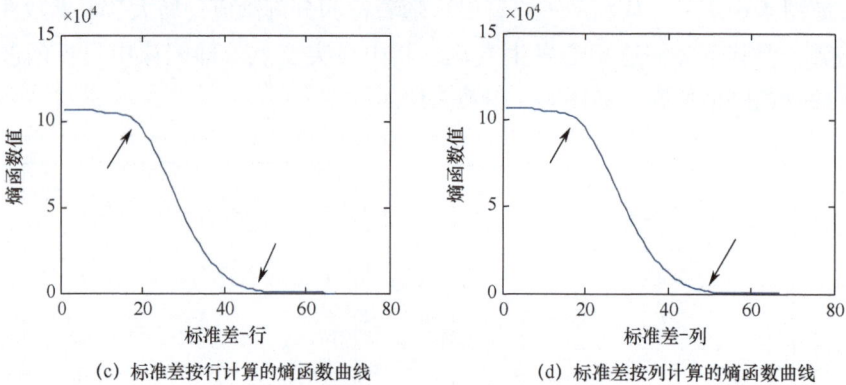

(c) 标准差按行计算的熵函数曲线　　　　　(d) 标准差按列计算的熵函数曲线

图 4-6　统计量熵函数曲线（一）（续）

在此基础上，目标回波区域的检测与分割同样采用双门限检测和单门限检测两种方法，结果如图 4-7 所示。图 4-7（a）为双门限检测结果，图 4-7（b）为基于均值门限（117）的检测结果，图 4-7（c）为基于标准差门限（47）的检测结果。同准则 1 的结果一样，双门限检测算法可较好地提高检测结果的准确度。同理进行目标阴影区域的检测，结果如图 4-8 所示，图 4-8（a）为双门限检测结果，图 4-8（b）为基于均值门限（70）的检测结果，图 4-8（c）为基于标准差门限（18）的检测结果。从图 4-3 中可以直观地看出，阴影区域检测门限值恰好位于直方图的两个峰之间。

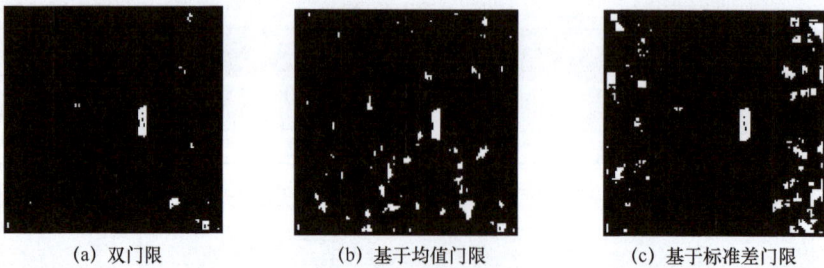

(a) 双门限　　　　　(b) 基于均值门限　　　　　(c) 基于标准差门限

图 4-7　目标回波区域检测结果

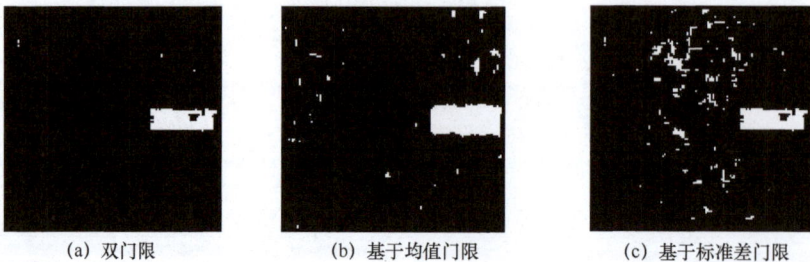

(a) 双门限　　　　　(b) 基于均值门限　　　　　(c) 基于标准差门限

图 4-8　阴影区域检测结果

2. 基于高阶统计量（偏态和峰度）的检测结果

1）基于检测准则 1 的检测结果

高阶统计量的计算采用的滑动窗口较大
（15×15），而目标回波区域所占的像素点较
少，因此高阶统计量方法在检测目标的回波
区域时，检测结果较差。偏态和峰度值计算
结果如图 4-9 所示。考虑到计算需要，将偏态
和峰度值均扩大 100 倍，然后分别计算偏态
和峰度的熵变化曲线，如图 4-10 所示。在熵
的最大值点处确定最佳分割阈值，得到基于

图 4-9　偏态 – 峰度

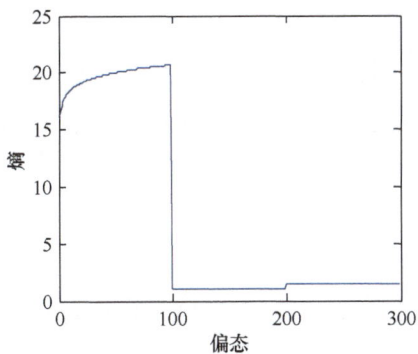

偏态统计量的最佳分割阈值为 99，基于峰度统计量的最佳分割阈值为 209，检测结
果如图 4-11 所示。由检测结果可以看出，基于高阶统计量的算法检测得到的是目
标的阴影区域，这主要是由于所采用的滑动窗口较大，而目标回波区域较小，在
进行高阶统计量的计算时由于窗口内的背景像素点多于回波像素点，故计算结果
同混响背景区域近似，难以准确地直接提取目标回波区域。

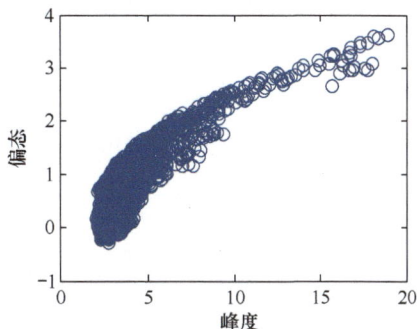

(a) 基于偏态直方图的熵曲线　　　　　　　　(b) 基于峰度直方图的熵曲线

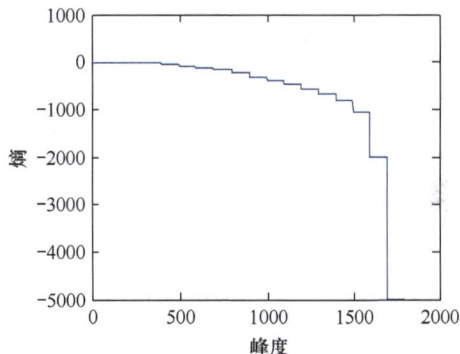

图 4-10　统计量熵曲线（二）

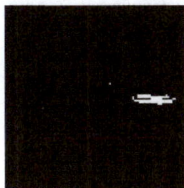

(a) 双门限　　　　　　　(b) 基于峰度门限　　　　　　(c) 基于偏态门限

图 4-11　检测结果

2）基于检测准则2的检测结果

在检测准则2条件下，如图4-12（a）~图4-12（d）所示为基于偏态和峰度统计量的按行方向和列方向计算得到的熵函数值。图中箭头对应分割阈值点。阴影区域的检测结果如图4-13所示。同样可以看出，双门限检测结果比单门限检测结果的准确度高，基于偏态的检测阈值为120，基于峰度的检测阈值为216。

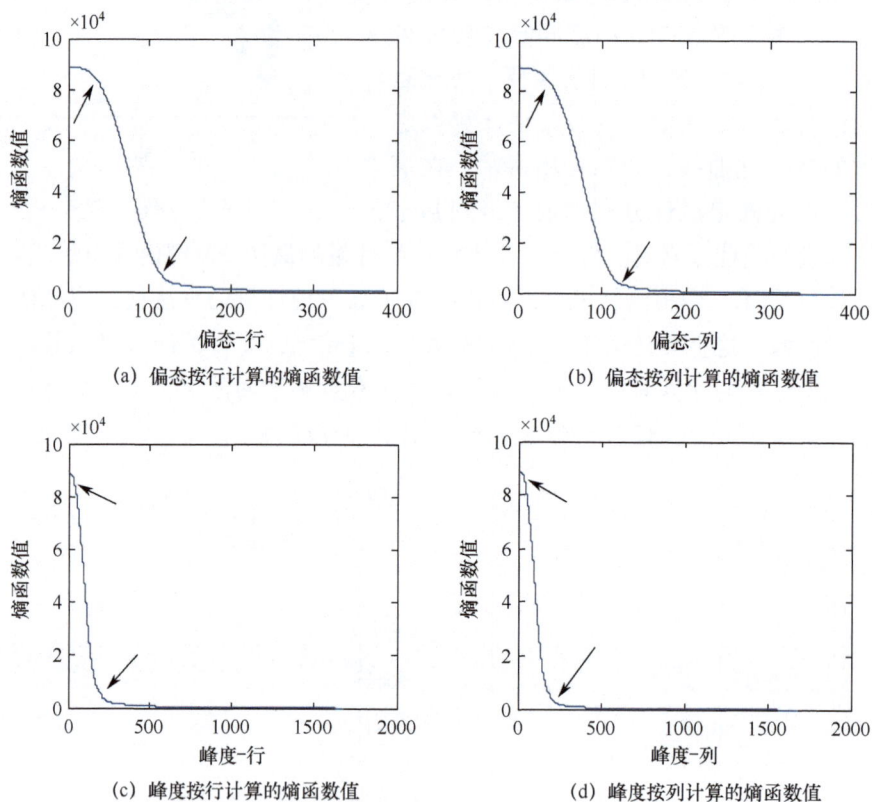

(a) 偏态按行计算的熵函数值

(b) 偏态按列计算的熵函数值

(c) 峰度按行计算的熵函数值

(d) 峰度按列计算的熵函数值

图 4-12　统计量熵函数曲线（二）

(a) 双门限

(b) 基于峰度门限

(c) 基于偏态门限

图 4-13　检测结果

结论：基于灰度统计量的检测算法具有计算简单、实时性好等特点，但对较小的目标区域而言，可能会出现漏检情况，这就涉及滑动窗大小的确定问题。同时，利用图像不重叠分块或部分重叠分块的处理方法，可以牺牲一定的检测精度换取计算效率。

4.3　基于纹理特征的目标检测算法

基于灰度统计量的门限检测算法只利用了像素点的灰度信息，未考虑像素点灰度的空间关系和纹理性。从算法的固有性质来看，基于灰度统计量的检测算法仍难以有效区分人造目标和自然目标，但可作为辅助信息，用于降低虚警。而分形特征和 Zipf 定律等算法可较好地描述自然场景和人造目标之间的纹理差异性，本节就这一问题进行了深入研究，将多尺度分形特征和 Zipf 定律引入声呐图像的人造目标检测，并针对具体问题加以分析改进，同常规的分形算法的检测结果进行了比较，仿真结果表明，该算法是有效可行的。

4.3.1　算法描述

早在 1975 年，Mandelbrote 在总结了自然界的不规则现象后，提出了分形的概念。图像的分形特征描述的是图像的灰度表面的自相似性，具有较强的抗噪和容错能力，而且具有非线性变换下的不变性。随着对分形理论研究的深入，分形特征已被广泛应用于目标检测与识别领域[9]。

目前，对分形参数的估计方法有多种，本节采用易于计算机实现的"毯覆盖"算法进行分形特征的估算，以分形模型拟合误差[12]等为特征量。该特征量反映了分形模型对灰度图像的适应程度，自然背景在一定的尺度范围内符合布朗模型，因此会获得较小的分形模型拟合误差。而人造目标不具有自相似性，不适用分形模型来模拟，因此该区域的拟合误差较大。

1.　多尺度分形[13]

实际的自然景物并不完全满足分形布朗运动模型，只是近似地满足分形特性，在一定尺度范围内具有分形特性。分形参数（为表述方便，统一用 H 表示）反映的是某一尺度范围内的图像统计自相似性。为了描述图像统计特性随尺度变化的规律，可考虑在不同的尺度上分别计算分形参数，即多尺度分形参数 $H(r)$。$H(r)$ 表示尺度为 r 时的 H 参数值。

在一定的尺度范围内，由邻近尺度的三点数据对 $(\lg E(\Delta I_{r-\Delta r}), \lg \| r - \Delta r \|)$、$(\lg E(\Delta I_r), \lg \| r \|)$、$(\lg E(\Delta I_{r+\Delta r}), \lg \| r + \Delta r \|)$ 进行拟合，其中 Δr 为尺度的变

化步长，则可得到一系列不同尺度下的分形参数 $H(r)$。

对于满足分形布朗运动模型的图像，分形参数 H 与尺度变化无关，或者在一定的尺度范围内，$H(r)$ 的变化很小；而对于不满足分形布朗运动模型的图像，$H(r)$ 的变化一般较大。$H(r)$ 的变化反映了图像的某种统计特性随尺度变化的情况。因此，多尺度分形参数较之单一的分形参数包含更多、更丰富的信息。定义多尺度分形参数特征量为：

$$H_T = |\max(H(r)) - \min(H(r))|, r \in [r_{\min}, r_{\max}] \tag{4-9}$$

2. Zipf 定律

Zipf 定律[14,15]是图像处理中描述纹理统计分布的一种方法。同分形模型类似，该模型描述了一定拓扑结构中像素灰度出现的频率与像素灰度等级之间的关系。它表明在一定的拓扑结构下信号中的模式分布并不是随机的，在进行降序排列的条件下，模式阶数和标号出现频率之间的关系满足 Zipf 定律。表达式如下：

$$N_{\sigma(i)} = k \cdot i^a \tag{4-10}$$

式中，$N_{\sigma(i)}$ 为每一标号出现的频率；i 为标号的阶数；k 和 a 均为常数。

对式（4-10）两边取对数，可得：

$$\lg(N_{\sigma(i)}) = \lg k + a \cdot \lg i \tag{4-11}$$

通过线性拟合的方法可估计参数 a 和 k 的值。

在灰度图像中存在多种标号，利用通用阶数法在模板内进行像素编码。在滑动窗内，对同灰度级的像素点赋予相同的编码。以滑动窗口大小 3×3 为例，图像灰度级分和相应的阶数编码如图 4-14 所示。

126	150	38
251	10	126
81	81	126

3	4	1
5	0	3
2	2	3

图 4-14　图像灰度级分（左）和相应的阶数编码（右）

算法改进 1：由理论分析可知，在理想情况下，在人造目标或其阴影区域内，像素点的灰度值应该相同，但是由于水声环境的复杂性，在实际得到的声呐图像中，该区域的像素点灰度值并不完全相同，而是无规律地在一个小区间内变动。以图像中目标边缘处为例，边缘的一侧为目标（或阴影）区域，另一侧为背景区域。对于同属于目标区域的两个像素点邻域，得到的阶数编码并不相同，从而导致计算得到的纹理特征量在数值上相差较大。也就是说，一般的编码方法只考虑了像素灰度值的差异性，而没有考虑差异的大小特征，如滑动窗内两个像素点的灰度值分别为 1 和 5，或者 1 和 255，编码结果是一样的。为此，本书提出对灰度值区域进行分段的方法，对同属于一个灰度值段内的灰度值赋予同样的阶数编码，分段采用不重叠分段方法。设分段间隔为 m，最大灰度值为 G，则总的分段数为 $\text{int}[G/m]+1$。其中，$G=255$，$m=20$，则分段数为 13。改进后的阶数编码如图 4-15 所示。图中窗口的左上角为同质区域，右下角为另一同质区域。在理想情况下，在各自的区域内像素点灰度值应该相同，但实际上存在些许波动，改进后的编码方法有效地将这些波动予以克服，实现了同质区域的阶数编码相同。可以看出，一般的编码方式是本书给出的编码方法的一个特例，即分段间隔为 $m=1$ 的情形。为此，本书的算法又称广义 Zipf 定律算法。需要注意的是，随着分段间隔的增大，编码得到的总级数会逐渐减小，使得拟合模型的数据对变少，导致拟合误差的增大。因此，在后续的研究中应着重对分段间隔的自适应选取问题进行分析。

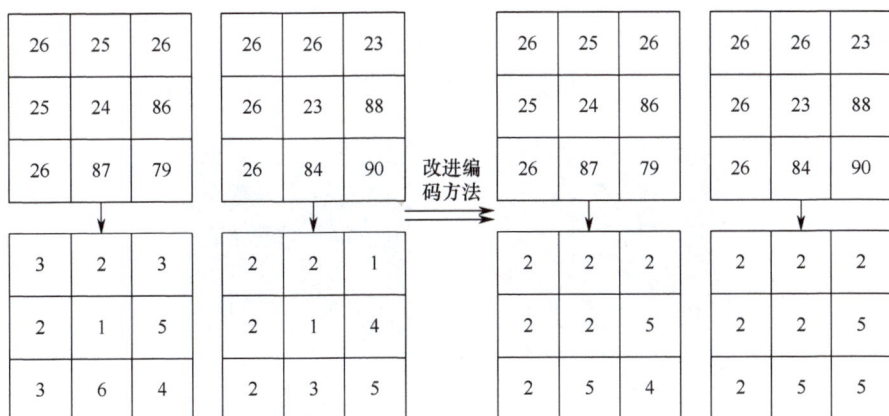

图 4-15　改进后的阶数编码

算法改进 2：为进一步提高检测精度，本节采用滑动窗的方法，定义一定大小的滑动窗，在图像中的每个像素点上滑动，将计算得到的特征参数值作为当前滑动窗中心像素点处的特征参数值。

定义如下几个特征计算式，分别用于提取图像中各像素点处的特征参数：

$$A = \sum_{i=1}^{n-1} \frac{(f_i + f_{i+1})\ (r_{i+1} - r_i)}{2} \tag{4-12}$$

$$P = \frac{n \sum_{i=1}^{n} f_i r_i - \sum_{i=1}^{n} f_i \sum_{i=1}^{n} r_i}{n \sum_{i=1}^{n} r_i^2 - \left(\sum_{i=1}^{n} r_i\right)^2} \tag{4-13}$$

$$D = \left| A_{st} - \left(\frac{1}{9} \sum_{k=s-1}^{s+1} \sum_{l=t-1}^{t+1} A_{kl} \right) \right| \qquad (4\text{-}14)$$

式中，A 描述了在双对数坐标系下滑动窗中出现的阶数与其出现频率所覆盖的面积；P 描述了直线拟合的斜率，在物理意义上同式（4-10）中的参数 a，其中 f_i 为出现频率的对数；r_i 为阶数的对数；D 为所得到的对 A 图进行邻域平均差的绝对值，目的在于进一步提高目标区域和自然背景区域的分离度。

4.3.2 实验研究

采用 Klein5000 侧扫声呐提供的水下小目标探测数据，如图 4-16（a）所示。可以看出原图中除三个人造目标外，还有一些海底的岩石等，尽管岩石体积较小，但仅从反射回波的强度或声呐图像的灰度上进行分割提取人造目标是比较困难的。如果直接利用图像阈值分割算法进行处理，则检测结果图像中存在诸多的干扰点。

取滑动窗的大小为 17×17，计算分形模型拟合误差，并将结果转化到 [0，255] 区间，如图 4-16（b）所示，该图用于后续检测算法的结果对比。

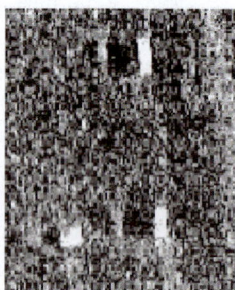

（a）原图　　　　　　　　（b）分形模型拟合误差特征

图 4-16　仿真结果

1. 多尺度分形特征检测结果

从上述分析可以看出，基于单一尺度分形特征的目标检测算法在不同的定义和计算方法条件下，获得的检测效果也有所区别，这就带来了特征定义和计算方法的选择问题。而且从检测结果不难看出，单一尺度分形特征的检测效果并不理想。

为此，多尺度分形方法的研究不断深入。为计算方便，分别从原声呐图像截取多幅小的目标图像和背景图像进行对比分析，如表 4-1 所示。其中图像 1、图像 3 和图像 4 为包含目标的图像，其他图像为背景图像。分别对每一图像进行多尺度分形参数计算，所选取的分形参数为分形维数、分形模型拟合截距及分形模型拟合误差。图像 1 和图像 2 的多尺度分形参数随尺度的变化曲线如图 4-17 所示。图中横坐标为尺度变化；纵坐标为特征参数。可以看出，目标图像的分形参数随尺度的变化较大，而背景图像的分形参数随尺度变化相对较小，数值计算结果和理论分析是一致的。根据式（4-9）的定义，对表 4-1 中所列的各图像的特征值进行计算，结果见表 4-2。从表 4-2 中的数值可知，目标图像和背景图像的特征值存在较大的差异，尤其是基于分形模型拟合误差计算得到的特征值。可将三个特征值组成特征向量，采用最近邻分类器、神经网络、模糊聚类等算法进行分类。本书在选取目标图像和背景图像各 20 幅的条件下，采用模糊 C-均值聚类算法进行分类，分类结果的准确度达到了 93%，被误分类的图像主要是由于截取的目标图像中背景像素所占的比例太大及海底存在的岩石等物体的干扰等。

表 4-1　仿真实验所采用的图像

图像编号	1	2	3	4	5	6
图像						

表 4-2　表 4-1 中各图的最大差值特征参数值

图像编号	1	2	3	4	5	6
基于分形维数特征	0.2515	0.1766	0.3181	0.2850	0.1130	0.0711
基于分型模型拟合截距特征	0.5344	0.3583	0.6559	0.6130	0.2310	0.1365
基于分型模型拟合误差特征	0.0010	0.00037	0.0011	0.0017	0.00059	0.00052

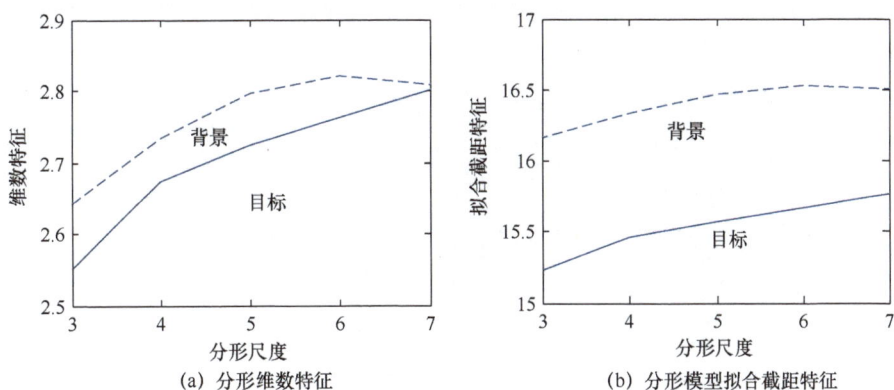

(a) 分形维数特征　　　　　　　　(b) 分形模型拟合截距特征

图 4-17　多尺度分形参数曲线

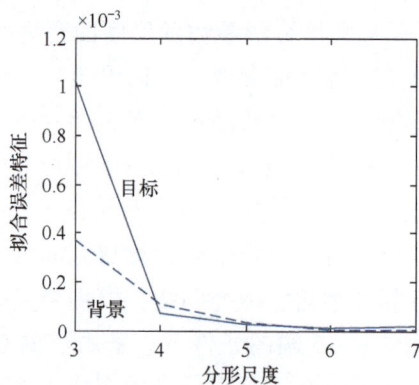

(c) 分形模型拟合误差特征

图 4-17　多尺度分形参数曲线（续）

2. 改进 Zipf 定律检测结果

待检测声呐图像仍采用如图 4-16（a）所示的声呐图像，重新绘制其特征参数如图 4-18（a）所示。滑动窗大小取为 3×3，分段间隔为 $m = 1$。图 4-18（b）~图 4-18（c）分别为线性拟合得到的直线斜率（参数 a）和截距（参数 k）参数值，转化到区间 $[0, 255]$，并以图像的形式显示出来。如图 4-18（d）~图 4-18（f）所示分别为式（4-12）~式（4-14）计算得到的参数图。由计算结果可以看出，该方法可较好地提高人造目标和自然背景之间的对比度，使背景区域更加平滑，目标边缘得以突出。同图 4-16（b）所示的分形模型拟合误差的检测结果相比，目标区域和背景区域之间的对比度更加明显。图 4-19 中给出的是分段间隔为 1 时，用图像不重叠分块方法得到的检测结果。可见图像存在明显的斑块效应，而且目标检测的准确度相对较差。

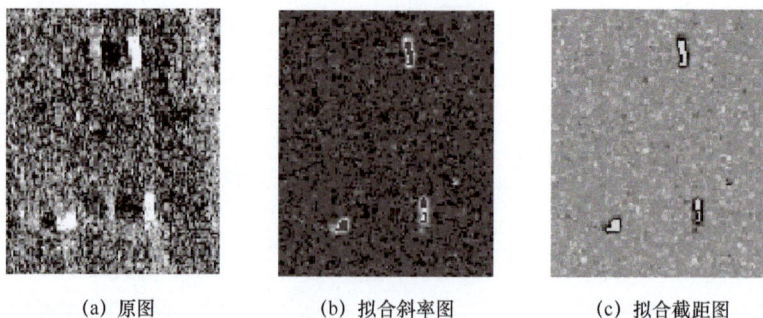

(a) 原图　　　　　(b) 拟合斜率图　　　　　(c) 拟合截距图

图 4-18　特征参数（分段间隔为 1，滑动窗）

(d) 面积A图   (e) 斜率P图   (f) 面积差值D图

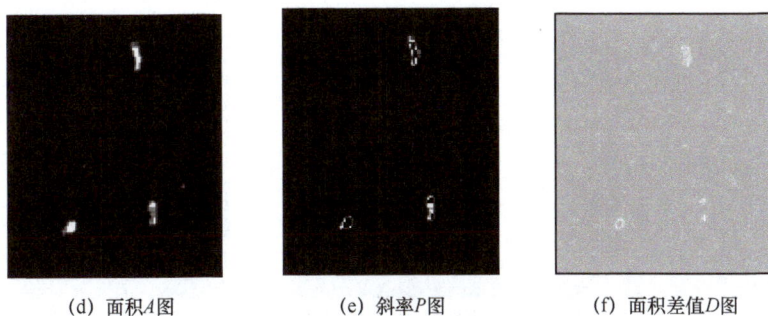

图 4-18　特征参数（分段间隔为1，滑动窗）（续）

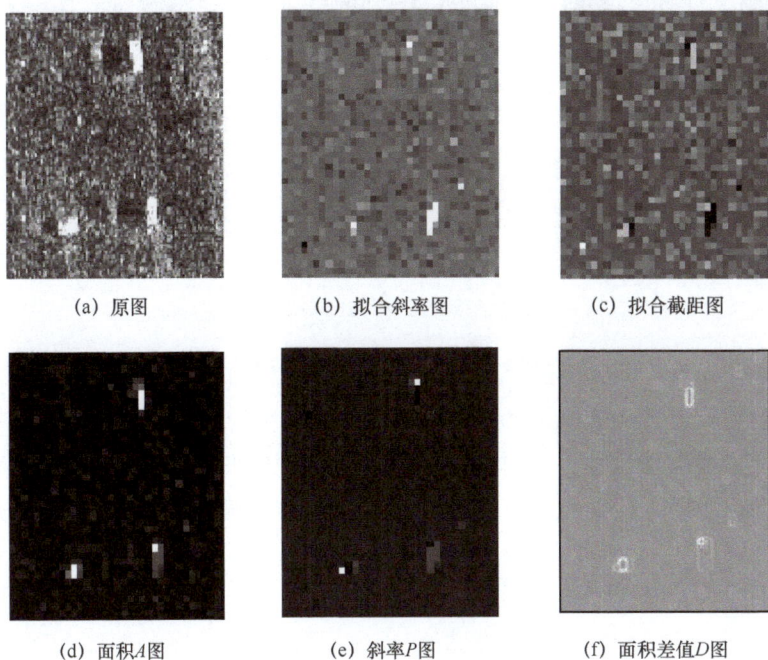

(a) 原图   (b) 拟合斜率图   (c) 拟合截距图

(d) 面积A图   (e) 斜率P图   (f) 面积差值D图

图 4-19　分段间隔为1时，用图像不重叠分块方法得到的检测结果

　　采用常见的 Otsu 图像阈值分割算法，对图 4-18 中的各图像分别进行分割处理，结果如图 4-20 所示。从图中可以看出，原始图像的分割结果较差，分割出的目标图像仍然难以辨别。而基于特征参数图的阈值分割结果取得了很好的检测结果，不仅准确地将人造目标从海底背景中检测出来，而且可剔除目标附近的小的岩石。对检测结果中存在的单个像素的亮点，可利用形态滤波对检测结果图进行进一步处理。本书所选择的特征参数在目标和背景的交界处，即目标边缘点上取得较高的值，在特征图像中表现为亮点；只有拟合截距图是在目标边缘点上取较小的值，在特征图像上表现为较暗的点。

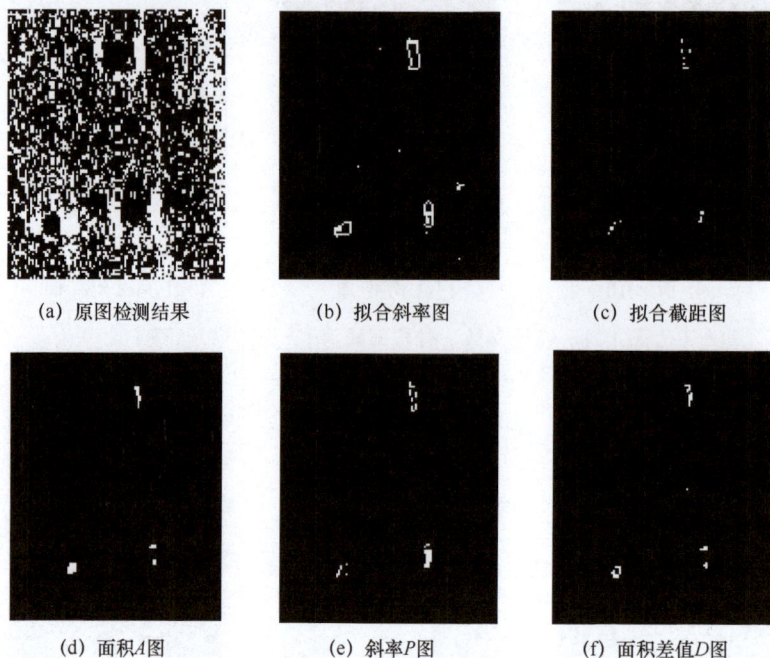

(a) 原图检测结果　　　　(b) 拟合斜率图　　　　(c) 拟合截距图

(d) 面积A图　　　　(e) 斜率P图　　　　(f) 面积差值D图

图 4-20　分割检测结果

在计算中发现，同分形特征计算类似，Zipf 定律算法也描述了图像中各子窗口区域的纹理特征，算法的不足之处在于滑动窗口大小的选择。滑动窗口选择较大，可较准确地描述纹理特性，但对所占像素较少的声呐图像人造目标而言，会导致目标在滑动窗中所占比例较小，使得计算结果不能明显地体现出目标区域的统计特性；滑动窗口选择过小，滑动窗内的像素点数较少，则不能准确地描述滑动窗内子图像的纹理特性。

4.4　基于几何形状特征的检测算法

在前述的声呐图像目标检测算法中，考虑的是目标和背景之间在纹理特征、回波强度等方面的差异，由于人造目标大多具有较规则的形状，如球形或圆柱形等，充分利用目标的几何形状信息进行目标检测是一种有效的检测算法。

4.4.1　算法描述

鉴于数学形态学算法具有的描述目标几何形状特征的能力，本节利用数学形态学算子对声呐图像进行开闭运算，从而检测出满足结构元形状和尺寸的目标区域。

考虑到不同情况下图像中目标区域的大小、形状有所不同，文中采用多结构元算法，以采用的验证数据为例，选用的结构元如图 4-21 所示。根据实际应用中目标的形状、观测条件的不同，结构元的形状和大小应做适当的调整。当然也可利用本书后文提到的图像规格化方法对原始声呐图像进行标准化处理，然后利用统一的模板进行检测处理，对检测结果进行反变换即可。

$$\begin{bmatrix} 0 & 0 & 1 & 1 \\ 0 & 1 & 1 & 0 \\ 1 & 1 & 0 & 0 \end{bmatrix} \begin{bmatrix} 0 & 0 & 1 & 1 & 1 \\ 0 & 1 & 1 & 1 & 0 \\ 1 & 1 & 1 & 0 & 0 \end{bmatrix} \begin{bmatrix} 0 & 1 & 1 & 1 \\ 1 & 1 & 1 & 0 \end{bmatrix} \begin{bmatrix} 0 & 0 & 0 & 1 & 1 & 1 \\ 0 & 0 & 1 & 1 & 1 & 0 \\ 0 & 1 & 1 & 1 & 0 & 0 \\ 1 & 1 & 1 & 0 & 0 & 0 \end{bmatrix}$$

图 4-21　结构元

设原始声呐图像为 I，采用的结构元的个数为 K，分别利用这些结构元对图像进行开运算和闭运算，分别表示为 I_{io} 和 I_{ic}，$i = 1,2,\cdots,K$，下标 "o" 表示开运算，"c" 表示闭运算。

为减小由于结构元尺寸的不当引起的检测虚警，综合考虑不同尺寸结构元的变换结果，对各结构元的变换结果进行平均，即：

$$\begin{cases} I_{\mathrm{o}} = \sum_{i=1}^{K} I_{io}/K \\ I_{\mathrm{c}} = \sum_{i=1}^{K} I_{ic}/K \end{cases} \tag{4-15}$$

对得到的图像可利用前文提到的自适应迭代阈值处理算法提取出显著的目标区域，这里采用更为简便的处理算法进行目标区域的提取，判断准则如下：

$$I_{\mathrm{detect}} = \begin{cases} 255, & I_{\mathrm{o}} > \mathrm{thresh} \text{ 且 } I_{\mathrm{c}} > \mathrm{thresh} \\ 0, & \text{其他} \end{cases} \tag{4-16}$$

式中，thresh 为判断阈值，根据经验选定。

在某些情况下，目标的阴影区域在图像中表现得更为规则化，如圆柱形目标的阴影通常表现为平行四边形、球形目标的阴影通常表现为椭圆形等。定义阴影区域的提取判决准则为：

$$I_{\mathrm{detect}} = \begin{cases} 0, & I_{\mathrm{o}} < \mathrm{thresh} \text{ 且 } I_{\mathrm{c}} < \mathrm{thresh} \\ 255, & \text{其他} \end{cases} \tag{4-17}$$

步骤 1：通过观察分析发现，较小的干扰物体的阴影区域不明显，而对于较大的岩石等干扰物体，其回波高亮区和阴影区域通常间隔较远，这就为消除大的自然目标干扰提供了思路，即采用回波区和阴影区同时检测，并对检测结果进行评判。如果检测到的回波区和阴影区之间的间隔超过了一定的阈值，则认为检测到的不是规则的人造目标，而是体积较大的岩石等自然目标。这一思路类似于模板匹配算法，与之不同的是，本节采用的方法对目标区域和阴影区域进行分别检测，可采用多种结构元形状和尺寸，较模板匹配算法具有更好的适应性，算法效率也较高。该判决准则可称为综合判决准则。

步骤2：为剔除图像中含有的较大体积的岩石等干扰目标，可对形态运算后的检测图像中的各个候选目标区域进行圆度特征、覆盖指数特征（相关定义见第5章）等参数计算，利用欧几里德距离等准则可判断出候选目标形状同圆形、矩形等的相似度，对相似度很小的区域可作为虚警予以剔除。

步骤3：在结构元形状的自适应选择问题上，本书也进行了深入的研究探讨，文献［16］中提出了一种自适应模板形状更新算法。该算法的基本思想如下：由于人造目标的形状相对比较规则，在不同成像条件下，表现在声呐图像中的目标或其阴影形状均是由一定的规则图形变换而来的，如球形目标的阴影在图像中表现为椭圆形状，只是在不同条件下得到的椭圆的长短轴比不同而已。为此，考虑将图形的仿射变换参数作为待优化的参量，利用图像预分割结果构建边缘能量图和区域一致性度量准则，利用模拟退火、遗传算法等寻优理论方法进行优化求解，也就相当于每次迭代都是一个变化的检测模板，从而达到自适应检测模板的需求。通过仿真验证发现，该方法的运算效率较低，图像预分割结果、迭代算法参数设置等因素对运算效率和结果有着较大的影响。因此，寻求一种快速有效的寻优算法将是解决这一问题的关键。

4.4.2 实验研究

采用上述算法进行实验研究，结果如图4-22所示。图4-22（a）为待检测的原始图像；图4-22（b）和图4-22（c）分别为利用式（4-15）计算得到的开运算结果和闭运算结果；图4-22（d）为式（4-16）的判决结果，判断门限取为200。从图中可以看出，开运算比闭运算具有更好的处理效果，但仍存在一定的干扰，如图右边的一条较亮的回波区和图像上部目标的左边存在小的干扰物体等。经判断处理后，这些干扰均得到了有效的抑制。检测到的目标不仅定位准确，而且较好地保留了应有的形状。图4-23为复杂海底背景下的目标检测结果，图像的上半部分是复杂的岩石海底背景，其回波强度同目标相当，直接采用阈值分割或统计量方法会造成大的虚警率，通过本节建立的基于数学形态学的几何特征检测算法实现了准确的目标检测定位。图4-24给出了不包含人造目标的声呐图像检测结果，上、下两行分别代表了两个海底声呐图像的实例。两幅待检测图像中均包含大量的岩石等自然干扰，如图4-24（a）所示。利用式（4-16）和式（4-17）进行目标区域和阴影区域的检测，结果如图 4-24（b）和图 4-24（c）所示。图 4-24（d）中给出了综合判决准则的检测结果，结果显示图像中没有人造目标存在，成功地消除了海底自然物体的干扰。

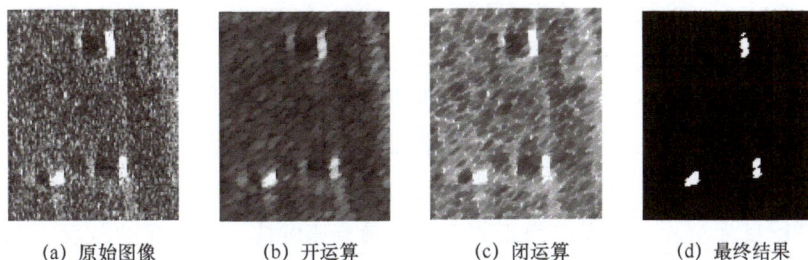

(a) 原始图像　　　(b) 开运算　　　(c) 闭运算　　　(d) 最终结果

图 4-22　几何特征检测结果（一）

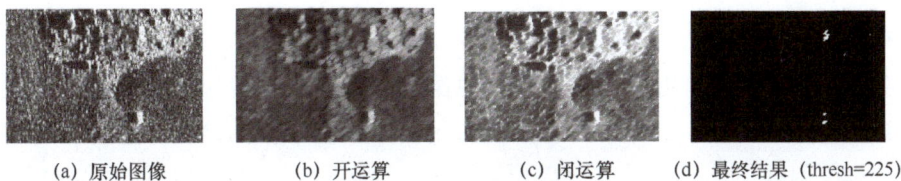

(a) 原始图像　　　(b) 开运算　　　(c) 闭运算　　　(d) 最终结果（thresh=225）

图 4-23　几何特征检测结果（二）

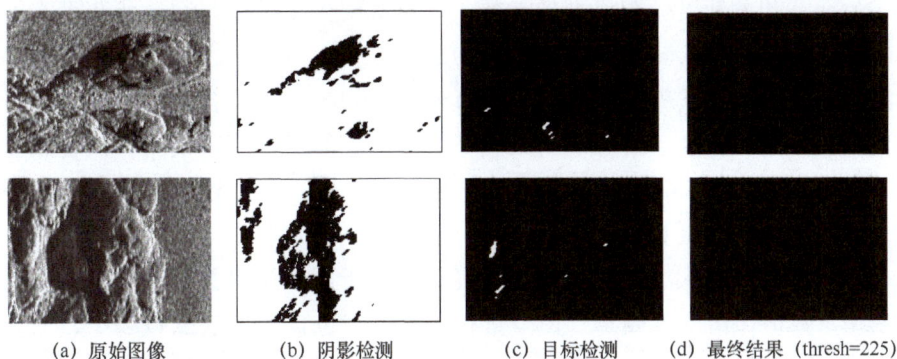

(a) 原始图像　　　(b) 阴影检测　　　(c) 目标检测　　　(d) 最终结果（thresh=225）

图 4-24　几何特征检测结果（三）

从仿真过程和结果中可得到以下几点结论。

（1）利用声呐图像中目标的几何形状特征可有效地检测出目标区域，抑制干扰，降低虚警率；而且形态学运算具有速度快、检测效率高的优点。

（2）图像中目标的形状、尺寸不同，所需要采用的结构元也应有所不同。例如，对球形目标而言，应采用椭圆形的结构元形状。尽管本书采用平均算法等处理，在一定程度上降低了结构元尺寸对检测结果的影响，但结构元的自适应选取问题应是该算法进一步研究的重点之一。

（3）基于几何形状特征的人造目标检测算法需要一定的人工参与，可用作机器检测判决后的辅助手段。

4.5 基于灰度分布概率模型的检测算法

现有文献研究声呐图像的灰度分布模型，常用于随机过程模型图像分割方法和恒虚警率检测算法的先验知识，本节则在对声呐图像背景混响区域的灰度分布模型进行实验研究的基础上，直接利用灰度分布模型的拟合参数和拟合误差作为特征量进行目标检测，仿真结果表明该算法具有速度快、精度高的特点。

4.5.1 参数特征检测算法

1. 算法描述

如前所述，目前对雷达或声呐图像中像素灰度分布模型的研究多用于图像分割处理，作为概率分布的先验知识，或者用于恒虚警率目标检测，这会不可避免地造成以下问题。

（1）基于随机场模型的图像分割方法一般计算量比较大，实时性相对较差。

（2）计算出的灰度分布模型的参数，以及灰度分布模型与归一化灰度直方图之间的拟合误差等信息没有得到充分的利用。

背景区域各像素点灰度值的灰度分布模型较为统一，拟合误差较小；而目标和背景相接的区域像素灰度值不满足同一参数对应的灰度分布模型，拟合误差较大。利用模型参数和拟合误差等信息直接构建特征图，极大地提高了目标检测的效率。检测算法步骤如下。

（1）选定滑动窗大小。窗口大小的确定取决于图像中目标的大小，以及灰度分布模型参数估计精度等因素。窗口选择过小，则包含的像素点数较少，估计出的分布模型的参数误差较大；窗口选择过大，则对图像中的小目标来说，所占的像素比重较少，则降低了目标区域和背景区域的参数之间的对比度。经过多次实验，窗口大小一般可在区间 $[11,21]$，在本书中选定为 15×15。

（2）将滑动窗在原图像各像素点上按照自上而下、自左而右的顺序进行滑动，分别计算各像素点处滑动窗内的灰度分布模型的参数，以及灰度分布模型与归一化灰度直方图之间的拟合误差。

（3）将计算得到的参数矩阵和拟合误差矩阵绘制成特征图。

（4）采用自适应阈值方法对特征图进行二值化，算法模型可参考第 2 章中图像增强部分的内容。在此基础上进行形态学运算，去除细小噪声点的干扰，提取出待检测目标。

目标检测算法流程如图 4-25 所示。

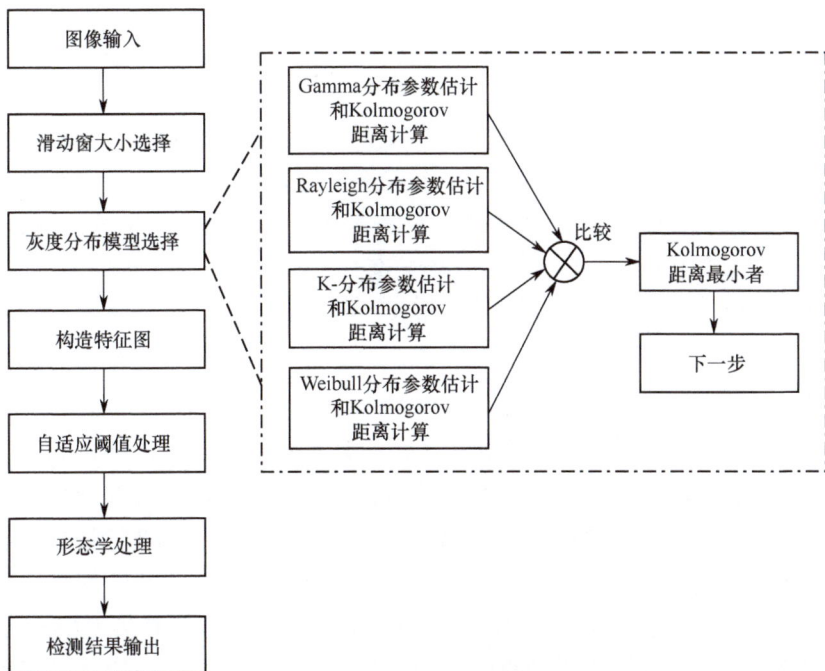

图 4-25 目标检测算法流程

2. 特征量定义

灰度分布模型同归一化灰度直方图之间的拟合程度可通过 Kolmogorov 距离准则进行评估[17]，本书称为拟合误差，并以此作为目标检测的特征量。Kolmogorov 距离准则定义如下：

$$d_k = \sum_{i=1}^{G} | \operatorname{hit}(i) - p_g(i) | \qquad (4\text{-}18)$$

式中，hit 为灰度图像的归一化直方图；p_g 为分布模型的概率值；G 为图像的灰度级，这里 $G=256$。

由于在不同的声呐图像条件下，对应的最佳拟合灰度分布模型会有所不同，因此在不考虑计算效率的前提下，可采用 Kolmogorov 距离准则作为图像灰度分布模型选择的依据，分别估计不同概率分布模型的参数和 Kolmogorov 距离值，从中选择距离最小者作为当前图像适用的灰度分布模型，选择流程如图 4-25 中右侧的点画线框所示。

4.5.2　信息熵检测算法

有文献指出，在已知图像灰度概率分布模型的基础上，可通过计算以像素点为中心的局部窗口内的信息熵作为目标检测的特征量。在目标区域，像素点灰度值较集中，灰度分布概率曲线表现为较明显的峰，信息熵较小；在背景区域，灰度分布较分散，不确定信息增多，信息熵较大。而且通过变换滑动窗的尺寸，可计算出不同大小窗口下像素点处的概率密度函数的幅值变化强度，作为信息熵的加权值，进一步提高目标区域和背景区域的对比度，从而确定最佳的窗口大小，在一定程度上解决了检测窗口大小的选择问题。

但在仿真中发现该算法在每个像素点处、每个尺度下都需要进行分布模型参数估计，计算量大，而且检测到的目标存在较多的分裂、合并等情形，需要人工进一步判读。此外，如果将滑动邻域窗口取为圆形，这在数字图像处理中是难以精确实现的。本节对模型进行了简化，采用像素点矩形邻域窗内的信息熵作为检测特征量，而且灰度分布模型的参数估计在整幅图像上进行，这样处理的依据是在声呐图像中目标区域所占的比例通常较小，对总体灰度分布模型的影响不大。如果在较小的局域窗口内进行参数估计，窗口内的像素点数较少，由概率统计的知识可知，估计误差必然较大。最后采用自适应迭代阈值处理算法进行分割处理。改进后算法的不足之处在于滑动窗大小的选择需要人工设定，通过多个尺度上分别检测得到的结果可进一步提高目标检测精度。

设待检声呐图像为 I，当前像素点在图像中的坐标为 (x,y)，邻域窗口为 $w_{m \times n}$，则信息熵的定义为：

$$E(I(x,y)) = - \sum_s p(h) \cdot \log_2(p(h)) \tag{4-19}$$

式中，h 为以像素点 (x,y) 为中心的邻域窗口内像素点的灰度值。

由于 Gamma 分布模型在低灰度值和高灰度值附近的概率值较小，而目标区域内邻域窗口内的各像素点均具有较高的灰度值，因而计算得到的信息熵较小；背景区域内像素点的灰度值较为分散，得到的信息熵较大，据此可实现目标的自动检测。

4.5.3　实验研究

以 Gamma 分布和 Rayleigh 分布为例，对声呐图像目标检测算法的仿真结果进行分析。图 4-26（a）为原始声呐图像，其中包含 5 个人造目标，另外还有一些岩石等自然场景目标的干扰。图 4-26（b）和图 4-26（c）分别为利用 Rayleigh 分布中尺度参数 a 和拟合误差构造的特征图，其中人造目标的位置上特征量较背景区域有较明显的区别。图 4-27（a）~图 4-27（c）分别为利用 Gamma 分布中形状参数 v、尺度参数 β 及拟合误差构造的特征图。图 4-28 中（a）~图 4-28（c）分别为自适应阈值算法对原始图像、Rayleigh 分布拟合误差图及 Gamma 分布拟合误差图的处理结果。通过与图 4-29 和图 4-30 给出的一般分形算法检测结果相比较可以看出，本节所提的目标检测算法精度较高，背景区域的噪声干扰得到了极大的抑制。

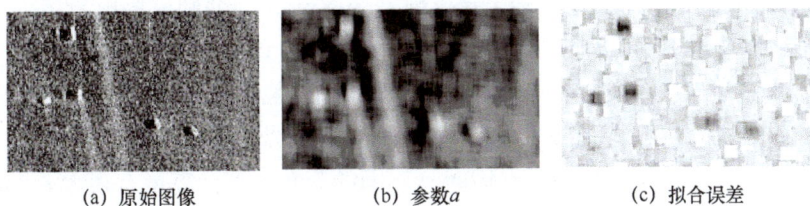

| (a) 原始图像 | (b) 参数 a | (c) 拟合误差 |

图 4-26　原始图像与 Rayleigh 分布参数特征

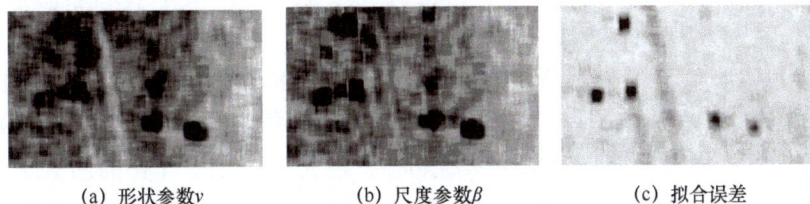

| (a) 形状参数 v | (b) 尺度参数 β | (c) 拟合误差 |

图 4-27　Gamma 分布特征

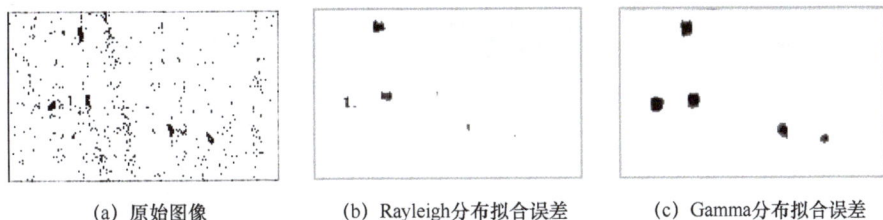

| (a) 原始图像 | (b) Rayleigh 分布拟合误差 | (c) Gamma 分布拟合误差 |

图 4-28　自适应阈值算法处理结果

图 4-29　分形特征检测　　　　图 4-30　扩展分形（EF）特征检测

从构造的特征图中可以看出，在基于模型拟合误差的特征图中，人造目标区域和背景区域的对比度较高，而用其他特征量也可以较为清晰地分辨出人造目标

区域和背景区域。

分析实验研究中遇到的问题和结果，可以得出如下几点结论。

（1）该目标检测算法与以往的灰度分布建模和随机场分割相结合的目标提取算法相比，具有计算效率高、实时性好、定位准确的特点。特别是基于拟合误差的检测算法，检测效果尤为明显。

（2）滑动窗大小的选择对灰度分布模型参数估算的准确度影响较大，需要通过多次实验，获取适当的窗口大小。

（3）灰度分布模型的选择在本算法中具有重要地位，模型选择不当会使背景区域和目标区域的参数特征或拟合误差特征差别较小，构造的特征图对比度低，难以用阈值化方法准确提取目标。同时，不同的分布模型计算量有很大差别。

（4）如果要进一步提高算法的计算速度，则可采用图像分块的方法，分别计算各图像块的模型参数和拟合误差，但这会造成目标定位精度的下降。

如图 4-31 所示为基于信息熵检测算法得到的检测结果。滑动窗口的大小分别取 7×7、11×11、15×15，结果分别如图 4-31（a）、图 4-31（b）、图 4-31（c）所示。从图中可以看出，目标区域同背景区域之间的对比度得到了明显的加强，而且随着窗口的增大，增强效果越来越明显，但是原图像中存在的两条干涉条纹也得到了增强，需要在迭代阈值分割过程中增加迭代次数将其剔除，迭代阈值分割结果如图 4-32 所示。

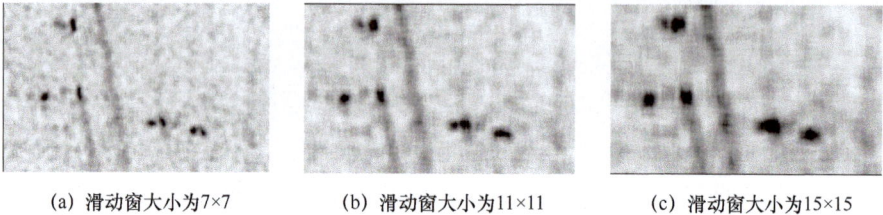

| (a) 滑动窗大小为7×7 | (b) 滑动窗大小为11×11 | (c) 滑动窗大小为15×15 |

图 4-31　信息熵检测算法结果

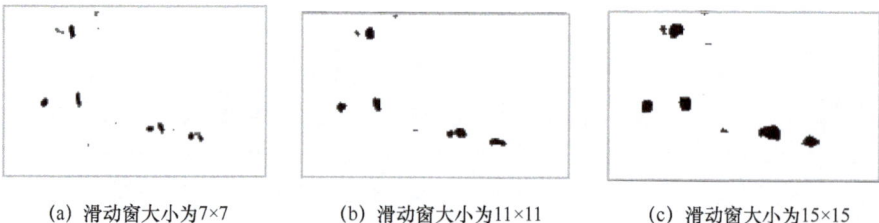

| (a) 滑动窗大小为7×7 | (b) 滑动窗大小为11×11 | (c) 滑动窗大小为15×15 |

图 4-32　自适应阈值算法分割结果

4.6　基于残留轮廓信息的水下沉船目标检测算法

水下沉船或坠机的搜索发现一直是水下目标探测领域的热点问题，以往的探测通常只能依靠潜水员的探摸，但是这种方法一方面耗时长、危险系数高、不确定性因素多；另一方面难以全面准确地探测出沉船的水下姿态及损伤情况[17]。特别是对于大吨位、大深度被泥沙掩埋的沉船，更是对潜水员的技术、经验有相当高的要求。声呐技术伴随着失事沉船探测发展起来，特别是近 20 年来声呐技术不断进步，已经能在非接触测量模式下快速获取水下目标物的尺寸及相对于声呐的方位信息，在水下沉船姿态探测方面也逐渐开始加以应用[18]，通过图像间接反映水下目标的空间分布特征，显示沉船的真实状态。

但是，无论是多波束声呐还是三维成像声呐系统，自上而下的波束传播方向都导致沉船的侧面和底部存在扫描盲区，缺乏被测目标四周的结构信息，并且由于沉船位于海底，成像声呐系统很难近距离观测沉船，对部分声影遮挡区域成像效果不佳，使沉船的形貌不能完整地展现出来[19]。

声呐图像按灰度分布分为三个区域，回波区域的回波较强，是图像中较亮的区域；背景区域回波弱，在图像中较暗；无回波区域形成的声影区是图像中最暗的部分。声呐图像有以下特点：①回波强度与结构受到诸多因素的影响而呈现强烈的变化；②声呐图像一般噪声大，边缘差，形状畸变比较严重，图像强度不均匀；③在一般情况下，声影区的特征比较稳定[20]。成像强度的大小依赖水底物质反射声波的强弱，水底硬而凸起的物质回波强，软而凹陷的物质回波弱，被遮挡的水底无回波，距离越远，回波越弱。本节将在分析海底背景和目标残留外形特征的基础上，对沉船和坠机类海底目标的检测算法展开研究。

4.6.1　目标和图像特性分析

沉船和坠机这类目标的主要特点是保留了一部分人造目标的边缘信息，如边缘曲线和框体，但绝大部分沉船和坠机已经部分损毁或被泥沙掩埋，只能从残余部分着手开展人造目标检测，如图 4-33 所示。另外，这类图像普遍分辨率比较低，背景特点与沙漠类似，所以必须先对图像进行平滑处理，尽量将被泥沙掩盖的断续边缘连接起来。

结合图像特点，本书采用 Meanshift 滤波进行平滑处理，处理思路就是将 Luv 颜色模式下颜色类似的相邻点归并到一起，从而将整幅图按颜色特征自成一块，当相近的色彩归至一起后，不同块之间的边缘信息就会明显地呈现出来，在此基础上才能对这类目标进行边缘检测。

图 4-33   原始图像

4.6.2   算法描述与实验研究

首先，进行 Meanshift 滤波，因为要处理的图片本身分辨率较低，不够平滑，通过此滤波可以大幅平滑图像。

其次，将彩色图像转为灰度图，按照一定的阈值将灰度图转为二值图像。

再次，进行 Canny 边缘检测，找出可能的沉船或坠机的边缘。Canny 边缘检测的步骤是：高斯平滑，基于垂直、水平、对角线四个方向的四个掩膜计算亮度梯度，记录梯度值和梯度方向，设定两个亮度梯度阈值。高于大阈值的点直接判别为边缘点（视为强边缘），标记为 1；高于小阈值的点需再判断其与周围满足大阈值的点是否邻近，是，则判断为边缘（视为弱边缘，标记为 1），并且那些满足小阈值的点如果与弱边缘邻近，则也判断为边缘。

从次，通过区域生长去掉那些离散的短线条，保留比较规整的线条。

最后，通过线条走向寻找与这些线条方向接近的邻近线条，从而描绘出沉船或坠机的轮廓。

算法流程如图 4-34 所示。

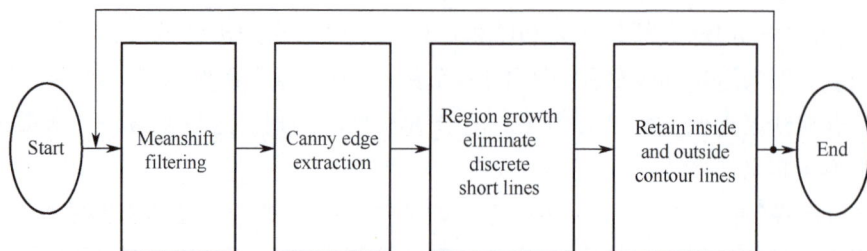

图 4-34   算法流程

1．Meanshift 算法数学模型

给定 D 维空间 Rd 的 n 个样本点，$i = 1, \cdots, n$，在空间中任选一点 x，那么 Meanshift 向量的基本形式定义为：

$$\text{Meanshift}_h = \frac{1}{K} \sum_{x_i \in S_k} (x_i - x)$$

S_k 是一个半径为 h 的高维球区域，满足以下关系的 y 点的集合：

$$S_h(x) = \left\{ y : (y - x_i)^{\mathrm{T}} (y - x_i) < h^2 \right\}$$

以上是纯数学描述，通俗来说就是在 D 维空间中，任选一个点，然后以这个点为圆心，以 h 为半径做一个高维球，因为 D 可能大于 2，所以是高维球。落在这个球内的所有点和圆心都会产生一个向量，向量以圆心为起点，落在球内的点为终点。然后把这些向量都相加，相加的结果就是 Meanshift 向量，如图 4-35 所示，其中黄色箭头就是 Mh（Meanshift 向量）。

接着以 Meanshift 向量的终点为圆心，再做一个高维球，如图 4-36 所示。重复以上步骤，就可得到另一个 Meanshift 向量。如此不断重复，Meanshift 算法最终可以收敛到概率密度最大的地方，也就是最稠密的地方。

最终的结果如图 4-36 所示。

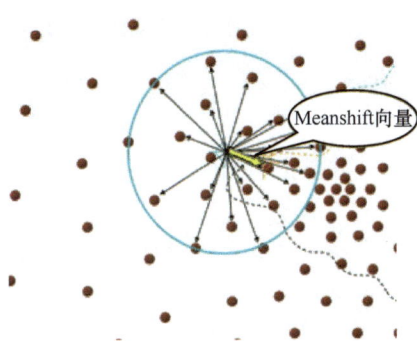

图 4-35　Meanshift 向量　　　　　　图 4-36　Meanshift 收敛

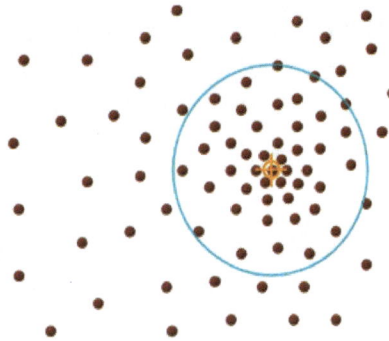

把基本的 Meanshift 向量加入核函数，那么 Meanshift 算法变形为：

$$\hat{f}_{h,k}(x) = \frac{c_{k,d}}{nh^d} \sum_{i=1}^{n} k\left(\left\| \frac{x - x_i}{h} \right\|^2 \right) \tag{4-20}$$

式中，$k(x)$ 是核函数；h 为半径；$c_{k,d}/nh^d$ 为单位密度。要使得式（4-20）中 f 最大，最容易想到的就是对该式进行求导，Meanshift 算法就是对式（4-20）求导。

$$\hat{\nabla f}_{h,k}(x) \equiv \nabla \hat{f}_{h,k}(x) = \frac{2c_{k,d}}{nh^{d+2}} \sum_{i=1}^{n} (x - x_i) k'\left(\left\| \frac{x - x_i}{h} \right\|^2 \right) \tag{4-21}$$

令：

$$g(x) = -k'(x)$$

$k(x)$ 称作 $g(x)$ 的影子核，实际上就是求导的负方向，那么式（4-21）就变为：

$$\hat{\nabla}f_{h,k}(x) = \frac{2c_{k,d}}{nh^{d+2}}\sum_{i=1}^{n}(x_i-x)g\left(\left\|\frac{x-x_i}{h}\right\|^2\right)$$

$$= \frac{2c_{k,d}}{nh^{d+2}}\left[\sum_{i=1}^{n}g\left(\left\|\frac{x-x_i}{h}\right\|^2\right)\right]\left[\frac{\sum_{i=1}^{n}x_ig\left(\left\|\frac{x-x_i}{h}\right\|^2\right)}{\sum_{i=1}^{n}g\left(\left\|\frac{x-x_i}{h}\right\|^2\right)}-x\right]$$

对于式（4-21），如果采用高斯核，那么，第一项就等于 $f_{h,k}$，即

$$\hat{f_{h,G}}(x) = \frac{c_{g,d}}{nh^d}\sum_{i=1}^{n}g\left(\left\|\frac{x-x_i}{h}\right\|^2\right)$$

第二项就相当于一个 Meanshift 向量的表达式：

$$m_{h,G}(x) = \frac{\sum_{i=1}^{n}x_ig\left(\left\|\frac{x-x_i}{h}\right\|^2\right)}{\sum_{i=1}^{n}g\left(\left\|\frac{x-x_i}{h}\right\|^2\right)}x$$

那么式（4-21）就可以表示为：

$$\hat{\nabla}f_{h,k}(x) \equiv \hat{f_{h,G}}(x)\frac{2c_{k,d}}{h^2c_{g,d}}m_{h,G}(x)$$

下面分析 $\hat{\nabla}f_{h,k}(x)$ 的构成，如图 4-37 所示，可以很清晰地看到其构成。

要使得 $\hat{\nabla}f_{h,k}(x)=0$，当且仅当 $m_{h,G}(x)=0$，可以得出新的圆心坐标：

$$x = \frac{\sum_{i=1}^{n}x_ig\left(\left\|\frac{x-x_i}{h}\right\|^2\right)}{\sum_{i=1}^{n}g\left(\left\|\frac{x-x_i}{h}\right\|^2\right)} \tag{4-22}$$

2. 算法流程

步骤 1：选择空间中 x 为圆心，以 h 为半径，做一个高维球，落在球内的所有点 x_i。

步骤 2：计算 $m_{h,G}(x)$。如果 $m_{h,G}(x)<\varepsilon$（人工设定），则退出算法；如果 $m_{h,G}(x)>\varepsilon$，则利用式（4-22）计算 x，返回步骤 1。

此算法中通过调节参数，发现空间邻域限定在直径为 spatialRad = 15（代表 $2*h$），颜色相似度限定在 colorRad = 27，这是颜色 Luv 的差值经过高斯核函数得

出的一个阈值。平滑结果如图 4-38 所示。

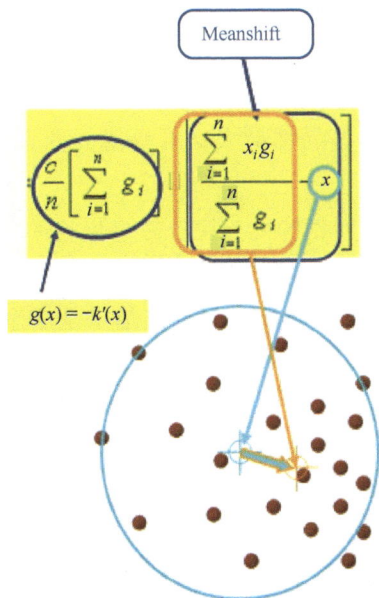

图 4-37　$\hat{\nabla} f_{h,k}(x)$ 的构成　　　　　　　图 4-38　平滑结果

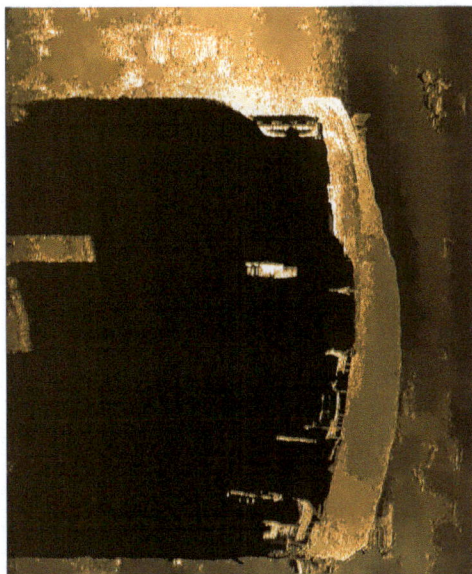

步骤 3：Canny 边缘提取。图像边缘是图像最基本的特征，边缘在图像分析中具有非常重要的作用。所谓边缘是指图像局部特性的不连续性。灰度或结构等信息的突变处称为边缘，如灰度级的突变、颜色的突变、纹理结构的突变等。边缘是一个区域的结束，也是另一个区域的开始，利用该特征可以分割图像。

在讨论边缘算子之前，首先给出一些术语的定义。

边缘点：图像中具有坐标 $[i,j]$ 且处在强度显著变化的位置上的点。

边缘段：对应于边缘点坐标 $[i,j]$ 及其方位 θ，边缘的方位可能是梯度角。

边缘检测器：从图像中抽取边缘（边缘点和边缘段）集合的算法。

轮廓：边缘列表，或是一条表示边缘列表的拟合曲线。

边缘连接：从无序边缘表形成有序边缘表的过程，习惯上边缘的表示采用顺时针方向序。

边缘跟踪：一个用来确定轮廓的图像（滤波后的图像）搜索过程。

边缘点的坐标可以是边缘位置像素点的行、列整数标号，也可以在子像素分辨率水平上表示。边缘坐标可以在原始图像坐标系上表示，但大多数情况下是在边缘检测滤波器输出图像的坐标系上表示，因为滤波过程可能导致图像坐标平移或缩放。边缘段可以用像素点尺寸大小的小线段定义，或用具有方位属性的一个点定义。需要注意的是，边缘点和边缘段通常都被称为边缘。

　　边缘连接和边缘跟踪之间的区别在于：边缘连接是把边缘检测器产生的无序边缘集作为输入，输出一个有序边缘集；边缘跟踪则是将一幅图像作为输入，输出一个有序边缘集。另外，边缘检测使用局部信息来决定边缘，而边缘跟踪使用整个图像信息来决定一个像素点是不是边缘。

　　检测阶跃边缘的基本思想是在图像中找出具有局部最大梯度幅值的像素点。检测阶跃边缘的大部分工作集中在寻找。

　　Canny 边缘检测器是高斯函数的一阶导数，是对信噪比与定位之乘积的最优化逼近算子。下面将通过符号对 Canny 边缘检测器算法进行概括说明。用 $I[i,j]$ 表示图像，使用可分离滤波方法求图像与高斯平滑滤波器卷积，得到的结果是一个已平滑数据阵列：

$$S[i,j] = G[i,j;\sigma] \times I[i,j]$$

式中，σ 是高斯函数的散布参数，控制着平滑程度。

　　已平滑数据阵列 $S[i,j]$ 的梯度可以使用 2×2 一阶有限差分近似来计算，x 与 y 偏导数的两个阵列 $P[i,j]$ 与 $Q[i,j]$：

$$P[i,j] \approx (S[i,j+1] - S[i,j] + S[i+1,j+1] - S[i+1,j])/2$$
$$Q[i,j] \approx (S[i,j] - S[i+1,j] + S[i,j+1] - S[i+1,j+1])/2$$

　　在这个 2×2 正方形内求有限差分的均值，以便在图像中的同一点计算 x 和 y 的偏导数梯度。幅值和方位角可用直角坐标到极坐标的坐标转化公式来计算：

$$M[i,j] = \sqrt{P[i,j]^2 + Q[i,j]^2}$$
$$\theta[i,j] = \arctan(Q[i,j]/P[i,j])$$

式中，arctan 函数包含了两个参量，它表示一个角度，其取值范围在整个圆周范围内。为高效率地计算这些函数，尽量不用浮点运算。

　　计算梯度值和梯度方向，设定两个亮度梯度阈值，高于大阈值的点直接判别为边缘点（视为强边缘），标记为 1；大于小阈值的点需判断其与周围满足大阈值的点是否邻近，是，则判断为边缘（视为弱边缘，标记为 1），并且那些满足小阈值的点如果与弱边缘邻近（8 邻域范围内），则也判断为边缘。一般地，所取得的大阈值是小阈值的 3 倍左右，算法中的小阈值经过调试认为取 180 较为合适，那么大阈值就是 540（经验值）。边缘检测结果如图 4-39 所示。

　　步骤 4：连接轮廓线。经过步骤 3 处理后的图中存在比较多的线条，其中很多不属于目标，为了找到沉船或坠机的边缘，通过区域生长去掉那些离散的短线条，保留比较规整的线条。然后，如果遇到小块区域（20 个像素点）的全黑区域，则由此小块向上下左右发散，提取这些边缘中的那些外轮廓线条。根据线条走向寻找那些线条方向接近（29°）的邻近线条，进行连接操作，并最终提取出所关注目标的轮廓线，如图 4-40 和图 4-41 所示。

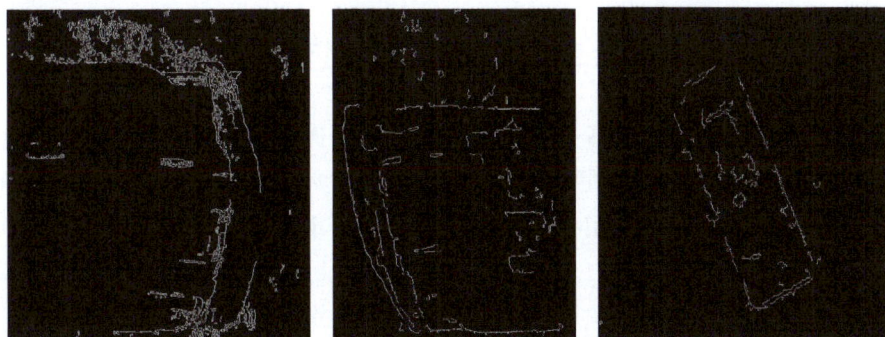

图 4-39　边缘检测结果

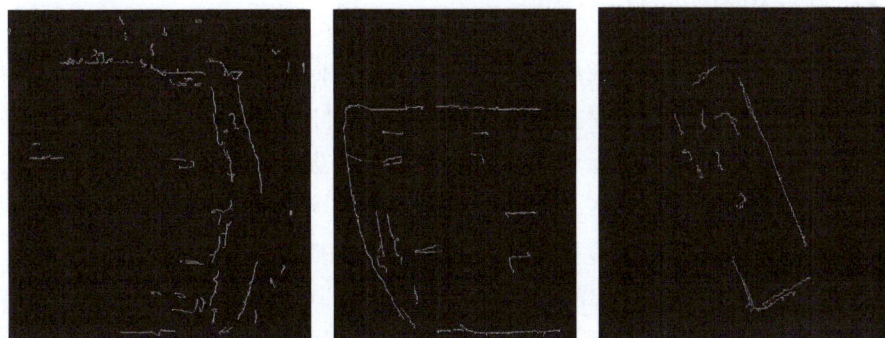

图 4-40　沉船目标检测

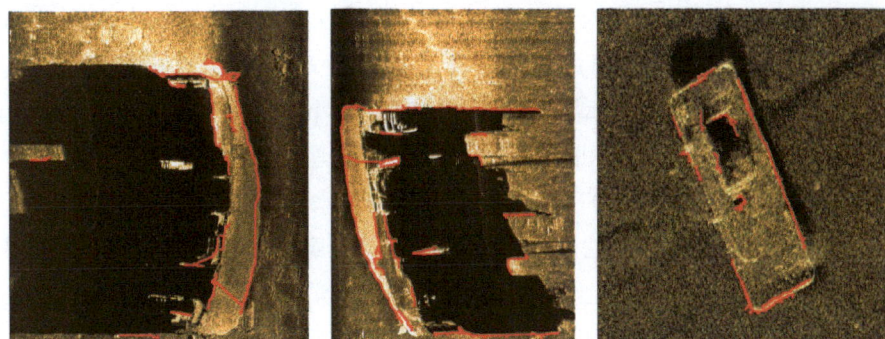

图 4-41　最终检测结果

本节算法可以较为清晰地勾勒出目标对象的外形轮廓。但在利用大量实测数据验证算法可靠性和通用性的过程中发现，所提算法中几个阈值参数的设置受声呐成像亮度的影响较大，并且边缘检测算法在目标边缘轮廓的连续性较好的时候检测效果更好，但对于完全被海底泥沙掩盖的长边缘部分还需要设置针对性的关联法则，而这种不可见边缘的关联法则很难具有通用性。

4.7 基于合成孔径声呐图像的水下条状人造目标检测算法

合成孔径声呐作为一种高分辨率水下声探测成像设备，在海底勘查、水下目标探测和识别等方面发挥着重要作用。对于水下目标探测，合成孔径声呐可在多种场合发挥重要作用。在民用上，可以搜寻失事落水的飞机、沉船、海底构筑物等人工目标和出露的礁石等自然目标；在军用上，可以探测潜航器、水雷等军事目标。在对合成孔径声呐图像进行人造目标检测识别之前，需要对声呐图像进行目标特征提取，其中目标轮廓是其重要特征之一。

4.7.1 目标和图像特性分析

合成孔径声呐的基本成像原理基于声学散射，向海底发射脉冲声波，声波碰到海底、沉物、构筑物等物体发生散射，后向散射回来的信号由接收系统接收，然后由信号处理器处理，由运动的搭载平台形成的虚拟孔径可以极大地提高分辨力，并以图像的形式记录下来，形成海底合成孔径声呐图像[21]。合成孔径声呐图像的像素灰度大小（或色彩渲染的颜色）取决于海底物质反射声波的强弱。一般情况下，硬的、粗糙的、凸起的海底物质回波强，软的、平滑的、凹陷的海底物质回波弱，被遮挡的海底物质不产生回波，距离越远回波越弱。

有学者对声呐图像目标轮廓特征自动提取技术进行了多年的探索，Reed S. 等[22]利用改进的 Snake 模型对声呐图像轮廓进行了提取。Liu Zhuofu 等[23]提出了一种基于细胞神经网络结构的 Snake 模型来提取声呐图像目标轮廓，但是文献［22，23］中基于 Snake 模型来提取声呐图像目标轮廓的方法，对于错断、有孔洞和不规则的水下目标体，轮廓提取的结果不是很理想。陈立强等[24]先将声呐图像规格化，然后采用 Canny 算子提取水雷轮廓用于水雷分类识别。王兴梅[25]利用 MRF 目标检测和水平集的方法对声呐图像进行了轮廓提取，但是轮廓提取结果中含有较多的噪声点轮廓。罗进华等[26]基于数学形态学和 Ostu 大律法提取了侧扫声呐图像轮廓，但处理对象是侧扫声呐图像数据，本身分辨率有限，导致分割结果不够精确。

本书针对合成孔径声呐图像，提出了一种基于 Meanshift 滤波与 Ostu 算法相结合的海底条状人造目标检测算法，其算法流程如图 4-42 所示。该算法思想简单易行，具有很强的克服背景噪声的能力，自动提取的目标轮廓连续性较好，具有较强的工程实践价值，尤其对沉底条状目标具有较好的检测效果。

在合成孔径声呐图像中主要有 3 种区[27]：亮区、声影和海底背景。其灰度变化的主要原因是海底物质反射声波的强弱，如金属等物体产生较强的回波，形成图像中较亮的点；泥浆之类的吸声物质产生较弱的回波，形成图像中较暗的点；而被凸出物遮挡的部分则没有回波，形成阴影。

与沉船和坠机这类大型目标相比，海底条状目标在声呐图像上能够保留较为完整的外形特征，被泥沙覆盖的部分较少。但由于目标成像受海洋环境、混响和噪声的影响较大，使得目标的边界或外形有较强的不规则性，边缘较

图 4-42　算法流程

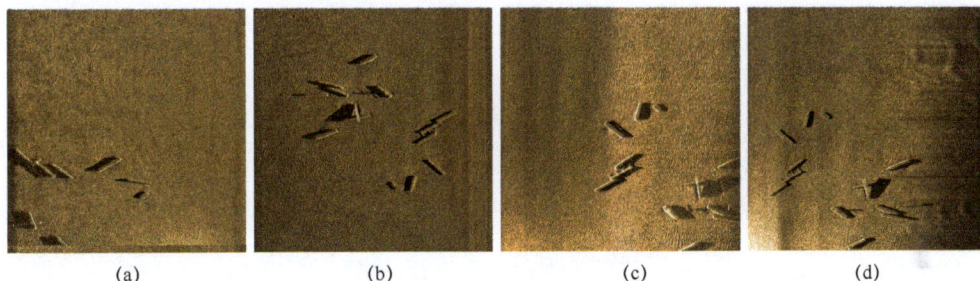

模糊，因而不会形成很细微的、精确的边界特征。同时，由于尺寸较小，目标本体内的纹理特征非常模糊，只能从外形轮廓着手设计目标检测算法，如图 4-43 所示。同样，这类图像普遍分辨率比较低，背景特点与沙漠类似，所以必须先对图像进行平滑处理。结合图像特点，本书采用 Meanshift 滤波进行平滑处理，其处理思路前文已述，此处不再赘述。

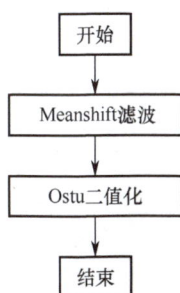

(a)　　　　　　(b)　　　　　　(c)　　　　　　(d)

图 4-43　检测算法步骤

4.7.2　算法描述与实验研究

步骤 1：将 RGB 彩色模式转换为 Luv 模式，L 代表亮度，u 和 v 代表色调。在这种颜色模式下，一定程度上减小了 L 亮度对分割的影响。

步骤 2：在 Luv 模式下随机选择种子点，设定颜色差阈值和空间邻域大小。在 D 维空间（如由 x、y 和 Luv 组成的 5 维空间）中，随机选一个点，然后以这个点为圆心、h 为半径做一个高维球。落在这个球内的所有点和圆心都会产生一个向量，向量以圆心为起点，落在球内的点为终点。然后把这些向量（空间和颜色差的高斯核函数值作为向量的权值）都相加，相加的结果就是 Meanshift 向量。直到 Meanshift 向量的模长小于阈值（收敛时的类似程度，值越大，图像越模糊）时，表明收敛，再将均值移动轨迹上的点颜色值全部赋值为收敛点的颜色值，直到整

幅图像的所有点都收敛于某个峰值点（前面算法迭代结束的点）为止。

步骤3：将上一步中形成的所有点群进行合并处理。即把颜色值相近且点群相邻的收敛点所在的点群颜色值全部赋值为收敛点的颜色均值，如此滤波完毕，将得到比较模糊的平滑图像（见图4-44）。

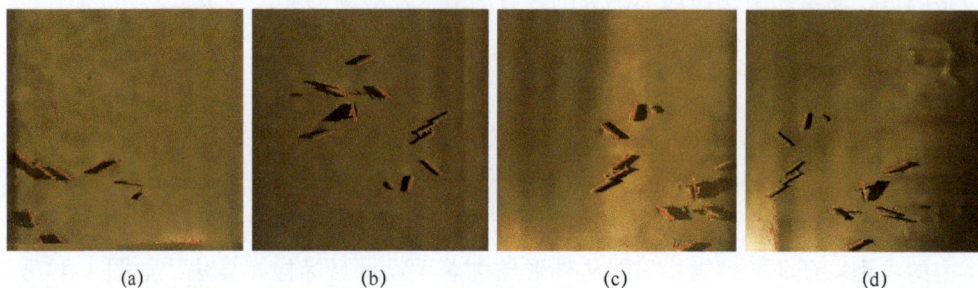

(a)　　　　　　(b)　　　　　　(c)　　　　　　(d)

图 4-44　Meanshift 滤波后结果

步骤4：Ostu 二值化。将整幅图的灰度值做直方图统计，然后寻找这样的灰度阈值，小于这个阈值的前一部分灰度均值与大于阈值的后一部分灰度均值的差值最大。大于阈值者全部赋值为白色，小于阈值者全赋值为黑色，而目标属于白色（见图4-45）。

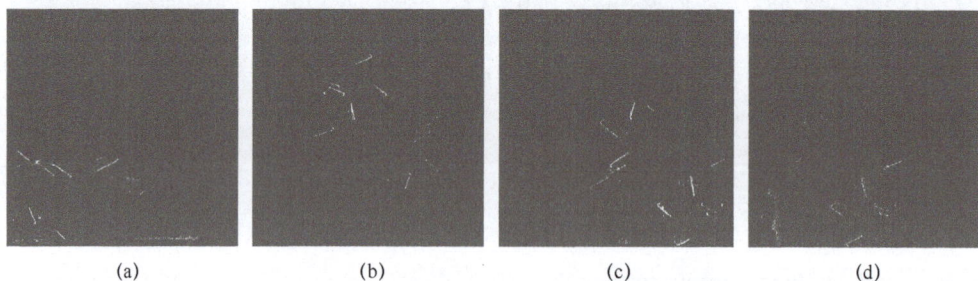

(a)　　　　　　(b)　　　　　　(c)　　　　　　(d)

图 4-45　最终结果

步骤5：区域生长。通过区域生长，将较大的白色区域清除，因为这大块区域面积完全不符合目标的特点。

本节所提算法在实测 SAS 图像数据中，对水下静止的条状人造目标能够取得较好的检测效果，算法稳定快速，可靠性高。但在利用验证算法可靠性和鲁棒性时发现，所提算法中几个阈值参数的设置受声呐成像亮度的影响较大，并且如果图片中出现亮度类似的目标区域的亮区，会导致较高的虚警率。另外，由于此方法中 Ostu 算法二值化的阈值是通过对直方图信息的统计得出的，对于同类数据源的图像具有较好的稳定性和处理效果，但采自其他数据源的图像如果与此类图像出入较大，则每次重新统计得到的阈值对处理结果有较大影响。

4.8 小结

本章主要研究了声呐图像中静止人造目标检测算法，分别针对图像中像素点灰度的统计特性、纹理特性及空间分布相关性，给出了基于图像的灰度统计量的检测算法、改进了基于纹理特征（分形理论和改进 Zipf 定律）的检测算法和基于几何特征的检测算法，并提出了基于灰度分布模型的检测算法。最后，结合合成孔径声呐图像特点和目标轮廓特征，分别提出了针对沉船目标和条状目标的检测算法。

综合归纳上述几种目标检测算法可知：

（1）灰度统计信息具有很强的亮区或暗区提取性能，但在人造目标和自然目标的区分能力上显得不足。

（2）纹理特征可较准确地描述图像中背景区域和目标区域的纹理信息的差别，具有一定的区分人造目标和自然背景的能力，而且本节给出的结合滑动窗的广义 Zipf 定律算法具有较好的检测效果和一定的自适应能力，但在声呐图像分辨率较低或图像中目标区域较小的情况下检测效果一般。

（3）几何特征在检测常规形状水雷时较为有效，但在检测形状可变的柔性水雷时就显得无能为力，而且形状结构元选择的自适应问题有待进一步研究。

（4）基于灰度分布统计模型的检测算法，充分考虑了像素邻域内灰度值之间的相关特性，从分布密度函数的角度对图像各区域的特性进行分析。

（5）基于残留轮廓信息的水下沉船目标检测算法，可以较为清晰地勾勒出目标对象的外形轮廓，但该算法中相关阈值参数的设置受声呐成像亮度的影响较大。

（6）基于合成孔径声呐图像的水下条状人造目标检测算法简单快速，但如果图片中出现亮度类似的目标区域的亮区，则会导致较高的虚警率。

因此，可以说各种检测算法各有优劣，都不可避免地存在一些虚警和漏警，无法满足任意场景条件下目标的检测。为进一步提高检测结果的准确度和鲁棒性，可考虑引入信息融合方法，使检测出的人造目标定位更为准确，检测出的目标区域的大小同实际大小更为接近。

参考文献

［1］程德杰. 弱小运动图像目标形态检测理论与技术研究［D］. 成都：电子科技大学，2006.

［2］沙晋明，李小梅. 遥感信息参与的土地资源空间分布的研究［J］. 中国农业资源与区划，2003，24（2）：10-13.

［3］ Vinod C, Steve E, Anthony N. Detection of mines in acoustic images using higher order spectral features ［J］. IEEE Journal of Oceanic Engineering, 2002, 27 (3): 610-618.

［4］ Rob J D. Texture analysis and classification of ERS SAR images for Map updating of urban areas in the Nethelands ［J］. IEEE Transaction on Geoscience and Remote Sensing, 2003, 41 (9): 1950-1958.

［5］ Intrator N, Neretti N, Huynh Q. Sonar object discrimination via spectral density analysis ［J］. IEEE TECHNO-OCEAN '04, 2004 (2): 740-742.

［6］ Redfield S A, Huynh Q Q. Hypercomplex Fourier transforms applied to detection for sidescan sonar ［J］. Oceans '02 MTS/IEEE, 2002 (4): 2219-2224.

［7］ Arnon G, Israel C. Anomaly detection based on an iterative local statistics approach ［J］. Signal Processing, 2004 (84): 1225-1229.

［8］ Stuart W P, Guan L. A recurrent neural network for detecting objects in sequences of sector-scan sonar images ［J］. IEEE Journal of Oceanic Engineering, 2004, 29 (3): 857-871.

［9］ 田杰, 张春华. 基于分形的水声呐图像目标检测 ［J］. 中国图像图形学报, 2005, 10 (4): 479-483.

［10］ Charles M C, William C Z. Real-time performance of fusion algorithms for computer aided detection and classification of bottom mines in the littoral environment ［J］. OCEANS, 2003, 2003 (2): 1119-1125.

［11］ 景晓军, 李剑峰. 一种基于三维最大类间方差的图像分割算法 ［J］. 电子学报, 2003, 31 (9): 1281-1285.

［12］ Du G. Detection of sea-surface radar targets based on fractal model ［J］. ELECTRON-ICS LET-TERS, 2004, 40 (14): 906-907.

［13］ 薛东辉, 朱耀庭, 朱光喜, 等. 一种基于广义多尺度分形参数的小目标检测方法 ［J］. 通信学报, 1997, 18 (6): 70-75.

［14］ Caron Y, Makris P, Vincent N. Computer vision: an help for demining ［J］. Workshop on robots for Humanitarian Demining (HUDEM02-IAPR), Vienne, 2002: 57-62.

［15］ Caron Y, Makris, Vincent N. A method for detecting artificial objects in natural environments ［J］. International Conference on Pattern Recognition (PR 2002), Canada, 2002: 600-603.

［16］ Mignotte M, Collet C, Perez P, et al. Hybrid Genetic Optimization and Statistical Model-based Approach for the Classification of Shadow Shapes in sonar Imagery ［J］. IEEE Transaction on Pattern Analysis and Machine Intelligence, 2000, 22 (2): 129-141.

［17］ Mignotte M, Collet C. Three-class Markovian segmentation of high-resolution sonar image ［J］. Computer Vision and Image Understanding, 1999, 76 (3): 191-204.

［18］ 隋海琛, 三维声呐在水下沉船姿态探测中的应用 ［J］. 水道港口. 2016, 37 (5): 569-572.

［19］ Xin Su. Underwater large tonnage shipwreck attitude detection system ［M］. Dalian Maritime University, 2018.

[20] 李娟娟, 等. 基于主动轮廓的声呐图像水雷识别方法 [J]. 计算机应用研究, 2014, 31 (12): 3841-3844.

[21] MA Shuo, TAN Ai-min. A Seafloor Objects Detection Method Based on Lacunarity Texture Feature [M]. ACTAAR MAMENTAR Ⅱ, 2015, 12 (36): 149-155.

[22] WANG Tao, PAN Guo-fu, ZHANG Ji-bo, Automatic extracting target contour of side-scan sonar images by uniting K-means clustering with mathematical morphology [M]. Marine Sciences, 2019, 43 (8): 80-85.

[23] Reed S, Petillot Y, Bell J. An automatic approach to the detection and extraction of mine features in side scan sonar [J]. IEEE Journal of Oceanic Engineering, 2003, 28 (1): 90-105.

[24] Liu Zhuofu, Sang Enfang, Liao Zhenpeng. Sonar image segmentation using snake models based on cellular neural network [C]. IEEE International Conference on Information Acquisition. Hong Kong, China: IEEE, 2005: 448-452.

[25] Chen Liqiang, Liu Zhong, Tian Xiaodong. Classification and recognition of underwater target based on edge feature [J]. Pattern Recognition and Simuation, 2007, 26 (8): 77-79.

[26] Wang Xingmei. Research on underwater sonar image objects detection and contours extraction based respectively on MRF and level set [D]. Harbin: Harbin Engineering University, 2010.

[27] Zhao Hongjian. Research on the technology of detecting ship target by submarine buried body [D]. Shenyang: Shenyang Ligong University, 2019.

第5章

目 标 识 别

5.1 引言

在声呐图像中目标区域存在形状、尺寸等特征上的差异，通过这些差异可实现目标的分类与识别。为此需要对目标特征提取与分类识别算法进行研究，进一步提高水下探测的自动化程度。

特征提取就是提取出能够反映图像特征的基本要素，其目的是获得能够反映目标特性的数据，进而降低待处理数据的维数，消除图像处理过程中的冗余信息，提高后续识别处理效率。目标图像的识别质量很大程度上取决于所提取的特征的质量[1]，一个分类性能良好的特征向量应具有可分离性、鲁棒性、独立性、仿射不变性及低维数等特点[2]。

目前，可用于图像目标识别的特征主要有几何结构特征、运动特征、统计特征[3]、变换域特征[4,5]、不变特征[6,7]等。实际应用中发现并不是所有的上述特征都能够具有完全意义上的不变性。例如，当目标与成像系统之间的距离、方位、姿态发生变化时，其成像各部分的形状也会发生变化。无论就目标的整体还是局部而言，其特征量均在一定程度上减小甚至失去了对目标进行不变性描述的能力[8]，而且一些特征的不变性随着图像大小的变化也会发生一定的变化。例如，当图像较小时，傅里叶描述子特征和 Hu 不变矩特征的不变性会有明显降低。因此，在进行目标识别之前，需要选择具有最佳识别效果和最强鲁棒性的特征量。

同时，上述各特征的定义中相互之间含有一定的冗余信息和相关性，这对后续分类器的效率具有较大的影响[9]，为此需要对特征集进行优化选择，以提取具有最佳分辨能力的特征子集，从而降低识别系统的结构复杂性，同时降低对训练样本数目的要求。在特征相互独立的假设下，通过设定特征评价函数，选取满足特征评价函数指标最优的几个特征量组成分类器特征向量[10]。这类方法没有考虑特征之间的相互作用，存在固有的不足。此后出现的顺序前进法、顺序后退法等算法在一定程度上考虑到了特征的相互作用，但同时也带来了其他一些不足。另外，还有神经网络、聚类分析、信息论[11]、正交变换、曲线成分分析、遗传算法等。

根据分类算法中是否使用某些先验知识，可将模式分类方法分为两类：有监督分类和无监督分类[12]。按照模式分类的原理和方法，可将其分为统计模式识别和结构模式识别两大类。具体的分类识别算法主要包括模糊模式识别[13]、神经网络模式识别[14]、D-S 证据理论[15]、基于小波变换的识别[16]、协同学识别算法[17,18]等。

目前对声呐图像目标识别系统的研究主要有以下几种方法：神经网络[11,6,19]、3D 重构[20]、多视处理[21,22]、蒙特卡罗马尔可夫链方法、模糊聚类技术[13,23]、最近邻分类器、模板匹配算法[23]、支持向量机[24]、人工智能等。本章将就声呐图像中的目标识别算法进行深入分析，分别基于特征提取和边缘信息给出几种有效的识别算法。

5.2 基于特征提取的声呐图像目标识别算法

在声呐图像中，即使形状规则的目标图像，其阴影暗区形状也会表现出很大的不规则性，存在较大的类内差异性和类间模糊性[25]。而且声呐图像中的目标往往不具有准确的物理维数，如部分被掩埋等，这使得目标有效特征的提取非常困难。即使对同一类目标，在不同的目标尺寸或不同的声波入射角度条件下，所提取的特征也有很大的差异。此外，由于海底起伏不平，使目标与海底水平面的倾角不同，这也将影响其阴影暗区的形状。可见，不仅不同目标阴影暗区的形状存在"多样性"，同一类目标在不同的成像条件下其阴影暗区的形状也存在差异性。这种类内形状上的多样性和差异性将导致类内特征的分散，影响分类识别的准确度。

目前，常用的识别算法主要是模板匹配法，通过预先计算不同形状、不同尺寸、不同方位及不同距离条件下的大量目标样本组成模板库，对提取的目标进行模板匹配。通过经验知识预先计算确定匹配度的下限，最优匹配准确率可达到93%。不足之处在于需要大量的模板和目标检测识别的先验知识[26,27]。文献 [28] 针对声呐图像目标难以满足各种不变性要求的情况，提出了一种定性匹配和定量匹配相结合的方法，使分类性能得到了明显的提高，鲁棒性得到了极大的增强。

在图像目标特征的提取过程中，针对不同观测角度和观测距离的情况，需要对样本图像进行归一化坐标变换[21]，然后进行特征提取和融合，使得目标识别的难度和识别结果的准确度都有较大的提高。但图像坐标变换需要预先知道目标观测时的各项参数的准确值和观测时刻的观测平台运动参数等，对观测数据记录的要求较高。本节给出的图像规格化方法，在无须知道先验信息的条件下，通过计算图像中目标的矩，即可实现目标的归一化处理。

5.2.1 图像规格化

图像规格化[7]方法的优点在于很大程度上克服了图像的仿射变换影响，可将同一类图形在不同仿射变换参数下得到的实际图形变换到统一的标准下，变换后得到的图像应具有一致的大小和形状，为后续的匹配识别分类提供较好的条件，减小后续识别的运算量，在实时性上有很大改善。算法步骤如下：

步骤1：计算给定模式的协方差矩阵。

步骤2：根据协方差矩阵的特征向量来旋转该给定模式，并根据特征值沿特征向量来伸缩该给定模式，得到图像的最紧凑模式。

步骤3：根据图像椭圆倾角和旋转后图像的三阶矩的符号来旋转图像。

步骤4：采用Canny算子提取规格化后图像中目标的边缘。

上述图像规格化算法在理论上可满足图像仿射变换的不变性，但实际计算发现，由于实际提取的目标区域的边缘不平滑，以及受噪声点等的影响，规格化后的图形在形状上会存在较小的差别，其主要问题是主轴的方向确定需要计算三阶矩，受噪声的影响较大，因此有时同一目标的不同图像在规格化后仍会相差一个旋转角度。

在实际计算过程中，对于图像规格化算法的实现有如下几点体会。

由于数字图像是离散的，该算法对于面积较大的目标具有较好的运算效果，当目标在图像中面积较小或所占的像素点数较少时，在运算过程中要通过插值的方法填补出现的目标区域内部孔洞等，为此在每步变换后均采用填充算法进行孔洞的去除。简单的填充算法表示如下。

在二值化后的图像中，设目标区域内的像素点值为1，背景区域的像素点值为0。对于变换后值为0的像素点，统计其3×3邻域内值为1的像素点个数。如果该统计数大于5，则说明该像素点位于目标区域内部，修改该点处的值为1。

通过仿真计算发现，图像规格化方法对于图像仿射变换较小的情形（倾斜度不高、比例变化较小等），计算结果精度较高，可直接通过匹配的方法进行识别分类。对于仿射变换较大的情形，可在图像规格化的基础上进行不变特征的提取，同样可得到较高的分类识别精度。

由于算法中涉及求反三角函数的运算，故该运算前面的计算精确度对计算得到的角度值具有较大的影响，甚至前面很小的误差就会导致很大的角度误差，而且计算的目标形心坐标值和图像实际大小对计算结果的影响都较大。

5.2.2　特征选择与提取

1. 圆度特征

形状分析是图像分析和计算机视觉中的一个常见问题，也是模式识别中的常用特征量之一。目标的边缘轮廓线是形状分析的主要研究对象。圆度是一种最常用的形状分析特征。圆度 C 通常定义为[24]：

$$C = \frac{L^2}{4\pi A} \tag{5-1}$$

式中，L 为目标的周长；A 为目标的面积；C 描述了目标形状和圆形的接近程度，且满足 $C \geqslant 1$。C 越接近 1，目标形状越接近圆形，当 $C = 1$ 时，目标形状则为圆形。

2. 圆周贯穿特征偏差均值特征

贯穿线特征包括水平贯穿线、垂直贯穿线和圆周贯穿线[7]。文献 [25] 中针对声呐图像目标阴影的识别，定义了几种特征线，即水平特征线、垂直特征线和圆周特征线。以圆周特征线为例，如图 5-1 所示，利用从质心出发的各条特征线的长度组成特征向量，计算特征向量的方差作为该特征线表征的特征量。水平特征线和垂直特征线可用来描述目标形状同矩形之间的相似程度；而圆周贯穿线用来描述目标形

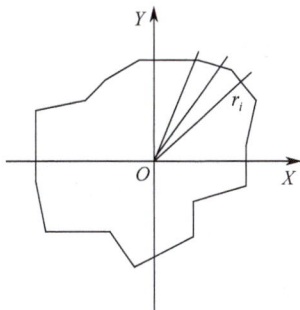

图 5-1　圆周贯穿特征线

状和圆形之间的相似程度。贯穿特征的不足之处在于贯穿线的数目难以确定，而且对目标形状的变化等具有较强的敏感性。

假设 O 为阴影暗区的形心，用 N 条经过形心 O 的等角分线 $r_0, r_1, \cdots, r_{N-1}$ 等角度将阴影暗区分成 N 等份。利用最大值 $r_{\max} = \max\{r_0, r_1, \cdots, r_{N-1}\}$ 进行归一化处理后，取特征 Δr 为：

$$\Delta r = \frac{1}{N} \sum_{i=0}^{N-1} |\bar{r} - r_i| \tag{5-2}$$

式中，$\bar{r}$ 为 $r_0, r_1, \cdots, r_{N-1}$ 的均值。$\Delta r < 1$，Δr 越小，阴影暗区越接近圆形。Δr 具有平移、比例不变性，对圆形具有旋转不变性，在 N 较大时，可近似认为对其他形状的目标也具有旋转不变性。

3. 旋转半径特征

设 m_{ij} 为图像的原点矩，η_{ij} 为归一化的图像中心矩，定义如前所述，则图像相对于 x、y 轴的旋转半径 ROG_x、ROG_y 分别定义为：

$$\text{ROG}_x = \sqrt{m_{20}/m_{00}} \; ; \text{ROG}_y = \sqrt{m_{02}/m_{00}} \tag{5-3}$$

类似地，图像相对于重心的旋转半径定义为：

$$\text{ROG}_{xy} = \sqrt{(\eta_{20} + \eta_{02})/\eta_{00}} \tag{5-4}$$

从式（5-4）可以看出，旋转半径是一个与图像的方向无关的量，具有旋转不变性。

4. 覆盖指数特征[21]

目标区域覆盖指数（Index Of Area Coverage，IOAC）定义为：

$$\text{IOAC} = \frac{A}{l_1 \cdot l_2} \tag{5-5}$$

式中，A 为目标区域的面积；l_1 为目标区域的长度；l_2 为目标区域的宽度。

当目标区域为矩形时，该特征的值为 1；当目标区域为圆形时，该特征的值为 $\pi/4$。因此可以说，该特征描述了目标区域同矩形之间的匹配关系。

5.2.3 实验研究

实验样本为声呐图像经过滤波、分割等处理后提取的目标图像，分别采用神经网络方法、模糊 C-均值聚类算法、支持向量机等分类器进行分类实验。仿真实验中待识别分类的水雷目标类型主要有球形、圆柱形和圆台形，表现在阴影图像中分别为圆形、矩形和梯形。但由于受分割算法的精度和数字图像离散化栅格的影响，所得到的目标边界轮廓存在变形，如矩形轮廓的尖角变得圆滑，因此就容易被识别为圆形。如图 5-2 所示给出了声呐图像分割得到的三类目标的图像。相应地，如图 5-3 所示给出了图 5-2 中三个图像规格化后的目标图。

图 5-2　目标阴影区域

图 5-3　规格化图像

本节采用的特征量为圆度、旋转半径、圆周贯穿特征线偏差均值特征及覆盖指数特征。在利用提取的特征量进行分类识别时，首先将这些特征量均变换到同一尺度下，为理解方便，本节中统一变换到 [0, 255] 区间内。如图 5-4 所示给出了各特征量的变化曲线，图 5-4（a）、图 5-4（b）、图 5-4（c）和图 5-4（d）分别为圆度特征量、旋转半径特征量、圆周贯穿线特征量及覆盖指数特征量，可以明显地看出，各个特征量均具有较好的类间可分性。旋转半径的可分性最好，圆度特征最差。这是由于图像在阴影检测和规格化变换过程中，受噪声点或边缘毛刺等因素的影响，得到的规格化图像存在一定程度的变形，导致本来在形状上就有些相近的目标出现特征量的交叉现象，从而导致误识别。识别结果如表 5-1 所示。

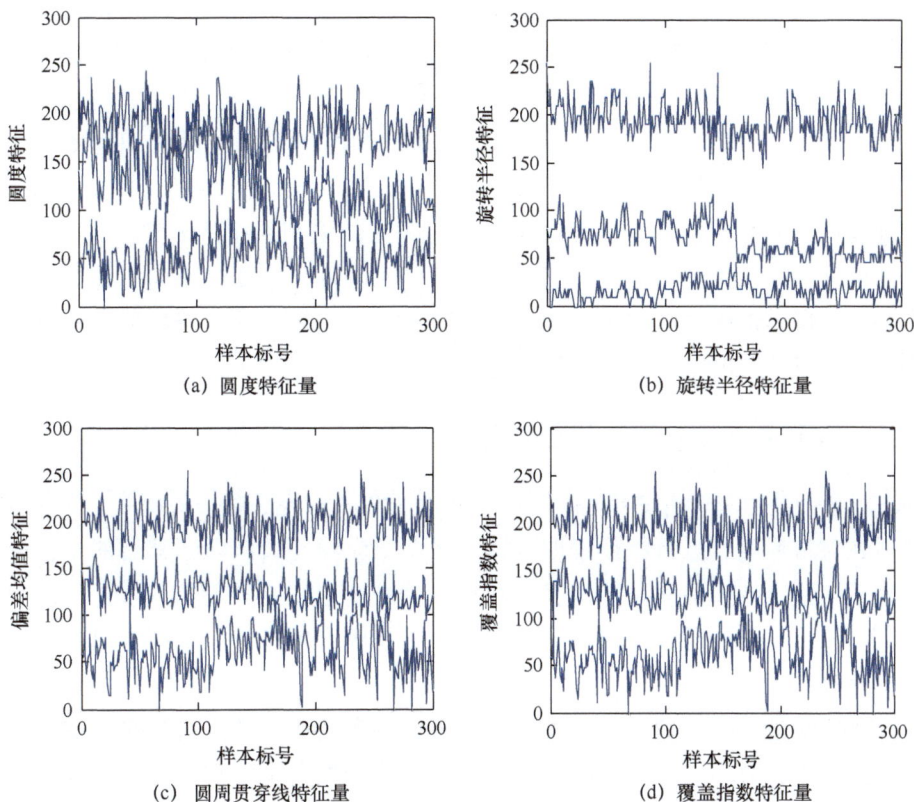

(a) 圆度特征量

(b) 旋转半径特征量

(c) 圆周贯穿线特征量

(d) 覆盖指数特征量

图 5-4　特征量变化曲线

表 5-1　识别结果（一）

识别算法		识别率	总识别率	识别算法	识别率	总识别率
神经网络分类算法	训练集	99%	93.8%	K-均值聚类算法	94.8%	94.8%
	测试集	88.5%				
模糊 C-均值聚类算法		95.2%	95.2%	支持向量机方法	97.3%	97.3%

对神经网络分类算法来说，由于特征向量的维数为 3 维，因此网络输入层的神经元个数取 3；由于待识别样本所包含的样本类别个数为 3，因此输出层的神经元

个数也取 3；隐含层的神经元个数取 5。训练样本集为各类目标分别取 150 个样本，共 450 个样本；测试样本集也是每类目标取 150 个样本，共 450 个样本。

对模糊 C-均值聚类算法来说，由于不需要训练样本，全部 900 个样本均作为待分类样本，类别数预先设定为 3，也可采用自适应算法来确定类别数，但计算量较大。在声呐图像水雷目标识别中通常水雷的类别是相对已知的，在这种情况下，提高算法的实时性就显得尤为重要。

对支持向量机方法来说，每类取 150 个样本，共 450 个样本用于训练，另外 450 个样本用于测试。表 5-1 中只给出了测试集的识别率，因为对于训练集，识别率均为 100%。

从表 5-1 中可以看出，支持向量机方法的识别率最高，测试集识别率可达到 97.3%；由于本书中分类识别的样本类别较少，选取的特征量分离度较高，即信息模糊度较低，因此模糊 C-均值算法和 K-均值算法的识别率相差不大；神经网络分类算法的训练集识别率较高，但测试集的识别率较低，主要是因为目标类别数太少，相对来说，训练样本较多，这就使得网络神经元之间的连接权值出现反复修正的情况，以至于出现"信息饱和"现象。

5.2.4　基于主成分分析的特征优化

主成分分析（Principal Component Analysis，PCA）方法是一种线性、无监督的方法，在对目标信号进行特征提取、特征压缩中应用比较广泛。其目的是在原始数据空间中找出能够最大可能地表示数据方差的一组正交矢量，将数据从原空间投影到由该组正交矢量所张成的子空间上，以完成维数压缩，从而可以降低众多信息共存时的信息冗余。

PCA 方法的基本原理是选择样本点分布方差大的坐标轴进行投影，使维数降低而信息量损失最小。其基本方法是通过对原变量进行坐标变换，使少数几个新变量是原诸变量的线性组合，且相互正交。这些新变量能有效地表示原变量表达的数据结构而不丢失或尽量少丢失信息。

首先，为使各种特征量具有可比性和可融合性，利用各特征量的均值和标准差对所提取的特征进行变换处理，变换公式如下：

$$a_j^{new}(k) = \frac{a_j^{old}(k) - \bar{a}_j}{\sigma_{a_j}}, \quad j = 1,2,3,4 \tag{5-6}$$

式中，$\bar{a}_j$ 为第 j 个特征的均值；σ_{a_j} 为第 j 个特征的标准差。

该标准化方法消除了各指标在变异程度上的差异，只保留了各指标间相互影响的信息，不能准确反映原始数据所包含的全部信息，为此提出均值变换法，在各指标的差异信息和相关信息两方面均保留了原特征集信息。均值标准化变换方法如下：

$$a_j^{\text{new}}(k) = \frac{a_j^{\text{old}}(k)_j}{\bar{a}_j} \tag{5-7}$$

从理论上分析，PCA 方法是一种线性降维法，表现为各主成分是原始变量的线性组合。但在实际应用中，各特征变量之间及主成分与原始数据之间常呈非线性关系，若简单地进行线性处理，必然会导致结果的偏差，因此有必要对传统的 PCA 方法中的"线性化"进行改进。为此给出了两种非线性变换方法：

（1）对数变换法：$a_{ij}' = \lg a_{ij}$，或者 $a_{ij}' = \lg(a_{ij}+k)$，k 为常数。

（2）平方根变换法：$a_{ij}'' = \sqrt{a_{ij}}$，或者 $a_{ij}'' = \sqrt{(a_{ij}+k)}$，$k$ 为常数。

待识别目标样本和提取的特征量同前。基于标准差的标准化方法计算得到的协方差矩阵的特征值和累积贡献率如表 5-2 所示。从累积贡献率来看，第一个特征值的贡献率即达到 90% 以上，远大于其余几个特征量。对数变换、平方根变换及均值标准化方法的特征值和累积贡献率如表 5-3 所示。在此基础上进行目标识别分类，正确识别率均可提高 2% 以上，达到特征集优化的目的，虽然提高的幅度不大，但这主要是由于本书中选取的原始特征的分离度原本就比较高，优化效果没有充分显现出来。

表 5-2　特征值和累积贡献率

特征值标号	特征值	贡献率	累积贡献率
1	3.7291	0.9333	0.9333
2	0.1841	0.0461	0.9794
3	0.0824	0.0206	1
4	0		1

表 5-3　特征值和累积贡献率（改进算法）

特征值标号	对数变换法			平方根变换法			均值标准化方法		
	特征值	贡献率	累积贡献率	特征值	贡献率	累积贡献率	特征值	贡献率	累积贡献率
1	3.5015	0.8764	0.8764	3.6956	0.9249	0.9249	5.1966	0.9728	0.9728
2	0.3698	0.0926	0.9690	0.2223	0.0556	0.9805	0.1009	0.0189	0.9917
3	0.1242	0.0310	1	0.0777	0.0195	1	0.0442	0.0083	1
4	0	0	1	0	0	1	0	0	1

需要说明的一点是，本书中的仿真计算结果是在有限样本条件下得到的，并

不能表明本书算法在实际应用条件下能获得类似的识别率，但足以说明本书算法的有效性。

5.3 基于形状描述直方图的声呐图像目标识别算法

5.3.1 算法描述

前述图像规格化方法可获得二值化图像，利用 Canny 等边缘检测算子获取目标边缘轮廓图像，在此基础上定义几种不同的形状描述子。该描述子应具有较强的仿射不变性，并对噪声、残缺等影响具有较强的鲁棒性。

1. 形状描述子特征定义

以圆形轮廓为例，如图 5-5 所示，几种不同的形状描述子定义如下。

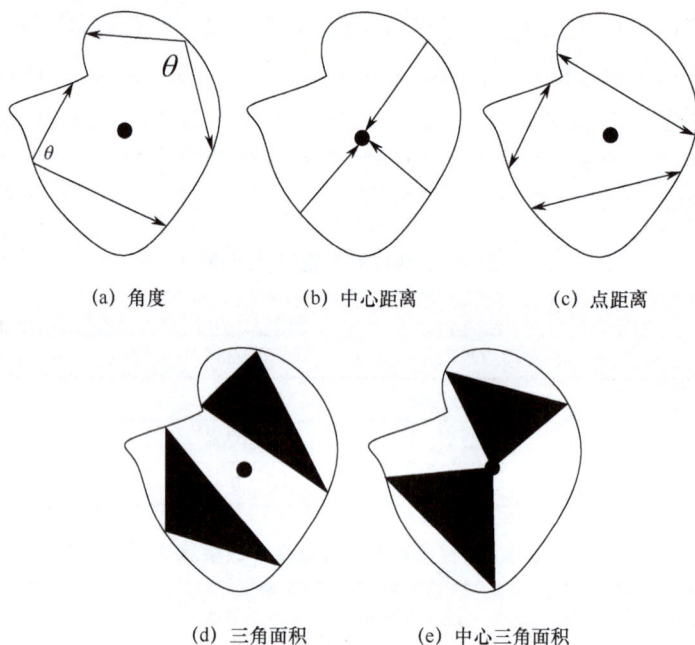

(a) 角度　　　　　　(b) 中心距离　　　　　　(c) 点距离

(d) 三角面积　　　　　　(e) 中心三角面积

图 5-5　形状描述子定义

（1）角度特征（Angle Feature，AF）：在目标轮廓上任取三点，计算从其中一点到另外两点连线之间的夹角作为特征量。

（2）中心距离特征（Central Distance Feature，CDF）：计算目标轮廓上任意一点到轮廓质心点之间的距离作为特征量。

（3）点距离特征（Point Distance Feature，PDF）：在目标轮廓上任取两点，计

算两点间的距离作为特征量。

（4）三角面积特征（Triangle Area Feature，TAF）：计算目标轮廓上任意三点之间相互连线所构成的平面三角区域面积。

（5）中心三角面积特征（Central Triangle Area Feature，CTAF）：计算目标轮廓上任意两点和目标质心点所构成的三角形区域的面积，并将其作为特征量。

这几个特征量具有计算简单、实时性好、易于理解等特点。通过多次采样，计算上述定义的特征量值，并统计特征量的分布直方图。为保证不同的目标区域所提取出的特征量具有一致的测度尺度，首先对特征量进行归一化处理。用于归一化的方法有很多，可采用最大值方法、平均值方法等。本书采用图像变换方法，将特征量变换到区间 $[0,255]$ 内。以 PDF 为例，假设采样次数为 N，可得到特征量序列为 $\mathrm{PD} = \{\mathrm{PD}_i, i = 1, 2, \cdots, N\}$，则归一化运算有：

$$\hat{\mathrm{PD}}_i = 255 \times \frac{\mathrm{PD}_i - \min(\mathrm{PD})}{\max(\mathrm{PD}) - \min(\mathrm{PD})} \tag{5-8}$$

图 5-6 为规格化后待识别的几种典型目标的边缘轮廓图，绘制归一化特征统计量直方图如图 5-7 所示，可见不同的目标形状得到的特征统计直方图形状具有较大的差别。

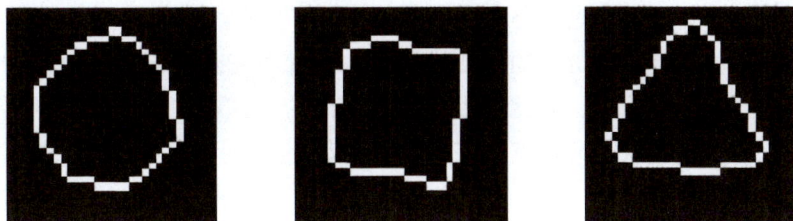

图 5-6　边缘轮廓图

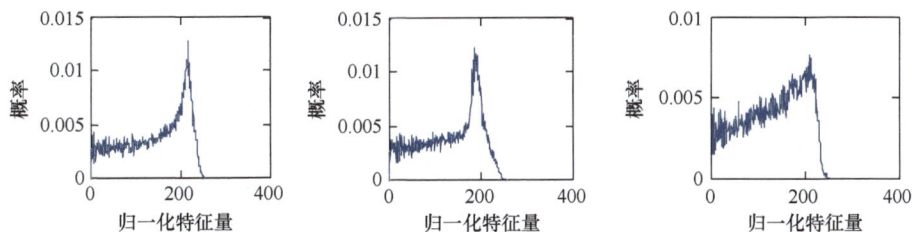

图 5-7　归一化特征统计量直方图

2. 测度准则

对得到的归一化直方图进行匹配的算法主要有距离法、相关法等。例如，对 CDF 来说，如果定义特征序列的方差为其直方图特征量，则等价于文献 ［25］中给出的圆周贯穿线特征。以下几种测度准则函数可用于描述待匹配的直方图变量 h_1 和 h_2 之间的相似性度量。

（1）χ^2 距离准则：

$$D(h_1,h_2) = \sum_k \frac{[h_1(k) - h_2(k)]^2}{h_1(k) + h_2(k)}$$

（2）相关准则：

$$D(h_1,h_2) = 1 - \sum_k (\sqrt{h_1(k) \cdot h_2(k)})$$

（3）N_f 范数准则：

$$D(h_1,h_2) = \left(\sum_k ([h_1(k) - h_2(k)]^{N_f}) \right)^{1/N_f}$$

（4）积分范数准则：

$$D(h_1,h_2) = \left(\sum_k ([\hat{h}_1(k) - \hat{h}_2(k)]^{N_f}) \right)^{1/N_f}$$

式中，$\hat{h}_1(k) = \sum_{i=1}^{k} h_1(i)$；$\hat{h}_2(k) = \sum_{i=1}^{k} h_2(i)$。

范数指数 N_f 可取为大于或等于 1 的任意实数，通常取 2 或 3。考虑到计算量等因素，在本书的仿真计算中，取 $N_f = 2$。

（5）平移匹配准则：通过仿真计算可以看出（后文给出），由于采样个数的局限性和随机性，同类目标得到的特征统计直方图并不完全相同，有时存在一定的偏差，但主要是平移偏差，为此采用一定范围内的平移相关计算，计算不同平移量下的匹配测度，选取匹配程度最好的测度结果作为两个直方图之间的相似性量度值。测度算子描述如下：

对于待匹配的直方图变量 h_1 和 h_2，h_1 保持不变，而将 h_2 做循环移位，每移位一次同 h_1 计算一次相似性量度值，可利用上述前四个准则中的任何一个。设移位次数为 M，每次计算得到的相似性度量值可表示为 d_j（$j = 1,2,\cdots,M$），则 h_1 和 h_2 之间的相似性匹配测度为：

$$D(h_1,h_2) = \min(d_j), j = 1,2,\cdots,M \tag{5-9}$$

（6）直方图不变矩准则：针对准则（5）中分析的直方图偏差情况，可借鉴图像目标识别中的不变矩思想，定义直方图不变矩特征量[10]。设待识别目标轮廓图像的归一化特征统计直方图为 h，则直方图的 k 阶矩 m_k 和 k 阶中心矩 μ_k 分别定义为：

$$m_k = \sum_{i=0}^{255} i^k h(i), \mu_k = \sum_{i=0}^{255} (i - \bar{i})^k h(i), k = 0,1,2,\cdots \tag{5-10}$$

式中，$\bar{i} = m_1/m_0$。

为保证 μ_k 同时具有平移不变性和比例不变性，对其进行归一化处理得到：

$$\eta_k = \mu_k/\mu_0^r, r = k + 1 \tag{5-11}$$

在归一化中心矩的基础上，定义直方图不变矩特征量如下：

$$\beta_1 = \frac{\eta_4}{\eta_2^2}; \beta_2 = \frac{\eta_5}{\eta_2\eta_3}; \beta_3 = \frac{\eta_6}{\eta_2\eta_4}; \beta_4 = \frac{\eta_7}{\eta_3\eta_4} \tag{5-12}$$

设两个直方图 h_1 和 h_2 分别计算得到不变矩特征向量 $\boldsymbol{\beta}_{h_1} = \left[\beta_1^{h_1}, \beta_2^{h_1}, \beta_3^{h_1}, \beta_4^{h_1}\right]$ 和 $\boldsymbol{\beta}_{h_2} = \left[\beta_1^{h_2}, \beta_2^{h_2}, \beta_3^{h_2}, \beta_4^{h_2}\right]$，则两者之间的相似性度量可表示为：

$$D(h_1, h_2) = \sum_{i=1}^{4} \left|\beta_i^{h_2} - \beta_i^{h_1}\right| \tag{5-13}$$

上述测度均描述了两个直方图变量之间的不相似性，因此对相似性度量来说，测度函数的值越小越好。

3. 参数选择

在上述算法中，采样点数对特征量统计直方图的结果影响较大。采样点数的选择需要考虑运算效率和形状表述子精度两个方面。采样点数越大，形状表述子精度就越高，但需要的运算时间、存储量等也会相应增大；采样点数越小，算法的实时性越好，但形状表述子精度就会相应地有所降低。特别是在仿真中，在一定大小的目标轮廓条件下，采样点数并不是越大越好，当采样点数达到一定数量后，再增加采样点数并不能显著提高形状表述子精度，反而会带来大量的运算负担。因此，需要根据目标轮廓上像素点数的多少选择合理的采样次数。假设目标轮廓像素点数为 N_p，则对于 PDF，两两像素点对的个数为 $N_p \cdot N_p$。考虑到其中包含有大量冗余信息，如同一个像素点组成的点对，以及两个像素点组成对称的两个点对等，再加上采样的随机性等因素，本书给出的自适应采样点数的下限可大致取为：

$$N_{\text{down}} = N_p/\sqrt{2}$$

上限可取为：

$$N_{\text{up}} = 2 \cdot N_p$$

5.3.2　实验研究

本节中待识别分类的目标类型与样本均与前一节相同。基于 PDF 的统计直方图如图 5-7 所示。对大多数图像来说，特征统计直方图同模板的特征统计直方图之间具有较好的相似度，但由于图像在阴影检测和规格化变换过程中，受噪声或边缘毛刺等因素的影响，得到的规格化图像存在些许变形，再加上文中涉及的三类目标在规格化后形状相差并不十分明显，这就导致部分目标特征统计直方图偏离了同类目标，而被识别为其他类的目标，从而导致误识别。

将图 5-7 中的三条直方图曲线重新绘制在一幅图中，如图 5-8 和图 5-9 所示。其中图中的虚线为待识别目标的特征统计直方图曲线。图 5-8 为一个直方图曲线直接匹配度较好的目标范例（采用前四个测度准则，下同），图 5-8（a）为一个矩形目标阴影变换后的边缘轮廓图，经图像分割和变换等处理，目标轮廓已出现了些许变形；图 5-8（b）中目标特征统计直方图（虚线所示）与同类目标模板的特征统计直方图之间有较好的匹配度。

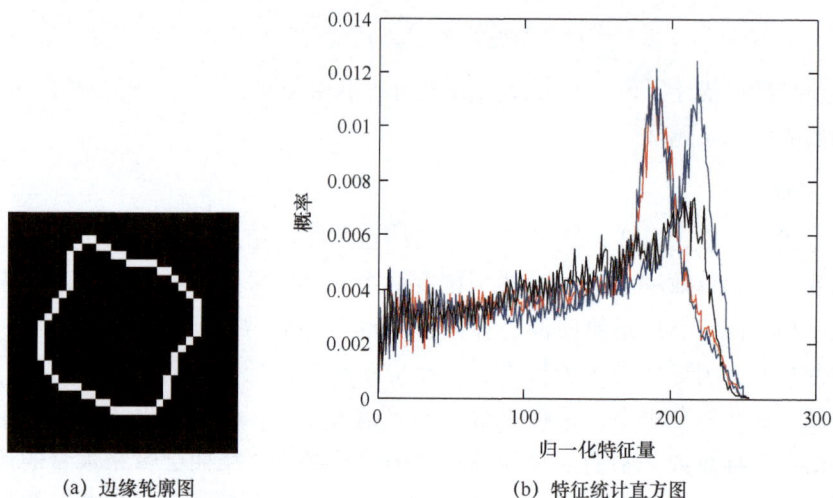

| (a) 边缘轮廓图 | (b) 特征统计直方图 |

图 5-8　识别实例（一）

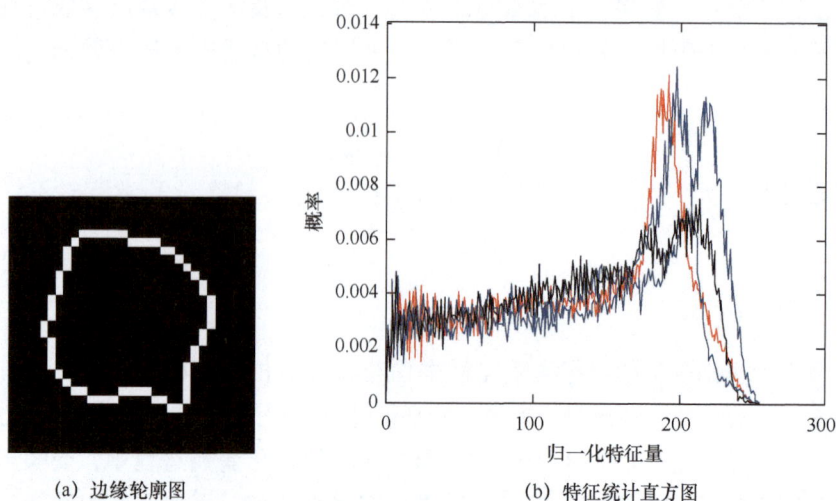

| (a) 边缘轮廓图 | (b) 特征统计直方图 |

图 5-9　识别实例（二）

图 5-9 为一个直方图曲线直接匹配度较差以至于误匹配的目标范例。图 5-9（a）中的目标轮廓为一个圆形目标阴影的边缘轮廓，变形较大，从直观上看已经趋近于一个矩形轮廓。从特征统计直方图上来看，图 5-9（b）中虚线为待识目标的特征统计直方图，可以看出它在很大程度上偏离了同类目标的直方图曲线，更接近矩形目标的直方图，从而导致上述前 4 个匹配准则均匹配失效，采用本书提出的平移匹配准则和直方图不变矩准则进行相似度计算，可实现准确的目标分类识别。

以 PDF 为例，分别采用上述 6 个测度准则，对所有 900 个待识别目标进行分类识别，识别结果如表 5-4 所示。图 5-10 中给出了测度准则 6 中直方图不变矩的计算结果，待识别目标的特征统计直方图不变矩特征同第二类目标（矩形）几乎重合，而与其他类目标相差较大，这与图 5-9（b）中特征统计直方图归属不清的结果明显不同。

表 5-4　识别结果（二）

	测度准则 1	测度准则 2	测度准则 3	测度准则 4	测度准则 5	测度准则 6
圆形	94.3%	93.3%	94.7%	95.7%	99.3%	99.4%
矩形	98.3%	98.3%	98.3%	98.3%	99.7%	99.7%
锥形	98.0%	95.0%	98.0%	99.0%	100.0%	100.0%

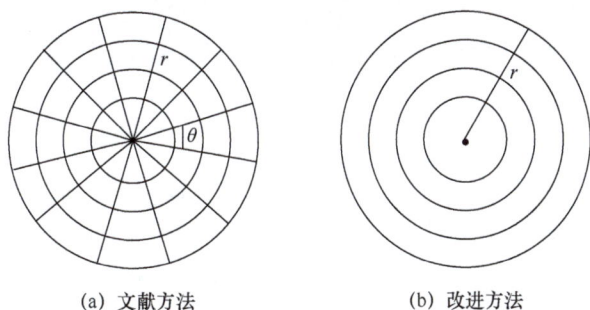

（a）文献方法　　　　　　（b）改进方法

图 5-10　区域划分

从仿真计算的过程和仿真结果可以得出以下几点结论。

（1）本节提出的基于形状描述直方图的分类识别具有较强的鲁棒性、准确性和通用性，受目标拓扑结构、噪声干扰、部分残缺等因素的影响较小。

（2）本节算法中目标边缘的提取算法采用的是 Canny 算子，这对形状复杂的目标来说，会造成边缘提取不准确等影响，可采用更精确的边缘提取算子，如 Snake 算法等，但需要注意运算效率的问题。

（3）本书给出的不同评价准则对目标识别具有不同的识别结果，利用信息融合方法对各准则的识别结果进行投票加权综合评判，将进一步提高识别准确率。

（4）本书的仿真计算结果是在有限样本条件下得到的，并不能确保本书算法在实际应用条件下能获得类似的识别率，但足以说明本书算法的有效性。

5.4　基于形状上下文的声呐图像目标识别算法

5.4.1　算法描述

1. 形状上下文方法[29]

目前，常见的形状相似度测度方法主要有形状上下文、图像边缘指向直方图、基于区域的 Hausdorff 距离、基于边缘的 Hausdorff 距离、傅里叶描述子、距离多集、栅格描述子角半径变换、曲率尺度空间及链码非线性松弛匹配方法等。本节主要介绍形状上下文方法。

设待识别目标 O 可由其边界点集进行描述，即 $T_b \equiv \{b_1, b_2, \cdots, b_N\}$，其中 b_i 为目标边界上的点，N 为边界点的总个数。则目标边界点 b 处的形状上下文可定义为：

$$H_K^O(b) = \{h_1(b), h_2(b), \cdots, h_k(b)\} \tag{5-14}$$

式中，$h_k(b) = \mathrm{card}\{q \neq b \mid q \in O, (q-b) \in \mathrm{bin}(k)\}$ 为以边界点 p 为中心划分的第 k 个区域 $\mathrm{bin}(k)$ 内的边界点个数；K 为总的划分区域个数。

对于区域划分方法，文献［30,31］中给出了如图 5-10（a）所示的划分方法，以点 b 为中心，构造一个极坐标系，预先设定一个最大半径值 $r_{\max}$，将最大半径划分成 N_1 份，同时将圆周划分成 N_2 份，每份角度为 θ，即 $\theta \cdot N_2 = 360°$，则划分得到的总的区域个数为 $K = N_1 \cdot N_2$。统计每个子区域中边缘点的个数即可得到式（5-14）定义的形状上下文向量。不难看出，该划分方法在目标旋转后，形状上下文向量存在循环移位，这对形状相似度函数值计算来说是不利的。而且该方法较为复杂，计算量大，在提取目标边缘的前提下向量内的大部分元素为零，不包含目标信息，反而降低了特征向量的分离度。为此本书提出了改进的划分方法，如图 5-10（b）所示，仅对目标邻域进行圆周划分，不仅使其旋转不变性变得直观易行，而且使计算量有所减小，但有时会出现误匹配，在目标边界轮廓残缺度不大时，对识别结果影响较小。

根据边界点的形状上下文信息，目标形状可描述为：

$$S_O^{\mathrm{SC}} \equiv \{H_K^O(b) \mid b \in O\} \tag{5-15}$$

则目标 O_1 上的边界点 $b_i (i = 1, 2, \cdots, M)$ 和目标 O_2 上的边界点 $q_j (j = 1, 2, \cdots, N)$ 之间的不相似度定义为：

$$c_{i,j}^{\mathrm{SC}} = \frac{1}{2}\sum_{k=1}^{K}\frac{\left[h_k(b_i)-h_k(q_j)\right]^2}{h_k(b_i)+h_k(q_j)} \tag{5-16}$$

由式（5-16）可构建一个 $M \cdot N$ 的不相似度矩阵，从而可计算目标形状 $S_{O_1}^{\mathrm{SC}}$ 和 $S_{O_2}^{\mathrm{SC}}$ 之间的不相似度：

$$d^{\mathrm{SC}}(S_{O_1}^{\mathrm{SC}},S_{O_2}^{\mathrm{SC}}) = \sum_{i=1}^{M}\min\{c_{i,j}^{\mathrm{SC}} \mid j=1,2,\cdots,N\} \tag{5-17}$$

2. 自适应模板更新

如图 5-11 所示，首先提取目标（或目标阴影）区域，其次进行图像规格化处理，使得各种条件下获取的目标图像变换到同一标准尺度下。然后利用边缘检测算子获取目标边缘轮廓，并在此基础上计算目标轮廓与模板之间的相似性测度函数值。

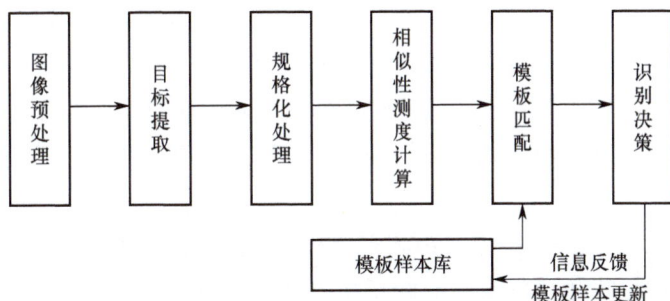

图 5-11 分类识别算法流程

模板样本库的构造可根据目标形状的先验信息，利用以往的探测数据进行模板构建，也可利用本次探测的前期探测识别结果自适应地实时更新模板样本，使得匹配识别概率尽可能地具有准确度高、自适应能力强的特点。这一样本更新算法的基本思想是基于 Markov 随机理论，在某一时刻之前的一个或几个时刻点上得到的目标图像同当前时刻的目标图像应该变化不大，即前几个时刻获得的目标图像包含了较多的当前目标图像的信息。因此，该分类算法可更好地适应目标在不同成像条件下的变化状况，降低误识别率。更新准则可采用加权平均的方法。

在实际条件下，由于部分噪声等外界条件的影响，计算得到同类目标的形状相似度并不为 1，而是一个接近 1 的数值。在分类识别过程中，通常选择与待识别样本相似度值最大的模板所属的类为样本的决策类别。

5.4.2 实验研究

本节中的待识别分类的目标类型与样本均与前一节相同，识别结果如表 5-5 所示。其中球形和圆柱形目标的识别结果较为接近，分别为 88% 和 90%，这主要是因为两者的形状较为接近，即在矩形的边角较为圆滑的情况下容易被识别为圆形，而当圆形出现几个较明显的尖角时，也有可能被识别成矩形；圆台形的目标同其他两类相差较大，识别率达到了100%。分析原因，本节中所分类识别的目标边缘较为简单，因此形状上下文中所包含的信息较少。文献中的测试样本多为边缘复杂的动物、植物等目标，具有丰富的边缘细节，这也是本节中目标容易被误识别的原因之一。

表 5-5 识别结果（三）

	样本个数	正确识别个数	错误识别个数	正确识别率	总识别率
球形	300	264	36	88%	
圆柱形	300	270	30	90%	92.7%
圆台形	300	300	0	100%	

从实验研究的过程和结果可以得出以下几点结论。

（1）当待识别目标形状较为接近时，可考虑采用多分类器融合的方法。例如，本节中圆形轮廓和方形轮廓之间的误识别，可通过计算轮廓的圆度等特征做出进一步识别判断。

（2）对于文献［30］提到的距离多集方法，尽管识别准确度较高，但其需要在同一个模板中寻找最优的映射匹配子集，计算量较大。尽管已出现了对该优化搜索算法的研究，但相对来说，其识别效率还有待提高。

（3）可进一步考虑采用多级分类方法，首先将圆形目标分离出来，对于非圆形目标，采用多边形轮廓拟合的方法进行描述。

5.5 小结

本章重点对声呐图像目标的分类识别算法进行了研究。主要利用图像目标的形状信息，采用规格化变换技术对探测数据进行标准化处理，克服了传统的坐标变换方法需要导航设备等提供平台姿态等信息的影响。在此基础上，给出了基于特征提取的声呐图像目标识别算法、基于改进形状描述直方图的识别算法及基于改进形状上下文的识别算法，其中第一种算法是最常见的算法；后两种算法则充分利用了目标边缘轮廓信息，构造出相应的不变特征。此外，本章还提出了几种新的匹配准则，如平移匹配准则和直方图不变矩准则等。实验结果表明本章提出的算法具有较高的识别性能。在研究过程中，还尝试采用遗传算法实现目标检测与识别的同步完成，即通过定义不同类水雷形状的模板，以仿射变换参数作为优化参数，构造一定的适应度函数，利用遗传算法的迭代寻优策略实现声呐图像中目标检测识别的一体化，但实验发现该算法计算量大，运算效率较低，难以满足实时性的要求。

参考文献

［1］ 潘秀琴. 图像处理算法及其在运动目标检测及跟踪中的应用研究［D］. 北京：北京理工大学，2002.

［2］ 陈小梅. 红外目标图像分割与特征分析若干方法的研究［D］. 北京：北京理工大学，2002.

［3］ 吴巍，彭嘉雄. 红外序列图像小目标的特征及不变形分析［J］. 华中科技大学学报（自然科学版），2002，30（3）：83-85.

［4］ 潘诗林，周源华. 用于目标识别的二维傅里叶小波描述子［J］. 红外与激光工程，2002，31（4）：290-293.

［5］ 赖剑煌，阮邦志，冯国灿. 频谱脸：一种基于小波变换和 Fourier 变换的人像识别新方法［J］. 中国图像图形学报，1999，4（10）：811-817.

［6］ Stuart W P, Ling G. Pulse-Length- tolerant features and detectors for sector scan sonar imagery［J］. IEEE Journal of Oceanic Engineering, 2004, 29（1）: 138-156.

［7］ 王晓红. 矩技术及其在图像处理和识别中的应用研究［D］. 西安：西北工业大学，2001.

［8］ 王辛芳. 基于局部不变特征及结构特征的复杂模式识别［D］. 上海：上海交通大学，2000.

［9］ 李炜. 基于图像信息的模式识别方法与应用研究［D］. 武汉：华中科技大学，2003.

［10］ 张千. 典型军事目标的特征提取和识别技术［D］. 武汉：华中科技大学，2003.

［11］ Sutton T J, Griffiths H D, Hetet A P, et al. Experimental validation of autofocus algorithms for high-resolution imaging of the seabed using synthetic aperture sonar［J］. IEEE Proceeding of Radar Sonar and Navigation, 2003, 150（2）: 78-83.

［12］ 黄宁. 遥感图像中模式分类技术的研究［D］. 北京：中国科学院，2001.

［13］ Barshan B, Ayrulu B. Fuzzy Clustering and enumeration of target type based on sonar returns［J］. Pattern Recognition, 2004（37）: 189-199.

［14］ 王炳和，相敬林. 基于神经网络方法的人体脉象识别研究［J］. 西北工业大学学报，2002，20（3）：454-457.

［15］ Benoit Z, Edoardo B, Bjarne S. Automated Mine Classification Approach Based On AUV Maneuverability And COTS Sidescan Sonar［J］. Undersea Defence Technology Europe, 2001: 100-105.

［16］ 刘卓夫，桑恩方. 小波域声呐图像识别［J］. 哈尔滨工程大学学报，2003，24（5）：495-499.

［17］王海龙. 协同神经网络在图像识别中的应用研究［D］. 上海：上海交通大学，2000.

［18］陈卫刚，戚飞虎. 一种新的协同模式识别学习算法［J］. 上海交通大学学报，2004，38（1）：18-20.

［19］Foresti G L, Gentili S. A vision based system for object detection in underwater images［J］. International Journal of Pattern Recognition and Artificial Intelligence, 2000, 14（2）：167-188.

［20］Trucco A, Curletto S. Extraction of 3-D information from sonar image sequences［J］. IEEE Transactions on Systems, Man, and Cybernetics-part B：Cybernetics, 2003, 33（4）：687-699.

［21］Quidu I, Malkasse J P, Volbe P, et al. Buried mine classification based on multiview characterization［J］. UDT Europe, Hamburg, Germany, June 26-28, 2001：1-6.

［22］Reed S, Petillot Y, Bell J. Model-based approach to the detection and classification of mines in sidescan sonar［J］. Applied Optics, 2004, 43（2）：237-246.

［23］Mignotte M, Collet C, Perez P, et al. Hybrid Genetic Optimization and Statistical Model-based Approach for the Classification of Shadow Shapes in sonar Imagery［J］. IEEE Transaction on Pattern Analysis and Machine Intelligence, 2000, 22（2）：129-141.

［24］Li D H, Mahmood R A, Robinson M. Comparison of different classification algorithms for underwater target discriminateion［J］. IEEE Transactions on Neural Networks, 2004, 15（1）：189-194.

［25］郭海涛. 高分辨成像声呐后置图像处理［D］. 哈尔滨：哈尔滨工程大学，2002.

［26］John A F. Computer-aided detection and classification of minelike objects using template-based features［J］. OCEANS, 2003（3）：1395-1401.

［27］Zhang J, Zhang X, Krim H, et al. Object representation and recognition in shape spaces［J］. Pattern Recognition, 2003（36）：1143-1154.

［28］David M L, John P S. Automatic interpretation of sonar imagery using qualitative feature matching［J］. IEEE Journal of Oceanic Engineering, 1994, 19（3）：391-405.

［29］Longin J L, Rolf L, Diedrich W. Optimal partial shape similarity［J］. Image and Vision Computing, 2005（23）：227-236.

［30］Anarta G, Nicolai P. Robustness of Shape descriptors to incomplete contour representations［J］. IEEE Transactions on Pattern Analysis and Machine Intelligence, 2005, 27（11）：1793-1804.

［31］申家振，张燕宁，刘涛. 基于形状上下文的形状匹配［J］. 微电子学与计算机，2005，22（4）：144-146.

第6章

声呐图像目标跟踪算法

6.1 引言

目前对声呐图像目标跟踪的研究主要有以下几种方法：神经网络[1]、3D重构[2]、多视处理[3,4]、蒙特卡罗马尔可夫链方法、模糊聚类技术[5,6]、最近邻分类器、模板匹配算法、支持向量机[7]等。本章将就声呐图像中的目标跟踪算法进行深入分析，提出几种基于视觉特征提取和多信息融合的有效水下目标跟踪算法。

6.1.1 图像视觉特征与跟踪方法分类

1. 图像视觉特征

图像视觉特征主要包括图像的纹理特征和形状特征两类。

1）纹理特征

纹理描述的是事物表面的一种视觉特征，是指图像像素灰度集或颜色呈现出的某种规律性变化的视觉模式，可认为是灰度或颜色在空间中以一定的形式变化而产生的图案[8]。

2）形状特征

形状是图像的一个显著特征，形状特征比较稳定，不受外界环境的影响。对二维图像空间来说，形状经常被人们定义为一条封闭的轮廓曲线围成的区域。

2. 图像跟踪方法分类

图像跟踪的方法多种多样，但都离不开对图像特征的提取和分析，在此重点介绍基于纹理特征和形状特征提取和分析的图像跟踪方法。

1）基于图像纹理特征的图像跟踪方法

（1）基于统计的方法。主要是基于灰度级的分布情况来对图像纹理特征进行描述。Tamura等提出了基于6个构成分量的纹理特征表达方式，这样相关纹理性质都具有直观的视觉意义。

（2）基于结构的方法。主要是研究各种不同的纹理元之间具有的联系与各种纹理元的排列规则。

（3）基于模型的方法。在使用之前需要对纹理的分布按照符合某种分布模式进行假设，常见的有 Markov 随机场模型、自回归模型等。

2）基于图像形状特征

基于边界的图像形状表示方法和基于区域的图像形状表示方法是两种主要的图像形状表示方法。傅里叶描述符方法就是典型的基于边界的图像形状表示方法，它通过对物体的外部轮廓使用傅里叶变换，达到对其形状进行描述的目的。

常用的基于区域的形状描述符除了形状不变矩，还有 ZMD 描述符、网格描述符等不同的方法。基于纹理、形状等图像特征进行的图像跟踪，分别从不同角度反映图像的某个特征，各有其优缺点。

6.1.2 图像序列分析

图像序列分析方法是基于图像的运动目标进行跟踪的主要方法之一。在不同标准下，图像序列分析方法可被划分为不同的类别，但所有的分类方法都只是相对的，更常见的算法是多类不同方法的有机结合。目前，基于图像序列的动目标检测跟踪算法主要有光流法[9]、主动轮廓线跟踪算法[10-13]、基于随机场的跟踪算法[14,15]、频域滤波算法[16]等。它们均是在提取目标运动信息的基础上进行的。此外，还有基于像素强度的算法，如背景差分法、时间差分法和运动能量法，其优点在于实现简单、处理速度快，但其精度不高、受外界干扰严重等问题同样比较突出。

1. 光流法

Lucas - Kanade 算法于 1981 年提出，是用于求稀疏光流的一种重要方法。该算法主要基于下述三个假设。

第一个假设：场景中物体被跟踪部分的亮度不变。假设被跟踪的像素灰度值不随时间变化而变化，如式（6-1）所示：

$$I(x,y,t) = I(x + \Delta x, y + \Delta y, t + \Delta t) \tag{6-1}$$

$$\frac{\partial f(x,y)}{\partial t} = 0 \tag{6-2}$$

式中，$I(x,y,t)$ 为 t 时刻图像上一点 (x,y) 处的灰度值。$I(x + \Delta x, y + \Delta y, t + \Delta t)$ 为 $t + \Delta t$ 时刻该点运动到新位置 $(x + \Delta x, y + \Delta y)$ 的灰度值。

第二个假设：运动相对于帧率是缓慢的。由于隐含的 x, y 为 t 的函数，将亮度的定义 $f(x,y,t)$ 用 $I(x(t),y(t),t)$ 替换可得：

$$\frac{\partial I}{\partial x}\Delta x + \frac{\partial I}{\partial y}\Delta y + \frac{\partial I}{\partial t}\Delta t = 0 \Rightarrow \frac{\partial I}{\partial x}u + \frac{\partial I}{\partial y}\nu + \frac{\partial I}{\partial t} = 0 \tag{6-3}$$

式中，$\partial I/\partial t$ 是图像随时间的导数；$\partial I/\partial x$、$\partial I/\partial y$ 是图像的偏导数；(u, ν) 是光流矢量，即所要求的速度。将式（6-3）写为：$I_x u + I_y \nu + I_t = 0$，从而计算出 I_x，I_y, I_t。

第三个假设：相邻的点保持相邻。利用此假设可以求解方程式（6-3）中的两个未知量 u, ν。例如，如果用当前像素 5×5，则可以建立如下的 25 个方程来求解中心像素的运动。

$$\underbrace{\begin{bmatrix} I_x(p_1) & I_y(p_1) \\ I_x(p_2) & I_y(p_2) \\ \vdots & \vdots \\ I_x(p_{25}) & I_y(p_{25}) \end{bmatrix}}_{\substack{A \\ 25 \times 2}} \underbrace{\begin{bmatrix} u \\ \nu \end{bmatrix}}_{\substack{d \\ 2 \times 1}} = \underbrace{\begin{bmatrix} I_t(p_1) \\ I_t(p_2) \\ \vdots \\ I_t(p_{25}) \end{bmatrix}}_{\substack{b \\ 25 \times 1}} \tag{6-4}$$

求解这个系统方程需要建立一个该方程的最小平方来求解最小化的 $\| Ad - b \|^2$：

$$\underbrace{(A^{\mathrm{T}} A)}_{2 \times 2} \underbrace{d}_{2 \times 1} = \underbrace{A^{\mathrm{T}} b}_{2 \times 1} \tag{6-5}$$

由式（6-3）~式（6-5）可以求出运动分量 u, ν。对式（6-4）更详尽的表述如下：

$$\underbrace{\begin{bmatrix} \sum I_x I_x & \sum I_x I_y \\ \sum I_x I_y & \sum I_y I_y \end{bmatrix}}_{A^{\mathrm{T}} A} \begin{bmatrix} u \\ \nu \end{bmatrix} = - \underbrace{\begin{bmatrix} \sum I_x I_t \\ \sum I_y I_y \end{bmatrix}}_{A^{\mathrm{T}} b} \tag{6-6}$$

当矩阵 $A^{\mathrm{T}} A$ 可逆时，方程的解如下：

$$\begin{bmatrix} u \\ \nu \end{bmatrix} = (A^{\mathrm{T}} A)^{-1} A^{\mathrm{T}} b \tag{6-7}$$

当 $A^{\mathrm{T}} A$ 有两个较大的特征向量时，即 $A^{\mathrm{T}} A$ 满秩（秩为 2），$A^{\mathrm{T}} A$ 可逆。

当跟踪窗口的中心在图像的角点区域时，$A^{\mathrm{T}} A$ 的特性最好。由 Harris 提出的角点定义可以将图像所有的像素点灰度强度的二阶导数融合在一起，形成一幅新的 Hessian 图像。

$$H(p) = \begin{bmatrix} \dfrac{\partial^2 I}{\partial x^2} & \dfrac{\partial^2 I}{\partial x \partial y} \\ \dfrac{\partial^2 I}{\partial x \partial y} & \dfrac{\partial^2 I}{\partial y^2} \end{bmatrix} \tag{6-8}$$

通常使用每像素点周围小窗口的二阶导数图像的自相关矩阵描述 Harris 角点，自相关矩阵 $M(x, y)$ 的定义如下：

$$\left[\begin{array}{cc} \sum_{-K<i,j<K} w_{i,j}I_x^2(x+i,y+j) & \sum_{-K<i,j<K} w_{i,j}I_x(x+i,y+j)I_y(x+i,y+j) \\ \sum_{-K<i,j<K} w_{i,j}I_x(x+i,y+j)I_y(x+i,y+j) & \sum_{-K<i,j<K} w_{i,j}I_y^2(x+i,y+j) \end{array} \right]$$

$$(6-9)$$

2. 背景差分法

在单高斯分布背景模型更新的过程中引入表示更新的速度的更新率常数 α，更新过程可表示为：

$$\begin{cases} \mu_{t+1} = (1-\alpha)\mu_t + \mu X_t \\ \sum_{t+1} = (1-\alpha)\sum_t + \alpha d_t d_t^{\mathrm{T}} \end{cases} \tag{6-10}$$

多高斯分布模型对每个图像点由具有优先级 $P_t = w_{i,j} \Big| \sum w_{i,j} \Big| \dfrac{-i}{2}$ 和不同的权值 $w_{i,j}(\sum w_{i,j}=1)$ 的 K 个高斯分布混合构建。多高斯分布背景模型更新过程可表示为：

$$w_{i,j} = \begin{cases} (1-\beta)\cdot w_{i+1,j} + \beta w_{t+1,j}, i=n \\ (1-\beta)\cdot w_{i+1,j}, i\neq n \end{cases} \tag{6-11}$$

式中，β 为表示背景更新快慢的权值更新率[17]。

3. 帧间差分法

最简单的帧间差分法是直接比较两帧图像对应像素点的灰度值[17]。可用一个二值差分图像 $\mathrm{DP}_{jk}f(x,y)$ 表示帧 $f(x,y,j)$ 与帧 $f(x,y,k)$ 之间的变化：

$$\mathrm{DP}_{jk}f(x,y) = \begin{cases} 1, f(x,y,j) - f(x,y,k) > T \\ 0, 其他 \end{cases} \tag{6-12}$$

式中，T 为阈值。可以通过依据强度分布的局部逼近法或统计比较两帧图像之间的光强特性提高图像变化检测的效果，基于式（6-13）、式（6-14）进行两帧图像之间的比较。

$$\lambda = \frac{\left[\dfrac{\sigma_1+\sigma_2}{2} + \left(\dfrac{\mu_1+\mu_2}{2}\right)^2\right]^2}{\sigma_1 \times \sigma_2} \tag{6-13}$$

式中，σ 和 μ 分别表示区域的方差和平均灰度。

$$\mathrm{DP}_{jk}f(x,y) = \begin{cases} 1, \lambda > T \\ 0, 其他 \end{cases} \tag{6-14}$$

式中，T 为阈值。

6.2　基于卡尔曼滤波和数据关联的跟踪算法

卡尔曼滤波器作为近几十年来信息融合和滤波算法的最常用的算法，已被广泛应用于各个领域，如导航制导、目标跟踪、故障检测等。利用卡尔曼滤波算法对区域分割得到的目标区域进行跟踪，就光流法而言，实时性有较大的提高，但对目标分割等预处理算法的结果依赖性较大。文献［18］给出了一种针对运动声呐观测平台的水下人造小目标检测与跟踪算法，基于卡尔曼滤波算法和神经网络技术实现了目标的检测与跟踪。文献［19］提供了一种用于固定声呐平台的单水面舰船检测与跟踪算法。利用舰船运动的尾流声特征进行检测，该算法具有较强的局限性，首先假定目标来向为正面相对，其次是在声呐平台静止的条件下计算的，在实际应用中绝大多数情况都不满足该条件。文献［20,21］在提取单帧图像中目标的几何特征、统计特征等信息的条件下，进一步提取了图像序列帧间的目标时域特征，即静态特征的均值、方差等信息，综合利用静态特征和动态特征，取得了较好的检测效果。

6.2.1　算法描述

声呐图像目标跟踪算法的步骤较多，主要包括图像采集、图像滤波去噪、图像分割、区域标记、目标跟踪、数据关联和结果输出，如图 6-1 所示。

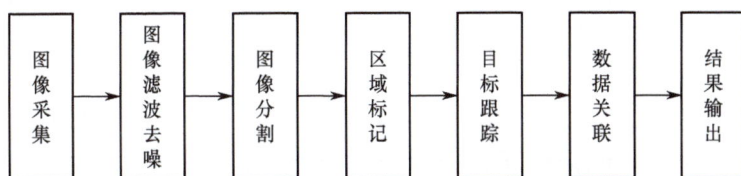

图 6-1　目标跟踪算法流程

图像预处理（图像采集和图像滤波去噪）和图像分割采用前述章节给出的算法，之后需要对每帧图像中分割得到的目标区域进行区域标记，以计算各个目标区域的面积、中心坐标等，用作目标跟踪和数据关联算法的观测信息，本节采用区域增长算法实现目标区域标记。

采用基于卡尔曼滤波算法作为目标跟踪算法，系统状态向量取为[22]：

$$\boldsymbol{X}(k) = [x,\dot{x},\ddot{x},y,\dot{y},\ddot{y},A]^{\mathrm{T}} \tag{6-15}$$

式中，x、$\dot{x}$ 和 $\ddot{x}$ 分别为目标的 x 轴坐标、速度和加速度；y、$\dot{y}$ 和 $\ddot{y}$ 分别为目标的 y 轴坐标、速度和加速度；A 为目标区域面积。

通常情况下，利用声呐进行目标测量得到的目标信息主要有距离、方位等，但在获取声呐图像后，目标区域在声呐图像中的质心点坐标更加易于量测，因此本节将量测向量取为：

$$Z(k) = [x, y, A]^T \tag{6-16}$$

则系统的状态方程为：

$$X(k+1) = M(k)X(k) + w(k) \tag{6-17}$$

量测方程为：

$$Z(k) = H(k)X(k) + v(k) \tag{6-18}$$

式中，$M(k)$ 为状态转移矩阵；$H(k)$ 为量测矩阵；$w(k)$ 和 $v(k)$ 分别为系统状态噪声和量测噪声，通常假设其为零均值高斯白噪声，方差阵分别为 Q 和 R。

设增益矩阵为 $K(k)$，协方差阵为 $P(k)$，则卡尔曼滤波器的更新迭代过程为：

（1）计算增益矩阵：

$$K(k) = P(k-1) \cdot H^T \cdot (H \cdot P(k-1) \cdot H^T + R)^{-1} \tag{6-19}$$

（2）状态估计：

$$\hat{X}(k) = X(k-1) + K(k) \cdot (Z(k) - H \cdot X(k-1)) \tag{6-20}$$

（3）更新协方差阵：

$$P(k) = (I - K(k) \cdot H) \cdot P(k-1) \tag{6-21}$$

（4）计算状态预测值：

$$X(k+1) = M(k) \cdot \hat{X}(k) \tag{6-22}$$

（5）估计预测协方差阵：

$$P(k+1) = M(k) \cdot P(k) \cdot M(k)^T + Q \tag{6-23}$$

在对前一帧处理结束后，如何对当前帧图像中各目标区域与已检测到的目标轨迹进行关联就成为目标跟踪的关键所在，也是本算法中的难点之一。利用特征跟踪算法，在目标匹配中，通常采用最近邻法、全邻域法。其采用的代价函数通常仅利用每个目标质心的位置信息，即考虑跟踪目标与下一帧每个目标统计目标质心的欧氏距离，距离最小的两个目标被认为是关联度最好的，可视为同一个目标。这种方法较少考虑目标自身的特征属性和每个目标的运动状况，在基于图像的目标跟踪中容易出现目标的错误跟踪。因此，还需利用目标运动的速度和目标区域的面积、灰度等特征进行关联匹配，建立综合的关联度加权求和代价函数。本节主要利用以下判据。

（6）利用前一帧得到的目标位置和速度，预测得到当前帧中目标的位置，计算各个区域中心与预测得到的目标位置之间的距离，利用所有距离的最大值进行距离归一化，满足一定阈值条件的目标区域作为与目标轨迹相关联的目标区域。

对满足距离条件的各目标区域，计算目标速度匹配相似度，进行进一步的匹配测度计算。

设第 $k-1$ 时刻目标的位置点为 $T_{k-1}(x,y)$，速度为 $\boldsymbol{v}_{k-1} = v_{k-1}^x \cdot \bar{\boldsymbol{i}} + v_{k-1}^y \cdot \bar{\boldsymbol{j}}$，第 k 时刻目标的位置点为 $T_k(x,y)$，速度为 $\boldsymbol{v}_k = v_k^x \cdot \bar{\boldsymbol{i}} + v_k^y \cdot \bar{\boldsymbol{j}}$，则在第 $k+1$ 时刻，设候选目标区域为 $H_{k+1}^l(x,y), l = 1,2,\cdots,M$，$M$ 为候选目标区域的总个数。由第 k 时刻目标信息预测得到的目标点位置为 $\hat{T}_{k+1}(x,y)$，则定义基于位置距离的归一化匹配测度为：

$$dc^l = \frac{|\hat{T}_{k+1}(x,y) - H_{k+1}^l(x,y)|}{\max\{|\hat{T}_{k+1}(x,y) - H_{k+1}^l(x,y)|, l = 1,2,\cdots,M\}}, l = 1,2,\cdots,M$$

(6-24)

由卡尔曼滤波器可以得到目标在第 k 时刻的速度 $\boldsymbol{v}_k = v_k^x \cdot \bar{\boldsymbol{i}} + v_k^y \cdot \bar{\boldsymbol{j}}$，则在第 $k+1$ 时刻各候选目标区域的速度可由位移差分计算得到，即：

$$\hat{\boldsymbol{v}}_{k+1}^l = \frac{H_{k+1}^l(x,y) - T_k(x,y)}{T}, l = 1,2,\cdots,M$$

(6-25)

由于速度是矢量，因此可利用矢量夹角关系定义相邻时刻之间速度的匹配关系。在采样间隔较短的条件下，两相邻帧内目标运动速度方向应该近似相同，则基于速度的匹配测度为：

$$vc^l = 1 - \cos\left(\frac{\boldsymbol{v}_k \cdot \hat{\boldsymbol{v}}_{k+1}^l}{\|\boldsymbol{v}_k\| \cdot \|\hat{\boldsymbol{v}}_{k+1}^l\|}\right), l = 1,2,\cdots,M$$

(6-26)

综上所述，定义总的匹配测度准则为：

$$c^l = \frac{dc^l + vc^l}{2}, l = 1,2,\cdots,M$$

(6-27)

（1）如果存在多个满足上述判断条件的目标区域，则利用目标区域面积或灰度均值信息进行进一步匹配，选取面积大小或灰度均值最接近的作为目标观测区域。

（2）对于可能出现的目标分裂，其分裂部分通常分布在轨迹的两侧，可选取其中距离最近的两个目标区域，计算两个区域中心的坐标的平均值，并将其作为新的观测目标位置。

（3）将第一帧中所有的目标区域都作为新出现的目标。从第二帧开始，对于每一帧，当对所有被跟踪目标进行匹配后，检查该帧图像中的搜索目标是否被标记。如果全部目标都被标记，则说明该帧图像中的所有目标都有后续关系，程序转入下一帧图像的跟踪；如果还有目标未标记，则认为是新出现的目标，建立一个新的跟踪链。

（4）当一个目标区域同时满足两条或多条跟踪链代价函数准则时，则依据距离准则进行判断，选取距离最近的区域作为目标跟踪区域。如果连续三帧都找不到满足匹配条件的目标区域，则认为该条轨迹结束[23]。

6.2.2　实验研究

本节所提算法验证数据采用英国海洋系统实验室在互联网提供的声呐图像视频数据。图 6-2（a）、图 6-2（b）和图 6-2（c）分别为从视频序列中提取出的第 15 帧、第 35 帧和第 55 帧。

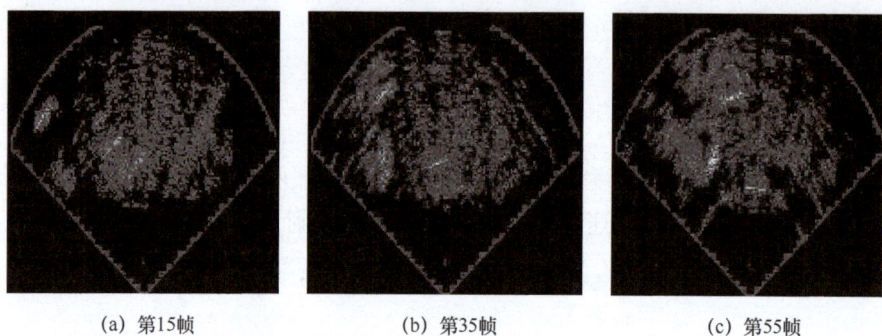

| (a) 第15帧 | (b) 第35帧 | (c) 第55帧 |

图 6-2　原始声呐图像

首先采用高斯平滑滤波器对声呐图像进行平滑去噪，滤波窗口大小为 3×3，并采用自适应阈值分割算法提取各帧声呐图像中的目标区域。在此基础上进行数学形态学处理，滤除较小的噪声点的干扰，形态学算子结构元如前文所述，结果如图 6-3 所示。图 6-3（a）、图 6-3（b）和图 6-3（c）分别对应图 6-2（a）、图 6-2（b）和图 6-2（c）中的各帧图像。可以看出，分割结果中仍存在目标分裂等现象，这是因为目标回波的强度受声传播等因素的影响，但都分布在各目标的中心位置，对跟踪结果影响不大。

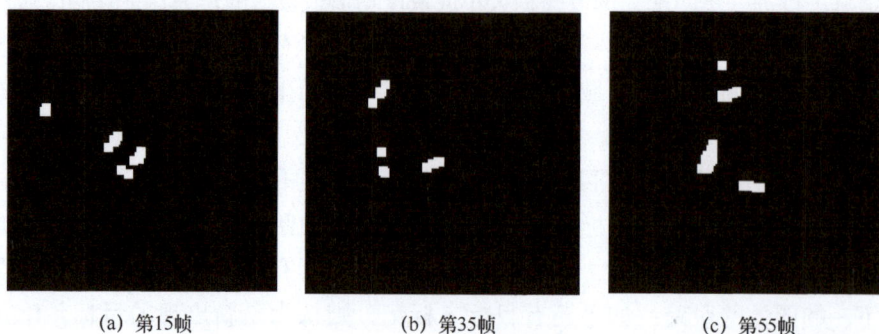

| (a) 第15帧 | (b) 第35帧 | (c) 第55帧 |

图 6-3　分割处理结果

应用卡尔曼滤波技术和数据关联算法，对声呐图像中的目标进行跟踪，其中一个目标的跟踪结果如图 6-4 所示。由图可以看出，跟踪线不够平滑，这主要是因为目标运动轨迹不是直线，以及声呐图像的成像质量较低。本节算法较好地实现了目标运动轨迹的跟踪，且随着图像帧数的增加，跟踪线的平滑程度会越来越好。

在研究过程中，同样采用光流法进行实验研究，结果表明光流法的计算速度明显较本书算法低；由于

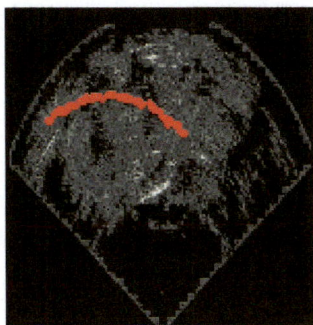

图 6-4　目标跟踪轨迹

算法本身的固有特点，光流法对图像中的噪声很敏感，在光流计算结果中作为运动区域得以保留，而且海流运动、浮游生物等都会对光流计算结果产生影响。即使不考虑噪声等外部条件的干扰，在单目标情况下，光流法可得到目标的运动轨迹，在多目标条件下，光流法难以分辨出不同目标的运动轨迹，尤其是对于新出现目标、目标分裂、目标合并、轨迹交叉等情况，实时进行判别和标识的难度较大。同时，Snake 算法在声呐图像中的应用也存在需要人工初始化、运算效率较低等不足。对电视、红外等跟踪图像而言，声呐图像中的目标区域的面积等特征在各帧之间表现不稳定，因此尽管本书在研究过程中对 Snake 算法进行了研究，并提出了基于改进梯度向量场的 Snake 跟踪算法，在视频图像目标跟踪中得到了较好的应用效果，但在声呐图像序列中没有得到满意的应用效果。

通过仿真研究，可得出如下结论。

（1）利用卡尔曼滤波进行声呐图像目标跟踪较光流算法具有实时性好的优点。

（2）卡尔曼滤波跟踪模型中通常假设目标运动轨迹为直线，而实际跟踪的目标运动轨迹为弧形曲线；受水下复杂环境条件的影响，目标的运动并不是严格的匀加速运动，这些因素都在一定程度上影响了跟踪效果；可利用线性预测器、平方预测器和综合预测器进行目标轨迹的快速预测与跟踪[24]，并用于跟踪非直线非匀加速运动目标。

（3）本节的研究结果均是在观测平台静止不动的假设条件下得出的。对于观测平台运动的情形，可利用导航系统提供的平台运动信息和姿态信息等，对观测数据进行补偿。

（4）本节所采用的实验数据目标距离较近，在图像中表现为一个较大的目标区域，而对远距离的目标来说，在图像中可能只占据一个或几个像素点，在噪声等因素的干扰下，目标提取具有更大的难度。但对鱼雷等水下高速运动目标而言，其运动带有明显的尾流特征，增加了图像中动目标检测算法可利用的信息量。利

135

用这些信息量，可以实现目标的快速检测与跟踪。

6.3　基于形态特征的水下运动小目标跟踪算法

本章引言中主要将水下人造目标的视觉特征分为纹理和形状两类，本节针对图像中的物体形状特征，提出基于形态特征的水下运动小目标跟踪方法。该方法在着重分析图像区域形状特征的基础上，结合物体自身骨架特征的不变性，并利用数学形态学方法提取出图像中各目标的骨架特征，综合区域形状特征加以分析、跟踪，找出符合先验信息的人造目标。

6.3.1　单边分段自适应阈值化

在进行目标跟踪判断前，进行相关预处理是必不可少的。考虑到后续形态特征的提取，以及入侵目标运动的连续性，本节提出一种单边分段自适应阈值化处理方法，以期在动态背景下保留更完整的图像特征。

单边的概念很简单，首先设定一个阈值 T，然后只将小于阈值 T 的像素点设置为背景，而大于阈值的像素点则保持灰度值不变[25-27]。阈值化后的图像 $F(x, y)$ 为：

$$F(x,y) = \begin{cases} f(x,y), & f(x,y) \geqslant T \\ 0, & f(x,y) < T \end{cases} \tag{6-28}$$

自适应阈值分割的基本思想是根据虚警率和成像背景的变化情况动态地改变阈值。其数学表达式描述如下：

$$\begin{cases} \Delta t = \dfrac{\theta_1}{M \cdot N} \sum_{i=0}^{N-1} \sum_{j=0}^{M-1} (f(x,y) - f'(x,y))^2 \\ T' = + \Delta t T \end{cases} \tag{6-29}$$

式中，$M \cdot N$ 表示检测区域的像素总数；T 是上一帧的阈值；T' 是更新阈值；$f'(x, y)$ 是当前帧中像素点 (i,j) 的灰度值；$f(x,y)$ 为上一帧中像素点 (i,j) 的灰度值；Δt 反映了成像环境的整体变化情况；θ_1 是增强系数，可根据经验值设定；θ_2 是衰减系数，且 $0 \leqslant \theta_2 \leqslant 1$。

式（6-29）可以使算法有效进入并适应恶劣海况，但是恶劣环境并不会持续很久，因此必须建立阈值回归机制。本节针对阈值的自适应阈值化设置了两个阶段的变化规则。

规则 1：当连续 N 帧所检测到的虚警目标总数大于阈值 T_{total}，且虚警率 p_{false} 也大于阈值 p_{alarm} 时，阈值按式（6-29）进行更新。

规则 2：随着规则 1 中阈值的不断提高，虚警率应逐渐下降，此时如果虚警率急剧反向增加，且比设定虚警率高很多时，说明这种变化是由于恶劣海况转晴时，自适应增加的高阈值在平稳声呐图像上造成了许多假目标，反而增加了虚警率。此时需要按照式（6-30）进行操作：

$$T' = T_0, p''_{\text{false}} > p'_{\text{false}}, p''_{\text{false}} - p_{\text{alarm}} \geqslant h \tag{6-30}$$

这种对阈值的回归初始设置在算法处理海洋声呐图像数据时是很重要的，因为海洋气候非常复杂多变。

6.3.2　形态特征提取和跟踪

针对水下蛙人这类运动小目标的特点，在此采用一种简单快速的跟踪对象筛选准则，其主要处理流程如图 6-5 所示。当图像中的某一连通区域的形态特征满足所设定的判断准则时，就认为这个连通区域为水下入侵小目标。

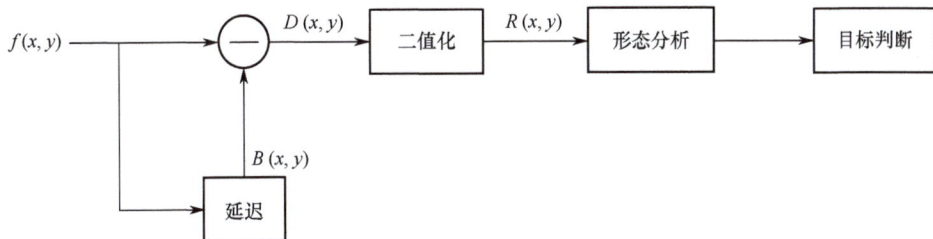

图 6-5　处理流程

$$D(x,y) = |f(x,y) - B(x,y)| \tag{6-31}$$

$$R(x,y) = \begin{cases} 0, \text{背景 } D(x,y) \leqslant \text{门限值} \\ 1, \text{背景 } D(x,y) > \text{门限值} \end{cases} \tag{6-32}$$

1. 目标形态特征判断准则

（1）对连续三帧图像进行基于数学形态学的骨架提取，得到三帧图像中各个对象的骨架，然后分别计算相对应对象的骨架长度平均值，再将这些平均值和已知的先验值进行比较，进行初步目标跟踪，并将超出先验值范围的干扰图像剔除。

（2）依次计算所得图像中余下每个对象的面积平均值，然后与先验值进行比较，判断入侵目标的存在，剔除超出判定范围的干扰目标。这样经过以上两步处理后剩下的对象既满足长度要求也符合面积要求，可判定为入侵目标。

2. 特征提取

1）骨架计算

集合 A 的骨架符号 $S(A)$ 直观上相当简单，如图 6-6 所示。由这个图像可以推断出：

（1）如果 z 是 $S(A)$ 的点并且 $(D)_z$ 是在 A 内以 z 为中心的最大圆盘，则不存在位于 A 内的能包含 $(D)_z$ 的更大圆盘（不一定以 z 为中心）。圆盘 $(D)_z$ 称为最大盘。

（2）圆盘 $(D)_z$ 在两个或更多的不同位置上与 A 的边界接触。

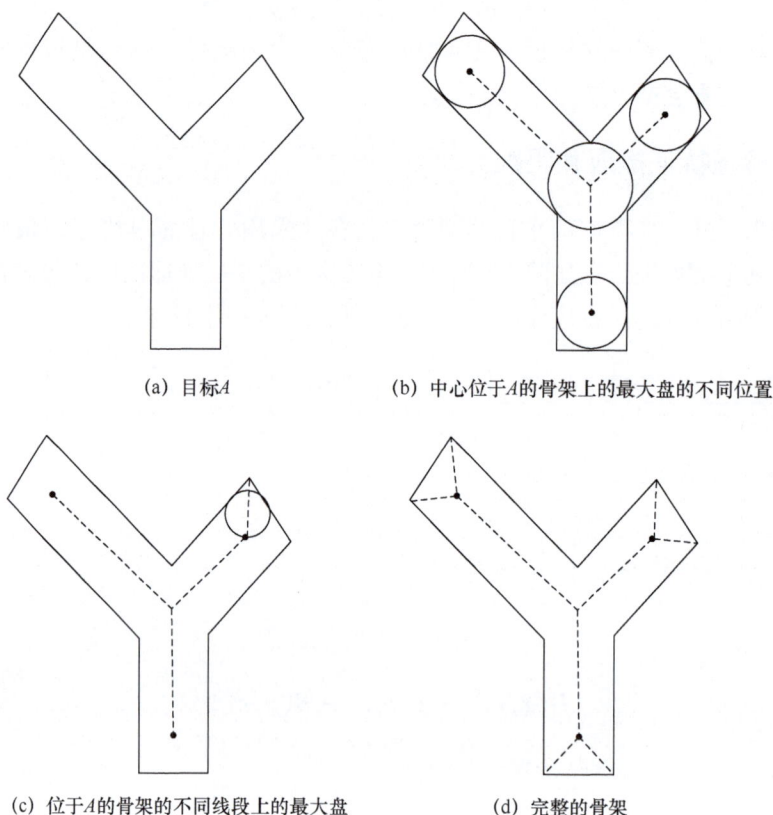

(a) 目标A　　　　　　　　(b) 中心位于A的骨架上的最大盘的不同位置

(c) 位于A的骨架的不同线段上的最大盘　　　　(d) 完整的骨架

图 6-6　集合 A 的骨架

A 的骨架可以用腐蚀和开操作表达，即骨架可以表达为：

$$S(A) = \bigcup_{k=0}^{K} S_k(A) \tag{6-33}$$

而

$$S_k(A) = (A\Theta kB) - (A\Theta kB)\circ B \tag{6-34}$$

式中，B 是一个结构元素；$(A\Theta kB)$ 表示对 A 的连续 k 次腐蚀：

$$(A\Theta kB) = (\cdots((A\Theta B)\Theta B)\Theta\cdots)\Theta B \tag{6-35}$$

第 k 次是 A 被腐蚀为空集合前进行的最后一次迭代，也就是说，

$$K = \max\{k \mid (A\Theta kB) \neq \phi\} \tag{6-36}$$

式（6-32）和式（6-33）说明 $S(A)$ 可以由骨架子集 $S_k(A)$ 的并集得到，即 A 可以通过使用下列公式由这些子集重构：

$$A = \bigcup_{k=0}^{K} \left(S_k(A) \oplus kB \right) \tag{6-37}$$

这里 $(S_k(A) \oplus kB)$ 表示对 $S_k(A)$ 的 k 次连续膨胀，即

$$(S_k(A) \oplus kB) = ((\cdots(S_k(A) \oplus B) \oplus B) \oplus \cdots) \oplus B \tag{6-38}$$

2）面积计算

假定区域已经通过标注被标识了，就可以使用四叉树算法计算面积，其步骤如下。

步骤1：确定四叉树的总深度为 H。

步骤2：系统地搜索树。如果在深度 h 上的一个叶节点拥有非零标号，转步骤3。

步骤3：计算：

$$\text{area}[\text{区域标号}] = \text{area}[\text{区域标号}] + 4^{[H-h]} \tag{6-39}$$

步骤4：区域的面积被保存在变量 area［区域标号］中。

区域可以由 n 个多边形顶点 (i_k, j_k) 来表示，并且 $(i_0, j_0) = (i_n, j_n)$。面积为：

$$\text{area} = \frac{1}{2} \left| \sum_{k=0}^{n-1} i_k j_k - i_{k+1} j_k \right| \tag{6-40}$$

式中，$\sum$ 表示多边形的方向。如果使用平滑边界来克服噪声的敏感性问题，则由式（6-40）给出的区域面积值通常会稍微减小。

3. 判断跟踪

在上述方案中，通过计算骨架长度初步将干扰图像区别出来，设 L_i^1、L_i^2、L_i^3 $(i=1,2,\cdots,n)$ 为连续三帧图片中各个对象的骨架长度，n 为一帧图片中对象的总数。

步骤1：计算连续三帧图片中相对应的各个对象骨架长度的平均值 L_i，将它作为本轮判断的骨架长度值：

$$L_i = \frac{L_i^1 + L_i^2 + L_i^3}{3} \tag{6-41}$$

然后判断不等式：

$$\alpha \leq L_i \leq \beta \tag{6-42}$$

式中，α 和 β 是关于蛙人小目标骨架长度范围的经验值。若不等式不成立，则剔除该对象；若成立，则进入步骤2。

步骤2：经过初次目标判别后，计算连续三帧图像中所剩对象的面积 S_j^1、S_j^2 和 S_j^3 $(j=1,2,\cdots,m, m \leq n)$，$m$ 为一帧图像中对象的总数。求出连续三帧图像中各个

对象面积的平均值 S_j，将它作为本轮判别的对象面积：

$$S_j = \frac{S_j^1 + S_j^2 + S_j^3}{3} \tag{6-43}$$

最后判断不等式：

$$\gamma \leq S_j \leq \delta \tag{6-44}$$

式中，γ 和 δ 是关于蛙人面积范围的经验值。若不等式成立，则判定该对象是蛙人目标，否则重新读取三帧图像，进入步骤1。

6.3.3 实验研究

为了验证本节所提算法的有效性，实验图像数据像素为 512×512，对含有蛙人目标的连续三帧伪彩色图像数据进行了测试。图像数据获取环境为：入侵目标是着闭式潜水衣的蛙人，潜水深度为 15m 左右（上下浮动各 1m），3 级海况，天晴无雨。图 6-7（a）、图 6-7（b）、图 6-7（c）分别为连续三帧原始声呐图像数据，图 6-7（d）、图 6-7（e）、图 6-7（f）分别为单边分段自适应阈值化后的图像，图 6-7（g）、图 6-7（h）、图 6-7（i）中用红线框出的就是经过形态特征判断后跟踪出的目标图像，从图中可以清楚地看到从声呐正北方向侵入的蛙人被成功跟踪。

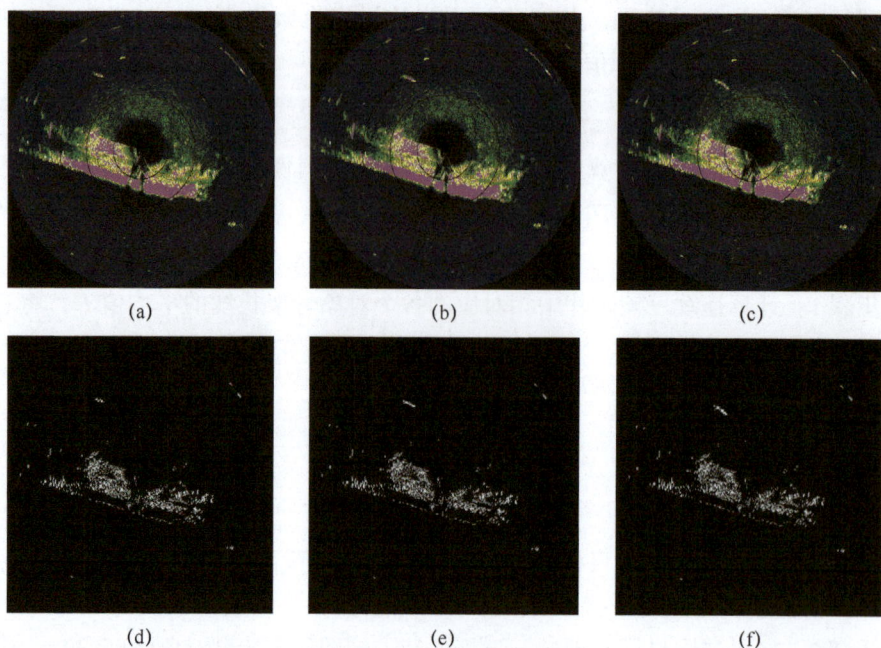

图 6-7　实验结果

(g)　　　　　　　　　　(h)　　　　　　　　　　(i)

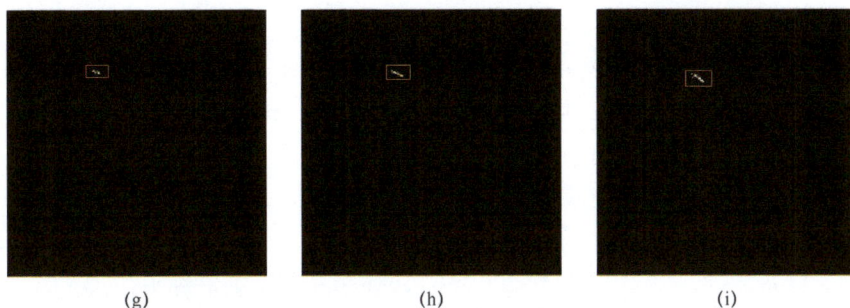

图 6-7　实验结果（续）

从实验结果可以看出，本节提出的基于形态特征的水下小目标跟踪方法能够在混响严重的浅海区域成功地跟踪出小目标，运算速度快，符合工程实践要求。尽管如此，对于水下小目标跟踪，本节只做了初步探索，后文还将对该问题进行深入研究。

6.4　基于支持向量机的水下动目标跟踪算法

目前，在光学和遥感图像跟踪中，人工神经网络技术中的支持向量机（Support Vector Machine，SVM）分类器逐渐得到应用，并且已经取得很好的效果。SVM方法在解决实际问题时具有计算量小，能较好地解决小样本、非线性和局部极小点问题的特点。

通过多次现场测试和应用，发现在港口码头这样的近岸水域，水下动目标跟踪最易受到小艇、鱼群、波浪等物体的干扰，它们有的在成像形态上，有的在运动速度上与人为入侵目标非常相似。为了将隐蔽入侵目标从这些干扰物中跟踪出来，结合 SVM 分类器的特点，本节研究提出基于 SVM 的水下动目标跟踪方法。该方法通过提取图像中物体的纹理特征，包括方向度和对比度，同时融合物体的形状、速度、目标方向与运动方向的夹角等特征参数，以及图像中是否包含蛙人这一属性，将它们作为训练样本输入 SVM 分类器中训练网络，然后将待跟踪的图像输入已训练好的 SVM 分类器中进行处理，进行目标的自动跟踪。实验结果表明，该方法跟踪可靠性更高，并且具有很好的可扩展性，缺点是运算时间较长。

SVM 的原理可以描述为：寻找一个满足分类要求的决策面，并且使最接近该决策面的训练样本与决策面之间的距离尽量大。SVM 在训练阶段采用如式（6-45）所示的目标函数寻找最优决策面：

$$\Phi(w,\xi) = \frac{1}{2} \parallel w \parallel^2 + C \sum_{i=1}^{n} \xi_i \qquad (6\text{-}45)$$

约束条件为式（6-46）：

$$y[(w \cdot x_i) + b] \geq 1 - \xi_i, \xi_i \geq 0, i = 1, 2, \cdots, n \qquad (6\text{-}46)$$

式中，(x_i, y) 为训练数据，x 为输入向量，y 为向量所属的类别，i 为样本号；ξ_i 是考虑分类误差而引入的松弛因子；C 是对误差的惩罚因子；w 是特征空间中分类超平面的系数向量；b 是分类面的阈值。

SVM 分类超平面如图 6-8 所示。

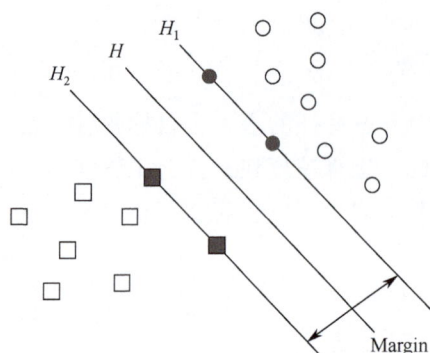

图 6-8　SVM 分类超平面

SVM 的线性求和过程为：

$$W^* = \sum_{i=1}^{n} a_i^* y_i x_i \qquad (6\text{-}47)$$

式中，$a_i^* (i = 1, 2, 3, \cdots, n)$ 是式（6-48）求极大值的解：

$$W = \sum_{i=1}^{n} a_i^* - \frac{1}{2} \sum_{i=1}^{n} \sum_{j=1}^{n} y_i y_j a_i a_j (x_i \cdot x)$$

$$(6\text{-}48)$$

如果原特征值向量用 $\boldsymbol{x}_i \rightarrow f(\boldsymbol{x}_i)$ 的映射方式，则式（6-44）只需改成：

$$W_a = \sum_{i=1}^{n} a_i - \frac{1}{2} \sum_{i=1}^{n} \sum_{j=1}^{n} y_i y_j a_i a_j (f(x_i) \cdot f(x_j))$$

$$(6\text{-}49)$$

由式（6-48）可知，计算极大值只涉及训练样本之间的内积运算，只要一种核函数 $K(x_i \cdot x)$ 满足 Mercer 条件，它就对应式（6-49）中数据的内积。

定义一个非线性映射 f：$R^n \rightarrow H$ 核函数 $K(x \cdot y) = f(x) \cdot f(y)$，则相应的式子可写成：

$$W_a = \sum_{i=1}^{n} a_i - \frac{1}{2} \sum_{i=1}^{n} \sum_{j=1}^{n} y_i y_j a_i a_j (K(x_i \cdot y_j)) \qquad (6\text{-}50)$$

6.4.1　图像预处理

在进行水下入侵目标跟踪前，对声呐图像数据进行一定的预处理是非常有必要的，可以减少噪声干扰，提高跟踪率。这里的预处理是广义上的，包括图像采集、灰度化、滤波去噪和图像增强。预处理流程如图 6-9 所示。

1.　对图像进行灰度化

彩色图像虽然包含很多信息，但其中很多是无用信息，数据量非常大。将彩色图像转换为灰度图像不但可以保留绝大多数有用信息，而且能大大减少图像的数据量，使其更符合算法处理要求。

2．滤波去噪

考虑到后续跟踪算法的复杂性，此处采用前文描述的邻域中值滤波，如式（6-51）所示。

$$f(x,y) = \begin{cases} f'_{(N+2)/2}(x,y), & f'_k(x,y) < T \text{ 且 } N \text{ 为偶数} \\ f(x,y), & f'_k(x,y) \geq T \end{cases}$$

$$(6-51)$$

式中，$f'_i(x,y)$ 是像素 (x,y) 的 N 邻域按由大到小排序后的第 i 个灰度值，$i = 1,2,\cdots,k,\cdots,N+1$，$N$ 一般为偶数，取 4 或 8。$f'_1(x,y) \geq f'_2(x,y) \geq \cdots \geq f'_k(x,y) \geq \cdots \geq f'_{N+1}(x,y)$，$k < (N+2)/2$。

当某像素 $f(x,y)$ 的 N 邻域按由大到小排序后的第 k 个灰度值大于阈值 T 时，保持该像素的灰度值不变，否则取中间值替代当前像素灰度值，要求 $k < (N+2)/2$。

3．图像增强

为了使处理后的图像更适合机器的跟踪，需要突出边缘信息，改善图像对比度，增强图像的轮廓特征，从而达到增强图像对比度的效果，能够为水下入侵小目标的跟踪做好铺垫。

6.4.2　特征参数提取和跟踪

基于 SVM 的水下入侵目标跟踪可分为 3 个阶段：①获取能够准确表达目标特点的特征参数；②将这些特征参数作为训练样本对 SVM 网络进行训练；③用训练好的 SVM 对新的测试数据进行分类跟踪。

选定目标的哪些特征参数作为网络的输入是整个跟踪和分类问题的关键。考虑到声呐成像环境、入侵目标的成像外形和运动特点，以及主要干扰物小艇、海鱼、波浪的特点，本书选择对比度（Average-scale）、方向度（Direction）、速度（Velocity）、形状（Shape）、目标方向与运动方向的夹角（Included angle）这 5 个特征参数作为网络的输入。

（1）由于各目标物与声呐探头的距离不一样，以及物体表面对声波的反射特性不一致，导致不同目标物的对比度也不同，因此取目标物的对比度作为第一个特征参数 A。

（2）蛙人的行动具有明显的目的性和方向性，因此将目标的方向度作为第二个特征参数 D。具体求解方法为：取相同时间间隔的三帧图像，找出每幅图像中对

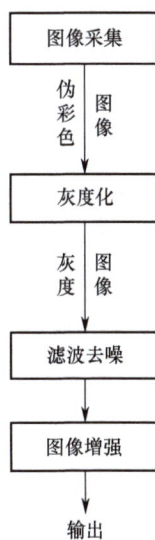

图 6-9　预处理流程

应目标的中心点并连线，定义第一、第二帧的连线为 $l_{1,2}$，第二、第三帧的连线为 $l_{2,3}$，计算 $l_{1,2}$、$l_{2,3}$ 之间的夹角 h，通常水下蛙人为入侵目标的这一夹角 h 应满足 $-30° \leq h \leq 30°$。

（3）用区域生长法提取出目标的轮廓，作为第三个特征参数 Shape。

（4）水下蛙人的移动速度与水面小艇和海鱼有明显不同，因此将速度作为第四个特征参数 Velocity。具体方法也是取连续三帧图像，根据同一目标在海区的位移和声呐覆盖范围就可以计算出目标速度。

（5）取目标方向与运动方向的夹角作为第五个特征参数 Included angle，主要是为了判别波浪。在声呐图像中，波浪的轨迹与带有尾迹的入侵目标运动图像非常相似，但有一个明显的不同点就是波浪自身的方向与它的运动方向成 90°，而入侵目标自身的方向与它的运动方向则是趋于 0°。

6.4.3 实验研究

实验收集了 600 幅大小为 512×512 的声呐图像，其中包含入侵目标蛙人、小艇、海鱼和波浪的图像有 328 幅，其余图像只含有这些物体中的一个或两个，如图 6-10 所示为部分声呐图像。在确定对比度、方向度、速度、形状、目标方向与运动方向的夹角作为判据后，取各幅图像中所有物体的以上 5 个特征和图像所属的类别构成一个样本，如表 6-1 所示。对于图像所属类别，用 1 表示包含蛙人的图像样本，并将蛙人目标中心点在图像中的坐标显示出来；用 0 表示只包含干扰目标的图像样本。

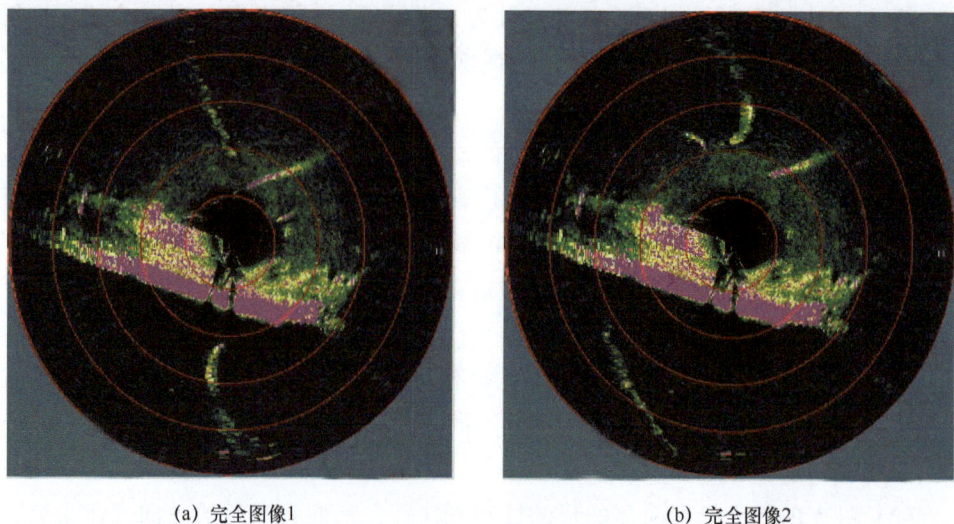

(a) 完全图像1   (b) 完全图像2

图 6-10 部分声呐图像

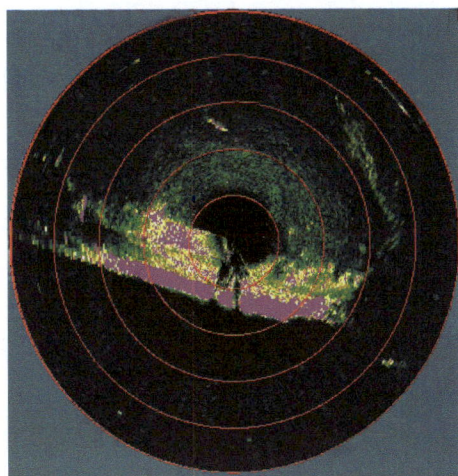
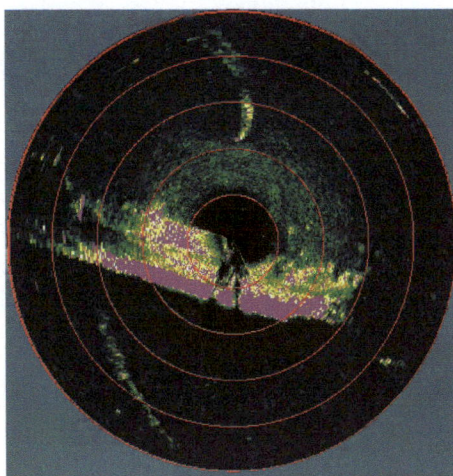

(c) 小艇和波浪　　　　　　　　　　　　(d) 海鱼和波浪

图 6-10　部分声呐图像（续）

表 6-1　部分声呐实验数据

序号	对象	Average-scale	Velocity	Shape	Direction	Included angle	蛙人	位置
1	蛙人	200	3.6	764	12°	0°	1	(255,136)
	小艇	150	8	850	9°	0°		
	海鱼	180	6.2	303	45°	0°		
	波浪	166	5.4	1584	7°	90°		
2	蛙人	212	3.4	739	8°	0°	1	(243,141)
	小艇	148	8.2	766	4°	0°		
	海鱼	141	3.4	341	32°	0°		
	波浪	152	4.2	1463	6°	90°		
3	蛙人	—	—	—	—	—	0	—
	小艇	155	8.1	769	8°	0°		
	海鱼	—	—	—	—	—		
	波浪	169	4.8	1947	4°	90°		
4	蛙人	—	—	—	—	—	0	—
	小艇	—	—	—	—	—		
	海鱼	179	5.8	306	38°	0°		
	波浪	161	4.3	2042	9°	90°		

1. SVM 训练与测试

从采集到的 600 幅声呐图像样本中选取 400 幅作为训练样本，其中 200 幅含蛙人，200 幅不含蛙人；剩余 200 幅图像作为测试样本，其中 128 幅含蛙人，72 幅不含蛙人。利用这些样本中目标物的对比度、方向度、速度、形状、目标方向与运动方向的夹角及样本所属类型训练 SVM。SVM 的学习过程依赖核函数，但是如何选取一个最优的核函数至今没有一个明确的准则，只能视具体情况选择不同的核函数。经过反复实验比较，本书选取高斯径向核函数，并设惩罚因子为 0.05，误差为 0.001，$\sigma = 1$。然后利用 SMO 训练算法求解使式（6-50）取最大值时的各参数值。其中高斯径向核函数如式（6-52）所示。

$$K(x_i, x_j) = \exp(-\parallel x_i - x_j \parallel^2 / \sigma^2) \tag{6-52}$$

在多次训练的过程中，发现如果将 200 幅含蛙人和 200 幅不含蛙人的图像样本分别输入网络中，训练误差会非常大，必须将不同属性的训练样本相互交错输入网络中，才能提高网络的可靠性。依照此原则对网络进行训练后，再将余下的 200 幅图像样本作为输入对已训练好的样本进行测试。对网络输出结果进行统计后，发现有 11 个样本发生错判，其中 10 个将干扰物误判为蛙人目标，1 个没能跟踪出蛙人。SVM 网络训练和测试结果如表 6-2 所示。

表 6-2　SVM 网络训练和测试结果

类别	样本数/个	所需时间/s	误判数量/个	准确率/%
训练	400	5	0	100
测试	200	3	11	94.5

2. 实验结果分析

从表 6-2 可以看出，SVM 在训练样本较少的情况下达到了非常高的跟踪准确率，并且网络训练时间很短，具备一定的工程应用可行性。但是 SVM 对训练样本的选取和输入排序规则要求较高，需要交替输入不同属性的训练样本才能达到很好的训练效果。

采用 SVM 方法，在声呐图像的 5 个特征参数基础上进行分类跟踪，实现了在多干扰物情况下对蛙人小目标的检测与跟踪。相比传统的目标跟踪方法，SVM 方法的分类效果更好，分类准确度得到了很大的提高，从实验效果来看达到了94.5%，具备很高的可靠性，为后续研究打下了良好的基础。由于 SVM 分类器在训练过程中计算复杂，对输入数据的要求较高，因此下一步需要重点研究 SVM 分类器在不同海况下的声呐图像跟踪中的应用，以此提高目标跟踪的鲁棒性。

6.5 基于声呐序列图像的水下小目标检测算法

基于声呐序列图像的水下小目标检测算法主要流程包括屏蔽背景噪声区、图像预处理、目标检测、图像腐蚀、目标反馈。其中，屏蔽背景噪声区用于去除背景噪声和设置重点监视区域；图像预处理主要用于去除孤立热噪声和混响噪声；目标检测采用基于图像二值化和区域生长法的自适应双帧差法，根据目标特征进行检测；图像腐蚀采用多种腐蚀模式进一步抑制噪声；目标反馈通过虚警率和警戒区对算法阈值进行自适应调整。

6.5.1 屏蔽背景噪声区

这里的背景噪声区是指由近岸防波堤、浮标及成像声呐平台在图像上形成的噪声区。与普通光学图像不一样的是，这种背景噪声并不是完全固定的，它会受海水起伏、声波照射角度变化和水流等因素的影响而在声呐图像上发生一定距离的随机位移。虽然变化程度不大，且在固定的范围内，但由于数量较多，对于移动目标的检测还是会带来一些干扰。考虑到这些物体的特殊性——深度浅、离岸近，入侵小目标不可能直接出现在这些区域，因此可以屏蔽掉这种背景噪声区，以提高算法运算的实时性和针对性。此外，如要提高警戒等级、扩大算法检测区，也可以随时取消屏蔽操作。

操作人员根据实际需求通过人机交互界面标定背景噪声区，在图像中圈出一个多边形。在进入滤波去噪阶段前，还需判断任意一个像素点 P 是否位于多边形里面。目前常用的判别方法主要有面积判别法、叉乘判别法、角度判别法和水平/垂直交叉点数判别法。前两种方法只适用于凸多边形，后两种方法可以适用于任意多边形，但角度判别法的计算量较大，因此本书采用水平/垂直交叉点数判别法。其基本原理为：从任意点 P 作水平向左的射线，如果点 P 在多边形内，则该条射线与标定多边形的交点为奇数；如果点 P 在多边形外，则交点个数必为偶数（包括 0）。所以，只需计算该射线与多边形每条边的交点个数，并求出总数，就可确定该点的属性。但也有特殊情况需要考虑，设多边形的一条边 (a,b)，如图 6-11 所示。

（1）如果射线正好穿多边形的任何一个顶

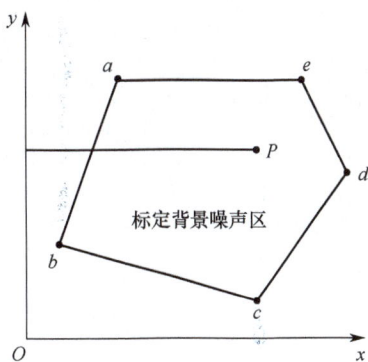

图 6-11 标定背景噪声区示意

点，如点 a 和点 b，因为顶点分别属于两条边，所以这个顶点会被计算两次。处理方法为，如果 P 的纵坐标与点 a 和点 b 中较小的纵坐标相同，则交点计数减 1。

（2）如果任意一条边是水平的，即平行于 X 轴，那么射线要么与其无交点，要么有无数个，则此边不参与计算。

（3）判断点 P 是否在任意一条边 (a,b) 上面，如果在，则可直接判定 P 在多边形内。

算法步骤如下：

步骤 1：已知点 $f(x,y)$，多边形 polygon(a,b,c,d,e) 和各边 edge(i)，$i=ab,bc,cd,de,ea$。

步骤 2：以 $f(x,y)$ 为起点，向左作平行于 X 轴的射线 line$(x,y;-\infty,y)$。

步骤 3：对多边形的每条边 edge(i)，进行步骤 4～步骤 6 的判断，直到遍历所有边，然后进入步骤 7。

步骤 4：判断 edge(i) 是否平行于 X 轴，如果是，则回到步骤 3，判断下一条边，否则进入下一步。

步骤 5：判断点 $f(x,y)$ 是否在 edge(i) 上，如果是，则判定点 $f(x,y)$ 在多边形内，否则进入下一步。

步骤 6：判断射线 line$(x,y;-\infty,y)$ 与 edge(i) 是否有交点，如果有，则交点计数 count 加 1，然后回到步骤 3，否则直接回到步骤 3。

步骤 7：此时已遍历多边形的所有边，计算交点总数 count，如果 count 为奇数，则判断点 $f(x,y)$ 在多边形内；如果 count 为偶数，则判断点 $f(x,y)$ 在多边形外。

图 6-12 中红色实线部分就是人工标定的"屏蔽背景噪声区"。为了减轻系统计算负担，算法设置了一个 $m\times n$ 的布尔类型的存储矩阵 G，m,n 分别表示图像的长和宽。存储矩阵中的每个元素 $G(i,j)$ 对应图像中的每个像素点(i,j)，当存储矩阵中的元素 $G(i,j)$ 属性为 FALSE 时，表示像素点(i,j)在屏蔽区内，已经被屏蔽掉；当存储矩阵中的元素 $G(i,j)$ 为 TRUE 时，表示像素点(i,j)在屏蔽区外，需要进入算法后续部分。存储矩阵的设置实现了只需在创建或更

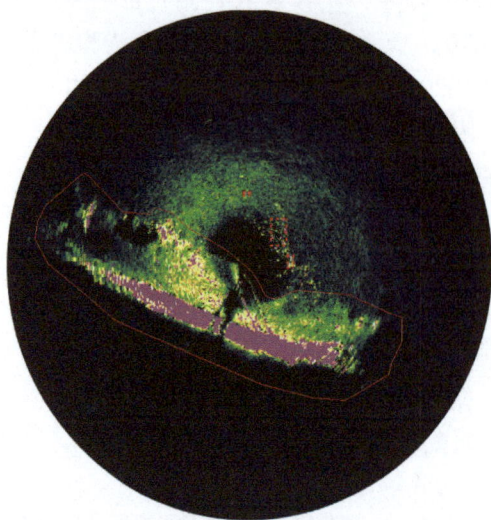

图 6-12 "屏蔽背景噪声区"的显示

148

改"屏蔽背景噪声区"时，计算一次像素点是否位于屏蔽区内，并将像素点属性存储在矩阵 G 内，以后每次判断像素点是否位于屏蔽区内只需访问存储矩阵即可，大大减少了系统计算成本。

6.5.2 滤波去噪

在数字图像预处理中，均值滤波的计算速度要稍快于中值滤波，但是均值滤波会在消除噪声的同时平滑掉目标的边缘信息，降低灰度值。这种影响在目标成像面积较大时不严重，但在处理水下中小目标时就会严重降低后续算法的可靠性。相较而言，中值滤波能够在保留目标形状和灰度值信息的同时，消除孤立噪声。另外，由于前面已经采取了屏蔽背景噪声区操作，大大减轻了计算负担，因此采用中值滤波不会影响算法的实时性。与此同时，考虑到图像中的水下小目标相比噪声有更高的强度，算法对中值滤波采取两个方面的改进。

一是按式（6-53），当某像素点的 N 邻域按由大到小排序后的第 k 个灰度值大于阈值 T 时，保持该像素点的灰度值不变，否则取中间值替代当前像素灰度值，要求 $k < (N+2)/2$。

$$f(x,y) = \begin{cases} f'_{(N+2)/2}(x,y), & f'_k(x,y) < T \text{ 且 } N \text{ 为偶数} \\ f(x,y), & f'_k(x,y) \geq T \end{cases} \tag{6-53}$$

式中，$f'_i(x,y)$ 是像素点 (x,y) 的 N 邻域按由大到小排序后的第 i 个灰度值，$i=1$，$2,\cdots,k,\cdots,N+1$，N 一般为偶数，取 4 或 8。$f'_1(x,y) \geq f'_2(x,y) \geq \cdots \geq f'_k(x,y) \geq \cdots \geq f'_{N+1}(x,y)$，$k < (N+2)/2$。

二是生成警戒区，在警戒区内使用更小的模板或调整 k 值和阈值 T 来进行中值滤波，其详细信息会在后面章节说明。

6.5.3 消除"双影"和"空洞"现象的双帧差检测

帧间差分法是声呐图像目标检测中最常用的一种方法，简单快速，但缺点也很明显，容易存在"双影"和"空洞"现象。本书利用当前图像的"与"操作消除"双影"，利用区域生长法解决"空洞"问题，得到较完整的目标图像。

1. 双帧差法

帧间差分法利用相邻两帧的差值，得到运动区域轮廓。设在时刻 $t+1$ 和 t 采集到的相邻两帧图像分别为 $f(x,y,t+1)$ 和 $f(x,y,t)$。经过差分处理后得到的差分图像 $d(x,y,\Delta t)$ 为：

$$d(x,y,\Delta t) = |f(x,y,t+1) - f(x,y,t)| \tag{6-54}$$

然后选择阈值 T_f 对差分图像进行二值化得到 $d_f(x,y,\Delta t)$，以差值大于 T_f 为前景，得到运动目标轮廓，小于 T_f 为背景。这里为了后期处理的需要，保留前景像素点的灰度值不变：

$$d_f(x,y,\Delta t) = \begin{cases} f(x,y), d(x,y,\Delta t) \geqslant T_f \\ 0, d(x,y,\Delta t) < T_f \end{cases} \qquad (6\text{-}55)$$

2. 消除"双影"

操作后，图像中容易出现"双影"现象，本书利用当前帧的二值化图像实现消除差分后的"双影"问题。其基本思想如下：设 A、B 分别表示 t 与 $t+1$ 时刻目标在图像平面中所在的位置，如图 6-13（a）、图 6-13（b）所示；双帧差的结果为 $|A-B|$，如图 6-13（c）所示，存在明显的"双影"现象。针对这种情况，首先选择阈值 T_b 对当前帧进行二值化，大于 T_b 的像素为前景，并置为"1"；小于 T_b 的像素为背景，并置为"0"。然后将当前帧的二值化图像与差分结果进行"与"运算，相当于求取连续两帧中都认可是前景的公共区域。从 t 到 $t+1$ 时刻，目标从 A 运动到 B，此时目标原来所遮挡的背景区域重新显露出来，即区域 A 与区域 B 未重叠的部分在 $t+1$ 时刻呈现为背景，这样进行"与"运算就可以得到区域 B，从而成功消除"双影"问题。图 6-14 给出了消除"双影"现象的操作流程。

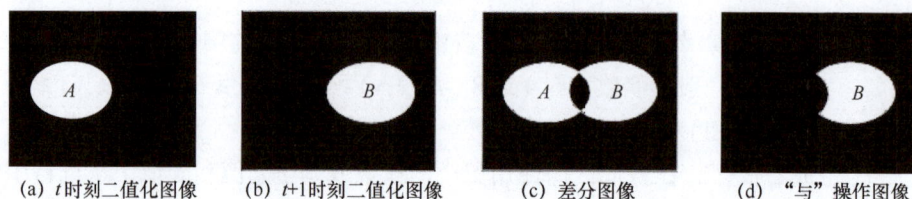

(a) t 时刻二值化图像　　(b) $t+1$ 时刻二值化图像　　(c) 差分图像　　(d) "与"操作图像

图 6-13　利用帧差图像和二值化图像消除"双影"的原理示意

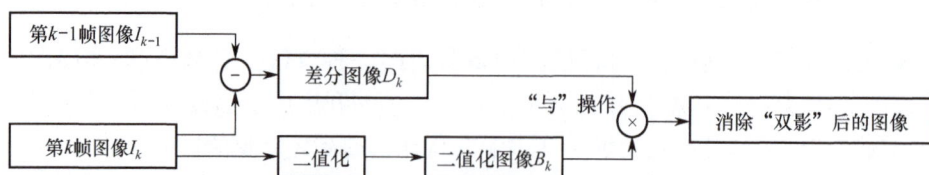

图 6-14　利用帧差图像和二值化图像消除"双影"的操作流程

3. 区域生长法

本书采用八邻域区域生长算法，判断像素点是否属于区域的评价标准是：像素点的灰度值是否落在指定的阈值区间，即

$$f(x,y) \in \left[\max_{f(x,y)} \Phi - \Delta, \max_{f(x,y)} \Phi \right]$$

式中，$f(x,y)$ 表示坐标为 (x,y) 的像素点的灰度值；$\max_{f(x,y)} \Phi$ 表示图像中最大的灰度值；Δ 为一经验值，视 $\max_{f(x,y)} \Phi$ 的情况而定。

区域生长法受种子点选取的影响较大。在区域生长过程中，采用目标区域的重心代替目标中心作为种子，可以提高种子点的抗干扰能力，即

$$\begin{cases} x = \sum_{\Phi} x_i f(x_i,y_i) \Big/ \sum_{\Phi} f(x,y) \\ y = \sum_{\Phi} y_i f(x_i,y_i) \Big/ \sum_{\Phi} f(x,y) \end{cases} \tag{6-56}$$

式中，Φ 表示由前面目标检测阶段所获得的目标区域。

6.5.4 图像弱化腐蚀

消除了"双影"和"空洞"问题，帧间差分后的图像中除了潜在的运动目标，还存在因图像自身的微小变化而产生的干扰点。这些干扰点可以通过腐蚀等手段消除，但是传统的行腐蚀和列腐蚀效果太强，不利于保护小目标，因此算法采用弱腐蚀方式。

弱腐蚀算法可描述为：对于差分后每个非背景像素点 A，φ_A 为 A 的邻域，f_i 为 φ_A 内某像素点的灰度值。

$$S_A = \begin{cases} S_A, & \sum_{i \in \varphi_A} n_{S_i ! = S_{\text{background}}} \geqslant N_{\text{thres}} \\ S_{\text{background}}, & \sum_{i \in \varphi_A} n_{S_i ! = S_{\text{background}}} < N_{\text{thres}} \end{cases} \tag{6-57}$$

差分后邻域内非背景点的数目大于阈值 N_{thres}，则像素点灰度值不变，否则置为背景值。φ_A 可取四邻域或八邻域，N_{thres} 一般小于或等于 3。四邻域弱腐蚀过程如图 6-15 所示（$N_{\text{thres}}=3$）。

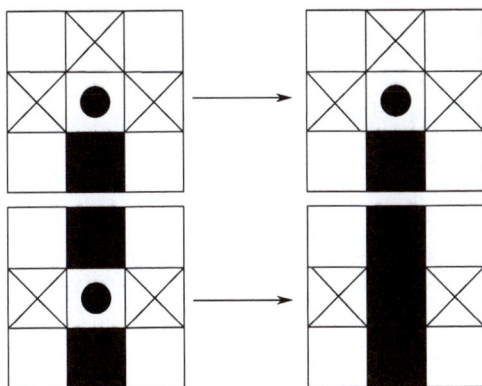

图 6-15 四邻域弱腐蚀过程

6.5.5　生成警戒区

初步检测到目标后，为了提高算法的有效性，只需在目标最有可能出现的区域采取针对性措施即可，这个区域称为警戒区，其依据是目标在时域和空域上的连续性和移动速度上的有限性。

如果已知目标的速度为 $\boldsymbol{v}$，第 i 帧所在的位置为 S_i，若目标做匀速直线运动，则目标在第 $i+1$ 帧中的位置为：

$$S_{i+1} = S_i + \boldsymbol{v} \times \Delta t_{i+1} \tag{6-58}$$

式中，Δt_{i+1} 为第 $i+1$ 帧和第 i 帧之间的时间间隔。因此第 i 帧速度 $\vec{v}_i$ 可以通过本帧和上一帧中目标的位置得到：

$$\vec{v}_i = \frac{S_i - S_{i-1}}{\Delta t_i} \tag{6-59}$$

如果帧间间隔是固定的，即 $\Delta t_{i+1} = \Delta t_i$，则：

$$S_{i+1} = S_i + \vec{v}_i \times \Delta t_{i+1} = S_i + \frac{S_i - S_{i-1}}{\Delta t_i} \times \Delta t_{i+1} = S_i + (S_i - S_{i-1}) \tag{6-60}$$

当帧间间隔不相等时，$\Delta t_{i+1} \neq \Delta t_i$，则：

$$S_{i+1} = S_i + \vec{v}_i \times \Delta t_{i+1} = S_i + \frac{S_i - S_{i-1}}{\Delta t_i} \times \Delta t_{i+1} \tag{6-61}$$

设 v' 为目标运动的真实速率，v 为第 i 帧的估计速率，方向可取 $0° \sim 360°$ 的任意值，Δv 为两者之差，Δt_{i+1} 为第 $i+1$ 帧和第 i 帧之间的时间间隔：

$$v' = v_i + \Delta v \tag{6-62}$$

$$S_{i+1} = S_i + v' \times \Delta t_{i+1} \tag{6-63}$$

引入目标运动的最大速率 $v_{\max}$，则：

$$\Delta v < v_{\max} - v_i \tag{6-64}$$

设 S'_{i+1} 为目标在第 $i+1$ 帧中的真实位置，则：

$$
\begin{aligned}
S'_{i+1} &= S_i + v' \times \Delta t_{i+1} \\
&= S_i + (v_i + \Delta v) \times \Delta t_{i+1} \\
&= S_i + v_i \times \Delta t_{i+1} + \Delta v \times \Delta t_{i+1} \\
&\leqslant S_i + v_i \times \Delta t_{i+1} + (v_{\max} - v_i) \times \Delta t_{i+1} \\
&= S_i + v_{\max} \times \Delta t_{i+1}
\end{aligned} \tag{6-65}
$$

因此，目标在第 $i+1$ 帧中可能出现的位置就是以目标在第 i 帧中的位置为圆心、以 $v_{\max} \times \Delta t_{i+1}$ 为半径的一个圆形区域。

6.5.6　实验研究

为了验证本节算法的有效性，对像素为 512×512 的伪彩色图像数据进行了测试。图像数据获取环境为：入侵目标是着闭式潜水衣的蛙人，潜水深度为 15m 左右（上下浮动各 1m），3 级海况，天晴无雨。从原始图像图 6-16 可以看出，由防波堤等水下固定物体在图像上造成的混响杂波非常严重，是大面积红色和黄色区域，可采用屏蔽背景噪声区的方式处理这一部分影响。数据采样间隔 $t = 1\text{s}$，在中值滤波处理时取 $N = 8$ 邻域，中值位置 $k = 4$，阈值 $T = 120$，入侵目标平均速度 $v = 3.5\text{m/s}$。共取 3 组实测数据进行测试，第一组只取连续两帧图像，目标处于正北方向，如图 6-17 所示；第二组取连续四帧图像，如图 6-18 所示，目标从正北方向向声呐中心点方向移动；第三组取连续四帧图像，目标由中心向外运动，如图 6-18 所示。

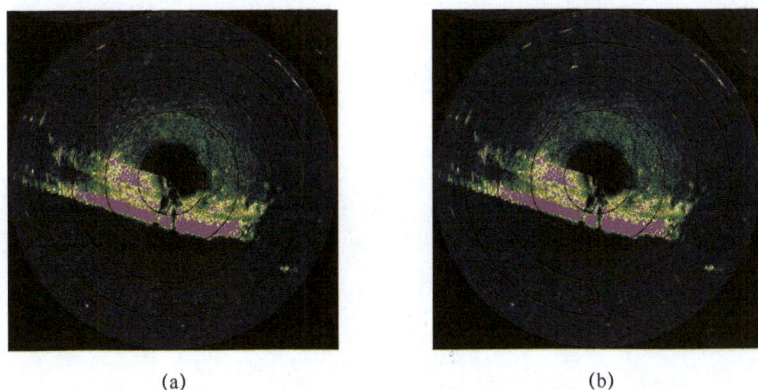

(a)　　　　　　　　　　　　　(b)

图 6-16　连续两帧声呐伪彩色图像

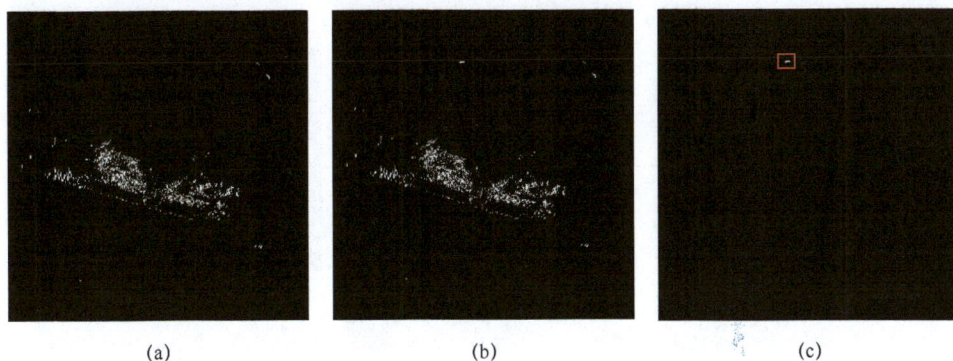

(a)　　　　　　　　(b)　　　　　　　　(c)

图 6-17　检测到入侵目标的图像

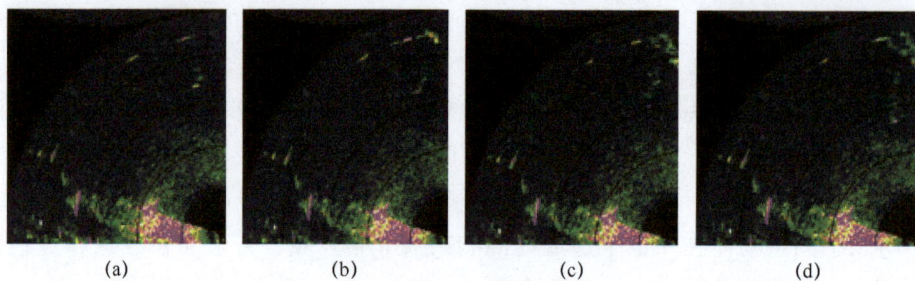

图 6-18　连续四帧声呐伪彩色图像

图 6-17 为第一组数据的测试结果，其中图 6-17（a）、图 6-17（b）为图 6-16 的灰度图，可以看出被屏蔽掉的背景噪声区在图像中没有变化，图 6-17（c）则是检测到目标的图像，白色框中的物体即入侵小目标。图 6-19 为第二组数据的测试结果，为了看清小目标，只取图像的 1/4 画面。在图 6-19 中，黄色带有编号的物体就是检测到的入侵目标，由于连续提取了四帧图像，可以形成一小段目标运动轨迹。在图 6-20 中，入侵目标离背景噪声区很近，几乎被噪声包围，而且红色虚线框中的浪花与目标形态极为相似，但是本书算法依旧能够检测出运动的入侵目标，并形成稳定的轨迹。

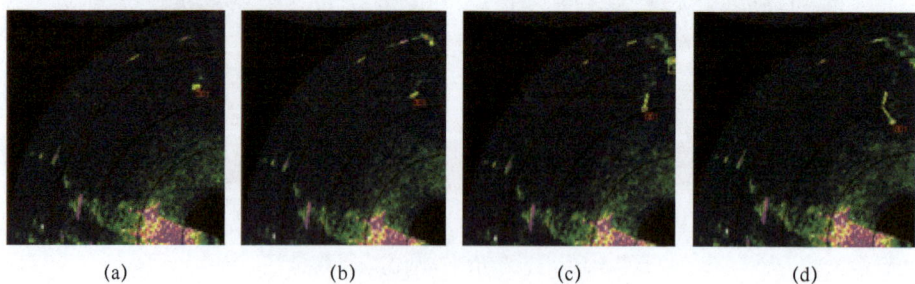

图 6-19　检测到入侵目标的图像

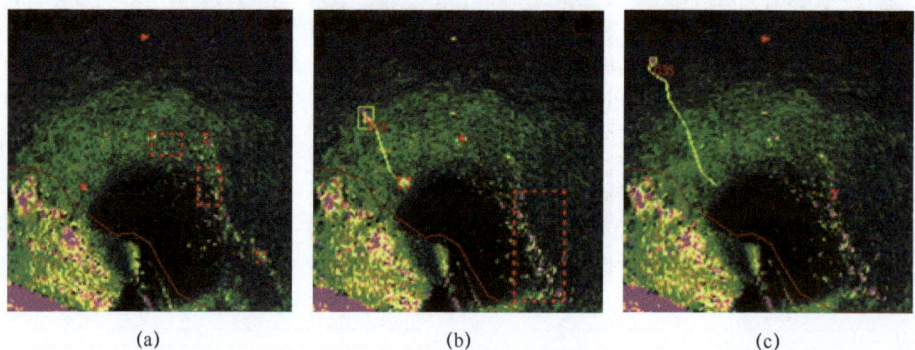

图 6-20　检测到入侵目标的图像

6.6　基于全局最近邻数据关联的水下动目标跟踪算法

本节利用目标在形状和运动上的连续性，研究基于全局最近邻数据关联的水下动目标跟踪跟踪算法，在进行跟踪的同时实现对多目标的跟踪。算法首先划分图像混响区域边界，确定目标起始航迹，然后用高斯模型对目标面积的变化建模，并以此作为约束条件，构建候选点迹与航迹的距离矩阵和代价函数，再采用扩展 Munkres 方法求解候选点迹与航迹关联的全局最优解，实现对多个目标的跟踪，并通过引入航迹"运动方向"的思想消除混响区虚假航迹的影响。

算法具体流程包括目标参数计算、目标分类、目标跟踪、波浪跟踪、目标和航迹管理。目标参数计算主要包括计算目标区域的中心位置、灰度均值、目标尺寸等。目标分类根据目标特性将检测到的目标分为三类，并采用不同的方式进行处理。目标跟踪采用基于面积约束的全局域最近邻数据关联法，根据目标特征对多个目标进行跟踪。波浪跟踪主要是对目标尾流和波浪加以区分。目标和航迹管理主要是维护管理目标、航迹的相关信息。

具体方法如下。

步骤 1：计算目标参数，其中包括目标的平均灰度值、尺寸、中心位置。

步骤 2：将目标的警戒等级分为三类：确认目标、警戒目标和排除目标，对不同类型的目标采用不同的处理方式。

步骤 3：利用目标在外形和空间上的近似性，以面积为约束，采用全局域最近邻数据关联法实现对目标的跟踪。

步骤 4：利用运动方向与目标方向的夹角分辨波浪和目标尾流。

步骤 5：利用目标表和航迹表管理、维护所检录到的目标和航迹的相关信息。

6.6.1　目标参数计算

目标参数计算有两个作用，一是更全面、准确地描述目标，二是通过从源图中提取全面的目标信息，可以将相同的目标加以排除，有利于后期态势的判别。

算法将目标的警戒等级分为三类：确认目标、警戒目标和排除目标。对于强度值非常大、尺寸较大的目标直接定为确认目标；对于强度值较大、尺寸合适的目标定为警戒目标；对于强度值较小、尺寸较小的目标则定为排除目标。然而在距离声呐布放点较近的区域回波较强，从而使得这个区域内的噪声也被放大。因此，对于这个区域，必须提高相应的阈值，或者说降低其对应的警戒等级。

目标参数计算中一个最主要的参数就是目标区域的中心位置，由于目标整体的灰度值并不一定是相等的，而强度较高的部位更接近真实目标所在位置，因此本章采用重心法计算目标中心位置。

$$
\begin{cases}
x = \sum_{\Phi} x_i f(x_i, y_i) \Big/ \sum_{\Phi} f(x, y) \\
y = \sum_{\Phi} y_i f(x_i, y_i) \Big/ \sum_{\Phi} f(x, y)
\end{cases}
\tag{6-66}
$$

式中，Φ 表示由前面目标检测阶段所获得的目标区域；$f(x, y)$ 表示 Φ 区域中任意像素点的灰度值。

6.6.2 基于面积约束的全局域最近邻数据关联

1. 求解混响区域的边界

如图 6-21 所示，在离声呐布放点近的混响区域经常会有强度较高的热噪声出现，由于和真实目标非常相似，容易引发虚警，因此有必要确定混响区域的边界。

对每个像素点 $p_{i,j}$，采用式（6-67）计算其到中心点（width/2，height/2）的距离 $\mathrm{Dist}(p_{i,j})$：

$$
\mathrm{Dist}(p_{i,j}) = \sqrt{(i - \mathrm{width}/2)^2 + (j - \mathrm{height}/2)^2}
\tag{6-67}
$$

因此，对于任何一个像素点 p，该点到中心点的距离 $\mathrm{Dist}(p)$ 的取值范围为：

$$
\mathrm{Dist}(p) \in \left(0, \sqrt{(\mathrm{width}/2)^2 + (\mathrm{height}/2)^2}\right)
\tag{6-68}
$$

将 $\mathrm{Dist}(p)$ 的取值范围分成 n 等份。n 的值可以根据需要选取，n 越大，计算量越大，精度也越高。设 $\mathrm{Dist}_{\max} = \sqrt{(\mathrm{width}/2)^2 + (\mathrm{height}/2)^2}$，即各取值区间为 $[\mathrm{Dist}_{\max} * k/n, \mathrm{Dist}_{\max} * (k+1)/n)$，其中 $k = 0, 1, 2, \cdots, n-1$。$\mathrm{Dist}(p)$ 对应量化后

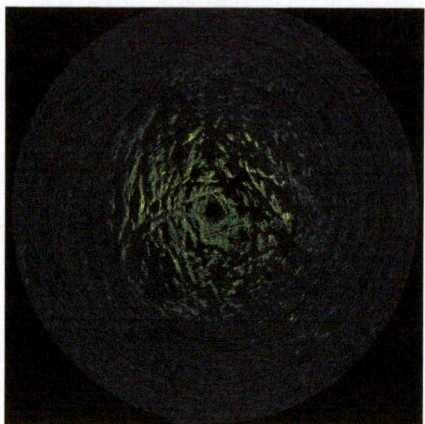

图 6-21 声呐图像

的值 $d(p_{i,j}) = k$。这样，每个像素点 $p_{i,j}$ 都对应两个值：灰度值 $f(p_{i,j})$ 和 $d(p_{i,j})$。以 $d(p_{i,j})$ 为直方图的横坐标生成直方图 H_t，这里直方图 H_t 的横坐标取 $t = 0, 1, 2, \cdots, n-1$。直方图中对应 t 的纵坐标取值如式（6-69）所示：

$$
H_t = \sum_{i,j} f(p_{i,j}) \delta[d(p_{i,j}) - t]
\tag{6-69}
$$

式中，

$$
\delta[k - t] = \begin{cases} 0, & k \neq t \\ 1, & k = t \end{cases}
\tag{6-70}
$$

则混响区域的边界为：

$$R = \mathrm{argmax}(|\boldsymbol{H}_t - \boldsymbol{H}_{t-1}|), \quad t = 0,1,2,\cdots,n-1 \qquad (6\text{-}71)$$

然后，将小于 R 的部分定义为混响区域，其余部分定义为非混响区域。

2. 航迹起始

由于真正的入侵者必然从声呐非混响区域向声呐混响区域运动，所以可做如下假设。

假设：如果区域 A 是声呐的混响区域，区域 B 是声呐的非混响区域，记 $L{:}A{\rightarrow}B$ 表示航迹 L 对应的目标从 A 向 B 运动，则航迹 L 为真实航迹的必要条件是 $L{:}B{\rightarrow}A$ 或 $L{:}B{\rightarrow}B$，否则为虚假航迹。

根据假设，算法为每条航迹引入一个"运动方向"属性。当某条航迹的所有点迹中即使有一个点迹不在半径为 R 的区域内，其"运动方向"属性设为 TRUE；否则设为 FALSE。

3. 全局域最近邻数据关联

由于传统的全局域最近邻算法主要针对点目标，缺乏对目标其他信息的考察，因此算法采用面积约束条件下的最近邻域法。

该方法的关联准则表述如下：设 $\{Z_1, Z_2, \cdots, Z_N\}$ 是高分辨率成像声呐在本帧录取到的 N 个目标，$\{L_1, L_2, \cdots, L_M\}$ 是成像声呐之前获得的 M 条航迹，对于每条航迹，分别有 $\{n_1, n_2, \cdots, n_M\}$ 个点迹同时位于它的波门内，其中 $n_1 + n_2 + \cdots + n_M = N$。只有当 $n_1 = n_2 = \cdots = n_M = 1$ 时，即每条航迹的波门内只有 1 个点迹，该点迹才与该航迹相关；否则存在 $n_1 \times n_2 \times \cdots \times n_M$ 种可能的组合。

设 $T_k = (Z'_1, Z'_2, \cdots, Z'_i, \cdots, Z'_M)$ 代表一组可能的关联组合，Z'_i 表示与第 i 条航迹相关的目标，$d_{Z'_i S_i}$ 表示 Z'_i 与第 i 条航迹 L_i 的距离，定义代价函数 $C(T_k)$ 为：

$$C(T_k) = \sum_{i=1}^{M} d_{Z'_i S_i} \qquad (6\text{-}72)$$

即代价函数为关联组合中所有点迹与其对应航迹的距离之和。

以面积作为点迹和航迹相关的另一个参考量，设 $\{S_1, S_2, \cdots, S_M\}$ 是 M 条航迹对应的面积，$\{S_{Z_1}, S_{Z_2}, \cdots, S_{Z_N}\}$ 表示本帧录取的 N 个目标对应的面积，一个点迹与某条航迹相关联，要求该点迹必须在面积上与该航迹具有一定的相似度。定义 $[\lambda_{s,\mathrm{low}}, \lambda_{s,\mathrm{high}}]$ 为面积相似度区间，Z'_i 必须满足 $S_{Z'_i} \in [\lambda_{s,\mathrm{low}} S_i, \lambda_{s,\mathrm{high}} S_i]$。因此关联准则可以表示为在 $S_{Z'_i} \in [\lambda_{s,\mathrm{low}} S_i, \lambda_{s,\mathrm{high}} S_i]$ 的约束下，最小化 $C(T_k)$。

这样，基于面积约束的全局域最近法的数学描述可表示为：

$$\min \sum_{i=1}^{n} \sum_{j=1}^{m} c_{ij} \xi_{ij} \qquad (6\text{-}73)$$

其中

$$\begin{cases} \sum_{i=1}^{n} c_{ij} = 1, & i = 1,2,\cdots,n \\ \sum_{j=1}^{n} \xi_{ij} = 1, & j = 1,2,\cdots,m \end{cases} \tag{6-74}$$

$$c_{ij} = \begin{cases} d_{ij}^2, & \text{若观测点 } j \text{ 在航迹 } i \text{ 门限内,且 } S_j \in [\lambda_{\text{low}}S_i, \lambda_{\text{high}}S_i] \\ \text{DisMax}, & \text{其他} \end{cases} \tag{6-75}$$

$$\xi_{ij} = \begin{cases} 1, & \text{将观测点 } j \text{ 分配给航迹 } i \\ 0, & \text{其他} \end{cases} \tag{6-76}$$

DisMax 为事先设定的一个较大的值。

4. 算法步骤

步骤1：计算每个点迹和所有航迹之间的距离 $d_{Z_iS_j}$，定义距离矩阵 $\mathbf{DM} = (d_{Z_iS_j})_{N \cdot M}$ $(i = 1,2,\cdots,N; j = 1,2,\cdots,M)$。

步骤2：设置距离门限 DT，计算每个点迹面积 S_{Z_i} 和所有航迹的面积 S_j 之间的比值 λ。若 $\lambda \notin [\lambda_{s,\text{low}}, \lambda_{s,\text{high}}]$，则将 $d_{Z_iS_j}$ 置为 DT $+\Delta$，$\Delta > 0$。

步骤3：如果点迹 i 和航迹 j 之间的距离大于 DT，就判定两者不相关，并将 $\mathbf{DM}$ 中的 $d_{i,j}$ 置为 DT $+\Delta$。

步骤4：在 $\mathbf{DM}$ 中寻找最小元素 $d_{\min} = \min\limits_{i=1,2,\cdots,N; j=1,2,\cdots,M}(d_{i,j})$ 及其对应的行号 i' 和列号 j'，如果 $d_{\min} \leqslant$ DT，就判定目标 i' 与航迹 j' 相关，即目标 i' 是航迹 j' 的最新更新，如果 $d_{\min} >$ DT，就结束算法。

步骤5：将 $d_{i,j}$ 置为 DT $+\Delta$，回到步骤4。

5. 面积更新

在点迹与航迹关联完毕后，需要更新相应航迹的面积参数。

对于单个目标，其面积的分布满足高斯分布，即目标面积模型 S 满足：

$$S \sim N(u,d) \tag{6-77}$$

更新的表达式如下：

$$\begin{cases} \mu_{t+1} = \alpha\mu_t + (1-\alpha)S_{t+1} \\ \sigma_{t+1}^2 = \alpha\sigma_t^2 + (1-\alpha)(\mu_{t+1} - S_{t+1})^2 \end{cases} \tag{6-78}$$

式中，σ_t^2，μ_t 分别为第 t 时刻面积模型的方差和均值；S_{t+1} 为第 $t+1$ 时刻目标的面积；α 为更新速率，$\alpha \in [0,1]$。

6. 实验研究

为验证本节算法的有效性，进行了多次测试。实验1是蛙人从声呐中心下水向声呐外沿运动，图 6-22 中东北方向有一小群浪花朝声呐中心处运动，这些浪花与蛙人目标很相似，会对跟踪过程造成干扰。图 6-22（a）～图 6-22（f）为算法进行检测后的结果，图 6-22（a）中蛙人目标和浪花一起被跟踪为待确认目标（红色虚线框），图 6-22（b）～图 6－22（f）中蛙人目标被跟踪为确认目标（黄色实线框）。实验 2 主要用于验证算法跟踪多目标的能力，图 6-23（a）～图 6-23（f）为算法进行跟踪后的图像。

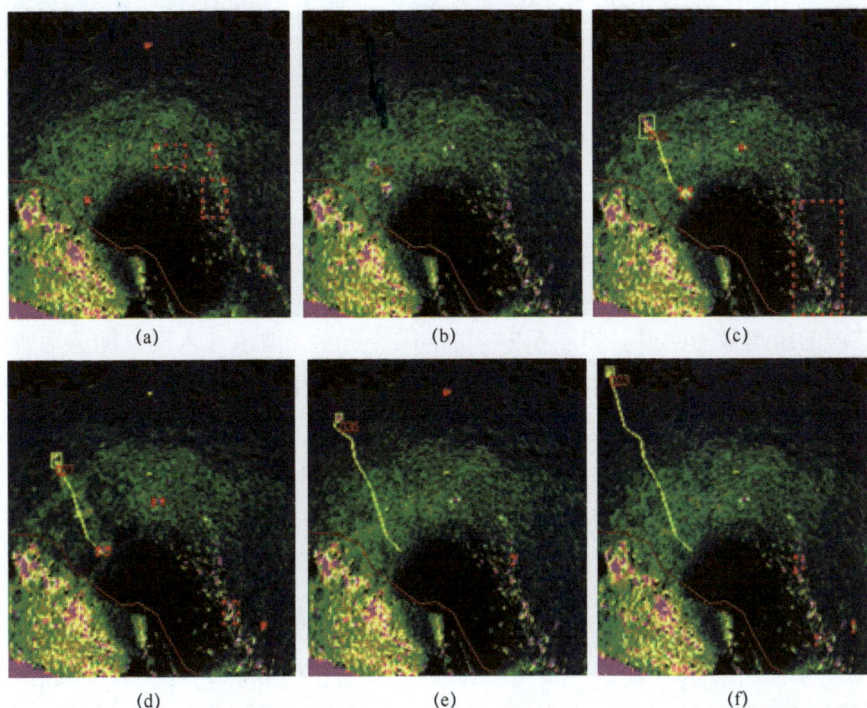

(a)　　　　　　　　(b)　　　　　　　　(c)

(d)　　　　　　　　(e)　　　　　　　　(f)

图 6-22　单个目标的跟踪结果

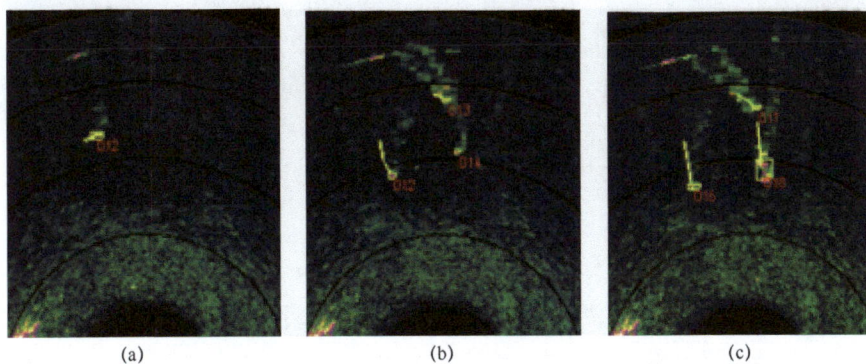

(a)　　　　　　　　(b)　　　　　　　　(c)

图 6-23　多个目标的跟踪结果

| (d) | (e) | (f) |

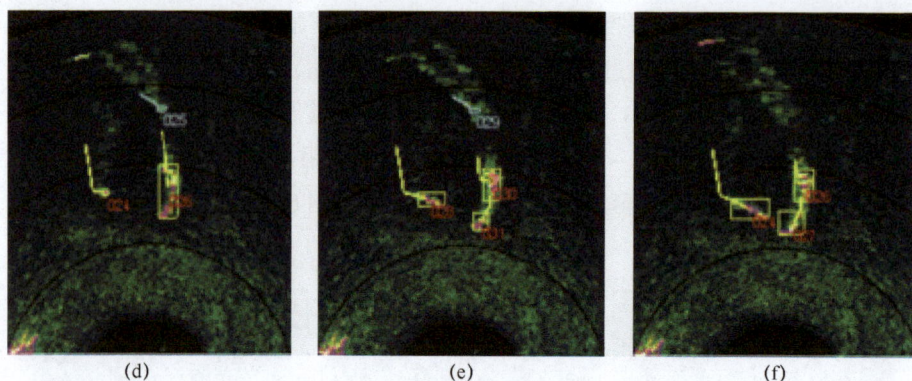

图 6-23　多个目标的跟踪结果（续）

6.6.3　波浪跟踪

虽然经过了前述处理，但是一些高强度的噪声仍然会影响目标跟踪结果，其中，波浪的影响最为明显。如图 6-24 和图 6-25 所示，波浪和入侵目标运动所形成的尾流从单帧图像上看具有很大的相似性，都具有较高的灰度级，呈狭长的条状。然而，从序列图像上来看，波浪是作为一个整体在运动，其运动方向沿波浪的法线方向，而入侵目标尾流的运动方向与其自身方向一致，如图 6-26 和图 6-27 所示。

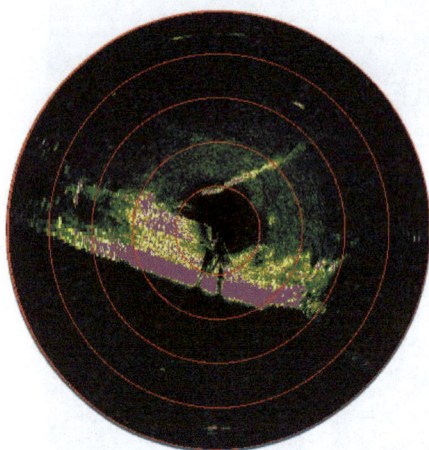

图 6-24　包含入侵目标运动尾流的图像　　　　图 6-25　包含波浪的图像

运动方向与目标方向的夹角成了分辨波浪和入侵目标尾流的关键，当夹角接近 90°时，目标是运动的波浪；当夹角接近 0°时，可以判断是入侵目标运动所产生的尾流。

160

图 6-26　波浪运动方向　　　　　　　图 6-27　入侵目标运动方向

对于判断为波浪的目标，为谨慎起见，并不直接定为"排除目标"，而是将警戒等级降低一级，由"确认目标"变为"警戒目标"（用虚线框表示），如图 6-28 所示。

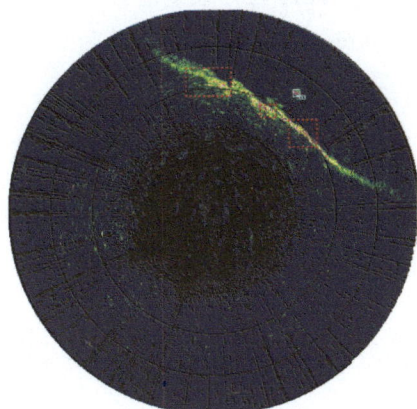

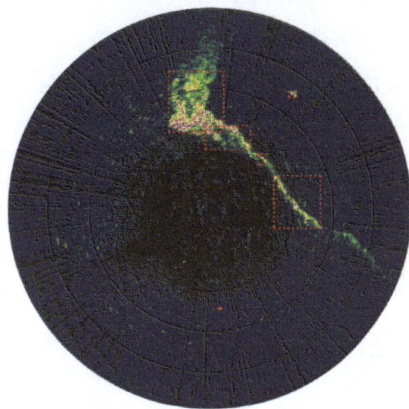

图 6-28　波浪判断的结果

6.7　小结

本章重点研究了针对声呐图像的水下小目标跟踪算法，从算法上讲，分别提出了基于卡尔曼滤波和数据关联、形态特征、支持向量机、声呐序列图像、全局最近邻数据关联的 5 种水下动目标跟踪算法，其基本研究如下。

（1）基于卡尔曼滤波和数据关联的跟踪算法较好地实现了目标的运动轨迹跟踪，相比光流算法具有实时性好的特点。但卡尔曼滤波跟踪模型中通常假设目标运动轨迹为直线，而在实际跟踪过程中，目标运动轨迹会分阶段地表现为弧形曲线，在一定程度上影响了跟踪效果。

（2）基于形态特征的水下运动小目标跟踪算法，有效利用了面积、骨架等几个形状特征。仿真结果表明该算法运算速度快、跟踪率较高，但受水声成像环境影响较大。

（3）基于支持向量机的水下动目标跟踪算法，利用支持向量机分类器在解决小样本问题方面的优势，充分分析图像的纹理特征，提取出方向度、对比度等纹理元，以及其他目标特征参数，并以此作为支持向量机的输入进行分类跟踪，实现了在多目标、多干扰复杂背景下的水下目标跟踪，但跟踪效果取决于样本数量和质量。

（4）基于声呐序列图像的水下小目标检测算法，能够在强混响噪声干扰条件下实现对小目标的稳定跟踪，具有较好的工程应用前景。

（5）利用目标在形状和运动上的连续性，提出了基于全局最近邻数据关联的水下动目标跟踪跟踪算法。该算法首先划分图像混响区域边界，确定目标起始航迹，然后用高斯模型对目标面积的变化建模，并以此作为约束条件，构建候选点迹与航迹的距离矩阵和代价函数，采用扩展 Munkres 方法求解候选点迹与航迹关联的全局最优解，实现对水下多个目标的跟踪跟踪。

参考文献

［1］冯超，贺俊吉，史立. 基于支持向量机的轿车车型识别［J］. 上海海事大学学报，2011，32（3）：85-89.

［2］何世钊，杨宣访，陈晓娟. 支持向量机与 BP 网络在火灾图像探测上的比较［J］. 智能系统学报，2011，6（4）：339-343.

［3］崔炳德. 支持向量机分类器遥感图像分类研究［J］. 计算机工程与应用，2011，47（27）：189-191.

［4］王博，罗超. 基于改进的 BP 神经网络的入侵检测研究［J］. 井冈山大学学报，2011，32（4）：66-70.

［5］龚勄，姚玉敏. 基于分水岭和改进的模糊聚类图像分割［J］. 计算机应用研究，2011，28（12）：4773-4775.

［6］Lovik A，Bakken A R. Underwater Protection System［J］. UDT，2007.

［7］易华君. 日益发展的反蛙人装备［J］. 水雷战与舰船防护，2006，4：61-65.

［8］王海龙. 协同神经网络在图像识别中的应用研究［D］. 上海：上海交通大学，2000.

［9］李岩. 海洋环境下的水下机器人视觉定位技术研究［D］. 哈尔滨：哈尔滨工程大学，2003.

[10] 黄宁. 遥感图像中模式分类技术的研究 [D]. 北京：中国科学院，2001.

[11] Barshan B, Ayrulu B. Fuzzy Clustering and enumeration of target type based on sonar returns [J]. Pattern Recognition, 2004 (37)：189-199.

[12] 王炳和，相敬林. 基于神经网络方法的人体脉象识别研究 [J]. 西北工业大学学报，2002，20 (3)：454-457.

[13] Benoit Z, Edoardo B, Bjarne S. Automated Mine Classification Approach Based On AUV Maneuverability And COTS Sidescan Sonar [J]. Undersea Defence Technology Europe, 2001：100-105.

[14] 刘卓夫，桑恩方. 小波域声呐图像识别 [J]. 哈尔滨工程大学学报，2003，24 (5)：495-499.

[15] 王海龙. 协同神经网络在图像识别中的应用研究 [D]. 上海：上海交通大学，2000.

[16] 陈卫刚，戚飞虎. 一种新的协同模式识别学习算法 [J]. 上海交通大学学报，2004.

[17] 刘丹丹. 基于声纳图像多分辨率处理的目标检测与跟踪 [D]. 哈尔滨：哈尔滨工程大学，2011.

[18] Sun Y, Farooq M. A neural network-based detection thresholding scheme for active sonar signal tracking [J]. IEEE, 1997：1424-1427.

[19] Lo K W, Ferguson B G. Automatic detection and tracking of a small surface watercraft in shallow water using a high-frequency active sonar [J]. IEEE Transaction on Aerospace and Electronic Systems, 2004, 40 (4)：1377-1388.

[20] Chantler M J, Stoner J P. Automatic interpretation of sonar image sequences using temporal feature measures [J]. IEEE Journal of Oceanic Engineering, 1997, 22 (1)：47-56.

[21] Yvan P, Ioseba T R, David M L. Underwater vehicle obstacle avoidance and path planning using a multi-beam forward looking sonar [J]. IEEE Journal of Oceanic Engineering, 2001, 26 (2)：240-251.

[22] Trucco E, Petillot Y R, Ruiz I T, et al. Feature tracking in video and sonar subsea sequences with applications [J]. Computer Vision and Image Understanding, 2000 (79)：92-122.

[23] 董维科，向健勇，袁胜春. 一种红外弱小目标精跟踪方法 [J]. 激光与红外，2005，35 (3)：184-186.

[24] 熊文汇. 红外视频图像目标识别跟踪技术与C60实现 [D]. 成都：电子科技大学，2002.

[25] Lipton A, Fujiyoshi H, Patil R. Moving target classifications and tracking from real-time video [C]. In：Proc IEEE Workshop on Applications of Computer Vision, Princcton, NJ, 1998：8-14.

[26] 王萍. 水下小目标主被动声学特性及探测方法研究 [D]. 哈尔滨：哈尔滨工程大学，2009.

[27] 侯志强，韩崇昭. 视觉跟踪技术综述 [J]. 自动化学报，2006，32 (4)：603-617.

第7章

基于最小生成树的目标跟踪算法

7.1 引言

传统的多类分类问题需要多类样本来训练分类器。其不足之处在于，如果由于某种原因（如复杂性或代价）几乎无法获取多类样本，或者可以较容易地获得某一类样本，而其他类别样本的获取代价较高，造成各类样本数量分布严重不平衡，则会使分类面发生严重偏离。这种情况只能利用一类样本进行学习形成类别描述，从而实现该类别的识别，称为单类分类。在单类分类中，待区分的类必须和其他所有可能的类相区别，前者称为目标类，后者称为非目标类。故障检测、异常行为检测、疾病检测、个体识别都是典型的单类分类的例子。单类分类器仅使用目标类的实例进行训练，训练的目标是定义一个围绕该目标类的边界，接受尽量多的目标类物体，同时尽可能地拒绝其他类。近年来，单类分类器受到广泛的关注和研究，许多研究者提出了多种单类分类方法并在多个领域得到应用[1-4]。

在目标跟踪中，目标和背景的变化只能通过在线跟踪方法来处理。这些在线跟踪算法可以分为两大类：生成式方法和判别式方法[5]。判别式方法将目标跟踪问题看作两分类问题，即目标与背景的分类问题，通过在近几帧采集目标及目标附近的背景作为训练样本训练一个分类器，并将该分类器用于在当前帧中识别目标和背景。然而由于目标运动的背景在时空上是不断变化的，因此实际上"背景"并非一个具体的类。例如，在跟踪一个行人时，若目标经过汽车旁边，则汽车是背景；若目标经过树木旁，则树木成为背景。

对于这种情况，生成式方法选择只关注目标而不关注背景的方式进行处理。生成式方法通过建立目标的观测模型，将跟踪问题转化为寻求与目标外观模型具有最高似然性的区域，并在跟踪过程中增量地更新目标的外观模型以适应环境的变化和目标外观的改变。然而，传统的以线性子空间学习为基础的生成式方法假设目标样本位于一个基本的线性流形，但这种假设往往因为目标复杂的外在/内在变化而无法得到满足。虽然一些非传统的方法，如基于稀疏表示的生成式方法，可以处理非线性的情况，但它们大部分都有很高的时间复杂度。

事实上，目标跟踪是一种典型的单类分类问题。被跟踪目标是目标类，而背

164

景是一个类的集合——所有非目标类的集合，即其他所有物体是非目标类。考虑一种极端情况，如果知道被跟踪目标的唯一标识特征，则无论该目标面对多么复杂的背景，如在车辆拥堵的道路上，或者发生多么严重的形变，如汽车挤压变形甚至被长时间完全遮挡，都能正确跟踪该目标。因此，将目标跟踪问题作为单类分类问题更能反映问题的本质。与生成式方法相比，单类分类方法也只集中在目标上，但它们中的许多方法不依赖目标样本的线性流形，也可以满足实时性的要求。

与以往的目标跟踪算法不同，本章将目标运动背景视为所有非目标类的集合，将目标跟踪问题转化为单类分类问题，即区分目标类和非目标类的分类问题，并利用最小生成树单类数据描述完成对运动目标的跟踪。算法首先利用前若干帧中目标跟踪的结果作为训练样本池；其次以训练样本池为节点构建近邻图，利用节点的局部平均连接度，选择关键的目标样本组成目标类训练集；最后基于目标类训练集，运用最小生成树实现目标与非目标（背景）的甄别，进而完成目标跟踪。

7.2 单类分类器与目标跟踪

7.2.1 目标跟踪中的单类分类器与两类分类器

以往判别式的目标跟踪方法绝大多数是基于两类分类器的，被跟踪目标作为一类，暂且称为正类；目标的背景作为一类，暂且称为负类。判别式的目标跟踪方法通常同时获取正类和负类的样本，采用增量的方式训练一个两类分类器，目的是将被跟踪目标与运动目标的背景进行区分。这种两类分类器存在三个问题：①运动目标的背景非常复杂，可能由许多不同类型的物体组成。如图 7-1 所示，三个负类样本分别来自三种不同的背景——手臂和台灯、墙壁、绿叶，这些物体每一个都具有区别于其他物体的特征。将这些具有不同特征的物体简单地用一个负类（或者说一个特征模型）来表示是不合适的。以颜色直方图为特征，可以清楚地看到三者的区别，而若将它们作为由同一个类模型产生的样本，那么它们的特征应该是什么呢？②运动目标的背景是不断变化的。当前判别式的目标跟踪方法用前一帧或几帧的背景作为负样本（或背景类）训练一个两类分类器。这里实际上隐藏了一个假设，即目标的运动是缓慢的，在前后几帧中背景具备一定的连续性。这个假设仅在目标运动较慢时或背景单一时成立，而当目标运动较快或背景复杂时这个假设则不再成立，因此此时背景也不应该被视为一个具体的负类，而是一个类的集合——所有非目标类的集合。③由于运动目标背景的不断变化，相对目标而言，可用于背景建模的样本远少于可用于目标建模的样本，从而造成两类样本分布的不平衡，使得传统的两类分类器容易产生错误的分类决策面。这些因素都使得单类分类器比两类分类器更适合目标跟踪应用。

图7-1 背景类中包含不同特征的物体

7.2.2 单类分类问题

单类分类器被训练为只接受目标类而拒绝所有非目标类。通常，单类分类问题假设：①在训练过程中没有或只有少量几个非目标对象可用；②在训练过程中存在异常值，这些异常值是训练集中可能被错误标记为目标类的非目标对象。$X = \{x_i \in R^d\}_{i=1}^n$ 是根据目标概率分布采集的一个 D 维向量空间训练集。单类分类器的目标是寻求目标类的描述。

一般来说，所有单类分类器可以表示为如下形式：

$$h(\boldsymbol{x} \mid X, \boldsymbol{\gamma}) = \text{sign}(d(\boldsymbol{x} \mid X, \boldsymbol{\gamma}) > \theta) = \begin{cases} 1, \boldsymbol{x} \text{ 为目标类} \\ 0, \boldsymbol{x} \text{ 为非目标类} \end{cases} \quad (7\text{-}1)$$

式中，θ 是一个指定的阈值；$\text{sign}(\cdot)$ 是符号函数。模型 h 利用 $\boldsymbol{x}$ 与目标类训练集 X 之间的相似度 $d(\boldsymbol{x} \mid X, \cdot)$（或不相似度）进行判决，$\boldsymbol{\gamma}$ 确定了模型 h 的复杂度。阈值 θ 根据用户设定的拒绝率 ε 进行优化，如设为 0.05。ε 与特定的应用有关，如果训练集中可能存在被错误标记为目标类的非目标对象，设置 $\varepsilon > 0$ 可以提高模型的鲁棒性。如果训练集中没有被错误标记的对象，则 ε 表示允许的最大错误。

除了阈值 θ，单类分类器的性能还受复杂性参数 γ 的影响，如神经网络中的节点数目或最近邻法中近邻的数量。一般情况下，复杂性参数可以通过在训练过程中估计目标类和非目标类的错误来确定，如使用交叉验证法。然而，在单类分类器中，只有目标类样本可以使用，因此，一些文献提出在单类的基础上确定复杂性参数 γ 的方法。例如，假设非目标对象符合均匀分布，并选择同时最小化目标类错误和单类分类器体积的 γ。

对于单类分类问题，已有许多解决方法[1-4]，大致分为以下四类。

（1）密度估计法。代表方法有高斯模型、混合高斯模型和 Parzen 窗密度估计等。这类方法假设目标类样本分布符合某类概率模型，首先通过参数化或非参数化的方法估计训练样本集的密度模型，再计算测试样本属于该类的概率，如果高于特定阈值，则判为目标类，反之则拒绝。当目标训练样本集结构简单、维数较低，且样本数较多时，这类方法比较有效。但这类方法主要有两方面的缺点：一是要求目标类样本分布同预期的概率密度模型相符；二是需要大量训练样本。但是，概率密度函数的估计问题其实是一个比分类本身更难的问题。

（2）基于支持域的方法。代表方法有单类支撑矢量机（One-class Support Vector Machine，OCSVM）和支撑矢量数据描述（Support Vector Data Description，SVDD）。这类方法主要通过对目标类样本的学习，形成一个最小超球或最贴近正样本的超平面，将目标类样本包络为一个封闭的超球体或正半空间，同时使负类样本尽可能远离这个超球或超平面。这个由不为零的支持向量所张成的超球体或超平面称为支撑域。由于借鉴了支撑矢量机的最大间隔理论，这类方法适合处理小样本、高维和存在噪声数据的单类分类问题。OCSVM 训练时将原点视为反例，寻找一个由支持向量表示的超平面，并且最大化超平面和原点的间隔。SVDD 则寻求一个包含所有正类训练样本的最小超球。Scholkopf 提出 Slab SVM 引入两个超平面来约束目标样本所在区域，形成一个条带状的单类数据描述。

（3）重建法。代表方法有 K 值聚类、自动编码器（Auto-Encoders）、学习向量量化（Learning Vector Quantization，LVQ）、自组织映射（Self-Organizing Map，SOM）、PCA、多线性主成分分析（Multi-linear Principal Component Analysis，MPCA）等。该类方法是在神经网络的基础上发展得来的，继承了神经网络的自组织与自适应能力，能够以在线自适应的方式发现目标类样本的内在结构特征，对大规模和非线性问题有很好的分类效果。但这类方法需要进行各种阈值的选择，包括网络隐层的数量、每层神经元的数量等，通常只能采用不断尝试的方式确定。

（4）基于聚类的方法。典型的如 K 均值和 K 中心方法。这类方法假定目标类样本满足某种聚类假设，首先对目标类样本进行聚类，然后计算测试样本到最近簇类中心的距离，以此来判定其是否为目标类。K 均值单类分类器首先执行 K 均值聚类，然后以所有训练样本到其最近聚类中心的平均距离作为阈值，如果新样本到最近聚类中心的距离小于该阈值，则判为目标，否则判为异常。K 中心单类分类器选取所有训练样本到其聚类中心的距离的最大值作为阈值，如果测试样本到聚类中心的距离超过该阈值，则判为异常。基于聚类的方法对聚类数目的选取和聚类中心的初始化都很敏感，因此，该方法只适用于簇类数量已知的情况。

目前，单类分类器已广泛应用于文本分类、手写体识别、图像处理等领域。

7.3 最小生成树单类描述子

基于支持域的方法对一类目标样本具有较直观的数据分布描述能力，但是这些方法对于高维空间小样本情况下的样本非规则复杂分布形状描述不够紧凑，存在不少覆盖冗余。文献［5］提出了一种称为最小生成树单类描述子（Minimum Spanning Tree Class Descriptor，MSTCD）的单类分类器，MSTCD 利用训练样本集的最小生成树结构构建目标类模型。与其他数据覆盖类模型相比，MSTCD 覆盖描述更能反映数据的流形结构，并能很好地对复杂的非规则数据分布进行描述，且描述是无参数的。在高维空间小样本问题中，该算法也表现出良好的性能。

给定一个有 n 个目标类样本的训练集：

$$X = \{\boldsymbol{x}_i \in R^d\}_{i=1}^n \tag{7-2}$$

令 $\{\boldsymbol{x}_i, \boldsymbol{x}_j\} \in X \subset R^d$，表示目标类中的两个样本，根据特征空间中同类样本的连续性规律，同类样本之间具有相互接近的性质。如果这两个样本描述的是现实中相似的物体，则在特征空间中它们也应该是近邻，且在这两个样本点之间存在一个连续变换，这个连续变换上的点也属于目标类。当两个样本点在特征空间中的位置很近时，可以用这两点的线性变换来近似这个连续变换：

$$F(\boldsymbol{x}_i, \boldsymbol{x}_j) = \boldsymbol{x}_i + \lambda_{ij}(\boldsymbol{x}_j - \boldsymbol{x}_i) \tag{7-3}$$

为满足同类样本的连续性假设，仅需要在目标训练集中选择 $n-1$ 个线性变换，则同类样本将构成一个连续性整体。假定 $G = (V, E)$ 表示定义在目标训练集 X 上的全连接无向图。其中，$V = X$ 表示 G 的顶点集，$E = \{e_{ij} = (\boldsymbol{x}_i, \boldsymbol{x}_j)\}$ 表示 G 的边的集合，边的权重定义为 $w_{ij} = \|e_{ij}\| = \|\boldsymbol{x}_i - \boldsymbol{x}_j\|$，即两个顶点之间的欧氏距离。考虑寻找图 G 的一个子图 g：连接所有的顶点，没有环路，并且总的权重最小，由于权值反映了两个节点的相似度，因此这样一个子图提供了最可能的变换集合。这等价于寻找图 G 的最小生成树（Minimum Spanning Tree，MST），即寻找 $n-1$ 条边，这些边形成一个具有最小权重的树。

由于训练集是有限的，假定不仅最小生成树的边属于目标类，而且边的适当邻域也属于目标类。如果一个测试对象位于最小生成树描述的适当邻域内，则被判为属于目标类。定义点 $\boldsymbol{x}$ 到边 e_{ij} 的距离为 $d(\boldsymbol{x}|e_{ij})$，则根据高维几何关系，点 $\boldsymbol{x}$

在边 e_{ij} 上的投影点为：

$$P(\boldsymbol{x}, e_{ij}) = \boldsymbol{x}_i + \frac{(\boldsymbol{x}_j - \boldsymbol{x}_i)^{\mathrm{T}}(\boldsymbol{x} - \boldsymbol{x}_i)}{\| \boldsymbol{x}_j - \boldsymbol{x}_i \|^2}(\boldsymbol{x}_j - \boldsymbol{x}_i) \tag{7-4}$$

如果 $P(\boldsymbol{x}, e_{ij})$ 位于 e_{ij} 的边上，则 $d(\boldsymbol{x}|e_{ij})$ 等于点 $\boldsymbol{x}$ 到 $P(\boldsymbol{x}, e_{ij})$ 之间的距离，否则为其与两个顶点之间的最短距离。即有：

$$\text{if} \quad 0 \leqslant \frac{(\boldsymbol{x}_j - \boldsymbol{x}_i)^{\mathrm{T}}(\boldsymbol{x} - \boldsymbol{x}_i)}{\| \boldsymbol{x}_j - \boldsymbol{x}_i \|^2} \leqslant 1 \tag{7-5}$$

$$\text{then } d(\boldsymbol{x} \mid e_{ij}) = \| \boldsymbol{x} - P(\boldsymbol{x}, e_{ij}) \| \tag{7-6}$$

$$\text{else } d(\boldsymbol{x} \mid e_{ij}) = \min\{ \| \boldsymbol{x} - \boldsymbol{x}_i \|, \| \boldsymbol{x} - \boldsymbol{x}_j \| \} \tag{7-7}$$

$$\text{end}$$

测试对象 $\boldsymbol{x}$ 到最小生成树 g 的距离定义为点 $\boldsymbol{x}$ 到 $n-1$ 条边的最短距离：

$$d_{\mathrm{MST}}(\boldsymbol{x} \mid X) = d_{\mathrm{MST}}(\boldsymbol{x} \mid g) = \min_{e_{ij} \in \mathrm{MST}} d(\boldsymbol{x} \mid e_{ij}) \tag{7-8}$$

如果定义 MSTCD 的覆盖半径为 θ，则当 $d_{\mathrm{MST}}(\boldsymbol{x}|X) = d_{\mathrm{MST}}(\boldsymbol{x}|g) \leqslant \theta$ 时，$\boldsymbol{x}$ 被判为目标类，否则判为非目标类。

7.4　基于最小生成树的目标跟踪算法

基于最小生成树的目标跟踪算法流程如图 7-2 所示。该方法包括两个阶段：①初始化阶段；②在线跟踪阶段。在初始化阶段，首先利用类似最近邻方法的简单跟踪方法在前几帧跟踪目标。将这些跟踪结果作为目标训练样本用于初始化一个训练样本池和一个单类分类器。在在线跟踪阶段，将基于最小生成树的单类分

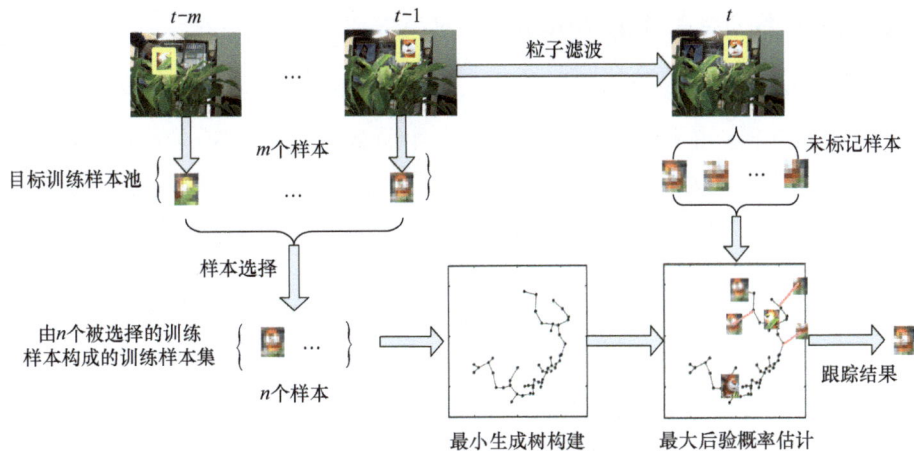

图 7-2　基于最小生成树的目标跟踪算法流程

类器嵌入贝叶斯推理框架，形成目标跟踪算法。首先，依据粒子滤波围绕前一帧的目标位置在当前帧随机采样若干候选区域来预测当前帧中的对象位置。其次，在训练样本池中根据局部平均连接度选择合适的样本来构建目标类训练集，并构建一棵最小生成树来对目标进行建模。最后，训练一个基于最小生成树的单类分类器，并对每个候选区域进行评价得到它的相似度。其中，具有最大相似度的那个候选区域被确定作为当前帧中的目标位置，并保留作为目标训练样本。

7.4.1　目标运动模型

目标运动模型以粒子滤波为基础。设第 t 帧中状态为 $s_t = (px_t, py_t, \theta_t, c_t, \beta_t, \phi_t)$，其中参数分别表示中心位置、旋转角度、尺度因子、纵横比、扭曲方向。已知 $1 \sim t$ 时刻目标的观测值 $\mathbf{Z}_{1:t} = \{z_i\}_{i=1}^{t}$，根据贝叶斯理论可以得到 t 时刻状态 s_t 的后验概率：

$$p(s_t \mid \mathbf{Z}_{1:t}) \propto p(z_t \mid s_t) \int p(s_t \mid s_{t-1}) p(s_{t-1} \mid \mathbf{Z}_{1:t-1}) \, \mathrm{d} s_{t-1} \qquad (7\text{-}9)$$

式中，$p(s_t \mid s_{t-1})$ 表示状态转移概率密度函数；$p(z_t \mid s_t)$ 是 t 时刻的观测模型；$p(s_{t-1} \mid \mathbf{Z}_{1:t-1})$ 是 $t-1$ 时刻状态的后验概率。目标在 t 时刻的最佳状态可以通过在 N 个状态采样 $s_t^{(i)}$ 的基础上估计最大后验概率得到：

$$\hat{s}_t = \underset{s_t^{(i)}}{\mathrm{argmax}} \, p(s_t^{(i)} \mid \mathbf{Z}_{1:t}), i = 1, 2, \cdots, N \qquad (7\text{-}10)$$

每个参数的状态转移都通过一个独立的高斯分布来建模 $N(s_t; s_{t-1}, \boldsymbol{\Sigma})$，其中 $\boldsymbol{\Sigma}$ 是一个对角矩阵，该对角矩阵的元素就是每个仿射变换参数对应的方差。反映目标与候选区域相似性的观测模型 $p(z_t \mid s_t)$ 通过最小生成树单类分类器计算。

7.4.2　目标类训练样本集的构建

最小生成树单类描述子 MSTCD 通过在目标类训练样本集上构建最小生成树来对目标类进行建模。根据式（7-8），对于一个新来的对象，它的分类结果是由其与所有最小生成树的边的最小距离决定的。因此，树中的每条边缘或每个节点（训练样本）对分类结果都有重要影响，因为任何不准确的节点都可能带来错误的分类结果。

在图 7-3（a）中，点 1 是目标，而点 2、点 3 是非目标。如图 7-3（b）所示，若非目标点 2 被错误地作为目标样本用于最小生成树建模，则非目标点 3 也会被判定为目标。在传统单类分类应用中，这种错误会带来分类正确率的部分降低，但可以容忍，然而在目标跟踪应用中由于取置信度最高的样本作为跟踪结果，这种错误会直接导致跟踪目标丢失。一方面，在传统分类应用中，训练样本的类标记是事先手工标定的，准确度较高。在目标跟踪应用中，由于目标样本是利用前几帧的跟踪结果自动标记的，因此这些样本的类别准确性并没有保证，从而可能导致较差的分类性能，所以必须对用于目标建模的所有样本（目标类训练样本集中的所有样本）进行筛选。另一方面，由于最小生成树算法受训练集样本数量的影响，如果训练样本集过于庞大，最终会导致算法实时性太差。因此，构建数量合适且最能反映目标特征的训练样本集是算法的关键之一。

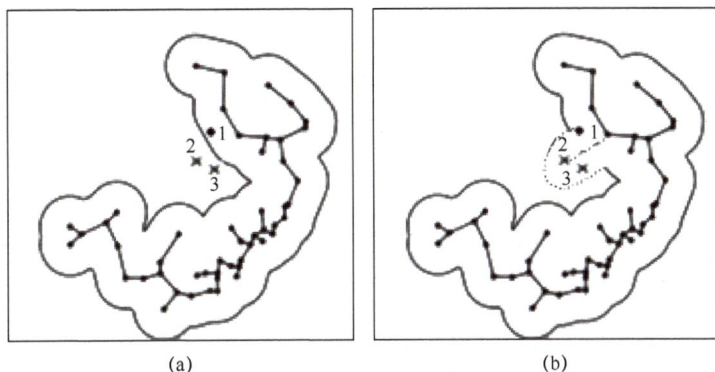

图7-3 错误的节点对最小生成树的影响

给定一个数据集 $X = \{x_i\}_{i=1}^{n}$，定义一个加权无向图 $G = (V, E, W)$。其中，$V = \{v_i\}_{i=1}^{n}$ 是图中 n 个节点的集合，每个节点 $v_i \in V$ 一一对应一个样本点 $x_i \in X$；$E = \{e_{ij}\}_{i,j=1}^{n}$ 是边的集合；$W = \{w_{ij}\}_{i,j=1}^{n}$ 是权值矩阵，e_{ij} 是连接第 i 个节点和第 j 个节点的边，每条边 e_{ij} 都与一个权值 $w_{ij} \in W$ 相连接。权值 w_{ij} 用来反映两个节点之间的相似或相异程度，通常用一个相似性函数（如径向基核函数）来定义。

定义节点的度为与该节点相关联的边的权值和。假设节点 v_i 为网络中的任一节点，Γ_i 表示该节点的邻居节点集合。则节点 v_i 的度 D_i 可以用式（7-11）表示：

$$D_i = \sum_{j \in \Gamma_i} w_{ij} \tag{7-11}$$

设 $l \in \Gamma_i$ 为节点 v_i 的一个邻居节点，定义节点 v_i 的局部平均连接度为：

$$\mathrm{NAD} = \left(\sum_{l \in \Gamma_i} D_l \right) / D_i \tag{7-12}$$

式中，D_l 和 D_i 分别表示节点 v_l、v_i 的度。

节点的度 D_i 反映了该节点与其相邻节点的相似程度，度越小，相似程度越高。从节点平均连接度的定义可以看出，$\sum_{l \in \Gamma_i} D_l$ 是节点 v_i 的所有邻居的度之和，即节点 v_i 局部邻域内的总体相似程度，它与节点度 D_i 的比值则反映了该节点在局部区域内相对的相似程度。如果节点的度越小而邻居节点的度越大，则节点的平均连接度越高。也就是说，与其邻居节点相比，在局部区域内节点的相似程度更高，因此可以认为该节点比其邻居节点更适合用于代表该局部区域的其他节点。通过选取平均连接度较高的节点，可以用较少的节点代表图中的其他节点，既实现了减少图中节点数目的目的，又最好地保持了图本身的结构特点。

7.4.3 基于最小生成树的目标跟踪算法

令以 $s_t^{(i)}$ 为仿射变换参数在第 t 帧中提取的子图像区域为样本 I_i，$o_t(s_t^{(i)}) = (px_t^{(i)}, py_t^{(i)})$ 表示样本 I_i 的位置。设第 $t-1$ 帧中目标的状态为 $\hat{s}_{t-1}$，其位置为 $o_{t-1}(\hat{s}_{t-1}) = (p\hat{x}_{t-1}, p\hat{y}_{t-1})$，则 $\hat{s}_{t-1}$ 对应的子图像作为该帧唯一的正样本 $(I_{t-1}^+, +1)$。因此，从第 $t-m$ 帧开始到第 $t-1$ 帧可获取 m 个目标样本构成训练样本池 $I = \{I_i^+\}_{i=1}^m$。

为训练样本池 I 构建加权无向全连接图（或邻接图）$G = (V, E)$。其中，$V = \{v_i\}_{i=1}^m$ 是图中 m 个节点的集合，每个节点 $v_i \in V$ 一一对应一个样本点 $I_i^+ \in I$；$E = \{e_{ij}\}_{i,j=1}^m$ 是边的集合，e_{ij} 是连接第 i 个节点和第 j 个节点的边，每条边 e_{ij} 都与一个权值 w_{ij} 相对应。E 中各边的权值采用高斯核函数：

$$w_{ij} = \exp(-\|I_i^+ - I_j^+\|^2/\delta^2) \tag{7-13}$$

式中，$\delta = 1$ 为核函数窗宽。

根据式（7-12）求取各节点 v_i 的平均连接度，按平均连接度对节点进行排序，取其中最高的 n 个节点构建目标类训练样本集 $T = \{I_i'\}_{i=1}^n$。定义目标类训练样本集 T 上的全连接无向图 $G'(V', E')$。其中，$V' = T = \{I_i'\}_{i=1}^n$ 表示 G' 的顶点集；$E' = \{e_{ij}'\}$ 表示 G' 边的集合，边的权重定义为 $w_{ij}' = \|e_{ij}'\| = \|I_i' - I_j'\|$，即两个顶点之间的欧氏距离，并生成图 G' 的最小生成树 g'。利用粒子滤波模型在当前帧中采样 N 个候选状态 $s_t^{(i)}$，$i = 1, \cdots, N$，得到候选区域，作为未标记样本集 $I^U = \{I_i^u\}_{i=1}^N$。根据最小生成树数据描述，计算每一个候选样本 $I_i^u \in I^U$ 到最小生成树 g' 的距离 $d_{MST}(I_i^u|g')$，从而得到各候选样本的相似度，并取得最高相似度的候选样本作为跟踪的结果。

$$\hat{s}_t = \underset{s_t^{(i)}}{\arg\max}\, p(s_t^{(i)} | Z_{1:t}) \propto \underset{s_t^{(i)}}{\arg\max}\, d_{MST}(I_i^u | g') \tag{7-14}$$

7.4.4 图的更新

在大多数目标跟踪应用中，目标模板必须不断更新以适应目标和环境的持续变化。在本章的跟踪框架中，一个包括大量样本的训练样本池保存了目标过去和当前的状态信息。同时，基于节点局部平均连接度的样本选择机制，能够确保只选择少量适当的样本用于形成构建最小生成树的目标类训练样本集。为了避免不适当的模板更新，计算目标当前状态和最近状态的平均差异，如果该差值突然急剧增加，可能是因为目标在相邻帧之间发生了很大的外观变化，因此不应该更新。

7.4.5 算法步骤

由于构建最小生成树单类分类器需要一定数量的节点，因此算法分为两个阶段：初始化阶段和跟踪阶段。在初始化阶段利用其他简单的跟踪方法如最近邻法进行跟踪，并根据跟踪结果初始化训练样本池和最小生成树单类分类器。

1. 初始化阶段

步骤1：在第1帧手工标定目标位置，初始化目标模型。

步骤2：从第2帧到第 m 帧，利用最近邻法对目标进行跟踪，根据所得的跟踪结果初始化训练样本池和最小生成树单类分类器。

2. 跟踪阶段

步骤1：从第 $m+1$ 帧开始，在当前帧利用目标运动模型围绕上一帧的跟踪结果，采样若干候选子区域。

步骤2：若训练样本池的样本数量 m 小于目标类训练样本集的数量 n，则以训练样本池的全部样本作为目标训练样本集，并转入步骤4。

步骤3：若训练样本池的样本数量 m 大于目标类训练样本集的数量 n，以训练样本池为节点构建近邻图，并根据式（7-12）利用节点的局部平均连接度选择最重要的目标样本组成目标类训练样本集。

步骤4：以目标类训练样本集为节点构建图，并生成图的最小生成树。

步骤5：对每个候选子区域，根据式（7-8）计算其到最小生成树的距离，并取获得最高相似度的候选子区域作为跟踪结果。

步骤6：将新的跟踪结果加入训练样本池。当训练样本池超过一定规模时，去除其中的旧样本。

7.5 实验研究

为评估本章算法的有效性，进行了四组实验。第一组实验比较了目标跟踪中单类分类器与多类分类器的性能。第二组和第三组实验研究了特定参数对算法性能的影响。算法从训练样本池中选择合适的样本构建最小生成树来建立目标的模型。其中有两个参数对算法性能影响较大，一是训练池中样本的数量。它直接影响模型的准确度，进而影响算法的精度（显然，样本数量太少无法正确地构建目标的模型）。二是最小生成树的节点数目。一方面，最小生成树的节点数目直接影响算法的时间复杂度；另一方面，最小生成树的节点数目会影响模型的准确度。因此，第二组实验分析训练样本池样本数目对算法的影响，以及基于节点局部平均连接度的样本选择策略的有效性；第三组实验分析最小生成树节点数目对算法精度和时间复杂度的影响；第四组实验则将本章的算法与其他主要目标跟踪算法进行比较。

实验采用中心位置误差和重叠率作为比较指标。中心点位置误差是指某帧跟踪结果的中心位置与手工标绘的该帧目标的标准中心位置之间的误差。重叠率的计算方法是：

$$\text{overlap rate} = \text{area}(R_t \cap R_g)/\text{area}(R_t \cup R_g) \tag{7-15}$$

式中，R_t 为某帧跟踪框覆盖的区域；R_g 为该帧目标所在的真实区域。

每组实验均在 18 个不同序列上独立运行 5 次，实验的最终结果由 5 次实验中去除最好和最坏结果后剩余的 3 次结果取平均获得。这样做主要考虑排除极端结果对平均值的影响，避免一次非常糟糕（非常好）的结果会降低（提高）平均值。表 7-1 给出了 18 个测试视频序列的基本情况和跟踪难点，所有测试序列都来自公开的测试数据集 TB-50sequences。

表 7-1 不同测试序列的特点

序列	特点
animal	运动模糊、平面内旋转、复杂背景、低分辨率
boy	尺度变化、运动模糊、快速运动、平面内旋转、平面外旋转
car11	光照变化、复杂背景
car4	光照变化、尺度变化
couple	尺度变化、形变、平面外旋转、复杂背景
david	光照变化、尺度变化、遮挡、非刚体形变、运动模糊、平面内旋转、平面外旋转
david3	遮挡、形变、平面外旋转、复杂背景
faceocc1	遮挡
faceocc2	光照变化、遮挡、平面内旋转、平面外旋转
football	尺度变化、形变、平面外旋转、复杂背景
girl	尺度变化、遮挡、平面内旋转、平面外旋转
jumping	运动模糊、快速运动、低分辨率
singer1	光照变化、尺度变化、遮挡、平面外旋转
singer2	光照变化、形变、平面内旋转、平面外旋转、复杂背景
sylvster	光照变化、形变、平面内旋转、平面外旋转
tiger1	光照变化、遮挡、非刚体形变、运动模糊、快速运动、平面内旋转、平面外旋转
tiger2	光照变化、遮挡、非刚体形变、运动模糊、快速运动、平面内旋转、平面外旋转
woman	光照变化、尺度变化、遮挡、非刚体形变、运动模糊、快速运动、平面外旋转

7.5.1　与两类分类器的比较

为了验证单类分类器的有效性，我们采用统一的跟踪框架，包括相同的粒子滤波器参数、训练样本的初始化方法、正负样本的数量、样本集的更新方法等。唯一不同的是跟踪框架中的识别算法，分别采用 SVM、OCSVM、MST。实验结果如表 7-2 所示，两种单类分类器 OCSVM 和 MST 都比两类分类器 SVM 表现要好。

表 7-2　单类分类器与多类分类器的性能比较

序列	SVM		OCSVM		MST	
	中心位置误差	重叠率	中心位置误差	重叠率	中心位置误差	重叠率
animal	57.12	0.36	86.26	0.25	72.56	0.26
boy	5.572	0.68	55.23	0.30	8.134	0.61
car11	6.926	0.59	1.878	0.82	5.669	0.62
car4	133.3	0.26	2.027	0.87	3.393	0.84
faceocc1	14.97	0.76	16.44	0.74	17.87	0.73
faceocc2	38.99	0.25	8.973	0.64	10.73	0.63
football	28.53	0.39	180.1	0.22	29.01	0.42
girl	93.17	0.05	37.00	0.15	106.5	0.01
jumping	108.3	0.04	66.68	0.06	6.365	0.61
singer1	76.36	0.25	5.612	0.78	5.712	0.76
singer2	174.7	0.08	173.0	0.08	146.0	0.10
sylvster	12.76	0.60	67.75	0.26	66.90	0.27
stone	99.50	0.09	2.786	0.49	3.062	0.43
tiger1	121.8	0.10	48.12	0.41	34.13	0.52
tiger2	188.8	0.05	90.27	0.26	75.20	0.23
woman	116.3	0.11	149.4	0.01	145.2	0.12
平均值	77.94	0.29	67.94	0.37	50.71	0.42

注：中心位置误差的单位为像素。

7.5.2　样本选择策略的有效性

为了讨论训练样本池样本数量对算法的影响，我们将目标类训练样本集的样本数目分别设置为 10 个、15 个、20 个、25 个、30 个、35 个、40 个。实验结果如图 7-4 和图 7-5 所示，图中实线表示没有经过样本选择的结果，虚线则表示训练样本池的样本数量为 100 时相应的经过样本选择后的结果，即从 100 个训练样本中分别选择局部平均连接度最高的 10 个、15 个、20 个、25 个、30 个、35 个、40 个样

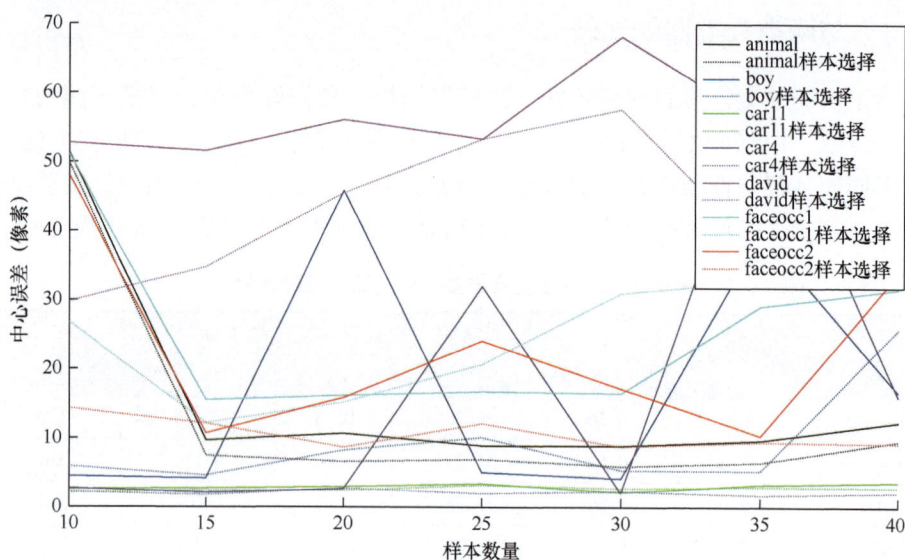

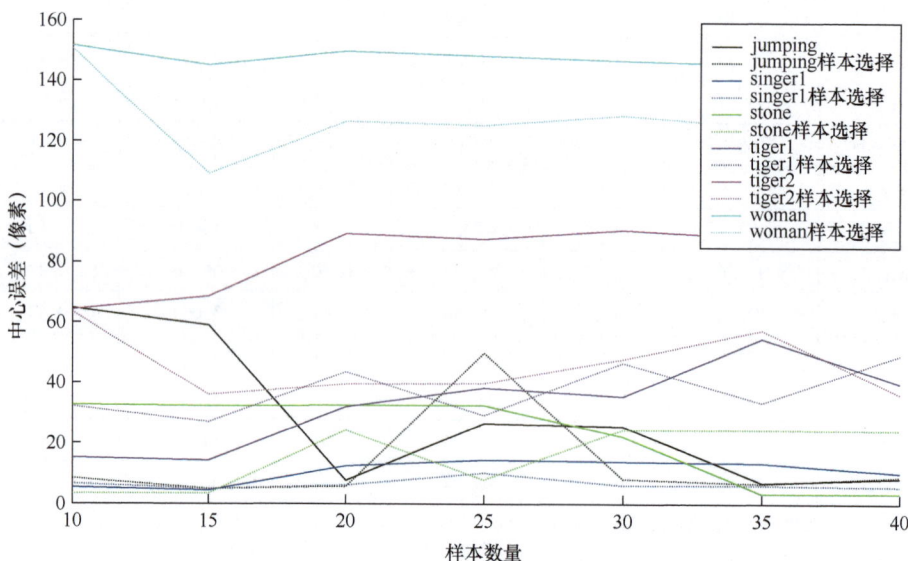

图 7-4　样本数量与中心位置误差的关系

本构建最小生成树。从实验结果看，当没有经过样本选择时，一部分序列随着训练样本集数量由小变大，跟踪效果逐渐变好，如 animal、jumping、stone 序列；一部分序列则随训练样本数量由小变大，跟踪效果逐渐变差，如 tiger1、tiger2、boy、car4；另一部分序列跟踪效果不受训练集样本数量变化的影响，如 singer1、car11；还有一部分序列当训练集样本数量过大或过小时，跟踪效果都会变差，如

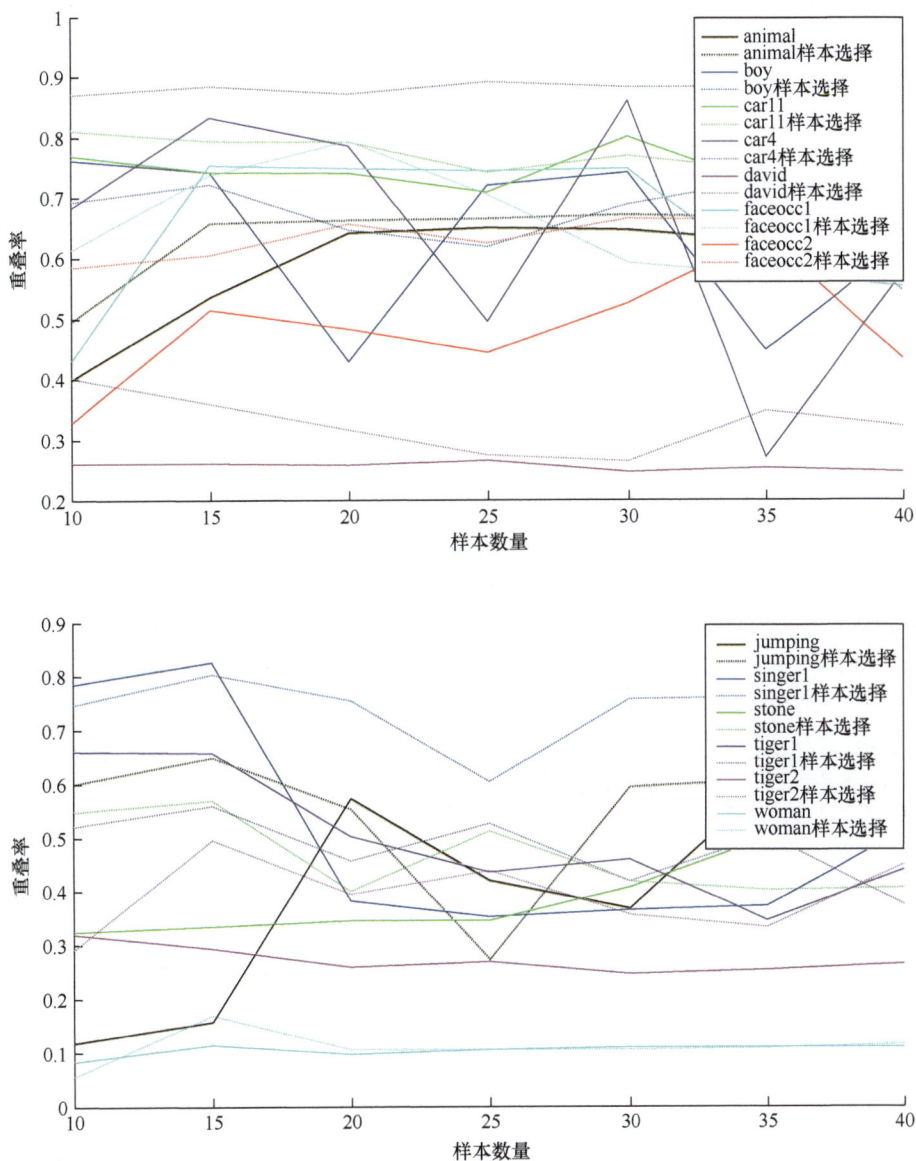

图 7-5 样本数量与重叠率的关系

faceocc1、faceocc2。这主要是因为根据式（7-8）未知样本的识别结果由其到树中最近的边的距离所决定，因此，最小生成树中每个节点的质量都直接关系到识别结果的好坏。当训练集样本数量过少时，最小生成树难以全面地反映目标类的数据流结构，可能会造成正确的分类被遗漏或发生偏差，导致识别误差较大；而当训练集样本数量过大时，可能会有错误样本（如被遮挡的目标）加入最小生成树中，从而降低了跟踪的准确性。因此，选取能准确反映目标的样本是提高最小生成树算法跟踪能力的关键。本章通过节点的局部平均连接度来选择合适的节点，节点的局部平均连接度反映了该节点在局部区域内相对的相似程度。从图7-4和图7-5中可以看出，经过样本选择后，一方面，算法性能的稳定性得到改善，跟踪性能随训练集样本数量变化的幅度明显变小，不再大起大落；另一方面，跟踪结果在绝大多数序列中都要优于没有经过节点选择的结果。

7.5.3 最小生成树节点数目的影响

在经过样本选择后，算法的性能主要受最小生成树节点数目的影响。从图7-4和图7-5中可以看出，经过样本选择后的最小生成树跟踪算法受最小生成树节点数目的影响明显变小。大部分序列中，算法的跟踪效果并不受最小生成树节点变化的影响，然而一部分序列在节点数目很大或很小时仍会受到影响，如 animal 序列、boy 序列，jumping 序列在节点数目为25时产生了一个尖峰。总体而言，节点数目选择在15～20时算法相对比较好。虽然此时跟踪效果并非最佳，但针对不同序列，算法性能均表现较好。

在时间复杂度方面，表7-3 给出了6个序列在最小生成树节点数目为10、20、30、40、50 条件下的运行时间。实验在双核 2.5GHz、2GB 内存的平台上运行，运行环境为 Matlab 7.11。可以看出训练集样本的数目直接影响算法的实时性，训练集样本的数目越少，算法的实时性越好。

表7-3　算法在不同序列的平均运行时间　　　　单位：帧/s

样本数量	序列					
	animal	boy	faceocc1	football	singer1	tiger1
10	2.35	1.74	2.02	1.76	1.78	2.00
20	1.49	1.29	1.51	1.14	1.23	1.29
30	1.07	1.00	1.01	1.06	1.06	1.03
40	0.75	0.67	0.74	0.89	0.76	0.70
50	0.68	0.68	0.70	0.58	0.71	0.60

7.5.4 与其他算法的比较

为了验证本章算法的有效性，将本章的算法与11种其他算法进行比较。这些算法是文献［16］中总体性能排名靠前的11种，分别是 ALSA[6]、CSK[7]、CXT[17]、IVT[8]、LSK[9]、MIL[10]、CSM[11]、Struck[12]、TLD[13]、VTD[14]、VTS[15]。有关算法更详细的信息可以参见文献［16］。算法的结果也来自文献［16］

提供的数据。最小生成树的节点数目设为 10，样本池的最大数目设为 100。

1．定量比较

表 7-4、表 7-5 给出了各算法在不同序列下的平均中心位置误差和平均重叠率。从表 7-4、表 7-5 中可以看出，本章的算法在绝大部分的实验序列中都获得了较好的结果。

表 7-4　各算法在不同序列下的平均中心位置误差　　单位：像素

算法 序列	ALSA	CSK	CXT	IVT	LSK	MIL	CSM	Struck	TLD	VTD	VTS	本章算法
animal	160	4.97	6.75	183	98.8	101	104	5.27	98.8	135	221	9.62
boy	106	20.2	7.39	91.3	2.24	12.8	51.0	3.85	4.49	7.57	7.27	4.59
car11	1.54	3.23	16.5	8.43	1.29	43.5	1.30	0.96	27.5	16.5	2.87	2.74
car4	2.83	21.0	60.0	4.03	65.4	49.5	1.66	5.48	1.68	36.6	36.6	2.07
couple	123	144	41.8	123	129	34.5	110	11.3	2.54	104	90.9	32.2
david	14.9	21.4	14.6	14.4	17.7	17.7	15.5	49.6	13.5	16.4	15.9	37.6
david3	87.8	56.1	222	51.9	105	29.7	73.1	107	—	66.7	55.6	56.1
faceocc1	78.1	11.9	25.3	18.4	30.4	29.9	13.8	13.0	27.4	20.2	21.3	12.1
faceocc2	21.2	8.58	8.14	9.21	16.2	15.2	10.6	7.93	12.9	9.37	9.64	10.7
football	15.0	16.2	12.8	14.3	14.0	12.1	16.3	17.3	14.3	13.6	13.2	17.5
girl	3.28	19.3	11.0	22.5	29.3	13.7	2.60	2.57	9.79	8.60	8.60	97.5
jumping	46.1	86.0	9.99	61.6	74.6	9.99	65.9	6.55	5.94	41.4	40.1	6.82
singer1	3.39	13.3	11.3	11.3	20.0	16.0	2.69	14.0	8.30	3.82	5.10	4.96
singer2	175	186	164	176	149	22.5	114	174	—	43.7	72.5	151
sylvster	15.2	9.92	14.8	34.2	68.4	15.2	7.97	6.30	7.31	19.6	19.4	52.7
tiger1	60.9	82.7	59.5	110	58.4	117	96.6	138	—	111	105	27.0
tiger2	85.8	59.6	41.4	105	43.8	27.2	141	21.6	—	40.9	40.9	35.9
woman	139	207	72.0	176	131	125	8.39	4.93	—	119	121	9.52
平均值	61.1	52.0	48.8	68.4	56.8	37.7	44.6	32.6	—	43.3	47.1	34.1

表 7-5　各算法在不同序列下的平均重叠率

算法 序列	ALSA	CSK	CXT	IVT	LSK	MIL	CSM	Struck	TLD	VTD	VTS	本章算法
animal	0.03	0.75	0.70	0.03	0.27	0.12	0.07	0.74	0.27	0.06	0.04	0.54
boy	0.37	0.66	0.54	0.26	0.80	0.49	0.38	0.76	0.66	0.63	0.64	0.72
car11	0.85	0.76	0.57	0.66	0.84	0.20	0.84	0.89	0.45	0.54	0.75	0.74

（续表）

算法 序列	ALSA	CSK	CXT	IVT	LSK	MIL	CSM	Struck	TLD	VTD	VTS	本章算法
car4	0.76	0.47	0.31	0.85	0.16	0.26	0.89	0.75	0.90	0.37	0.37	0.83
couple	0.08	0.08	0.48	0.07	0.08	0.50	0.10	0.54	0.77	0.06	0.06	0.45
david	0.52	0.44	0.44	0.47	0.47	0.48	0.51	0.24	0.58	0.51	0.52	0.28
david3	0.43	0.50	0.12	0.48	0.36	0.54	0.40	0.29	—	0.40	0.54	0.48
faceocc1	0.32	0.79	0.64	0.73	0.48	0.60	0.78	0.79	0.58	0.68	0.67	0.74
faceocc2	0.61	0.73	0.71	0.69	0.59	0.63	0.69	0.74	0.62	0.71	0.72	0.61
football	0.53	0.55	0.54	0.56	0.54	0.59	0.48	0.53	0.49	0.56	0.59	0.50
girl	0.71	0.37	0.55	0.17	0.30	0.40	0.68	0.75	0.57	0.55	0.55	0.05
jumping	0.23	0.05	0.52	0.12	0.07	0.52	0.12	0.62	0.66	0.12	0.15	0.65
singer1	0.80	0.38	0.51	0.59	0.36	0.38	0.87	0.38	0.73	0.52	0.52	0.80
singer2	0.04	0.04	0.07	0.04	0.09	0.51	0.17	0.04	—	0.41	0.34	0.10
sylvster	0.59	0.63	0.60	0.52	0.23	0.53	0.69	0.72	0.67	0.62	0.63	0.30
tiger1	0.23	0.14	0.20	0.06	0.18	0.05	0.12	0.07	—	0.07	0.06	0.56
tiger2	0.15	0.17	0.36	0.09	0.35	0.46	0.09	0.54		0.30	0.30	0.50
woman	0.15	0.19	0.20	0.15	0.15	0.16	0.65	0.71		0.14	0.13	0.59
平均值	0.41	0.44	0.43	0.35	0.36	0.41	0.49	0.55	—	0.42	0.44	0.50

针对不同测试视频的跟踪误差曲线结果对比和重叠率曲线结果对比分别如图 7-6 和图 7-7 所示（本章算法对应曲线标记为"MST"）。

本章的算法在 animal、boy、car11、car4、david、faceocc1、faceocc2、jumping、tiger1、tiger2 序列中取得了不错的跟踪效果。不过在 couple、david3、football、girl、sylvster、woman 序列中跟踪效果有待提高。可以看出，在 couple 序列中，算法从第 90 帧开始丢失了目标，主要原因是目标（一对行人）附近相似的背景给跟踪带来了较大的困难。除了 TLD 算法，其他算法都从此丢失了目标。在 david3 序列中，从第 190 帧开始，由于目标被具有相似颜色的树木所遮挡，导致算法丢失了目标。在 football 序列中，从第 280 帧开始，由于目标（一名橄榄球运动员的头部）被另一个非常相似的物体（一名戴有相同头盔的橄榄球运动员）所遮挡，导致几乎所有算法都从此丢失了目标。在 girl 序列中，从第 100 帧开始，当目标发生平面外旋转时，算法丢失了目标。这主要是由于利用最小生成树形成的单类分类器过于关注目标类的模型，因此当目标发生较大变化时，目标模型不能及时适应这种改变，从而导致模型无法准确描述变化后的目标，使得跟踪器丢失目标。在 sylvster 序列中，从第 227 帧开始，算法丢失了目标。在 woman 序列中，由于目标（一名行走的女性）的大部分被汽车所遮挡，导致算法从第 120 帧开始逐渐丢失了目标。

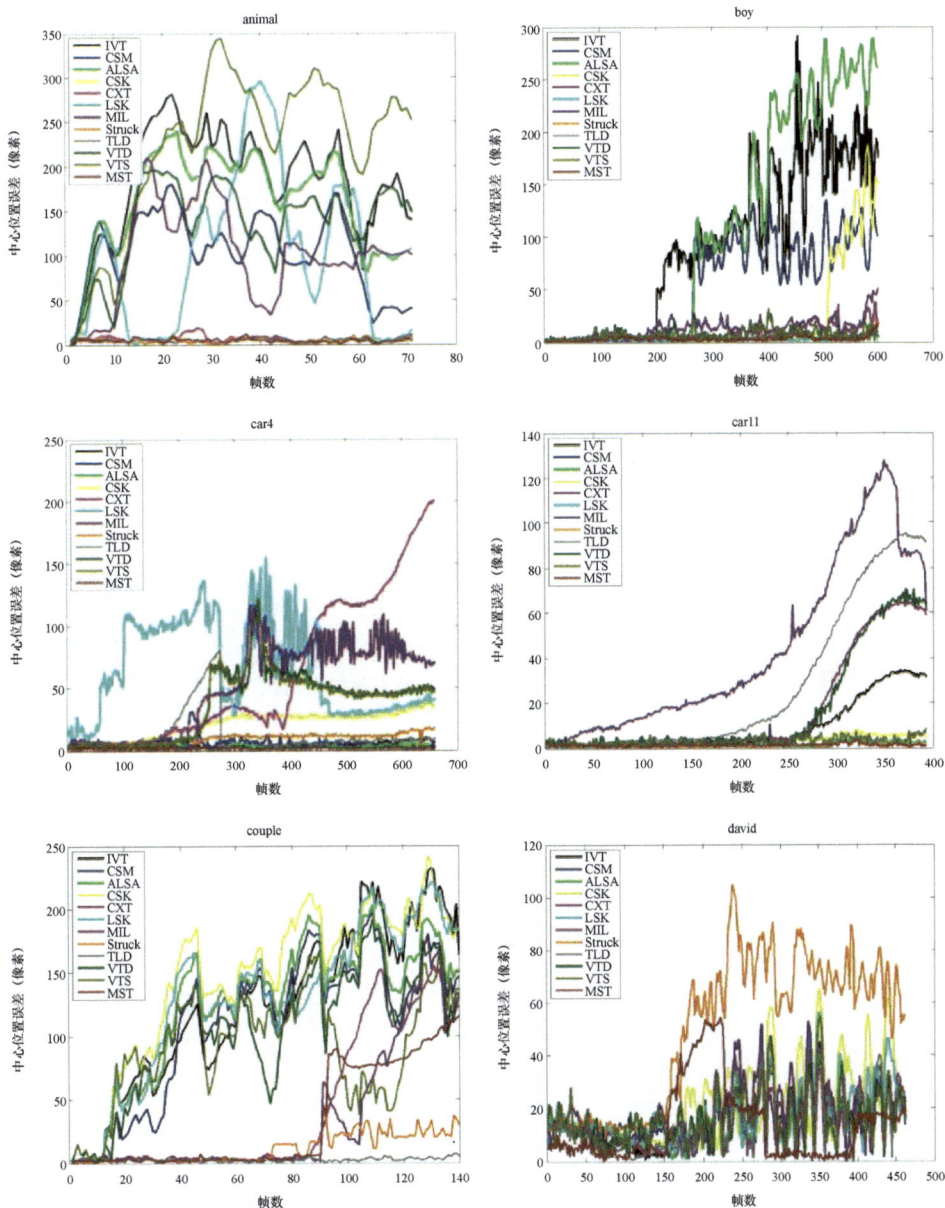

图 7-6　针对不同测试视频的跟踪误差曲线结果对比

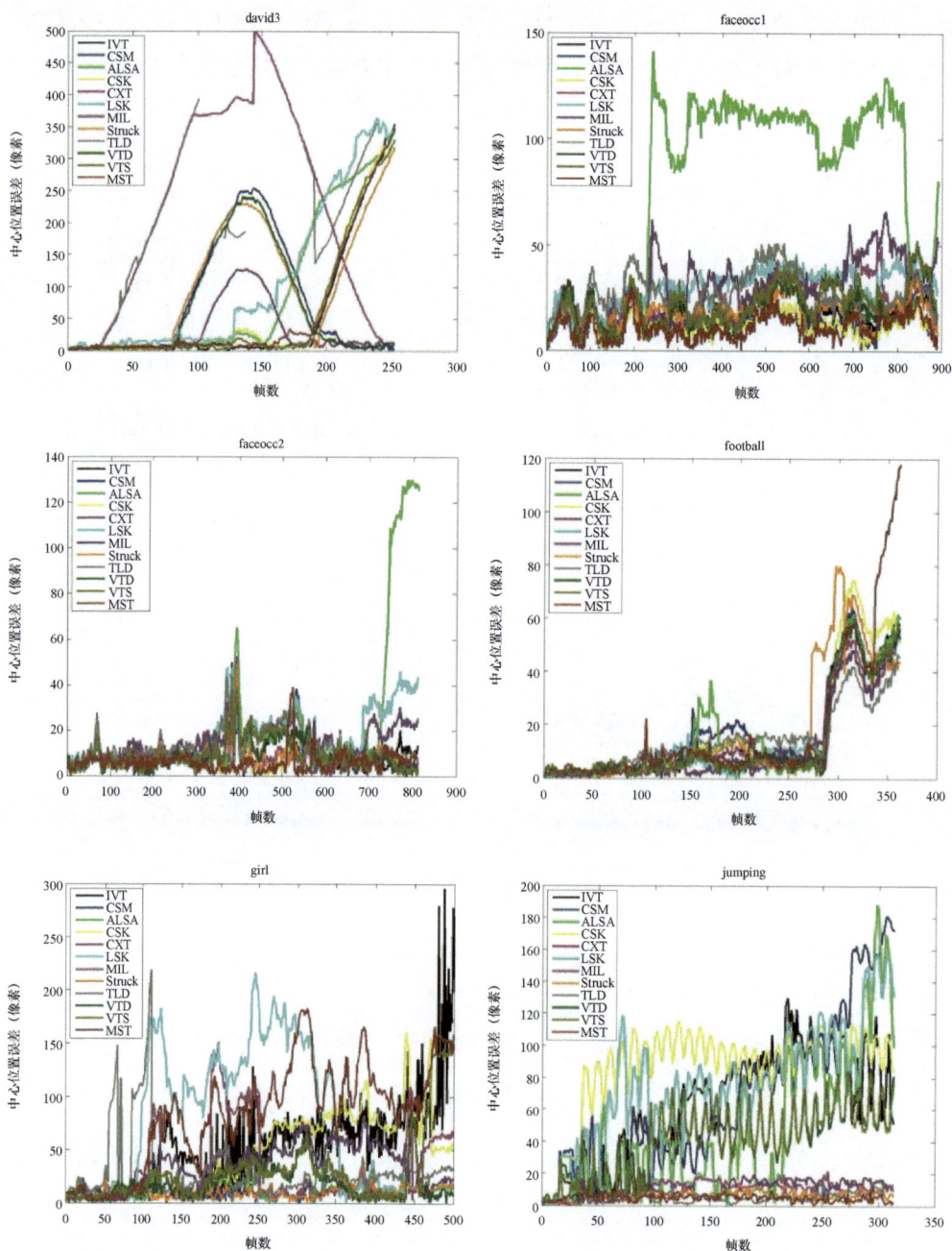

图 7-6 针对不同测试视频的跟踪误差曲线结果对比（续）

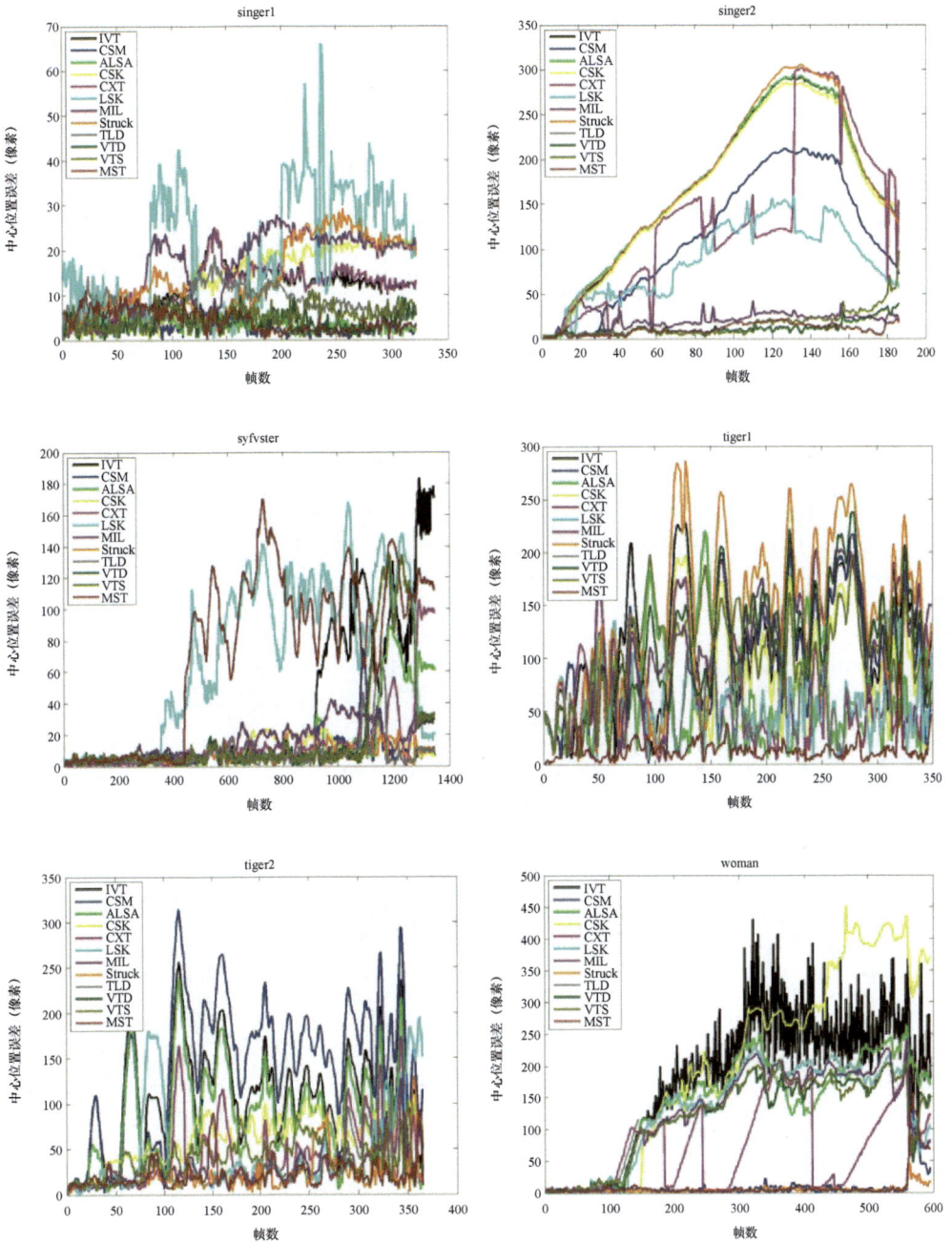

图 7-6　针对不同测试视频的跟踪误差曲线结果对比（续）

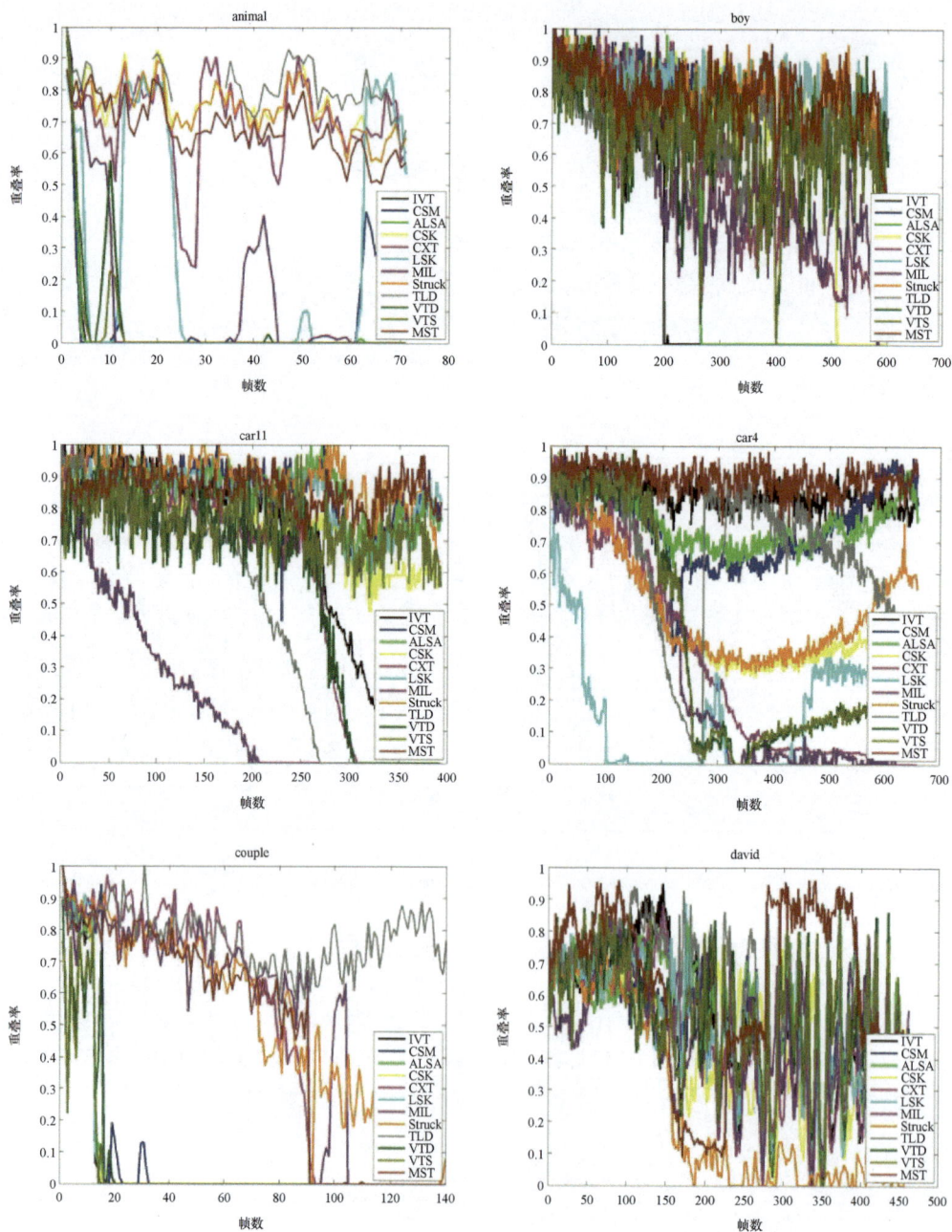

图 7-7　针对不同测试视频的重叠率曲线结果对比

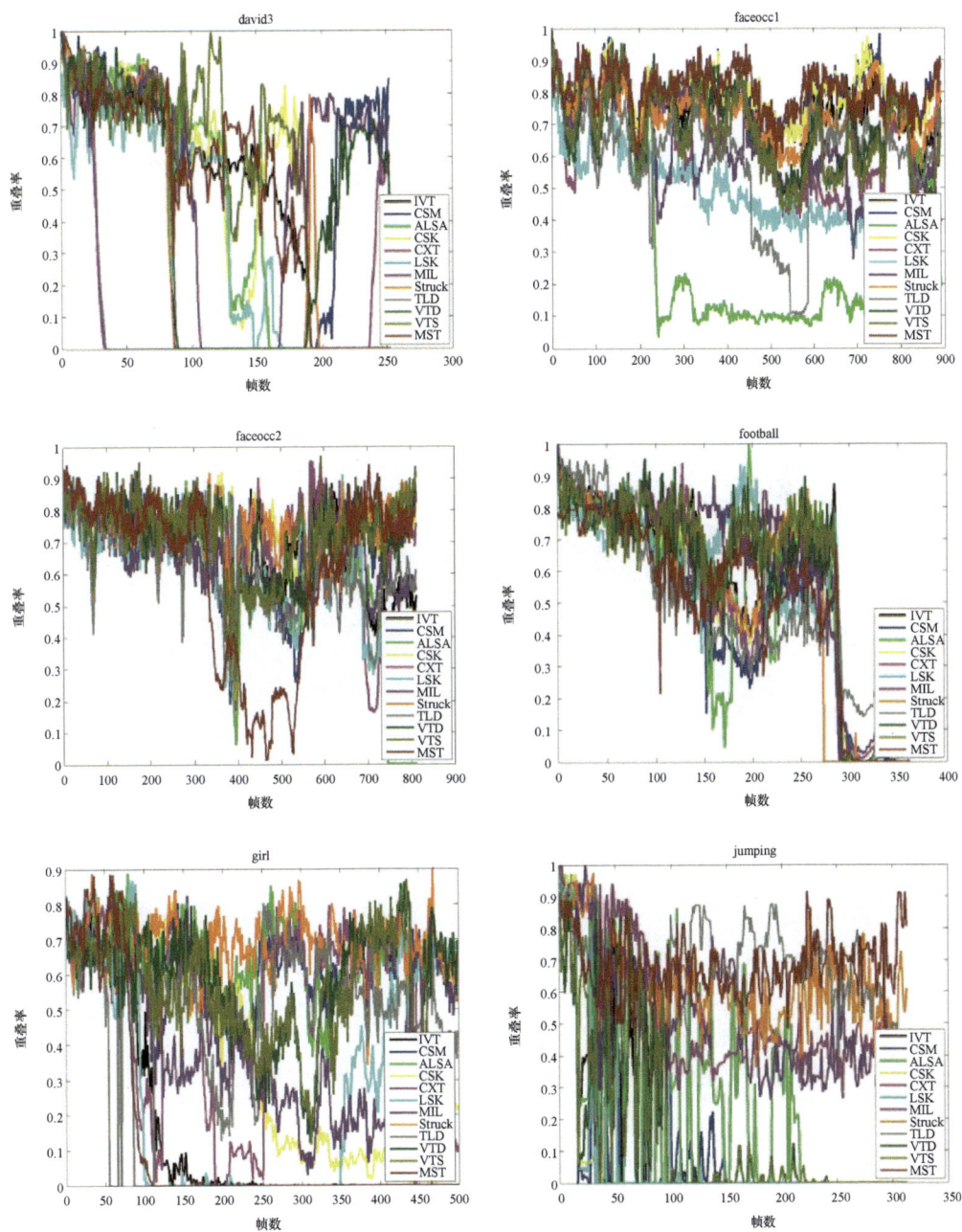

图 7-7　针对不同测试视频的重叠率曲线结果对比（续）

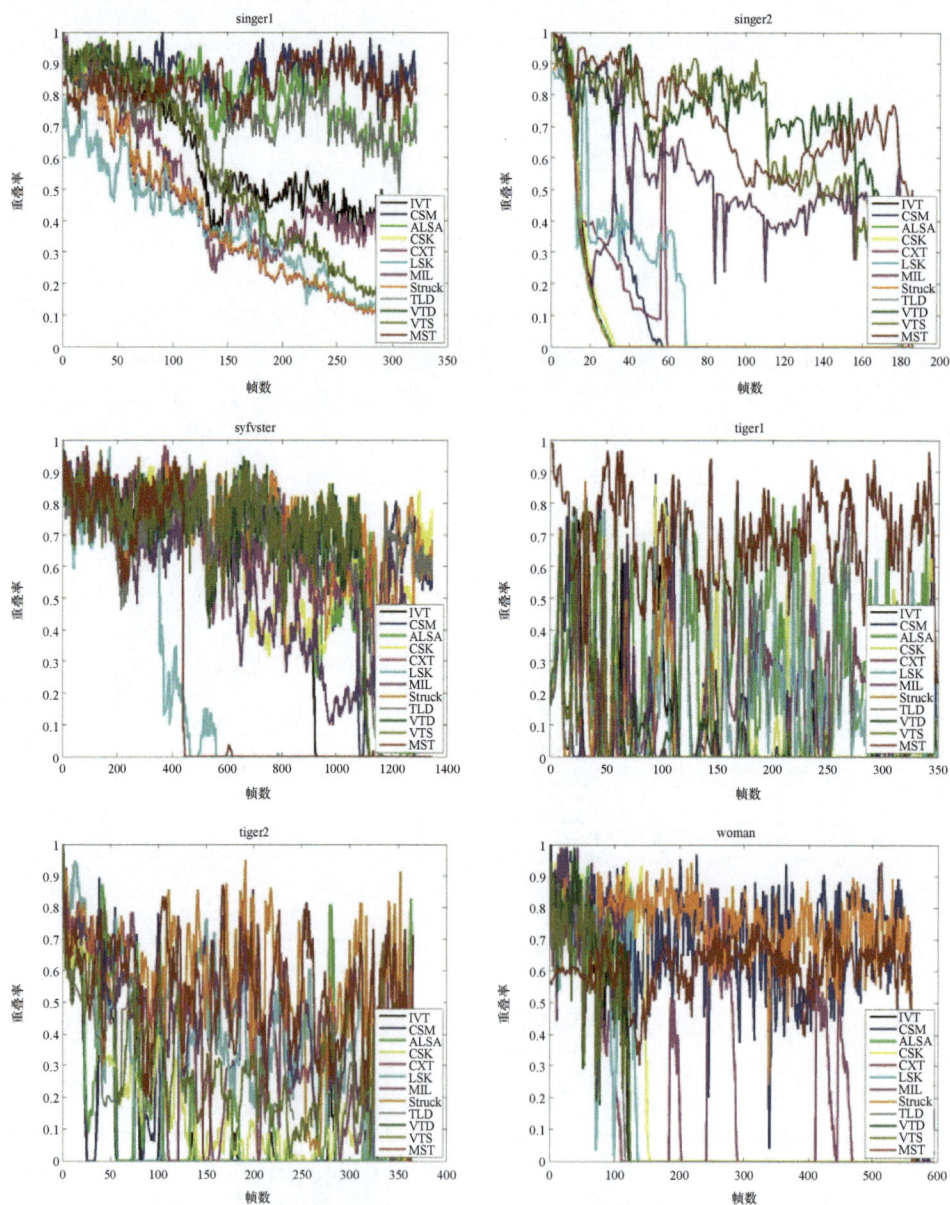

图7-7 针对不同测试视频的重叠率曲线结果对比（续）

在faceocc2序列的跟踪结果中出现了似乎相互矛盾的结论——从第300帧到第570帧，中心位置误差较小，而重叠率却较低。如图7-8所示，这主要是因为手动标记的目标正确位置（黄色方框）无法反映目标平面内的旋转，而只有本章的算法准确地跟踪了目标平面内旋转的角度（红色方框），因此导致重叠率看上去较低。

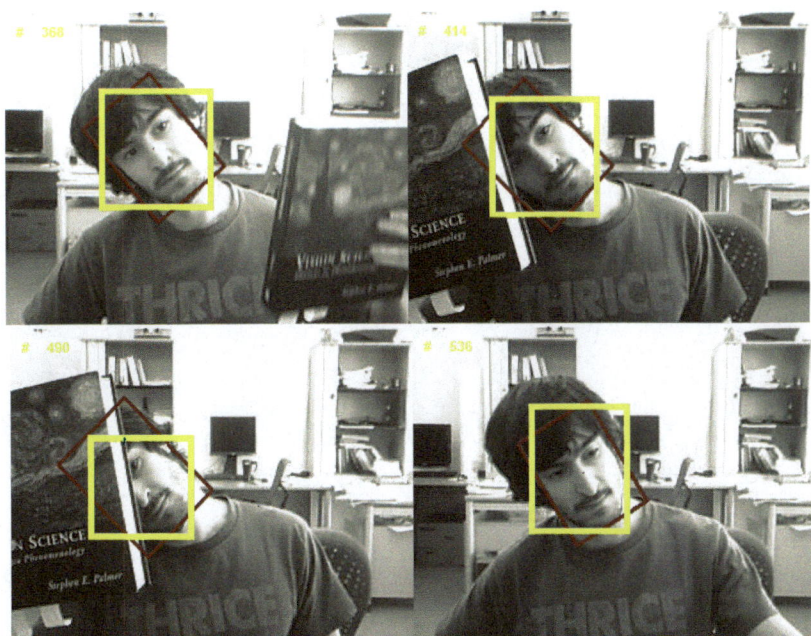

图 7-8　由于手工标记（黄色方框）误差导致 faceocc2 序列跟踪结果（红色方框）的重叠率较低

　　总体而言，本章的算法能取得较好的效果，但是算法的空间分辨率还有待提高，颜色特征还不足以准确地对目标类进行建模，还可以考虑通过增加纹理、光流等特征提高类模型的准确性。

2. 定性比较

　　本章的算法跟踪结果如图 7-9～图 7-14 所示，以红色虚线框显示。

　　在 boy 序列中，目标（一个男孩）由于快速运动使得分辨率降低，导致跟踪难度较大。从第 266 帧开始，IVT、ALSA、VTD、SCM 跟踪器丢失了目标。从第 332 帧开始，CXT 跟踪器丢失了目标的尺寸。最终，只有 LSK、Struck、本章的算法（以红色虚线框显示）始终正确地跟踪目标，而其他算法或多或少地都偏离了目标。

图 7-9　boy 序列部分跟踪结果

在 faceocc1 序列中，目标（一位女士的面部）不断地被书本从不同方向遮挡，需要准确地定位这位女士的面部。在第 230 帧，当目标部分被书籍遮挡时，由于未能区分真实目标和遮挡物体，ALSA 和 MIL 跟踪器首先丢失了目标。从第 449 帧开始，受目标被遮挡的影响，LSK 虽然能准确定位到目标被遮挡的部分，并排除遮挡物，但是此后也丢失了目标的正确尺寸。包括本章算法在内的其他算法都准确地跟踪了目标。faceocc1 序列部分跟踪结果如图 7-10 所示。

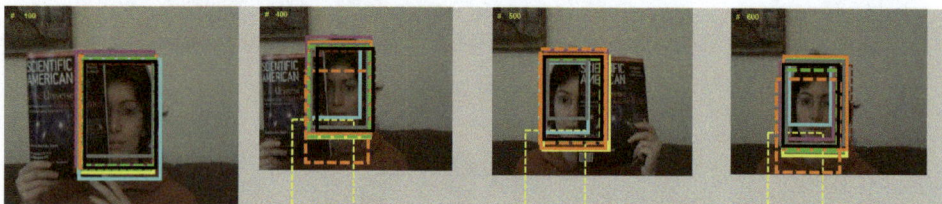

图 7-10　faceocc1 序列部分跟踪结果

在 faceocc2 序列中，跟踪的目标是一位男士的面部。该序列的跟踪难度在于：一是目标发生平面内旋转；二是目标被书本部分遮挡，甚至被书本和帽子严重遮挡；三是目标在发生旋转的同时被部分遮挡。从第 323 帧开始，当目标发生旋转时，LSK、TLD 和 SCM 偏离了目标。从第 390 帧到第 401 帧，当目标在旋转后发生移动时，除了本章的算法，其他算法都偏离了目标。从第 703 帧开始，当目标同时被帽子和书本严重遮挡时，MIL 也偏离了目标。包括本章算法在内的其他算法都始终准确地跟踪了目标。faceocc2 序列部分跟踪结果如图 7-11 所示。

图 7-11　faceocc2 序列部分跟踪结果

jumping 序列的跟踪目标是一位正在跳绳的男士的头部，该序列的跟踪难度主要在于目标快速运动及由此造成的运动模糊。除 TLD、MIL、Struck、CXT 和本章的算法外，其他跟踪器从一开始（第 17 帧）就偏离了目标。从第 79 帧开始，CXT 算法丢失了目标的尺寸。虽然部分算法随后恢复了跟踪，但当目标快速运动时，只有 MIL、Struck 和本章的算法能准确地跟踪目标。jumping 序列部分跟踪结果如图 7-12 所示。

在 tiger1 序列中，跟踪的目标是一只玩具老虎，由于存在平面内旋转、平面外旋转、遮挡、形变、快速运动等诸多影响跟踪精度的不利因素，使得该序列跟踪难度较大。从第 62 帧开始，当目标大部分被树叶遮挡时，除本章的算法外，其他算法都丢失了目标。tiger1 序列部分跟踪结果如图 7-13 所示。

图 7-12　jumping 序列部分跟踪结果

图 7-13　tiger1 序列部分跟踪结果

在 tiger2 序列中，跟踪的目标仍然是一只玩具老虎。该序列的跟踪难度来自平面内旋转、平面外旋转、遮挡、形变、快速运动、运动模糊等。从第 24 帧开始，当目标运动速度加大时，SCM、ASLA 和 IVT 算法都丢失了目标。随后，CSK、CXT 和 VTS 算法也陆续丢失了目标。在第 263 帧，当目标被树叶大部分遮挡时，Struck 算法也丢失了目标。总体而言，该序列中目标的快速运动、旋转和遮挡给绝大多数跟踪器都带来了很大的困难，最终本章的算法获得了相对较好的结果。tiger2 序列部分跟踪结果如图 7-14 所示。

图 7-14　tiger2 序列部分跟踪结果

7.6　小结

本章首先针对传统的判别式目标跟踪方法将背景视为一个具体类的错误进行

了讨论，并分析了将单类分类器用于目标跟踪的优势。与传统的判别式目标跟踪算法相比，在单类分类器中，背景不再被视为一个单一的、具体的负类，而是作为除目标之外所有对象（非目标类）的集合。与生成式目标跟踪方法相比，单类分类器不再依赖线性流形的假设，也可以满足实时性要求。基于这些考虑，本章提出了基于最小生成树单类分类器的目标跟踪算法。

算法首先收集前若干帧中目标跟踪的结果放入训练样本池；然后以训练样本池中的样本为节点构建近邻图，利用节点的局部平均连接度选择关键的目标样本组成目标类训练集；最后基于目标类训练集训练最小生成树单类分类器，实现目标与非目标（背景）的甄别，进而完成目标跟踪，并用跟踪结果更新训练样本池和最小生成树单类分类器。最小生成树单类分类器对训练样本的准确性要求较高，在通常的单类分类应用中，其训练样本（标记样本）是事先手工标记的，准确度可以得到保障；而在目标跟踪中，训练样本是自动标记的，无法保证样本的准确性。因此，算法采用样本的局部平均连接度来选择合适的样本作为用于目标建模的训练样本，以确保分类的准确性。

为评估本章算法的有效性，进行了四组实验。第一组实验通过比较单类分类器（OCSVM、MST）和多类分类器（SVM），验证了单类分类器在目标跟踪中有更好的性能。第二组验证了基于节点局部平均连接度的样本选择策略的有效性。第三组实验表明，对于大部分序列，算法的跟踪效果并不受最小生成树节点变化的影响，然而一部分序列在节点数目很大或很小时会受影响。总体而言，节点数目不宜过大或者过小。

最后，通过与其他算法的定量和定性比较实验，证明本章算法有较强的鲁棒性，跟踪效果良好，并且满足实时性要求。实验结果也表明，本章算法也存在空间分辨率不高致使目标被大幅遮挡或周围有非常相似的物体时容易丢失目标的问题。这一问题可以通过提高算法空间分辨率或融合纹理、形状、光流等其他特征来解决。

参考文献

[1] Khan S S, Madden M G. One-class classification: taxonomy of study and review of techniques [J]. Knowledge Engineering Review, 2013, 29 (3): 1-30.

[2] Khan S S, Madden M G. A Survey of Recent Trends in One Class Classification [C]. Artificial Intelligence and Cognitive Science Irish Conference, 2009: 188-197.

[3] Tax D M J. One-class classification: Concept-learning in the absence of counter-examples [D]. Delft University of Technology, 2001.

［4］ 潘志松，陈斌，缪志敏，等. One-Class 分类器研究 ［J］. 电子学报，2009，37（11）：2496-2503.

［5］ Piotr J, David M J T, Elzbieta P, et al. Minimum spanning tree based one-class classifier ［J］. Neurocomputing, 2009, 72（7-9）: 1859-1869.

［6］ Jia X, Lu H, Yang M H. Visual tracking via adaptive structural local sparse appearance model ［C］. IEEE International Conference on Computer Vision and Pattern Recognition, 2012: 1822-1829.

［7］ Henriques F, Caseiro R, Martins P, et al. Exploiting the Circulant Structure of Tracking-by-Detection with Kernels ［C］. European Conference on Computer Vision, 2012: 702-715.

［8］ Ross D, Lim J, Lin R S, et al. Incremental learning for robust visual tracking ［J］. International Journal of Computer Vision, 2008, 77（1）: 125-141.

［9］ Liu B, Huang J, Yang L, et al. Robust tracking using local sparse appearance model and K-selection ［C］. IEEE Conference on Computer Vision and Pattern Recognition, 2011, 42（7）: 1313-1320.

［10］ Babenko B, Yang M H, Belongie S. Visual tracking with online multiple instance learning ［C］. IEEE International Conference on Computer Vision and Pattern Recognition, 2009: 983-990.

［11］ Zhong W, Lu H, Yang M H. Object Tracking via Sparsity-based Collaborative Model ［C］. IEEE International Conference on Computer Vision and Pattern Recognition, 2012: 1838-1845.

［12］ Hare S, Saffari A, Torr P. Struck: structured output tracking with kernels ［C］. IEEE International Conference on Computer Vision and Pattern Recognition, 2011: 263-270.

［13］ Kalal Z, Mikolajczyk K, Matas J. Tracking-Learning-Detection ［J］. IEEE Transactions on Pattern Analysis and Machine Intelligence, 2012, 34（7）: 1409-1422.

［14］ Kwon J, Lee K. Visual Tracking Decomposition ［C］. IEEE International Conference on Computer Vision and Pattern Recognition, 2010: 1269-1276.

［15］ Kwon J, Lee K M. Tracking by Sampling Trackers ［C］. IEEE International Conference on Computer Vision, 2011: 1195-1202.

［16］ Wu Y, Lim J, Yang M H. Online Object Tracking: A Benchmark ［C］. IEEE Conference on Computer Vision and Pattern Recognition, 2013: 2411-2418.

［17］ Dinh T B, Vo N, Medioni G. Context Tracker: Exploring Supporters and Distracters in Unconstrained Environments ［C］. IEEE Conference on Computer Vision and Pattern Recognition, 2011, 32（14）: 1177-1184.

第8章

基于图的半监督目标跟踪算法

8.1 引言

判别式目标建模方法是视觉目标跟踪中重要的目标建模方式。然而，如果缺乏足够的目标和背景标记样本提供分类器学习，分类器的性能将下降，从而导致跟踪精度降低。半监督分类方法不仅利用有限的标记样本，而且综合考虑包括标记样本和未标记样本在内的样本集的内在结构特征，从而提高在标记样本有限的情况下的分类准确率。图 8-1 说明了未标记样本在学习过程中如何帮助我们调整分类决策[1]。想象一个情况，给定两个标记样本：一个正样本和一个负样本。这时如果采用二分类器，如图 8-1（a）所示，最好的选择自然是线性分离器。如图 8-1（b）所示，如果另外还获得了许多额外的未标记样本，这时必须重新评估之前的分类模型。数据的分布特点更多地考虑最合适的分类器应该是圆形的决策面。

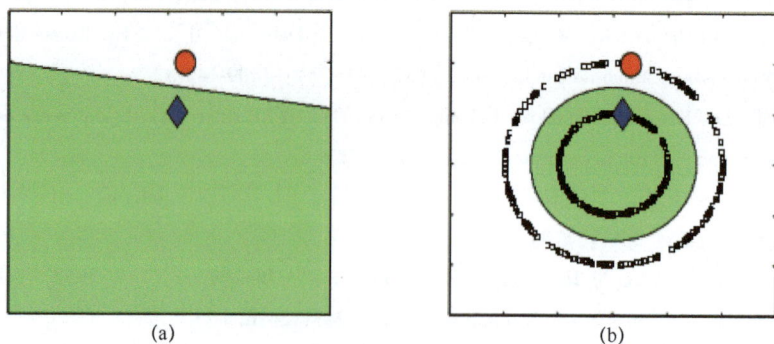

(a)   (b)

图 8-1　未标记的样本在学习过程中作用

在视觉目标跟踪中，因为目标和背景的动态变化，要获取充足而准确的反映目标（或背景）信息的标记样本是比较困难的。但由于目标和背景之间具有一定的差别，因此可以借助大量既包含有目标又包含有背景的未标记样本的内在结构特征来提高在标记样本有限条件下的分类准确率，从而提高跟踪的精度。目前，大部分判别式跟踪方法仅利用了有限的标记样本进行监督学习，而忽视了大量作为未标记样本的候选区域所提供的信息，影响了跟踪的鲁棒性和精确性。

　　基于图的方法是一种非常重要的半监督学习方法。该类方法利用标记数据和未标记数据构建图结构，并且根据图上的邻接关系将标记从有标记样本向未标记样本传播。根据标记传播方式的不同，可将基于图的半监督学习方法分为两大类，一类是通过定义满足某种性质的标记传播方式来实现显式的标记传播，如基于高斯随机场与谐函数的标记传播[2]、基于全局和局部一致性的标记传播[3]等；另一类则是通过定义在图上的正则化项实现隐式的标记传播，如通过定义流形正则化项，迫使类别预测函数对图相互靠近的样本输出相似的类别信息，从而将标记从有标记样本隐式地传播至未标记样本[1]。

　　基于图的方法是一种重要的半监督学习方法，能有效利用标记样本和未标记样本的综合信息，已经在维数约简、音素识别、人脸识别、图像分类、一般分类问题中得到广泛运用。文献［4］和文献［5］虽然都将基于图的学习方法应用到目标跟踪中，然而它们主要是利用基于图的监督或半监督方法来学习目标的子空间模型。文献［4］仅利用了标记样本，文献［5］虽然利用了非标记样本，然而仅作为权衡项用以得到更好的投影矩阵，因此文献中所有样本之间的相似度被统一设置为相同值，并没有反映出样本集（包括标记和非标记样本）的内在结构特征，这与半监督学习方法的思想存在差别。

　　本章提出一种基于图的半监督跟踪算法，充分利用包含标记和未标记样本的样本集的内在结构特征提高跟踪精度。首先，在前若干帧中利用跟踪结果收集表征目标的正样本和表征背景的负样本。为了同时保留目标的当前特征和长期特征，分别采用不同的方法选择和更新短期正样本和长期正样本。当新一帧到达时，通过以粒子滤波为基础的目标运动模型进行采样得到候选区域作为未标记样本。然后，借助基于部件的思想，将每个标记或未标记样本均以相同的方式分为若干部件。所有样本对应部件的集合构成一个部件集合，代表空间中的一个特定部分。为每个部件集构建一张图，并在该图上独立运用基于图的半监督分类方法，获得未标记样本与标记样本在该部件上的相似度。各部件的相似度最终被融合，并将获得最高相似度的未标记样本作为跟踪结果。最后，新的跟踪结果将更新短期正样本集合，而长期正样本则通过类似人类记忆机制的方式进行更新。

8.2　背景知识

8.2.1　基于图的半监督学习

　　给定一个数据集 $X = \{x_i\}_{i=1}^{n}$，其中前 l 个是标记样本 $\{(x_i, y_i)\}_{i=1}^{l}$，其余的 $n - l$ 个是未标记样本 $\{x_i\}_{i=l+1}^{n}$。$y_i = (y_{ij})_{j=1}^{c}$ 是标签向量，c 表示类别数量，$y_{ij} = 1$ 表

示样本 x_i 属于第 j 类，反之则 $y_{ij}=0$。定义一个无向图为 $G=(V,E)$，其中，$V=\{v_i\}_{i=1}^n$ 是图中 n 个节点的集合，每个节点 $v_i \in V$ 一一对应于一个样本点 $x_i \in X$，$E=\{e_{ij}\}_{i,j=1}^n$ 是边的集合，e_{ij} 是连接第 i 个节点和第 j 个节点的边，每条边 e_{ij} 都与一个权值 w_{ij} 相连接。权值 w_{ij} 用来反映两个节点之间的相似或相异程度，通常用一个相似性函数如 RBF 核来定义。常见的图构造方法有 K 近邻图和 ε 近邻图[8]。令 $L=\{(x_i,y_i)\}_{i=1}^l$ 和 $U=\{x_i\}_{i=1}^{n-l}$ 来分别表示已标注样本和未标注样本。

基于图的半监督学习可以看作在图上估计一个分类函数 $f=(f_i)_{i=1}^n$，$f_i=(f_{ij})_{j=1}^c$，表示样本 x_i 属于第 W_w 类的概率，f 满足以下两个条件：①使得标记样本的预测标签值与给定的标签值尽可能接近；②必须在整个图上保持足够的平滑性。这两个条件可以分别通过定义损失函数和正则式来表示。不同的方法采用不同的损失函数和正则式，常用的方法有调和函数[2]、局部与全局一致[3]、流形正则化[1]等。

文献［6］将半监督学习看作图的最小割问题。在只考虑两类分类问题（标注为正或负）的情况下，将正类样本看作"源"，而将负类样本看作"阱"。学习的目标是寻找具有最小权重和的边集，以切除从"源"到"阱"之间的所有连接。接着，将所有与"阱"相连的未标记样本标记为负类，而所有与"源"相连的未标记样本标记为正类。其相应的优化函数由两部分组成——损失函数和正则算子。其中，损失函数对错误标记样本进行惩罚，是一个加上无穷大权重系数的平方能量函数，即 $\sum_{i \in L} \infty (f_i - y_i)^2$，这样保证所有标记样本的标记值都固定在它们给定的标记值上。正则算子如下：

$$\frac{1}{2} \sum_{i,j} w_{ij} (f_i - f_j)^2 \tag{8-1}$$

它保证相邻的样本之间具有足够相似的标记值，这使得图上节点集的标记分布具有足够的光滑性。将损失函数和正则算子结合在一起，就得到如下目标函数：

$$\begin{cases} f^* = \underset{f}{\mathrm{argmin}} \left(\sum_{i \in L} \infty (f_i - y_i)^2 + \frac{1}{2} \sum_{i,j} w_{ij} (f_i - f_j)^2 \right) \\ \text{s.t.} \quad f_i \in \{0,1\}, \forall i \end{cases} \tag{8-2}$$

式中，y_i 为标注样本的真实标注值；f_i 为预测标注值。这种最小割方法的问题在于只给出了一个没有置信度的"硬"分类（非正即负），因此无法得到封闭形式的唯一解。

文献［2］提出了基于高斯随机场和调和函数的方法，其相应的框架也由一个带有无穷大权重系数的平方损失函数和正则算子组成。不同之处在于，Zhu 的方法采用连续状态空间上的高斯随机场，将预测标注值松弛到实数域，而不是标注在离散标注集上（值取 0 或 1），从而保证能得到一个封闭形式的唯一解，即：

$$\underset{f}{\arg\min} \sum_{i=1}^{l} \infty (f_i - y_i)^2 + \frac{1}{2} \sum_{i,j} w_{ij} (f_i - f_j)^2 \tag{8-3}$$

式中，$\sum_{i,j} w_{ij} (f_i - f_j)^2 / 2 = f^{\mathrm{T}} L f$ 保证了邻近样本点的标记相似。其中，$L = D - W$ 是图的拉普拉斯矩阵，$W \{w_{ij}\}_{i,j=1}^{n}$ 是权值矩阵；D 是一个对角矩阵，其对角元素 $D_{ii} = \sum_{i,j} w_{ij}$ 表示图中节点的度。要想证明上述最优化问题有比较简单的封闭形式的唯一解，可以用矩阵方法或迭代方法进行求解，并且求得的解是一个调和函数解，因此有很多良好的性质。

　　文献［3］提出了一种基于局部和全局一致性的方法。其相应的正则化框架如式（8-4）所示：

$$\frac{1}{2} \left(\sum_{i=1}^{n} \mu (f_i - y_i)^2 + \sum_{i,j} w_{ij} \left(\frac{1}{\sqrt{D_{ii}}} f_i - \frac{1}{\sqrt{D_{ii}}} f_j \right)^2 \right)$$

$$= \frac{1}{2} \sum_{i=1}^{n} \mu (f_i - y_i)^2 + f^{\mathrm{T}} D^{-1/2} \Delta D^{-1/2} f \tag{8-4}$$

$$= \frac{1}{2} \sum_{i=1}^{n} \mu (f_i - y_i)^2 + f^{\mathrm{T}} L f$$

式中，μ 是正则参数。式（8-4）等号右边的第一项是拟合约束，与 Blum 和 Zhu 中的硬约束不同，这里采用软约束说明一个好的分类函数应当与初始的标注分配相差很小，从而使得算法对已知的错误标注具有一定的容错能力。等号右边的第二项是平滑约束，也就是正则算子，它说明相邻的样本点应该具有相似的标注值，不过它采用了归一化的拉普拉斯算子 L。

　　Belkin 提出了两种正则化框架[1]，即 Tikhonov 正则化和插值正则化，分别如式（8-5）和式（8-6）所示：

$$\begin{cases} f^* = \underset{f}{\arg\min} \frac{1}{k} \sum (f_i - y_i)^2 + \gamma f^{\mathrm{T}} S f \\ \text{s. t. } \sum f_i = 0 \end{cases} \tag{8-5}$$

式中，$\gamma \in \Re$；S 是一个平滑矩阵，如 $S = L$；k 是采样点数。

$$\begin{cases} f^* = \underset{(f = y_1, \cdots, y_k, f_{k+1}, \cdots, f_n)}{\arg\min} f^{\mathrm{T}} S f \\ \text{s. t. } f(x_i) = y_i, 1 \leq i \leq k \end{cases} \tag{8-6}$$

式中，S 与 k 同式（8-5）。

　　从上面两式可以看出，前者使用了软约束；后者使用了硬约束。Belkin 在此基础上提出了流形正则化。根据流形正则化理论，在高维空间中，数据一般被认为内嵌于低维的流形之上，特别是在输入数据维数较高的情况下。Belkin 提出相应的求解框架如下：

$$f^* = \underset{f \in H_k}{\mathrm{argmin}}\ \frac{1}{l}\sum_{i=l}^{l} V(\boldsymbol{x}_i, \boldsymbol{y}_i, f) + \gamma_A \|f\|_K^2 + \gamma_l \|f\|_l^2 \tag{8-7}$$

8.2.2 局部敏感判别分析方法

局部敏感判别分析方法（Local Sensitive Discriminant Analysis）是文献 [7] 提出的一种特征选择的方法。已知一个由 m 个标记样本构成的数据集 $\boldsymbol{X} = \{\boldsymbol{x}_1, \boldsymbol{x}_2, \cdots, \boldsymbol{x}_m\} \subset R^n$，$y_i$ 为样本 $\boldsymbol{x}_i$ 的标签。对任一样本 $\boldsymbol{x}_i$，其 k 邻域被分为两个子集 $N_w(\boldsymbol{x}_i)$ 和 $N_b(\boldsymbol{x}_i)$，$N_w(\boldsymbol{x}_i)$ 由与 x_i 具有相同标签的样本组成，称为类内邻域；$N_b(\boldsymbol{x}_i)$ 则由具有其他标签的样本组成，称为类间邻域。首先利用 $N_w(\boldsymbol{x}_i)$、$N_b(\boldsymbol{x}_i)$ 构建类内图 G_w 和类间图 G_b，$\boldsymbol{W}_w$ 和 $\boldsymbol{W}_b$ 分别是类内图和类间图的权值矩阵。

$$w_{b,ij} = \begin{cases} 1, & \boldsymbol{x}_i \in N_b(\boldsymbol{x}_j)\ \text{或}\ \boldsymbol{x}_j \in N_b(\boldsymbol{x}_i) \\ 0, & \text{其他} \end{cases} \tag{8-8}$$

$$w_{w,ij} = \begin{cases} 1, & x_i \in N_w(x_j)\ \text{或}\ x_j \in N_w(x_i) \\ 0, & \text{其他} \end{cases} \tag{8-9}$$

设 $\boldsymbol{a}$ 是一个投影向量，令 $\boldsymbol{y} = (y_1, y_2, \cdots, y_m)^{\mathrm{T}}$，则 $\boldsymbol{y}^{\mathrm{T}} = \boldsymbol{a}^{\mathrm{T}}\boldsymbol{X}$。局部敏感判别分析方法就是寻找一个映射 $\boldsymbol{a}$ 能在每个局部邻域内最大化不同类别数据之间的分离边界：

$$\min \sum_{i,j} (y_i - y_j)^2 w_{w,ij} \tag{8-10}$$

$$\max \sum_{i,j} (y_i - y_j)^2 w_{b,ij} \tag{8-11}$$

令 $\boldsymbol{D}_w$ 是图 G_w 对应的度，$\boldsymbol{D}_{w,ii} = \sum_j w_{w,ij}$。考虑到 $\boldsymbol{D}_w$ 应该尽可能地低，因此增加一个约束：$\boldsymbol{y}^{\mathrm{T}}\boldsymbol{D}_w\boldsymbol{y} = 1 \Rightarrow \boldsymbol{a}^{\mathrm{T}}\boldsymbol{X}\boldsymbol{D}_w\boldsymbol{X}^{\mathrm{T}}\boldsymbol{a} = 1$。通过求解以下最优化问题可以找到最佳投影矩阵 $\boldsymbol{a}$。

$$\begin{cases} \underset{\boldsymbol{a}}{\mathrm{argmax}}\ \boldsymbol{a}^{\mathrm{T}}\boldsymbol{X}(\alpha \boldsymbol{L}_b + (1 - \alpha)\boldsymbol{W}_w)\boldsymbol{X}^{\mathrm{T}}\boldsymbol{a} \\ \text{s. t.}\quad \boldsymbol{a}^{\mathrm{T}}\boldsymbol{X}\boldsymbol{D}_w\boldsymbol{X}^{\mathrm{T}}\boldsymbol{a} = 1 \end{cases} \tag{8-12}$$

式中，类间图 G_b 对应的度为 $\boldsymbol{D}_b$；$\boldsymbol{L}_b = \boldsymbol{D}_b - \boldsymbol{W}_b$ 是类间图 G_b 的拉普拉斯矩阵；α 是一个合适的常数，且 $0 \leqslant \alpha \leqslant 1$。映射矩阵 $\boldsymbol{a}$ 能够通过求解下面的特征方程得到：

$$\boldsymbol{X}(\alpha \boldsymbol{L}_b + (1 - \alpha)\boldsymbol{W}_w)\boldsymbol{X}^{\mathrm{T}}\boldsymbol{a} = \lambda \boldsymbol{X}\boldsymbol{D}_w\boldsymbol{X}^{\mathrm{T}}\boldsymbol{a} \tag{8-13}$$

假设式（8-13）的解为列向量 $\boldsymbol{a}_1, \boldsymbol{a}_2, \cdots, \boldsymbol{a}_d$，分别对应式（8-13）的 d 个最大特征值 $\lambda_1 > \lambda_2 > \cdots > \lambda_d$，则映射变换可以表示为：

$$x_i \rightarrow y_i = \boldsymbol{P}^{\mathrm{T}} x_i \qquad (8\text{-}14)$$

式中，$\boldsymbol{P}^{\mathrm{T}} = (\boldsymbol{a}_1, \boldsymbol{a}_2, \cdots, \boldsymbol{a}_d)$ 为 $n \times d$ 矩阵；y_i 为 d 维向量。

8.3　基于图的半监督目标跟踪

基于图的半监督目标跟踪算法基本流程如图 8-2 所示。主要步骤包括：①在前几帧中分别采样目标和背景的模板；②依据粒子滤波在当前帧采样若干候选区域；③对于这些模板和候选区域按空间位置分成几个相互重叠的子块，这些子块按对应位置构建若干图；④在每张图上，采用基于图的半监督学习对模板和候选区域之间的相似度进行独立评价；⑤结合不同位置子块的相似度得到每个候选区域总体的相似度，将具备最高相似度的候选区域作为新的目标位置，并据此采样新目标模板。

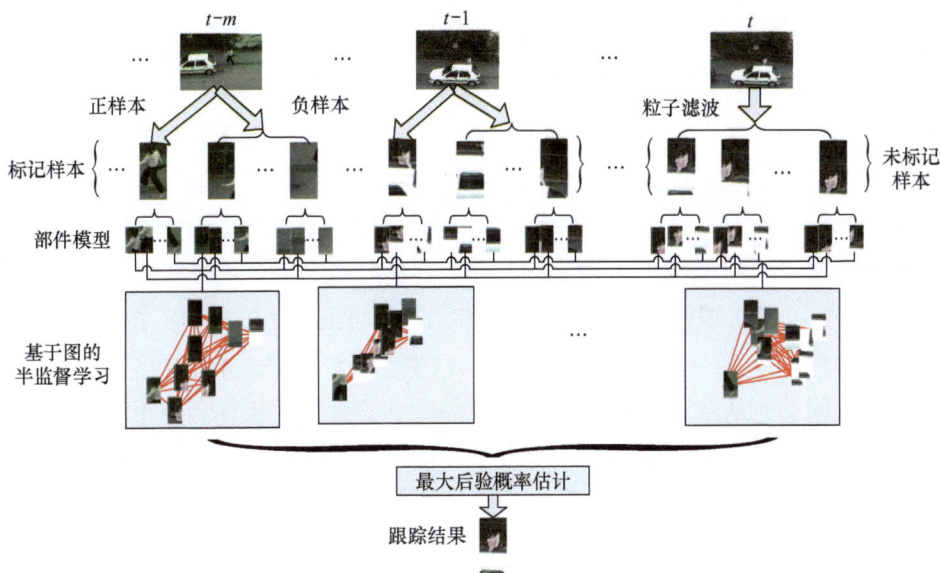

图 8-2　基于图的半监督目标跟踪算法基本流程

与第 2 章类似，目标运动模型仍然以粒子滤波为基础。设第 t 帧中状态为 $s_t = (px_t, py_t, \theta_t, c_t, \beta_t, \phi_t)$，其中 (px_t, py_t) 表示中心位置，θ_t 表示旋转角度，c_t 表示尺度因子，β_t 表示纵横比，ϕ_t 表示扭曲方向。

8.3.1　样本集的构建

图的节点集既包含标记样本，又包含待分类的未标记样本。标记样本包括表征目标特征的正样本和表征背景特征的负样本，一般根据以往的跟踪结果得到，而未标记样本则根据目标的运动模型采集若干候选区域得到。在基于在线学习的目标跟踪方法中，表征目标特征的正样本是目标跟踪的直接依据，决定了跟踪的准确度，因此对正样本进行及时准确的更新是非常重要的。然而，若正样本更新太快，则样本仅能反映目标的近期特征，从而容易受目标的短暂形变或旋转等因素的影响，从而丢失目标长期稳定的特征，最终造成目标的丢失；若更新太慢，则样本可能无法反映目标的最新状态，从而造成跟踪误差，随着误差的累计可能导致目标丢失。因此，算法将正样本分为两类：短期正样本和长期正样本。短期正样本注重反映目标变化较快的当前状态，而长期正样本注重反映目标相对稳定的长期状态，两者在选择和更新机制上都有差别。

令以 $s_a^{(i)} = (px_a^{(i)}, py_a^{(i)}, \theta_a^{(i)}, c_a^{(i)}, \beta_a^{(i)}, \varphi_a^{(i)})$ 为仿射变换参数在第 a 帧中提取的子图像区域为样本 I_i，$o_a(s_a^{(i)}) = (px_a^{(i)}, py_a^{(i)})$ 表示样本 I_i 的位置。设第 $t-1$ 帧中目标的状态为 $\hat{s}_{t-1}$，其位置为 $o_{t-1}(\hat{s}_{t-1}) = (p\,\hat{x}_{t-1}, p\,\hat{y}_{t-1})$，则在第 $t-1$ 帧中，以 $\hat{s}_{t-1}$ 为仿射变换参数提取的子图像作为该帧唯一的正样本$(I^+, +1)$。因此，从第 $t-m$ 帧开始到第 $t-1$ 帧可获取 m 个正样本构成短期正样本集 $I^+ = \{(I_i^+, +1)\}_{i=1}^m$。同时在当前帧中以 $o_{t-1}(\hat{s}_{t-1})$ 为中心内外径分别为 r 和 β 的环形区域内随机地提取 n 幅子图像作为代表背景的负样本，构成负样本集 $I^- = \{(I_i^-, -1)\}_{i=1}^n$。

对于长期正样本，算法建立一个正样本库收集在一个较长时间区间 T（$T \gg m$）内目标的所有跟踪结果 $A^+ = \{(I_i^+, +1)\}_{i=1}^T$，并为其中每个正样本关联一个显著度指标 $\rho(I_i^+)$。每次跟踪结束后，新的跟踪结果一方面作为唯一的正样本用于更新短期正样本集 I^+，另一方面加入正样本库 A^+ 中，同时根据样本库中各样本与当前跟踪结果之间的关系重新计算样本库中每个样本的显著度指标。与短期正样本每帧更新一次不同，长期正样本间隔若干帧更新一次。当需要更新时，算法依据显著度指标从正样本库中选择最常见，也就是显著度最高的，M 个正样本组成长期正样本集 $I^p = \{(I_i^p, +1)\}_{i=1}^M$。短期正样本集 I^+、长期正样本集 I^p 和负样本集 I^- 共同构成了标记样本集 $I^L = I^+ \cup I^p \cup I^-$。

此外，利用粒子滤波在当前帧中采样 N 个候选区域得到未标记样本集 $I^U = \{I_i^u\}_{i=1}^N$。

如图 8-3 所示，算法采集了反映目标当前状态的短期正样本、反映目标稳定状态的长期正样本，以及反映背景信息的负样本，分别显示在图 8-3 的第二行、第三行及第四行。如图 8-3 所示，短期正样本反映了目标被遮挡的状态，而长期正样本则反映了目标的完整状态。这种机制有效地处理了遮挡和平面外旋转等短期变化给目标跟踪带来的困难。

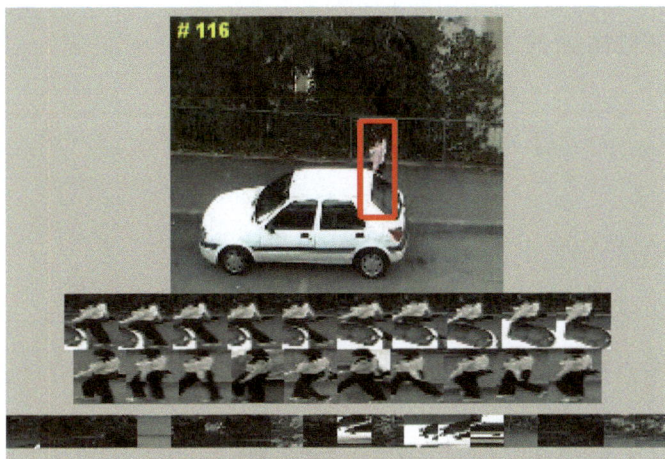

图 8-3　反映目标当前状态的短期正样本、反映目标稳定状态的长期正样本和反映背景信息的负样本

8.3.2　基于部件的目标表示

为提高跟踪的精度，采用基于部件的目标表示模型。通过部件模型引入空间信息，可以有效处理部分遮挡或形变等问题。每个标记样本和未标记样本均采用相同的方式被分割成多个部件。每个部件都代表样本空间上的特定部位，通过在不同部件上独立计算相似度可以提高算法的空间分辨率。将所有样本对应位置上的部件共同构成了一个部件集，为每个部件集单独构建一张图，并利用基于图的半监督分类方法在每张图上独立计算判决分数。这些判决分数代表了未标记样本与标记样本之间在特定部位上的相似度，最终各部件的判决分数被融合并给出总体的判决分数。

令 $l = m + M + n$ 表示标记样本集 I^L 的数量。对于标记样本集和未标记样本集中任一样本 $\forall I_i \in I^L \cup I^U, i = 1, \cdots, l + N$，首先将样本均归一化为 32×32，再以步长 sp 将 I_i 划分为 K 个大小为 $pw \times ph$ 的部分重叠的部件，并将它们转换为 $d = pw \times ph$ 维矢量 $\{b_{ik}\}_{k=1}^{K}$。设 $c(I_i)$ 表示 I_i 的标记，对于正样本，$c(I_i) = +1$；对于负样本，$c(I_i) = -1$。标记样本的每个部件 $\{b_{ik}\}_{k=1}^{K}$ 与标记样本 I_i 本身具有相同的标记 $c(I_i)$。所有样本对应的部件构成一个部件集合 B_k，$k = 1, \cdots, K$，共 K 个部件集合，即，

$$
\begin{aligned}
B_k &= \{(\boldsymbol{b}_{1k}, y_{1k}), \cdots, (\boldsymbol{b}_{lk}, y_{lk}), \boldsymbol{b}_{(l+1)k}, \cdots, \boldsymbol{b}_{(l+N)k}\} \\
&= \{(\boldsymbol{b}_{1k}, c(\boldsymbol{I}_1)), \cdots, (\boldsymbol{b}_{lk}, c(\boldsymbol{I}_l)), \boldsymbol{b}_{(l+1)k}, \cdots, \boldsymbol{b}_{(l+N)k}\}
\end{aligned} \tag{8-15}
$$

对于每个部件集合 B_k，令 $B_k^L = \{(\boldsymbol{b}_{ik}, c(\boldsymbol{I}_i))\}_{i=1}^{l}$ 表示该部件集合中标记样本的

集合。以 B_k^L 作为数据集，运用局部敏感判别分析方法进行特征选择，得到投影矩阵 $\boldsymbol{P}_k$。用投影矩阵 $\boldsymbol{P}_k$ 对部件集合 B_k 进行特征选择得到：

$$
\begin{aligned}
B_k' &= \{(\boldsymbol{b}_{1k}', y_{1k}), \cdots, (\boldsymbol{b}_{lk}', y_{lk}), \boldsymbol{b}_{(l+1)k}', \cdots, \boldsymbol{b}_{(l+N)k}'\} \\
&= \{(\boldsymbol{P}_k \cdot \boldsymbol{b}_{1k}, c(\boldsymbol{I}_1)), \cdots, (\boldsymbol{P}_k \cdot \boldsymbol{b}_{lk}, c(\boldsymbol{I}_l)), \boldsymbol{P}_k \cdot \boldsymbol{b}_{(l+1)k}, \cdots, \boldsymbol{P}_k \cdot \boldsymbol{b}_{(l+N)k}\}
\end{aligned}
$$

$$(8\text{-}16)$$

8.3.3 基于图的半监督跟踪

算法为每个部件集合 B_k' 单独构建一张全连接图 $G_k = (V_k, E_k), k = 1, \cdots, K$，共 K 张图。其中，节点集即投影后该部件的集合 $V_k = B_k'$，E_k 中各边的权值采用高斯核函数：

$$w_{k,ij} = \exp(-\parallel \boldsymbol{b}_{ik}' - \boldsymbol{b}_{jk}' \parallel^2 / \delta^2) \tag{8-17}$$

式中，$\delta = 1$ 为核函数窗宽。

对于每张图 G_k，定义一个实值函数 $\boldsymbol{f}_k = [f_{1k}, \cdots, f_{lk}, \cdots, f_{(l+N)k}]^\mathrm{T}: V_k \rightarrow \mathbf{R}$。运用基于图的半监督分类方法可得：

$$
\begin{cases}
\min E(\boldsymbol{f}_k) = \dfrac{1}{2} \sum_{i,j} w_{k,ij}(f_{ik} - f_{jk})^2 = \dfrac{1}{2} \boldsymbol{f}_k^\mathrm{T} \boldsymbol{L}_k \boldsymbol{f}_k \\
\text{s. t.} \quad f_{ik} = y_{ik}, i = 1, \cdots, l
\end{cases}
\tag{8-18}
$$

式中，$\boldsymbol{L}_k = \boldsymbol{D}_k - \boldsymbol{W}_k$ 是图 G_k 的 Laplacian 图；$\boldsymbol{D}_k$ 是图 G_k 的度；$\boldsymbol{W}_k = \{w_{k,ij}\}_{i,j=1}^{l+N}$ 是权值矩阵。将 $\boldsymbol{L}_k$ 从 l 行列 l 之后分解：$\boldsymbol{L}_k = \begin{bmatrix} \boldsymbol{L}_{k,\mathrm{LL}}, & \boldsymbol{L}_{k,\mathrm{LU}} \\ \boldsymbol{L}_{k,\mathrm{UL}}, & \boldsymbol{L}_{k,\mathrm{UU}} \end{bmatrix}$，类似地，$\boldsymbol{f}_k = [\boldsymbol{f}_{k,L}, \boldsymbol{f}_{k,U}]^\mathrm{T}$，其中 $\boldsymbol{f}_{k,L} = [f_{1k}, \cdots, f_{lk}]^\mathrm{T}$，$\boldsymbol{f}_{k,U} = [f_{(l+1)k}, \cdots, f_{(l+N)k}]^\mathrm{T}$。根据调和函数法，得式（8-18）的闭式解为：

$$\boldsymbol{f}_{k,U} = -\boldsymbol{L}_{k,\mathrm{UU}}^{-1} \boldsymbol{L}_{k,\mathrm{LU}} \boldsymbol{f}_{k,L} \tag{8-19}$$

$\boldsymbol{f}_{k,U}$ 表示在第 k 部件上未标记样本与标记样本之间的相似程度。在 K 张不同图上独立运行基于图的半监督方法，从而得到未标记样本与标记样本在不同部件上的相似度。

最终所有不同部件的相似度将进行融合，得到未标记样本与标记样本的总体相似度，并取得最高相似度的未标记样本作为跟踪的结果。

$$\hat{\boldsymbol{s}}_t = \underset{\boldsymbol{s}_t^{(i)}}{\arg\max}\, p(\boldsymbol{s}_t^{(i)} \mid \boldsymbol{Z}_{1:t}) \propto \underset{\boldsymbol{s}_t^{(i)}}{\arg\max} \sum_{k=1}^{K} \boldsymbol{f}_{k,U}/K \tag{8-20}$$

8.3.4 图的更新

为了适应跟踪过程中目标和背景的动态变化，图结构必须定期更新。如前所述，适度的更新机制对于目标跟踪是非常重要的，更新太快或太慢都可能导致目标丢失。因此，算法将正样本分为短期正样本和长期正样本。短期正样本表征目标的当前状态，而长期正样本则尽可能地保持目标的长期状态。为此，算法通过引入显著度指标简单地模拟人的记忆功能。当物体经常以某种状态出现时，人类对该状态的记忆会因为反复刺激而不断加深，也说明这种状态是物体的长期状态。当物体的某种状态长时间不再出现时，人类会因为缺乏刺激而逐渐遗忘这种状态，这种状态是物体的短期状态。算法通过构建正样本库并为库中每个样本关联模拟记忆机制的指标即显著度指标，从而达到选择"最常见"的正样本作为长期正样本的目的。

设以新跟踪结果 $\hat{s}_t = (\hat{px}_t, \hat{py}_t, \hat{\theta}_t, \hat{c}_t, \hat{\beta}_t, \hat{\phi}_t)$ 为仿射变换参数在当前帧中提取的子图像为 I^*。每当 $\hat{s}_t$ 确定后，算法将 I^* 作为新的正样本加入短期正样本集 I^+ 中，并将短期正样本集中最老的样本移除，同时在以 $o_t(\hat{s}_t)$ 为中心的环形区域内随机采样若干背景样本作为负样本替换原有的负样本集合 I^-。另外，I^* 将加入正样本库 A^+ 中，并按以下规则更新库中每个样本的显著度指标 $\rho(I_i^+), i = 1, \cdots, T$。按像素计算样本库中每个样本 I_i^+ 与新跟踪结果 I^* 之差的平方和 $\sum(I_i^+ - I^*)^2$。将所得的和值按降序进行排列。对排序前 1/3 的样本，显著度指标增加 1；对于排序后 1/3 的样本，其显著度指标减少 1；其余样本的显著度指标维持不变。

8.3.5　算法步骤

由于构建图需要一定数量的节点，因此算法分为两个阶段：初始化阶段和基于图的跟踪阶段。在初始化阶段，利用其他简单的跟踪方法如最近邻法进行跟踪，并根据跟踪结果采集标记样本集初始化图的节点。

1. 初始化阶段

步骤1：从第1帧到第 m 帧，利用最近邻法对目标进行跟踪，所得的跟踪结果作为短期正样本集，并初始化正样本库等于短期正样本集。

步骤2：对于第 m 帧，在围绕跟踪结果的环形区域内随机采样若干与正样本尺寸相等的子区域作为负样本集。

2. 基于图的跟踪阶段

步骤1：从第 $m+1$ 帧开始，在当前帧利用目标运动模型采样若干候选子区域，并将其作为未标记样本集。

步骤2：对每个标记和未标记样本，将其划分为部分重叠的若干部件，并转换为向量。各部件与样本本身具有相同的标签。所有样本对应的部件构成一个部件集合。

步骤 3：对于每个部件集合，利用其中的正样本和负样本，运用局部敏感判别分析方法进行特征选择。

步骤 4：以每个特征选择后的部件集合为节点，将高斯核函数作为权值函数构建全连通图。在每张图上独立运行基于图的半监督分类方法，得到该部件上未标记样本与标记样本之间的相似度。

步骤 5：将不同部件上获得的相似度求平均，并将获得最高相似度的候选区作为跟踪结果。

步骤 6：新的跟踪结果加入短期正样本集，并去除其中最老的样本，同时将跟踪结果加入正样本库，更新其中每个样本的显著度，围绕新的跟踪结果采集负样本，更新负样本集。

步骤 7：对长期正样本，每间隔若干帧进行一次选择更新。当正样本库超过一定规模时，去除其中显著度最低的样本。

8.4 实验研究

为评估本章算法的有效性，进行了三组实验。第一组实验研究两类样本——长期和短期正样本，同时保留目标长期和短期特征的有效性。第二组实验研究特定参数对算法性能的影响。第三组实验则将本章的算法与其他主要目标跟踪算法进行比较。

所有实验均采用中心位置误差和重叠率作为比较指标。每组实验均在 18 个不同序列上独立运行 5 次，实验的最终结果由 5 次实验中去除最好和最坏结果后剩余的 3 次结果取平均值获得。

8.4.1 样本集构建方法分析

前面提到，算法通过保留两种正样本来提高目标样本的正确性——短期正样本注重反映目标变化较快的当前状态，而长期正样本注重反映目标相对稳定的长期状态，两者在选择和更新机制上都有差别。虽然长期正样本保留了关于目标的更多信息，但也增加了算法的时间复杂度。

本组实验对比分析长期正样本引入对算法准确性和执行速度的影响。比较的双方分别是：仅采用短期正样本构建的图（称为方法 1），以及同时利用短期和长期正样本构建的图（称为方法 2）。算法的其他参数都相同：粒子数为 600，短期正样本数 m 为 10，负样本数 n 为 20，长期正样本数 M 为 10，采样负样本的内外环

半径 r 和 β 分别为目标区域的 1 倍、2 倍。对于每个样本，大小统一为 32×32，不再按空间细分部件。短期正样本和负样本每帧均进行更新，长期正样本每 20 帧更新一次，如表 8-1 所示。

表8-1　各算法在不同序列下的性能比较

序列	方法1（仅含短期正样本）			方法2（包含长短期正样本）		
	中心位置误差	重叠率	运行时间	中心位置误差	重叠率	运行时间
animal	226.02	0.15	1.05	5.0002	0.68	0.80
boy	84.316	0.39	0.73	2.5505	0.80	0.82
car11	4.5273	0.68	0.84	2.2628	0.79	0.89
car4	5.0646	0.84	0.84	1.7606	0.89	0.93
couple	157.78	0.08	1.46	11.106	0.57	0.87
david	88.915	0.14	0.88	21.729	0.44	0.90
david3	312.44	0.07	0.77	85.691	0.35	0.72
faceocc1	78.383	0.40	0.95	18.084	0.73	0.90
faceocc2	127.94	0.04	1.02	8.4317	0.62	0.94
football	189.35	0.18	0.85	19.911	0.52	0.92
girl	149.74	0.02	1.07	25.603	0.54	0.91
jumping	149.85	0.03	1.43	6.4360	0.62	0.80
singer1	146.61	0.20	0.76	50.802	0.41	0.77
singer2	146.24	0.09	0.75	169.87	0.08	0.72
sylvster	63.008	0.27	1.04	15.330	0.59	0.92
tiger1	258.72	0.04	1.13	67.791	0.43	0.72
tiger2	227.34	0.03	1.22	81.553	0.24	0.68
woman	175.62	0.05	1.75	133.94	0.11	0.91
平均值	148.44	0.19	1.03	45.688	0.49	0.83

从实验结果来看，在所有的序列中，方法 2 也就是引入长期正样本的方法，都比方法 1 在准确性方面取得明显进步。

8.4.2　图的节点数目对算法影响的分析

算法结果与图的初始化有重要关系，一是受初始化过程中简单跟踪算法性能的影响，二是受图中节点数目的影响。由于跟踪算法种类较多、性能差异较大，不便进行比较，因此主要讨论节点数目对图的影响，初始阶段的跟踪算法统一采用最近邻法。算法参数设置如下：粒子数为 600，负样本数 n 固定为 20，长期正样本数与短期正样本数相同，负样本采样的内外环半径 r 和 β 分别为目标区域的 1 倍、2 倍。对于每个样本，以 8 为步长划分为 9 个大小为 16×16 的部分重叠的部件。短期正样本和负样本每帧均进行更新，长期正样本每 20 帧更新一次。

图 8-4 反映了正样本数量与跟踪结果的关系。从实验结果可以看出，一般而言，算法性能与正负样本的数量没有关系。但对于部分序列（如 david3、jumping、girl、animal、singer2、david 序列），当正样本数量过大时，跟踪误差会显著增大。这是因为当初始化过程中正样本数量过大时，由于多方面的原因难以保证所有正样本都能准确反映目标特征。例如，david 序列中光照的影响使初始跟踪算法丢失了目标，从而影响了正样本集反映目标特征的能力，降低了跟踪的准确性。这一点在 animal、singer2、jumping 序列中就非常明显，大量算法在跟踪开始后不久就丢失了目标（animal 序列从第 7 帧开始，jumping 序列从第 15 帧开始，singer2 序列从第 15 帧开始）。由于在初始化过程中采用简单的最近邻法进行跟踪导致跟踪精度较低，当节点数目太大时，图在初始化过程中错误节点太多，导致算法性能下降。

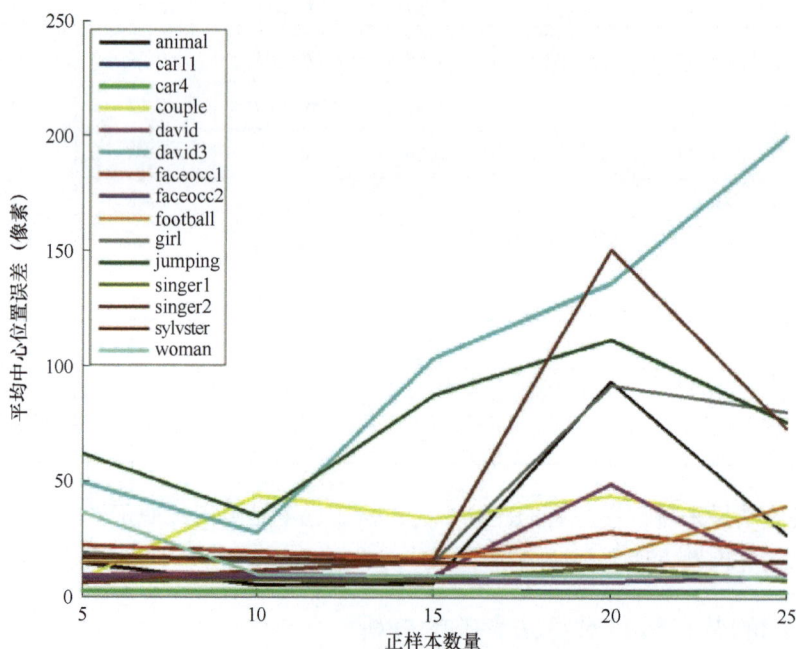

(a) 正样本数量与平均中心位置误差的关系

图 8-4 正样本数量与跟踪结果的关系

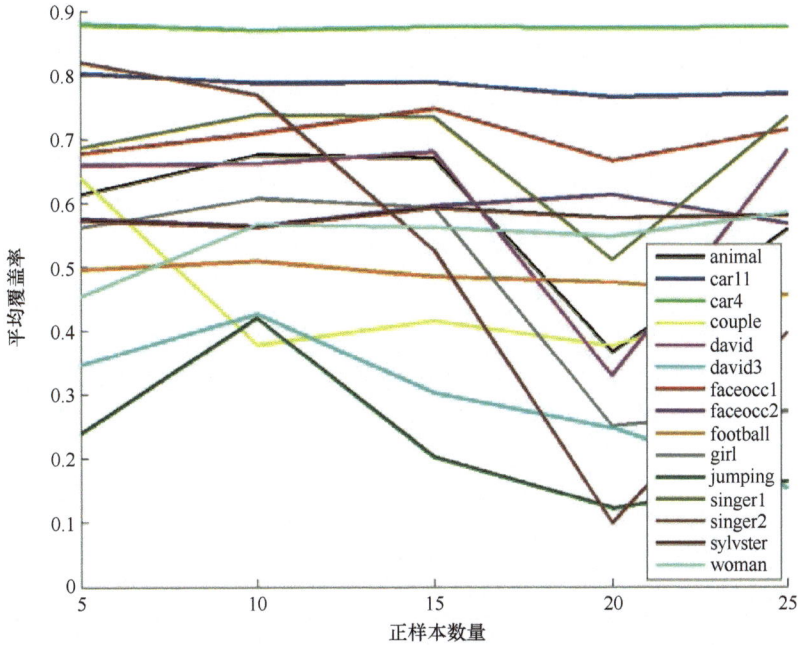

（b）正样本数量与平均重叠率的关系

图 8-4　正样本数量与跟踪结果的关系（续）

8.4.3　与其他算法的比较

所有算法均在相同的参数下运行：粒子滤波中的粒子数为 600，短期正样本数 m 为 10，负样本数 n 为 20，长期正样本数 M 为 10，采样负样本的内外环半径 r 和 β 分别为目标区域的 1 倍、2 倍。对于每个样本，以 8 为步长划分为 9 个大小为 16×16 的部分重叠的部件。短期正样本和负样本每帧均进行更新，长期正样本每 20 帧更新一次。

1. 定量比较

表 8-2 和表 8-3 给出了各算法的平均中心位置误差和平均重叠率。可以看出，本章的算法在大多数实验序列中获得了最优或次优的结果。

表 8-2　各算法在不同序列下的平均中心位置误差　　　　单位：像素

算法 序列	ALSA	CSK	CXT	IVT	LSK	MIL	CSM	Struck	TLD	VTD	VTS	本章算法
animal	160	4.97	6.75	183	98.8	101	104	5.27	98.8	135	221	4.62
boy	106	20.2	7.39	91.3	2.24	12.8	51.0	3.85	4.49	7.57	7.27	11.6
car11	1.54	3.23	16.5	8.43	1.29	43.5	1.30	0.96	27.5	16.5	2.87	2.10

算法 序列	ALSA	CSK	CXT	IVT	LSK	MIL	CSM	Struck	TLD	VTD	VTS	本章算法
car4	2.83	21.0	60.0	4.03	65.4	49.5	1.66	5.48	1.68	36.6	36.6	1.66
couple	123	144	41.8	123	129	34.5	110	11.3	2.54	104	90.9	4.64
david	14.9	21.4	14.6	14.4	17.7	17.7	15.5	49.6	13.5	16.4	15.9	5.69
david3	87.8	56.1	222	51.9	105	29.7	73.1	107	—	66.7	55.6	30.6
faceocc1	78.1	11.9	25.3	18.4	30.4	29.9	13.8	13.0	27.4	20.2	21.3	13.8
faceocc2	21.2	8.58	8.14	9.21	16.2	15.2	10.6	7.93	12.9	9.37	9.64	6.20
football	15.0	16.2	12.8	14.3	14.0	12.1	16.3	17.3	14.3	13.6	13.2	11.1
girl	3.28	19.3	11.0	22.5	29.3	13.7	2.60	2.57	9.79	8.60	8.60	11.3
jumping	46.1	86.0	9.99	61.6	74.6	9.99	65.9	6.55	5.94	41.4	40.1	9.90
singer1	3.39	13.3	11.3	11.3	20.0	16.0	2.69	14.0	8.30	3.82	5.10	4.82
singer2	175	186	164	176	149	22.5	114	174	—	43.7	72.5	4.21
sylvster	15.2	9.92	14.8	34.2	68.4	15.2	7.97	6.30	7.31	19.6	19.4	10.8
tiger1	60.9	82.7	59.5	110	58.4	117	96.6	138	—	111	105	119
tiger2	85.8	59.6	41.4	105	43.8	27.2	141	21.6	—	40.9	40.9	108
woman	139	207	72.0	176	131	125	8.39	4.93	—	119	121	7.96
平均值	61.1	52.0	48.8	68.4	56.8	37.7	44.6	32.6	—	43.3	47.1	17.6

表 8-3　各算法在不同序列下的平均重叠率

算法 序列	ALSA	CSK	CXT	IVT	LSK	MIL	CSM	Struck	TLD	VTD	VTS	本章算法
animal	0.03	0.75	0.70	0.03	0.27	0.12	0.07	0.74	0.27	0.06	0.04	0.68
boy	0.37	0.66	0.54	0.26	0.80	0.49	0.38	0.76	0.66	0.63	0.64	0.59
car11	0.85	0.76	0.57	0.66	0.84	0.20	0.84	0.89	0.45	0.54	0.75	0.79
car4	0.76	0.47	0.31	0.85	0.16	0.26	0.89	0.75	0.90	0.37	0.37	0.89
couple	0.08	0.08	0.48	0.07	0.08	0.50	0.10	0.54	0.77	0.06	0.06	0.64
david	0.52	0.44	0.44	0.47	0.47	0.48	0.51	0.24	0.58	0.51	0.52	0.76
david3	0.43	0.50	0.12	0.48	0.36	0.54	0.40	0.29	—	0.40	0.54	0.50
faceocc1	0.32	0.79	0.64	0.73	0.48	0.60	0.78	0.79	0.58	0.68	0.67	0.79
faceocc2	0.61	0.73	0.71	0.69	0.59	0.63	0.69	0.74	0.62	0.71	0.72	0.61
football	0.53	0.55	0.54	0.56	0.54	0.59	0.48	0.53	0.49	0.56	0.59	0.53
girl	0.71	0.37	0.55	0.17	0.30	0.40	0.68	0.75	0.57	0.55	0.55	0.60
jumping	0.23	0.05	0.52	0.12	0.07	0.52	0.12	0.62	0.66	0.12	0.15	0.54
singer1	0.80	0.38	0.51	0.59	0.36	0.38	0.87	0.38	0.73	0.52	0.52	0.53

（续表）

序列＼算法	ALSA	CSK	CXT	IVT	LSK	MIL	CSM	Struck	TLD	VTD	VTS	本章算法
singer2	0.04	0.04	0.07	0.04	0.09	0.51	0.17	0.04	—	0.41	0.34	0.84
sylvster	0.59	0.63	0.60	0.52	0.23	0.53	0.69	0.72	0.67	0.62	0.63	0.66
tiger1	0.23	0.14	0.20	0.06	0.18	0.05	0.12	0.07		0.07	0.06	0.19
tiger2	0.15	0.17	0.36	2.09	0.35	0.46	0.09	0.54		0.30	0.30	0.21
woman	0.15	0.19	0.20	0.15	0.15	0.16	0.65	0.71	—	0.14	0.13	0.59
平均值	0.41	0.44	0.43	0.35	0.36	0.41	0.49	0.55	—	0.42	0.44	0.61

　　针对不同测试视频的跟踪误差曲线结果对比和重叠率曲线结果对比，分别如图 8-5 和图 8-6 所示（为节省空间，本章算法对应曲线标记为"Part"）。

　　从图中可以看出，本章的算法在 animal、car4、car11、couple、david、faceocc1、faceocc2、football、girl、singer1、singer2、sylvster、woman 序列中取得了不错的跟踪效果。不过在 boy、david3、jumping、tiger1、tiger2 序列中，跟踪效果有待提高。boy 序列从第 105 帧到第 159 帧，以及从第 461 帧到第 500 帧，都有较大误差，重叠率也比较低，主要是受目标快速运动和由运动造成的模糊的影响所导致的。在 david3 序列中，从第 129 帧到第 185 帧，当目标发生平面外旋转时，算法丢失了目标。这也说明，虽然部件模型提高了算法的空间分辨率，使得算法在一些序列中更准确，但鲁棒性并没有提高。不过由于有长期正样本保留了目标完整正确的信息，避免了受目标短期变化影响导致目标丢失给算法造成的不利，算法从第 185 帧之后又找回了目标，并准确跟踪直至序列结束。在 couple 序列中，从第 127 帧开始，算法首先丢失了目标尺寸，然后丢失了目标，不过相比其他算法仍然取得了较好的效果。在 football 序列中，从第 154 帧到第 172 帧算法丢失了目标，不过随后算法又恢复了跟踪。从第 290 帧开始，当绝大多数算法因为另一个和目标非常相似的物体（头盔）与目标碰撞到一起而丢失目标时，本章的算法依然较好地跟踪了目标。在 jumping 序列中，从第 89 帧开始，由于受目标快速运动和由运动造成的模糊的影响，算法丢失了目标。在 tiger1 序列中，从第 76 帧开始，算法错误地跟踪到一个相似的物体（台灯的白光和目标玩具虎的白色嘴唇相似）。在 tiger2 序列中，从第 120 帧开始，由于将一部分的背景作为目标进行跟踪，并且新的跟踪结果错误地更新了短期正样本，虽然有长期正样本帮助维持正确的跟踪结果，但在经过连续多帧的误差积累后，算法最终还是丢失了目标。

　　实验在双核 2.5GHz、2GB 内存的平台上运行，运行环境为 Matlab7.11。表 8-4 给出了算法在不同序列的平均运行时间。

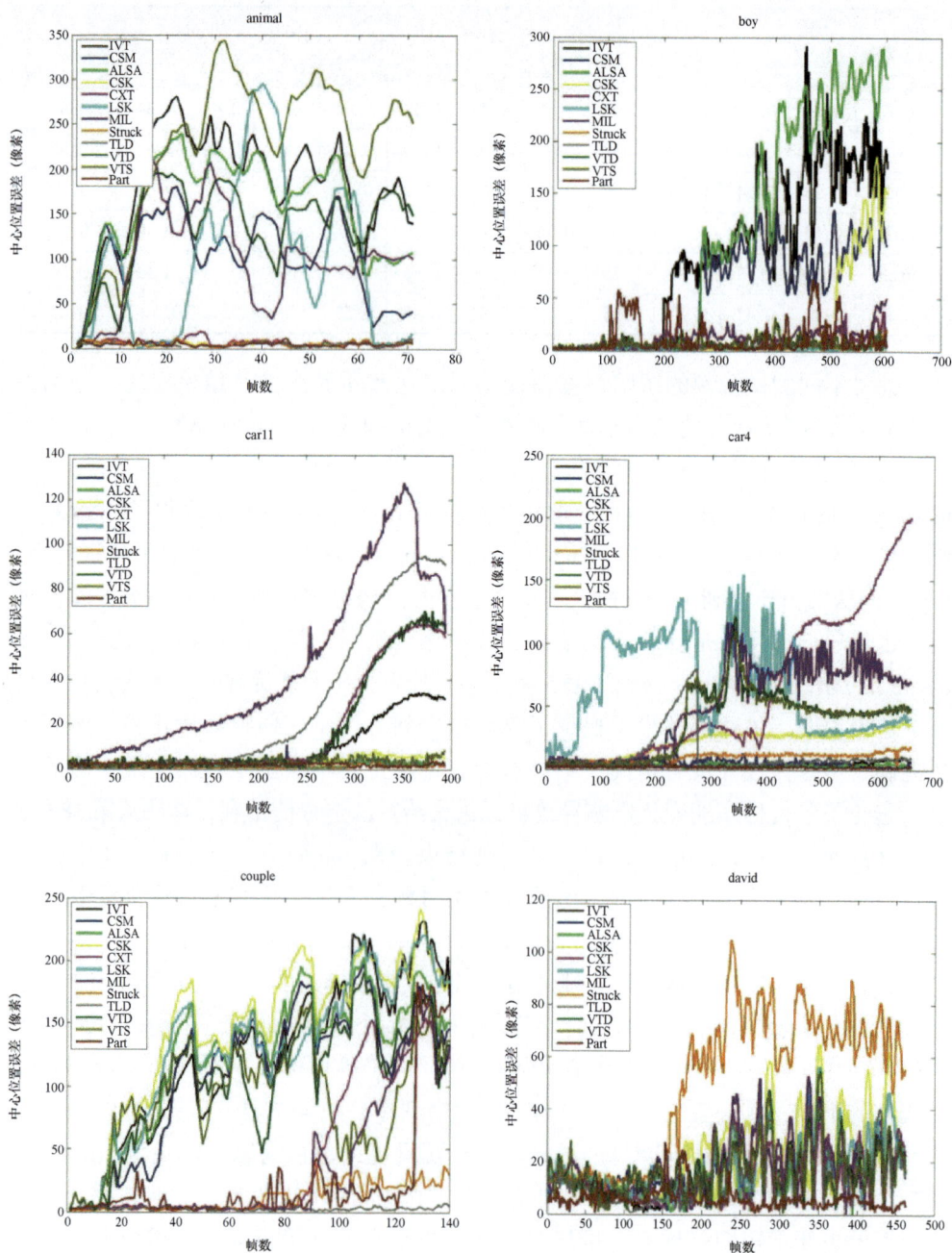

图 8-5　针对不同测试视频的跟踪误差曲线结果对比

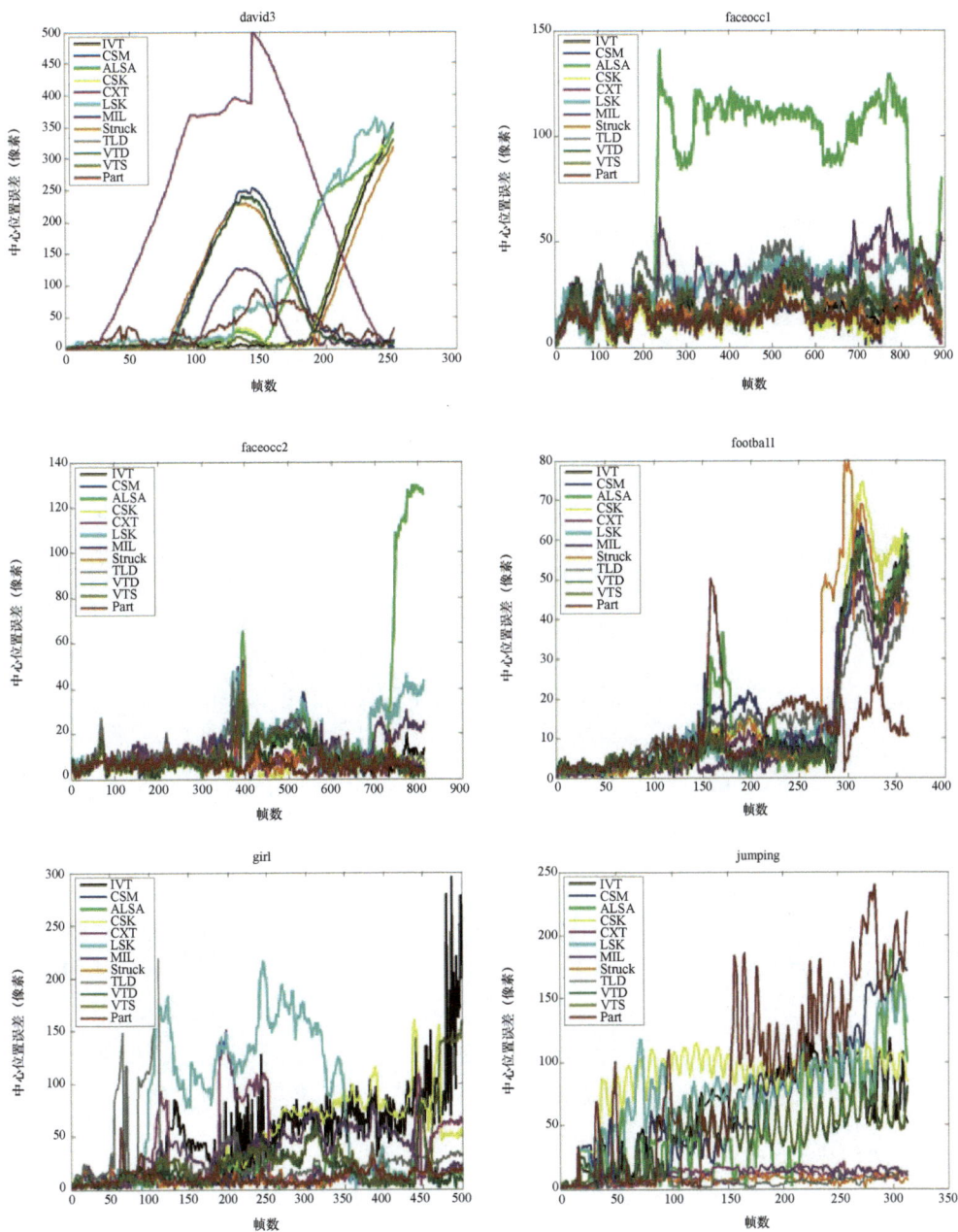

图 8-5 针对不同测试视频的跟踪误差曲线结果对比（续）

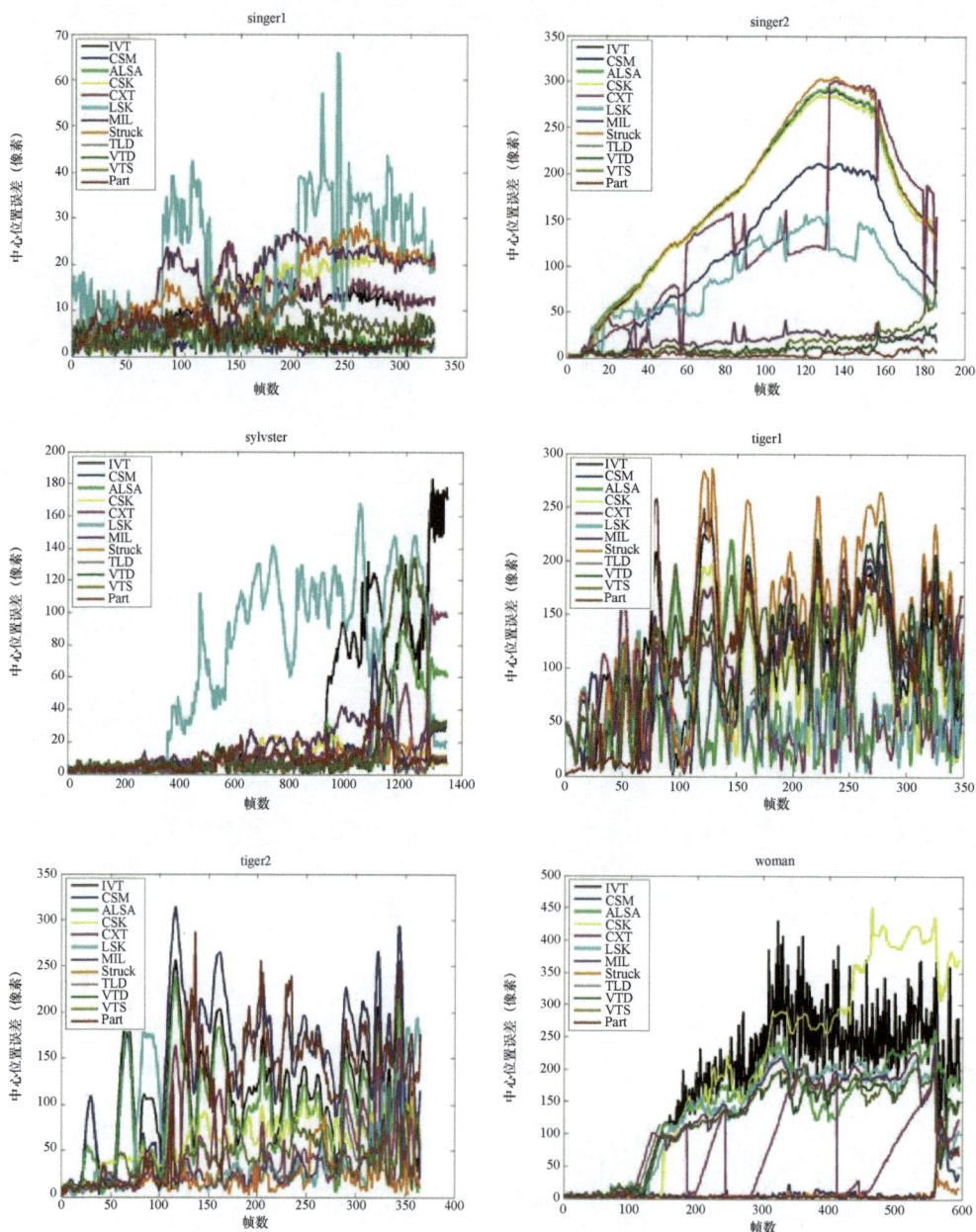

图 8-5　针对不同测试视频的跟踪误差曲线结果对比（续）

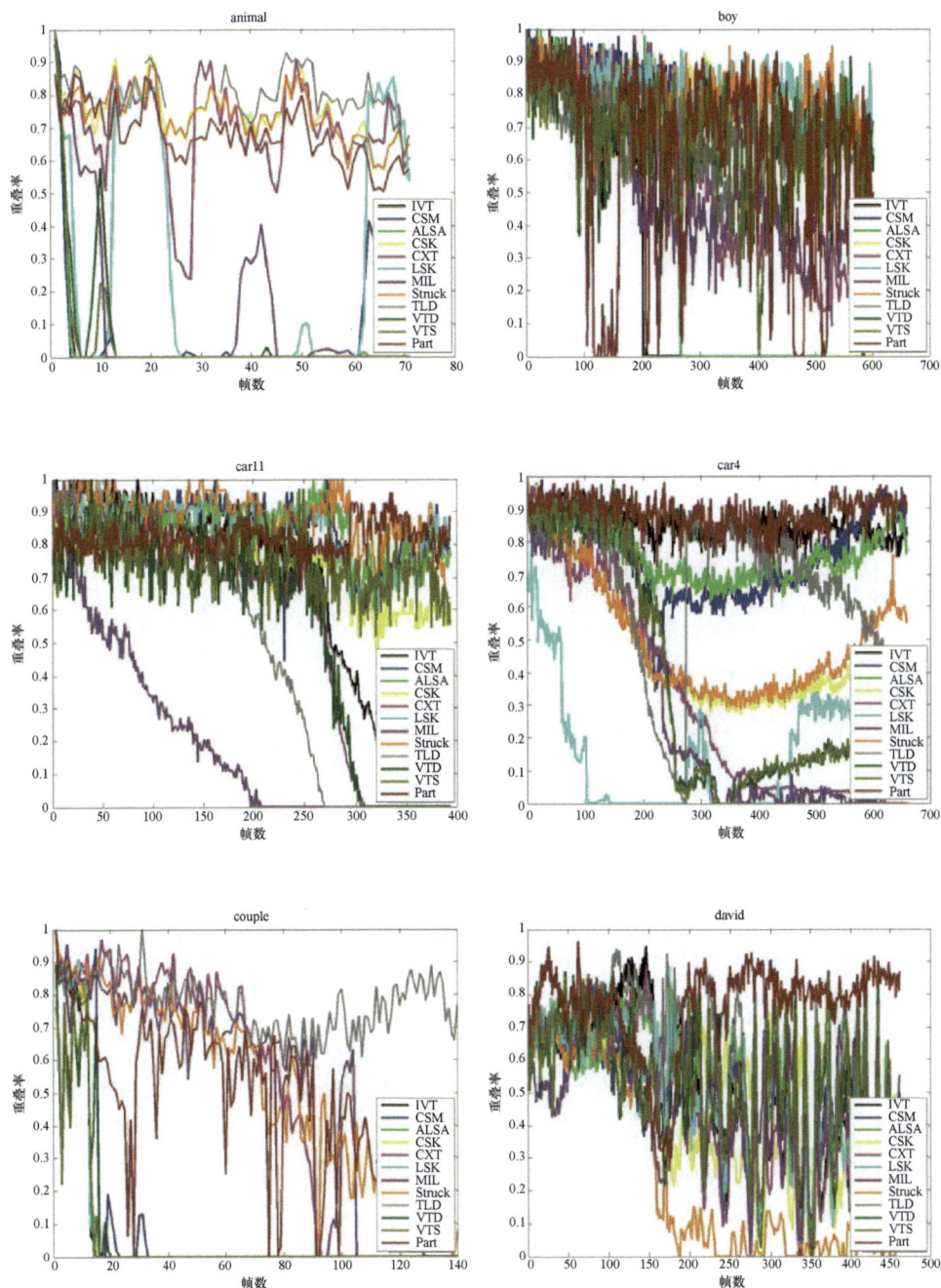

图 8-6 针对不同测试视频的重叠率曲线结果对比

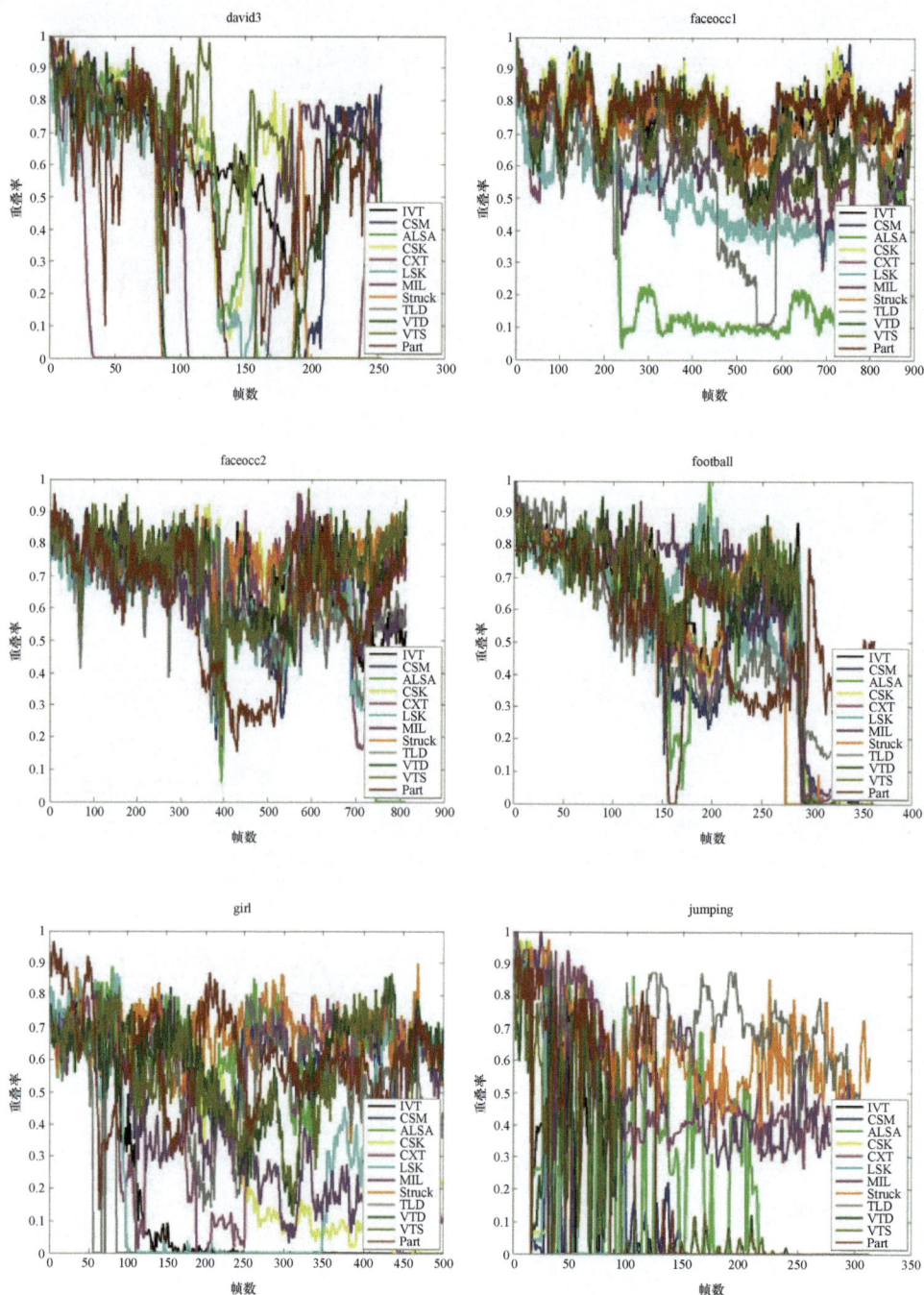

图 8-6　针对不同测试视频的重叠率曲线结果对比（续）

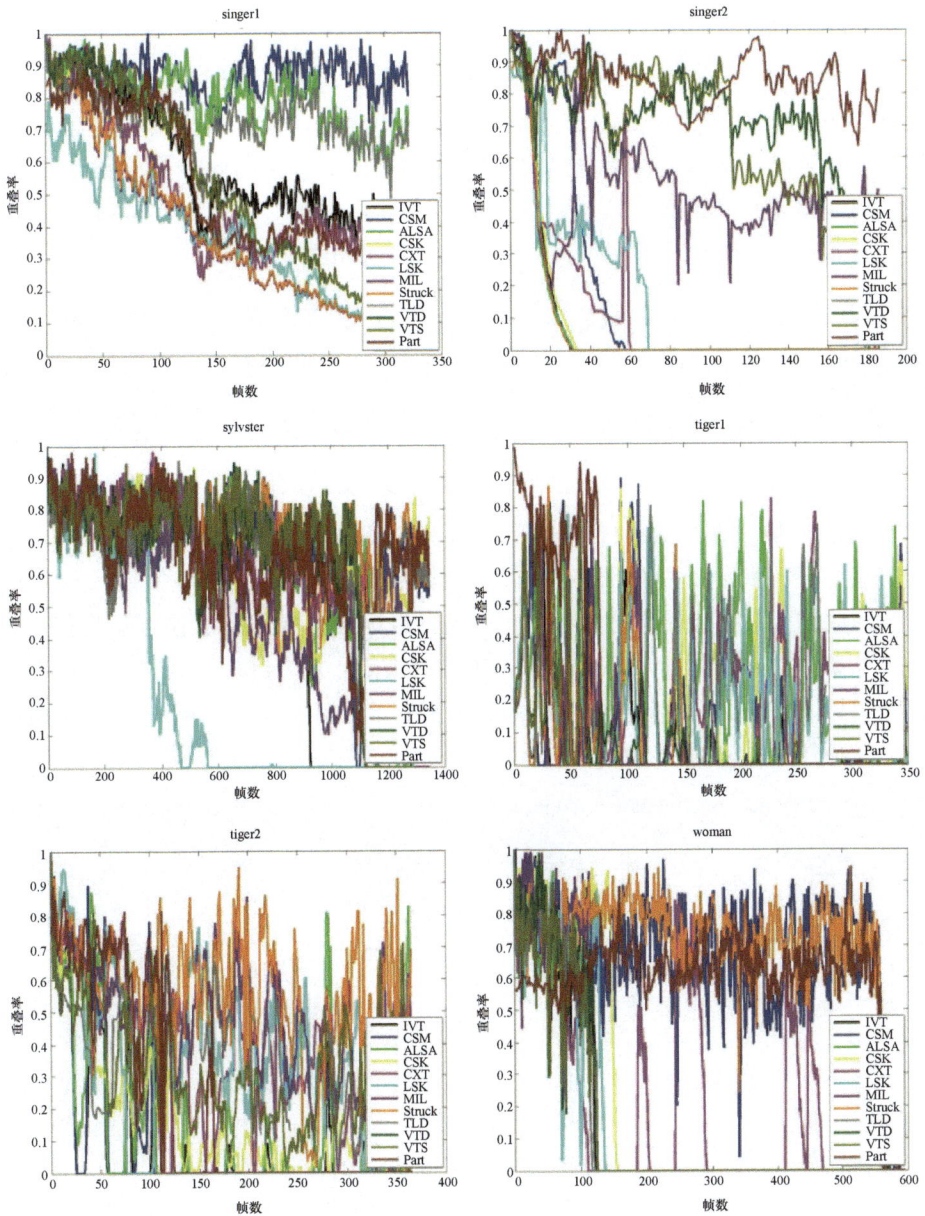

图 8-6　针对不同测试视频的重叠率曲线结果对比（续）

表 8-4　算法在不同序列的平均运行时间　　　　　　单位：帧/s

序列	woman	singer1	animal	david	singer2	boy	singer2	football	faceocc1	faceocc2	jumping
平均运行时间	0.37	0.36	0.36	0.37	0.36	0.43	0.38	0.45	0.38	0.50	0.45

2. 定性比较

本章的算法跟踪结果以红色虚线框显示，如图 8-7～图 8-10 所示。

在 football 序列中，跟踪的目标是一位橄榄球运动员的头部。由于该运动员头戴防护头盔，且周围有许多其他运动员戴有相同的头盔，因此给目标跟踪造成了很大困难。特别是从第 276 帧开始，目标正好被具有相似外观的其他运动员所遮挡，使大量跟踪器丢失了目标，最终只有本章算法始终准确地跟踪目标。

图 8-7 football 序列部分跟踪结果

在 girl 序列中，跟踪的目标是一位女士的头部。从第 82 帧到第 122 帧，目标首先发生了一次相对较短的平面外旋转，随后从第 160 帧到第 260 帧目标发生了一次较长时间的平面外旋转。从第 422 帧开始，目标被遮挡，此外不时还伴随有尺度变化。当第一次平面外旋转发生时，LSK 和 CXT 丢失了目标，MIL、TLD 和 VTS 偏离了目标。在第二次旋转时，LSK、CXT 丢失了目标，除本章算法和 Struck 跟踪器外，其他算法也偏离了目标。

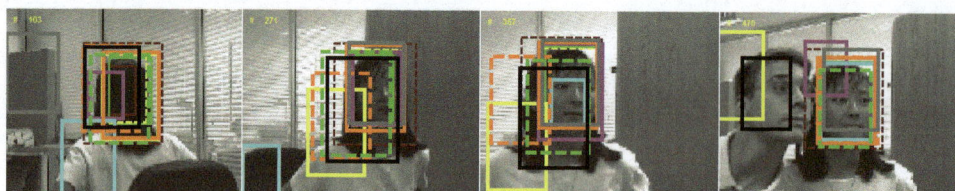

图 8-8 girl 序列部分跟踪结果

在 sylvster 序列中，跟踪的目标是一个玩具。目标存在平面内和平面外旋转，给目标跟踪带来了一定困难，且目标与背景之间具有一定的相似性。从第 1090 帧开始，当目标发生平面内旋转且背景区分度降低时，VTD、VTS、LSK、TLD、IVT 和 ALSA 跟踪器陆续丢失了目标，最终本章算法及其他算法取得了较好的跟踪效果。

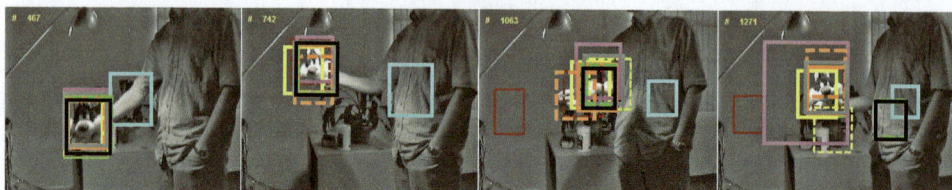

图 8-9 sylvster 序列部分跟踪结果

在 woman 序列中，要求跟踪一位在路边行走的女士。由于人体运动带来的目标形变及在行走过程中目标经常被路边的汽车部分遮挡，因此导致该序列的跟踪难度较大。从第 127 帧开始，当目标被路边汽车遮挡住一半时，LSK、IVT、MIL、TLD、CXT、CSK、VTD 和 VTS 跟踪器都丢失了目标。最终 SCM、Struck 和本章算法准确地跟踪了目标。

图 8-10　woman 序列部分跟踪结果

8.5　小结

借助样本集合的内在结构特征，半监督学习可以提高在标记样本有限的条件下分类的准确率。针对视觉目标跟踪中由于目标和背景的动态变化导致难以获取准确和充足的目标标记样本，从而影响跟踪效果的问题，本章提出采用基于图的半监督学习实现目标跟踪的算法。与其他半监督学习方法相比，基于图的方法有四个方面的优势：一是采用图结构直接反映数据流的内在结构特征；二是相似矩阵是算法的核心，从不同类型特征得到的样本相似矩阵可以通过简单的四则运算进行融合，便于多特征的融合；三是基于图的结构采用直推方式，可以同时评估多个目标的相似度，很容易将算法推广至多目标跟踪应用中；四是基于图的方法计算简单，可以扩充一些复杂的前期处理算法。

另外，当前目标跟踪一直受到目标模型更新速度的困扰。当目标发生形变、遮挡或旋转等短暂变化时，目标模型为适应这些变化进行了更新，但这些状态大多不是目标的长期状态，因此当目标回到长期状态时，目标模型由于无法及时更新而导致跟踪目标丢失。但是，目标模型若更新周期太长，将无法反映目标的最新状态，可能随着误差的累计导致目标丢失。因此，算法提出将目标训练样本分为两类：短期样本和长期样本。短期正样本注重反映目标变化较快的当前状态，而长期正样本注重反映目标相对稳定的长期状态，两者在选择和更新机制上都有差别。

正如前面所说，由于基于图的半监督学习计算复杂度低，因此可以考虑增加目标建模的复杂性。为了提高算法的空间分辨率，算法引入部件模型，将每个样本分割成若干部件，以所有样本对应部件构成的集合为节点构建一张图，并独立在每张图上应用基于图的半监督分类方法给出判决分数，各部件的判决结果最终被融合并给出跟踪结果。

最后，算法引入显著度指标，简单地模拟人的记忆功能。算法通过构建正样本库并为库中每个样本维护一个显著度指标，从而达到选择"最常见"的正样本作为长期正样本的目的。

为评估本章算法的有效性，进行了三组实验。第一组实验验证了通过长期和短期两类样本同时保留目标长期和短期特征从而提高跟踪精度的有效性。第二组实验研究了特定参数对算法性能的影响。实验表明，当初始化过程中正样本数量过大时，由于多方面的原因，难以保证所有正样本都能准确反映目标特征，会降低跟踪的准确性。第三组实验则将本章的算法与其他主要目标跟踪算法进行了定量和定性比较。实验表明，与其他算法相比，本章的算法取得了非常不错的跟踪效果，且实时性较好。

参考文献

[1] Belkin M, Niyogi P, Sindhwani V. Manifold Regularization：A geometric framework for learning from labeled and unlabeled examples ［J］. The Journal of Machine Learning Research，2006，7（3）：2399-2434.

[2] Zhu X, Ghahramani Z, Lafferty J. Semi-supervised learning using gaussian fields and harmonic functions ［C］. International Conference on Machine Learning，2003：912-919.

[3] Zhou D, Bousquet O, Lal T N, et al. Learning with Local and Global Consistency ［J］. Advances in Neural Information Processing Systems，2004，16（16）：321-328.

[4] Zhang X, Hu W, Maybank S, et al. Graph based discriminative learning for robust and efficient object tracking ［C］. IEEE International Conference on Computer Vision，2007：1-8.

[5] Zha Y, Yang Y, Bi D. Graph-based transductive learning for robust visual tracking ［J］. Pattern Recognition，2010，43（1）：187-196.

[6] Blum A, Chawla S. Learning from Labeled and Unlabeled Data using Graph Mincuts ［C］. Eighteenth International Conference on Machine Learning，2001：19-26.

[7] Cai D, He X, Zhou K, et al. Locality Sensitive Discriminant Analysis ［C］. International Joint Conference on Artificial Intelligence，2007：708-713.

[8] Cheng B, Yang J, Yan S, et al. Learning with ℓ1-graph for image analysis ［J］. IEEE Transactions on Image Processing，2010，19（4）：858-866.

第9章
基于 ℓ_1 图半监督学习的目标跟踪算法

9.1 引言

事实上，标记传播方法对学习性能的影响远比不上数据图构建方法对学习性能的影响。如果数据图的性质与数据内在规律相背离，无论采用何种标记传播方法，都难以获得较好的学习结果。通常构建一个好的图结构远比选择一种优化方法更重要，因为好的图结构能正确反映数据的流形结构，从而为正确分类奠定基础，而不好的图结构可能带来错误的信息，从而导致错误的分类[1]。

在传统的图的构建方法中，如 k 近邻图和 ε 近邻图，由于相似度矩阵是由成对欧式距离确定的，所以它们是基于局部的方法，并且欧式距离对数据噪声非常敏感。此外，参数 k 或 ε 的选择通常是与数据相关的。鉴于传统的图的构建方法在这些方面的缺陷，Cheng 等提出了 ℓ_1 图[2]。ℓ_1 图不仅考虑了成对欧式距离，而且利用了全局的上下文信息。ℓ_1 图已经成功应用于图像识别、语音识别[3]等领域。

本章提出一种基于多特征 ℓ_1 图半监督学习的目标跟踪。首先，从前几帧中收集代表目标的正样本和代表背景的负样本作为标记样本，并利用粒子滤波器以前一帧的跟踪结果为中心，随机采样候选区域作为未标记样本。然后，在所有标记样本和未标记样本的基础上提取颜色和纹理特征，并构建 ℓ_1 图。接着，利用基于 ℓ_1 图的半监督学习算法计算所有候选区域的相似度，并融合两种特征的计算结果，取其中相似度最大的区域作为最终的跟踪结果。最后，用新的跟踪结果更新标记样本和 ℓ_1 图。

9.2 背景知识

9.2.1 图的构建方法

给定一个数据集 $X = \{x_i\}_{i=1}^{n}$，其中前 l 个是标记样本 $\{(x_i, y_i)\}_{i=1}^{l}$，其余的 $n-l$ 个是未标记样本 $\{x_i\}_{i=l+1}^{n}$。$y_i = (y_{ij})_{j=1}^{c}$ 是标签向量，c 表示类别数量，$y_{ij} = 1$ 表示样本 x_i 属于第 j 类，反之则 $y_{ij} = 0$。定义一个无向图为 $G = (V, E)$，其中，$V = \{v_i\}_{i=1}^{n}$

是图中 n 个节点的集合，每个节点 $v_i \in V$ 一一对应于一个样本点 $x_i \in X$，$E = \{e_{ij}\}_{i,j=1}^{n}$ 是边的集合，e_{ij} 是连接第 i 个节点和第 j 个节点的边，每条边 e_{ij} 都与一个权值 w_{ij} 相连接。$W = (w_{ij})_{i,j=1}^{n}$ 是权值矩阵。

常见的图构造方法有 k 近邻图和 ε 近邻图[2]。通常，图的构建有两个步骤：一是建立图的邻接结构；二是确定图的权值。

定义一个距离函数 ψ：$\mathbf{R}^d \times \mathbf{R}^d \rightarrow \mathbf{R}$，距离矩阵 $\{\boldsymbol{\psi} | \psi_{ij} = \psi(x_i, x_j)\} \in \mathbf{R}^{N \times N}$。

k 近邻图构建如下：

（1）对任一样本 x_i，选取与其距离最近的 k 个样本。

（2）计算样本 x_i 到 k 个样本的相似度，并构建相似矩阵如下：

$$w_{ij} = \begin{cases} \psi(x_i, x_j), x_j \in N(x_i) \\ 0 \end{cases} \tag{9-1}$$

式中，$N(x_i)$ 表示与样本 x_i 距离最近的 k 个样本的集合。由于有时 k 近邻图不是对称的，有三种方法对其进行对称化：互 k 近邻图，其权值矩阵为 $\hat{W} = \min(W, W^{\mathrm{T}})$；对称 k 近邻图，其权值矩阵为 $\hat{W} = \max(W, W^{\mathrm{T}})$；favored 对称 k 近邻图，其权值矩阵为 $\hat{W} = W + W^{\mathrm{T}}$。

ε 近邻图构建如下，对于任一样本 x_i，计算其到各个样本的距离，并构建相似矩阵：

$$w_{ij} = \begin{cases} \psi(x_i, x_j), \ |\psi(x_i, x_j)| < \varepsilon \\ 0 \end{cases} \tag{9-2}$$

式中，ε 是一个任意选取的参数。在一般情况下，ε 近邻图在实际情况中较少使用，因为不恰当的 ε 可能会生成许多不连接的子图。

图权值的确定有多种方法，如高斯核函数、Hein & Maier 相似函数、局部线性嵌入方法等。

高斯核函数法采用高斯核函数来计算样本之间的相似度：

$$w_{ij} = \exp(-\|x_i - x_j\|^2 / \delta^2) \tag{9-3}$$

式中，δ 为核函数窗宽。

Hein & Maier 相似函数定义为：

$w_{ij} =$

$$\begin{cases} \exp\{-\|x_i - x_j\|^2 / (\max\{h(x_i), h(x_j)\})^2\}, \ \|x_i - x_j\|^2 \le \max\{h(x_i), h(x_j)\} \\ 0 \end{cases}$$

$$\tag{9-4}$$

式中，$h(x_i)$ 是 x_i 的 k 近邻距离。

局部线性嵌入方法通过求解以下最优问题得到权值矩阵：

$$
\begin{cases}
\displaystyle\min_{\boldsymbol{W} \in \mathbf{R}^{n \times n}} \sum_{i=1}^{n} \left\| \boldsymbol{x}_i - \sum_{\boldsymbol{x}_j \in N(\boldsymbol{x}_i)} w_{ij} \boldsymbol{x}_j \right\|_2^2 \\
\text{s. t. } \boldsymbol{W} \mathbf{1}_n = \mathbf{1}_n, \quad \boldsymbol{W} \geqslant 0
\end{cases}
\tag{9-5}
$$

式中，$\|\cdot\|_2$ 代表 ℓ_2 范式。

9.2.2　ℓ_1 图的构建

假设来自同一类的样本都存在于某个线性子空间，并且所有样本也都存在于一个较大的线性子空间。当样本数目较大时，每个样本都可以近似表示为其余样本的线性组合。当类数相对较大且各类数据相对平衡时，这种近似线性表示自然是稀疏的。通过求解一个 ℓ_1 范式优化问题，可以得到样本的稀疏系数。

设 $\boldsymbol{X} = [\boldsymbol{x}_1, \cdots, \boldsymbol{x}_n]$，$\boldsymbol{x}_i \in \mathbf{R}^d$ 为训练样本集，其中 d 是特征维数，n 是样本数量。$\boldsymbol{x}_i$ 是训练集 $\boldsymbol{X}$ 中的任一样本，$\boldsymbol{X}^i$ 是 $\boldsymbol{X}$ 中除 $\boldsymbol{x}_i$ 外所有其他样本的集合，即 $\boldsymbol{X}^i = [\boldsymbol{x}_1, \cdots, \boldsymbol{x}_{i+1}, \cdots, \boldsymbol{x}_n]$，则 $\boldsymbol{x}_i$ 可以通过 $\boldsymbol{X}^i$ 的稀疏表示来重构。其稀疏系数通过下列最优化问题求得：

$$
\begin{cases}
\underset{\boldsymbol{c}}{\arg\min} \ \|\boldsymbol{c}\|_0 \\
\text{s. t. } \boldsymbol{x}_i = \boldsymbol{X}^i \boldsymbol{c}
\end{cases}
\tag{9-6}
$$

式中，$\|\cdot\|_0$ 表示 ℓ_0 范数，该范数统计向量中非零元素的数量。然而式（9-6）是一个 NP 难题。因此，一个近似的方法是用 ℓ_1 范数代替 ℓ_0 范数：

$$
\begin{cases}
\underset{\boldsymbol{c}}{\arg\min} \ \|\boldsymbol{c}\|_1 \\
\text{s. t. } \boldsymbol{x}_i = \boldsymbol{X}^i \boldsymbol{c}
\end{cases}
\tag{9-7}
$$

式中，$\|\cdot\|_1$ 表示 ℓ_1 范数。

由于稀疏系数 $\boldsymbol{c}$ 反映了 $\boldsymbol{x}_i$ 与 $\boldsymbol{X}^i$ 中其他样本的相似程度，因此可以用这些系数来构建图的相似矩阵，即 ℓ_1 图。

9.3　基于 ℓ_1 图的目标跟踪

基于 ℓ_1 图的半监督目标跟踪算法流程如图 9-1 所示。主要步骤包括：①收集前几帧的跟踪结果作为目标和背景的训练样本；②利用粒子滤波器在每帧随机采样候选区域；③以训练样本作为标记样本，候选区域作为未标记样本，提取所有样本的颜色和纹理特征，构建 ℓ_1 图；④利用基于 ℓ_1 图的半监督学习框架评估不同特征下训练样本和候选区域之间的相似度；⑤综合两种特征下计算的相似度，取

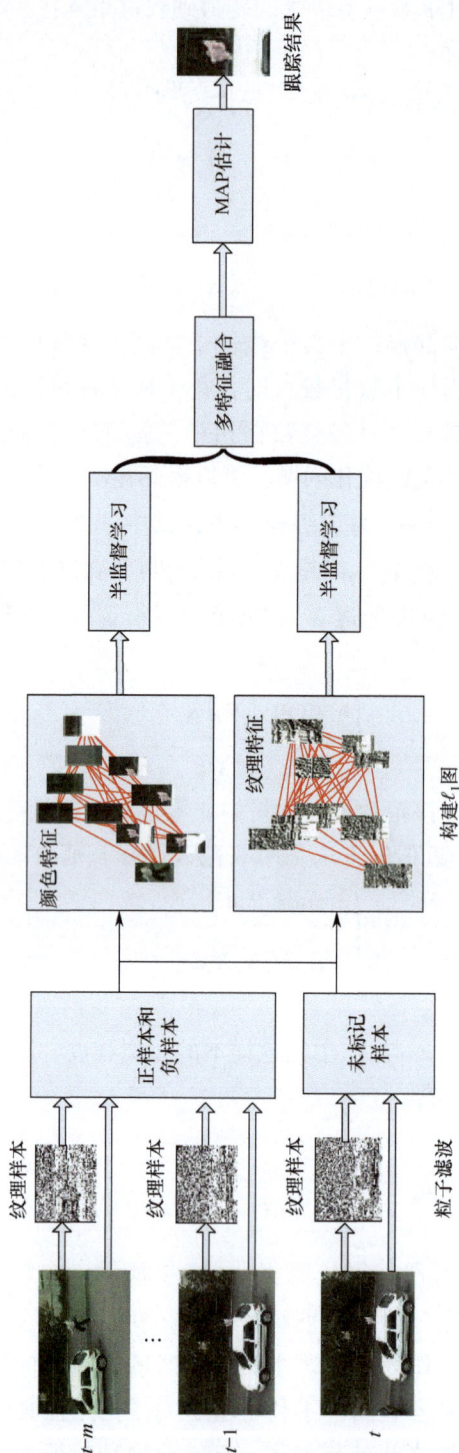

图9-1 基于ℓ_1图的半监督目标跟踪算法流程

最高得分的候选区域被选为新的目标，并以新的目标来更新 ℓ_1 图。

目标运动模型与第 2 章类似，仍然以粒子滤波为基础。设第 t 帧中状态为 $s_t = (px_t, py_t, \theta_t, c_t, \beta_t, \phi_t)$，其中 (px_t, py_t) 表示中心位置，θ_t 表示旋转角度，c_t 表示尺度因子，β_t 表示纵横比，ϕ_t 表示扭曲方向。

9.3.1 特征空间

颜色特征是目标跟踪中最常用的特征，然而当单一特征不能有效区分被跟踪对象和背景时，基于单一特征的目标跟踪往往会发生错误。纹理特征可以引入颜色不能传达的新信息，因此我们考虑采用颜色和纹理两种特征。

颜色直方图是最常用的表达颜色特征的方法，其优点是不受图像旋转和平移变化的影响，进一步借助归一化还可不受图像尺度变化的影响，其缺点是没有表达出颜色空间分布的信息。由于颜色对图像或图像区域的方向、大小等变化不敏感，所以颜色特征不能很好地捕捉图像中对象的局部特征。

与颜色特征不同，纹理特征不是基于单个像素点的特征，它需要在包含多个像素点的区域中计算。这种区域性的特征不会由于局部的偏差而无法匹配成功，常具有旋转不变性，并且对噪声有较强的抵抗能力。但是，纹理特征的缺点在于：当图像的分辨率变化时，纹理特征值可能会有较大偏差。另外，由于受光照变化等因素的影响，从二维图像中反映出来的纹理不一定是三维物体表面真实的纹理。当跟踪在粗细、疏密等方面较大差别的目标时，利用纹理特征较为有效。但当粗细、疏密等易于分辨的纹理特征相差不大时，纹理特征很难被准确跟踪。

由 T. Ojala 等提出的局部二值模式（Local Binary Pattern，LBP）是一种用来描述图像局部纹理特征的算子，具有旋转不变性和灰度不变性等优点[4]。

原始的 LBP 算子定义为在 3×3 的窗口内，以窗口中心像素值为阈值，将相邻的 8 个像素点的灰度值与其进行比较。若周围像素点值大于中心像素值，则该像素点的位置被标记为 1，否则为 0。这样，3×3 邻域内的 8 个像素点经比较可产生 8 位二进制数（通常转换为十进制数即 LBP 码，共 256 种），即得到该窗口中心像素点的 LBP 值，并用这个值来反映该区域的纹理信息。原始局部二值模式如图 9-2 所示。

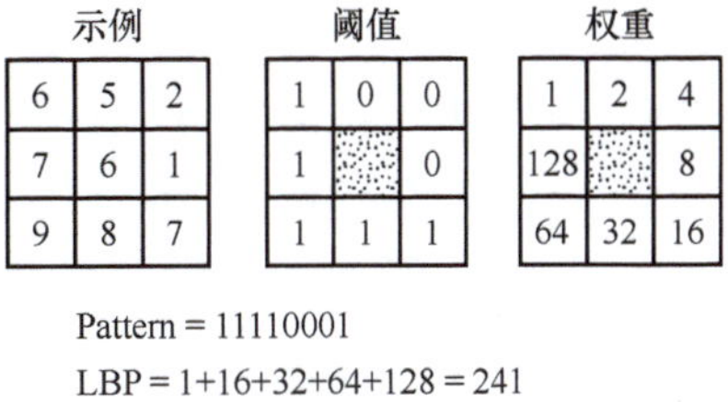

9.3.2 样本采集

ℓ_1 图由标记和非标记样本构建。标记样本包含代表目标的正样本和代表背景的负样本。非标记样本则通过粒子滤波得到。设定以 s_i 作为仿射变换参数在第 a 帧提取的子图像，表示为 $I_a^{(i)}$，

示例			阈值			权重		
6	5	2	1	0	0	1	2	4
7	6	1	1		0	128		8
9	8	7	1	1	1	64	32	16

Pattern = 11110001
LBP = 1+16+32+64+128 = 241

图 9-2 原始局部二值模式

$l(\boldsymbol{I}_a^{(i)}) \in \mathbf{R}^2$ 代表 $\boldsymbol{I}_a^{(i)}$ 的位置。设子图像 $\boldsymbol{I}_{t-1}^{(0)}$ 的位置 $l(\boldsymbol{I}_{t-1}^{(0)})$ 为目标在第 $t-1$ 帧的位置，以 $\boldsymbol{I}_{t-1}^{(0)}$ 作为该帧唯一的正样本 $(\boldsymbol{I}^+, +1)$，同时在以 $l(\boldsymbol{I}_{t-1}^{(0)})$ 为中心的环形区域 $r \leqslant \| l(\boldsymbol{I}_i^-) - l(\boldsymbol{I}_{t-1}^{(0)}) \| \leqslant \beta$ 随机地提取一组子图像 $\boldsymbol{I}_i^-, i=1,\cdots,n$，其中 r、β 分别是内径和外径。从第 $t-m$ 帧到第 $t-1$ 帧，有 m 个正样本 $\boldsymbol{I}^+ = \{\boldsymbol{I}_i^+\}_{i=1}^m$，负样本仅在第 $t-1$ 帧中提取，因此有 n 个负样本 $\boldsymbol{I}^- = \{\boldsymbol{I}_i^-\}_{i=1}^n$，则标记样本集 L 由所有 $(n+m)$ 个正负样本组成，$\boldsymbol{L} = \boldsymbol{I}^+ \cup \boldsymbol{I}^-$，即 $\boldsymbol{L} = \{(\boldsymbol{I}_1^+, +1),\cdots,(\boldsymbol{I}_m^+, +1),(\boldsymbol{I}_1^-, -1),\cdots,(\boldsymbol{I}_n^-, -1)\}$。对于当前帧（第 t 帧），根据粒子滤波围绕上一帧的跟踪结果 $l(\boldsymbol{I}_{t-1}^{(0)})$ 产生 N 个候选区域 $\boldsymbol{I}' = \{\boldsymbol{I}_t'\}_{i=1}^N$。$\boldsymbol{I}'$ 构成了未标记样本集 U，即 $U = \boldsymbol{I}' = \{\boldsymbol{I}_1',\cdots,\boldsymbol{I}_N'\}$。

9.3.3 基于 ℓ_1 图的半监督学习

令 $l = m+n$，表示标记样本集 L 的数量。对于标记样本集和未标记样本集中任一样本 $\forall \boldsymbol{I}_i \in \boldsymbol{I}, \boldsymbol{I} = \boldsymbol{L} \cup \boldsymbol{U}, i=1,\cdots,l+N$，将样本均归一化为 32×32。对于任一标记样本 $\forall \boldsymbol{I}_i^L \in \boldsymbol{L}, i=1,\cdots,l$，设 y_i 表示 $\boldsymbol{I}_i^L$ 的标记。对于正样本，$y_i = +1$；对于负样本，$y_i = -1$。

以样本集 $\boldsymbol{I}$ 为节点构建一张 ℓ_1 图 $G=(V,E)$。设 $\boldsymbol{I}_i \in \mathbf{R}^d$ 为任一样本，其中 d 是特征维数。$\boldsymbol{I}^i$ 是 $\boldsymbol{I}$ 中除 $\boldsymbol{I}_i$ 外所有其他样本的集合，即 $\boldsymbol{I}^i = [\boldsymbol{I}_1,\cdots,\boldsymbol{I}_{i+1},\cdots,\boldsymbol{I}_{l+N}]$，则 $\boldsymbol{I}_i$ 可以通过 $\boldsymbol{I}^i$ 的稀疏表示来重构。其稀疏系数通过下列最优化问题来求得：

$$
\begin{cases}
\underset{c_i}{\arg\min} \ \| \boldsymbol{c}_i \|_1 \\
\text{s. t.} \quad \boldsymbol{I}_i = \boldsymbol{I}^i \boldsymbol{c}_i
\end{cases}
\tag{9-8}
$$

式中，$\| \cdot \|_1$ 表示 ℓ_1 范数。

ℓ_1 图的构建方法如下。

（1）输入：用矩阵 $\boldsymbol{I} = [\boldsymbol{I}_1,\cdots,\boldsymbol{I}_{l+N}]$ 表示的样本集，其中每个列表示一个样本 $\boldsymbol{I}_i \in \mathbf{R}^d$。

（2）稀疏表示：对于训练样本集中的每个样本 $\boldsymbol{I}_i$，其稀疏编码 $\boldsymbol{c}^i = [c_1^i, c_2^i, \cdots, c_{l+N-1}^i]$ 可以通过求解 ℓ_1 范式的最优问题得到：

$$
\begin{cases}
\underset{c^i}{\arg\min} \ \| \boldsymbol{c}^i \|_1 \\
\text{s. t.} \quad \boldsymbol{x}_i = \boldsymbol{B}^i \boldsymbol{c}^i
\end{cases}
\tag{9-9}
$$

式中，矩阵 $\boldsymbol{B}^i = [\boldsymbol{I}_1,\cdots,\boldsymbol{I}_{i-1},\cdots,\boldsymbol{I}_n,\boldsymbol{O}] \in \mathbf{R}^{d \times (d+n-1)}, \boldsymbol{c}^i \in \mathbf{R}^{d+n-1}$。

（3）图权值的设置：$G=(V,E)$ 表示 ℓ_1 图，图中顶点的集合 V 为样本集 $\boldsymbol{I}$，E 为图中边的集合，$\boldsymbol{W} = \{w_{ij}\}_{i,j=1}^n$ 是边对应的权值矩阵。如果 $i>j$，则 w_{ij} 设置为 c_j^i；如果 $i<j$，则 w_{ij} 设置为 c_{j-1}^i。

对于图 G，定义一个实值函数 $\boldsymbol{f} = [f_1,\cdots,f_l,\cdots,f_{(l+N)},]^T : V \rightarrow \mathbf{R}$。$\boldsymbol{f}$ 在标记样本

上必须满足约束：$f_i = y_i, i = 1, \cdots, l, y_i \in \{ +1, -1 \}$。在图上相互靠近的未标记样本应该拥有相同的标记。运用基于图的半监督分类方法可得：

$$
\begin{cases}
\min E(\boldsymbol{f}) = \dfrac{1}{2} \sum_{ij} w_{ij} (f_i - f_j)^2 = \dfrac{1}{2} \boldsymbol{f}' \boldsymbol{L} \boldsymbol{f} \\
\text{s. t.} \quad f_i = y_i, i = 1, \cdots, l
\end{cases}
\tag{9-10}
$$

式中，$\boldsymbol{L} = \boldsymbol{D} - \boldsymbol{W}$ 是图 G 的 Laplacian 图，其中，$\boldsymbol{D}$ 是图 G 的度，$\boldsymbol{W} = \{ w_{ij} \}_{i,j=1}^{l+N}$ 是权值矩阵。将 $\boldsymbol{L}$ 从 l 行列 l 之后分解：$\boldsymbol{L} = \begin{bmatrix} \boldsymbol{L}_{\text{LL}}, & \boldsymbol{L}_{\text{LU}} \\ \boldsymbol{L}_{\text{UL}}, & \boldsymbol{L}_{\text{UU}} \end{bmatrix}$。类似地，$\boldsymbol{f} = [\boldsymbol{f}_L \boldsymbol{f}_U]^{\text{T}}$，其中 $\boldsymbol{f}_L = [f_1, \cdots, f_l]^{\text{T}}$，$\boldsymbol{f}_U = [f_{(l+1)}, \cdots, f_{(l+N)}]^{\text{T}}$。根据调和函数法，得式（9-10）的闭式解为：

$$
\boldsymbol{f}_U = -\boldsymbol{L}_{\text{UU}}^{-1} \boldsymbol{L}_{\text{LU}} \boldsymbol{f}_L
\tag{9-11}
$$

$\boldsymbol{f}_U$ 表示各候选区域和目标模型之间的相似度。

9.3.4　多特征融合与目标定位

在颜色和纹理两个特征上，分别建立图 G_C 和 G_T，并利用基于图的半监督学习方法求得不同特征下各候选区域和目标模型之间的相似度 $\boldsymbol{f}_C^U$ 和 $\boldsymbol{f}_T^U$。对 $\boldsymbol{f}_C^U$、$\boldsymbol{f}_T^U$ 进行归一化：

$$
\hat{\boldsymbol{f}}_C^U = \frac{\boldsymbol{f}_C^U - \min(\boldsymbol{f}_C^U)}{\max(\boldsymbol{f}_C^U) - \min(\boldsymbol{f}_C^U)}, \quad \hat{\boldsymbol{f}}_T^U = \frac{\boldsymbol{f}_T^U - \min(\boldsymbol{f}_T^U)}{\max(\boldsymbol{f}_T^U) - \min(\boldsymbol{f}_T^U)}
\tag{9-12}
$$

根据新的 $\hat{\boldsymbol{f}}_C^U$ 和 $\hat{\boldsymbol{f}}_T^U$ 重新计算未标记样本的相似度 $\hat{\boldsymbol{f}}$，并取得最高相似度的未标记样本作为跟踪的结果。

$$
\hat{\boldsymbol{s}}_t = \underset{\boldsymbol{s}_t^{(i)}}{\arg\max}\, p(\boldsymbol{s}_t^{(i)} \mid \boldsymbol{Z}_{1:t}) \propto \underset{\boldsymbol{s}_t^{(i)}}{\arg\max}\, \hat{\boldsymbol{f}} = \underset{\boldsymbol{s}_t^{(i)}}{\arg\max}\, \frac{\hat{\boldsymbol{f}}_C^U + \hat{\boldsymbol{f}}_T^U}{2}
\tag{9-13}
$$

9.4　实验研究

本章进行了两组实验。第一组实验研究比较了近邻图和 ℓ_1 图对跟踪算法的影响。第二组实验将本章的算法与其他主要目标跟踪算法进行了定性和定量比较。所有实验仍然采用中心位置误差和重叠率作为比较指标。每组实验均在 18 个不同序列上独立运行 5 次，实验的最终结果由 5 次实验中去除最好和最坏结果后剩余的 3 次结果取平均值获得。实验的参数设置如下：粒子滤波中的粒子数为 600，负样本数 n 为 20，采样负样本的内外环半径 r 和 β 分别为目标区域的 1 倍、2 倍。

9.4.1　与 k 近邻图的比较

1. k 近邻图邻居节点数目对跟踪效果的影响

本节主要讨论 k 近邻图的邻居节点数目 k 对跟踪效果的影响。图 9-3 和表 9-1 显

示了 k 近邻图的邻居节点数目与跟踪效果的关系，取 5 次独立实验的平均值。从图 9-3 中看，大部分实验序列并没有因为邻居节点数目的变化而发生较大变化，而 animal 序列随邻居节点数目的增加误差逐渐增大，jumping 序列的中心位置误差则随邻居节点数目的增加而减少。总体而言，邻居节点的数目对跟踪结果并没有太大影响。

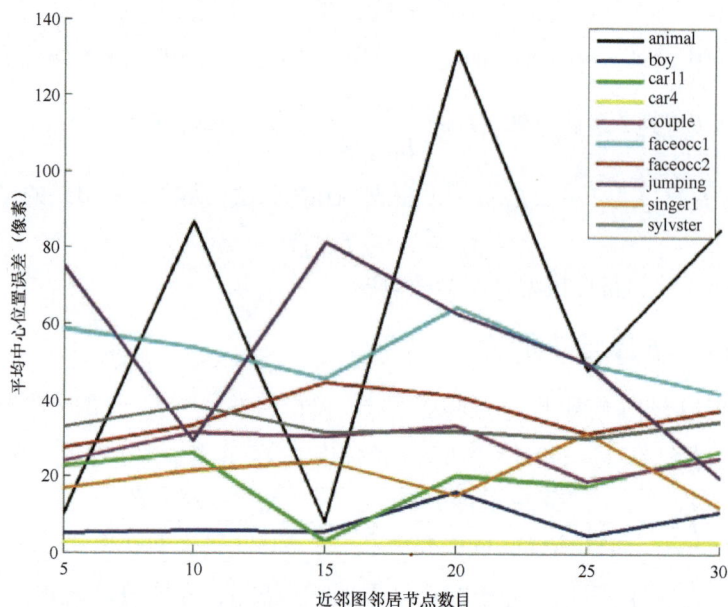

(a) k近邻图的邻居节点数目与平均中心位置误差的关系

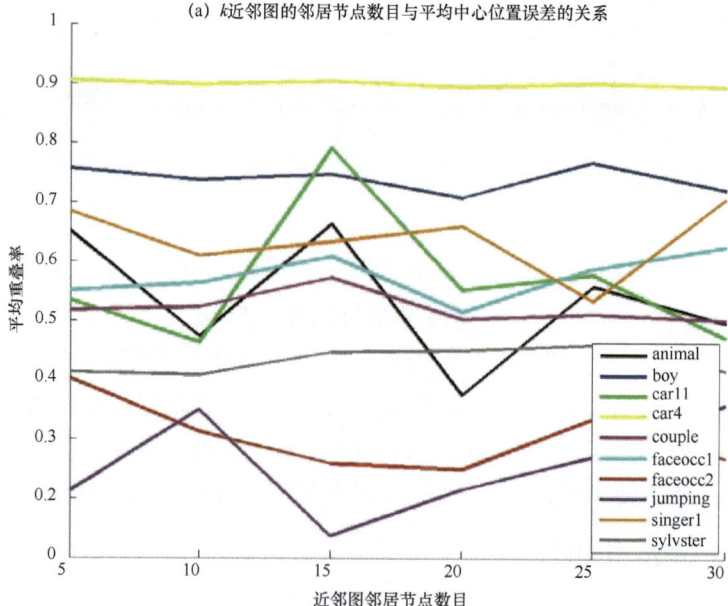

(b) k近邻图的邻居节点数目与平均重叠率的关系

图 9-3 k 近邻图的邻居节点数目与跟踪效果的关系

表 9-1　近邻图不同邻居节点数目条件下跟踪效果比较

序列	近邻图邻居节点数目									
	10		15		20		25		30	
	位置误差	重叠率	位置误差	重叠率	位置误差	重叠率	位置误差	重叠率	位置误差	重叠率
animal	86.7	0.47	7.91	0.66	131	0.37	47.9	0.56	85.1	0.50
boy	5.71	0.74	5.50	0.75	16.0	0.71	4.64	0.77	10.9	0.72
car11	26.1	0.46	3.01	0.79	20.2	0.55	17.6	0.58	26.7	0.47
car4	2.64	0.90	2.59	0.90	2.76	0.90	2.85	0.90	2.87	0.90
couple	31.4	0.52	30.5	0.57	33.3	0.50	18.9	0.51	24.9	0.50
faceocc1	53.7	0.56	45.5	0.61	64.4	0.52	49.5	0.59	42.0	0.63
faceocc2	33.3	0.31	44.6	0.26	41.2	0.25	31.5	0.34	37.7	0.27
jumping	29.2	0.35	81.4	0.14	62.7	0.22	49.8	0.27	19.7	0.36
singer1	21.4	0.61	23.8	0.63	15.0	0.66	31.4	0.53	12.1	0.71
sylvster	38.5	0.41	31.6	0.45	31.9	0.46	30.2	0.45	34.6	0.42

2. k 近邻图与 ℓ_1 图的比较

表 9-2 给出了 k 近邻图与 ℓ_1 图对跟踪效果的影响。从表中可以看出，ℓ_1 图取得了较好的跟踪效果。

表 9-2　k 近邻图与 ℓ_1 图对跟踪效果的影响

序列	k 近邻图		ℓ_1 图	
	中心位置误差	重叠率	中心位置误差	重叠率
animal	7.91	0.66	10.8	0.61
boy	5.50	0.75	3.93	0.75
car11	3.01	0.79	2.42	0.79
car4	2.59	0.90	7.20	0.74
couple	30.5	0.57	9.56	0.57
david	62.24	0.34	8.13	0.68
david3	34.70	0.60	200	0.08
faceocc1	45.5	0.61	75.7	0.34
faceocc2	44.6	0.26	14.4	0.53
football	89.48	0.31	18.4	0.54
jumping	81.4	0.14	50.3	0.17
singer1	23.8	0.63	19.0	0.45
singer2	176.62	0.08	6.98	0.80

（续表）

序列	k 近邻图		ℓ₁ 图	
	中心位置误差	重叠率	中心位置误差	重叠率
sylvster	31.6	0.45	18.1	0.48
tiger1	87.04	0.13	36.0	0.56
tiger2	120.06	0.12	77.2	0.28
woman	136.66	0.11	150	0.03

9.4.2 与其他算法的比较

1. 定量比较

表 9-3、表 9-4 给出了各算法在不同序列下的平均中心位置误差和平均重叠率。可以看出，总体而言本章的算法取得了较好的结果。

表 9-3　各算法在不同序列下的平均中心位置误差　　单位：像素

算法／序列	ALSA	CSK	CXT	IVT	LSK	MIL	CSM	Struck	TLD	VTD	VTS	本章算法
animal	160	4.97	6.75	183	98.8	101	104	5.27	98.8	135	221	10.8
boy	106	20.2	7.39	91.3	2.24	12.8	51.0	3.85	4.49	7.57	7.27	3.93
car11	1.54	3.23	16.5	8.43	1.29	43.5	1.30	0.96	27.5	16.5	2.87	2.42
car4	2.83	21.0	60.0	4.03	65.4	49.5	1.66	5.48	1.68	36.6	36.6	7.20
couple	123	144	41.8	123	129	34.5	110	11.3	2.54	104	90.9	9.56
david	14.9	21.4	14.6	14.4	17.7	17.7	15.5	49.6	13.5	16.4	15.9	8.13
david3	87.8	56.1	222	51.9	105	29.7	73.1	107	—	66.7	55.6	200
faceocc1	78.1	11.9	25.3	18.4	30.4	29.9	13.8	13.0	27.4	20.2	21.3	75.7
faceocc2	21.2	8.58	8.14	9.21	16.2	15.2	10.6	7.93	12.9	9.37	9.64	14.4
football	15.0	16.2	12.8	14.3	14.0	12.1	16.3	17.3	14.3	13.6	13.2	18.4
girl	3.28	19.3	11.0	22.5	29.3	13.7	2.60	2.57	9.79	8.60	8.60	152
jumping	46.1	86.0	9.99	61.6	74.6	9.99	65.9	6.55	5.94	41.4	40.1	50.3
singer1	3.39	13.3	11.3	11.3	20.0	16.0	2.69	14.0	8.30	3.82	5.10	19.0
singer2	175	186	164	176	149	22.5	114	174	—	43.7	72.5	6.98
sylvster	15.2	9.92	14.8	34.2	68.4	15.2	7.97	6.30	7.31	19.6	19.4	18.1
tiger1	60.9	82.7	59.5	110	58.4	117	96.6	138	—	111	105	36.0
tiger2	85.4	59.6	41.4	105	43.8	27.2	141	21.6	—	40.9	40.9	77.2
woman	139	207	72.0	176	131	125	8.39	4.93	—	119	121	150
平均值	61.1	52.0	48.8	68.4	56.8	37.7	44.6	32.6	—	43.3	47.1	37.9

表9-4　各算法在不同序列下的平均重叠率

算法 序列	ALSA	CSK	CXT	IVT	LSK	MIL	CSM	Struck	TLD	VTD	VTS	本章算法
animal	0.03	0.75	0.70	0.03	0.27	0.12	0.07	0.74	0.27	0.06	0.04	0.61
boy	0.37	0.66	0.54	0.26	0.80	0.49	0.38	0.76	0.66	0.63	0.64	0.75
car11	0.85	0.76	0.57	0.66	0.84	0.20	0.84	0.89	0.45	0.54	0.75	0.79
car4	0.76	0.47	0.31	0.85	0.16	0.26	0.89	0.75	0.90	0.37	0.37	0.74
couple	0.08	0.08	0.48	0.07	0.08	0.50	0.10	0.54	0.77	0.06	0.06	0.57
david	0.52	0.44	0.44	0.47	0.47	0.48	0.51	0.24	0.58	0.51	0.52	0.68
david3	0.43	0.50	0.12	0.48	0.36	0.54	0.40	0.29	—	0.40	0.54	0.08
faceocc1	0.32	0.79	0.64	0.73	0.48	0.60	0.78	0.79	0.58	0.68	0.67	0.34
faceocc2	0.61	0.73	0.71	0.69	0.59	0.63	0.69	0.74	0.62	0.71	0.72	0.53
football	0.53	0.55	0.54	0.56	0.54	0.59	0.54	0.53	0.49	0.56	0.59	0.54
girl	0.71	0.37	0.55	0.17	0.30	0.40	0.68	0.75	0.57	0.55	0.55	0.01
jumping	0.23	0.05	0.52	0.12	0.07	0.52	0.12	0.62	0.66	0.12	0.15	0.17
singer1	0.80	0.38	0.51	0.59	0.36	0.38	0.87	0.38	0.73	0.52	0.52	0.45
singer2	0.04	0.04	0.07	0.04	0.09	0.51	0.17	0.04	—	0.41	0.34	0.80
sylvster	0.59	0.63	0.60	0.52	0.23	0.53	0.69	0.72	0.67	0.62	0.63	0.48
tiger1	0.23	0.14	0.20	0.06	0.18	0.05	0.12	0.07	—	0.07	0.06	0.56
tiger2	0.15	0.17	0.36	0.07	0.35	0.46	0.09	0.54		0.30	0.30	0.28
woman	0.15	0.19	0.20	0.15	0.15	0.16	0.65	0.71	—	0.14	0.13	0.03
平均值	0.41	0.44	0.43	0.35	0.36	0.41	0.49	0.55		0.42	0.44	0.51

针对不同测试视频的跟踪误差曲线结果对比和重叠率曲线结果对比如图9-4 和图9-5所示（本章算法对应曲线标记为 "l1 – graph"）。

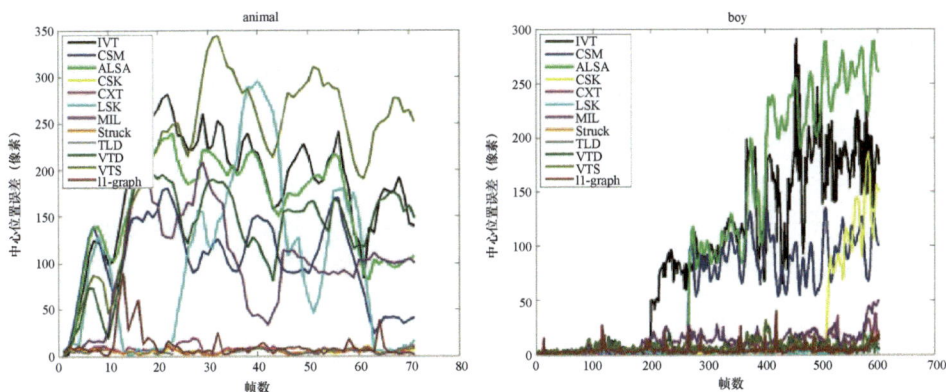

图 9-4　针对不同测试视频的跟踪误差曲线结果对比

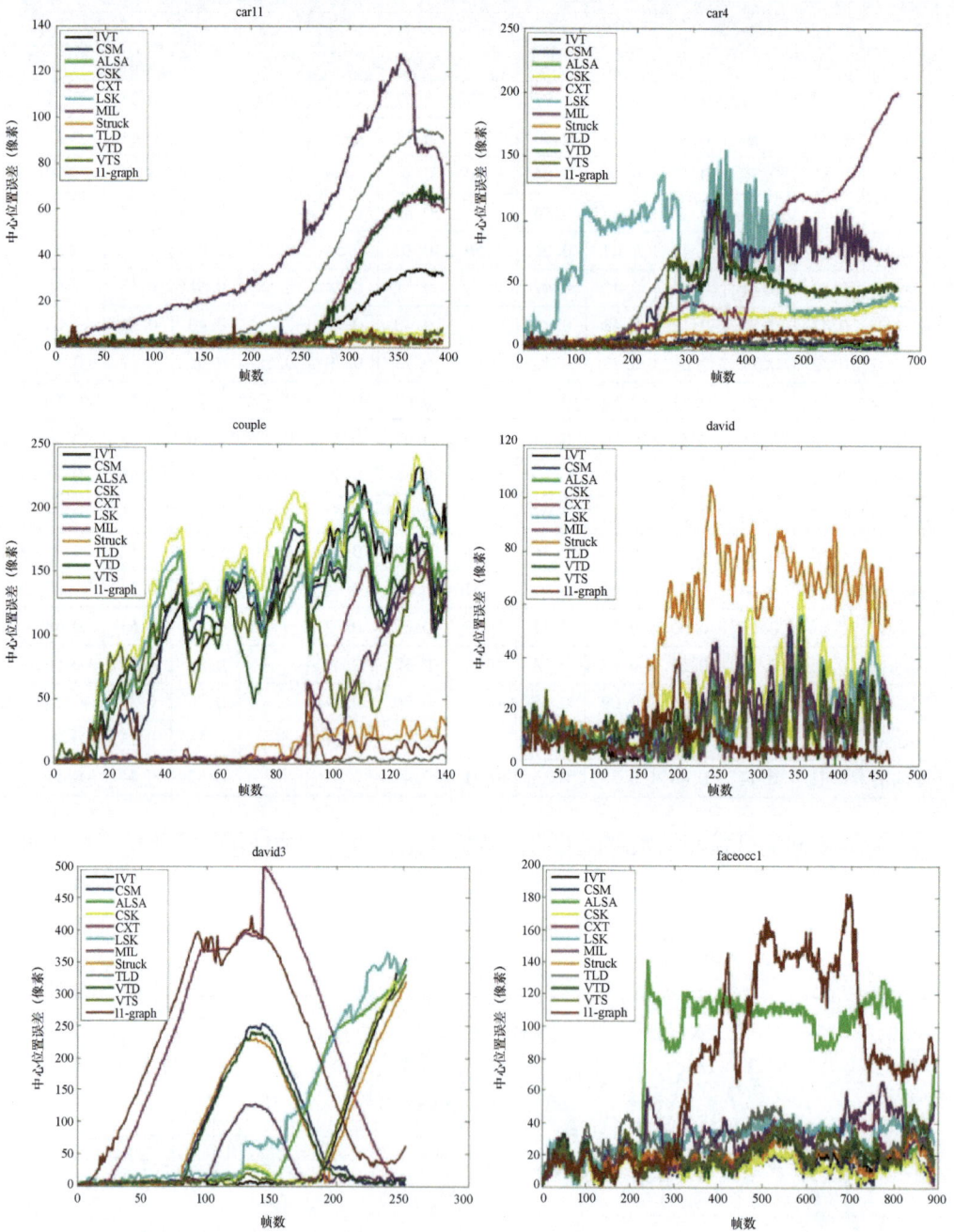

图 9-4 针对不同测试视频的跟踪误差曲线结果对比（续）

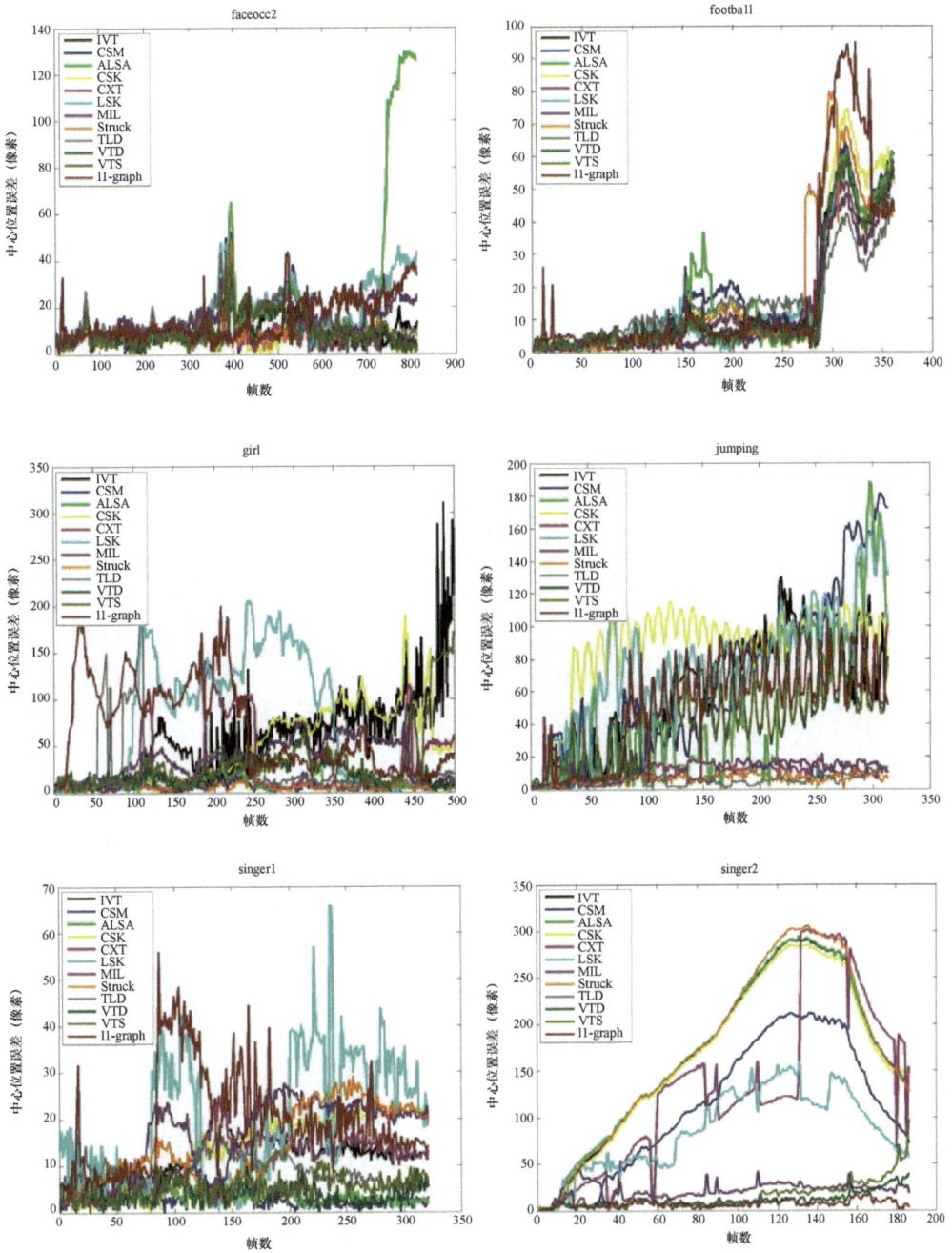

图 9-4 针对不同测试视频的跟踪误差曲线结果对比（续）

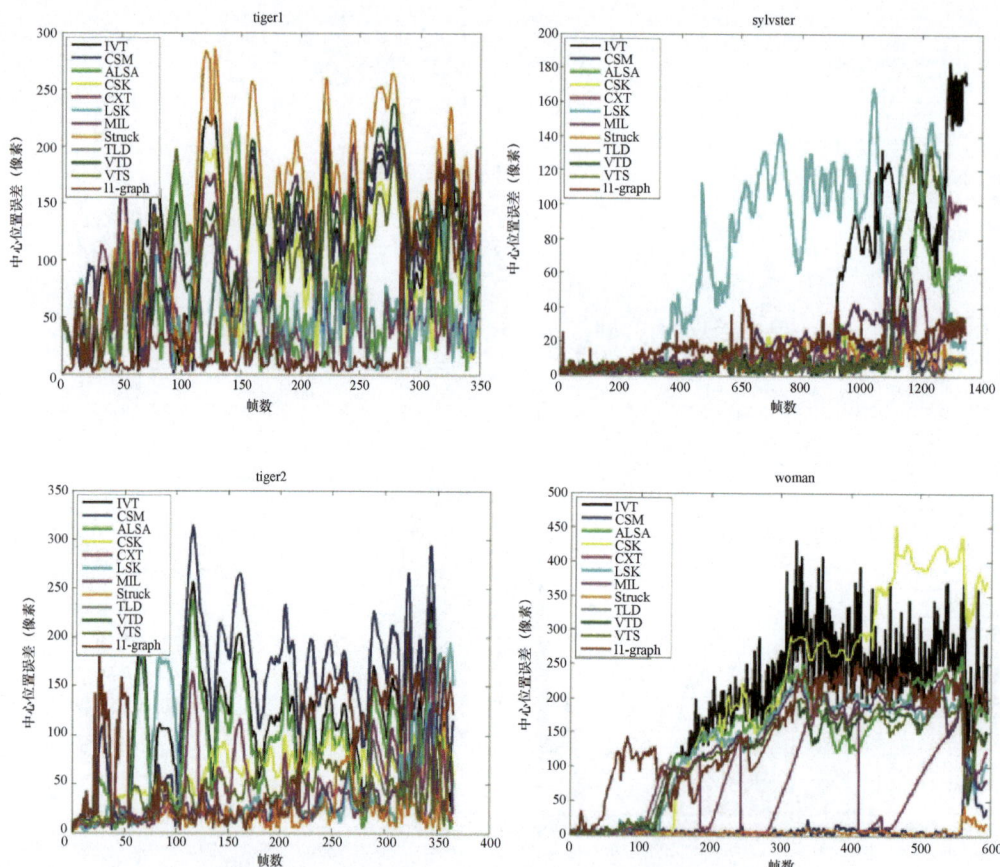

图 9-4　针对不同测试视频的跟踪误差曲线结果对比（续）

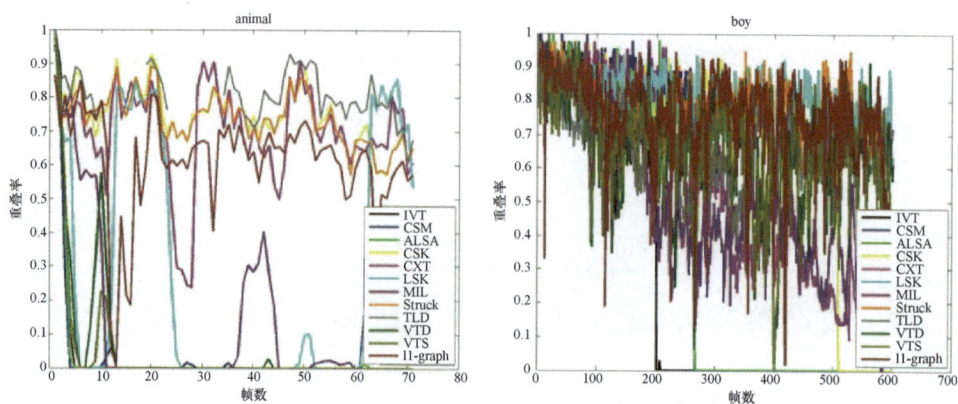

图 9-5　针对不同测试视频的重叠率曲线结果对比

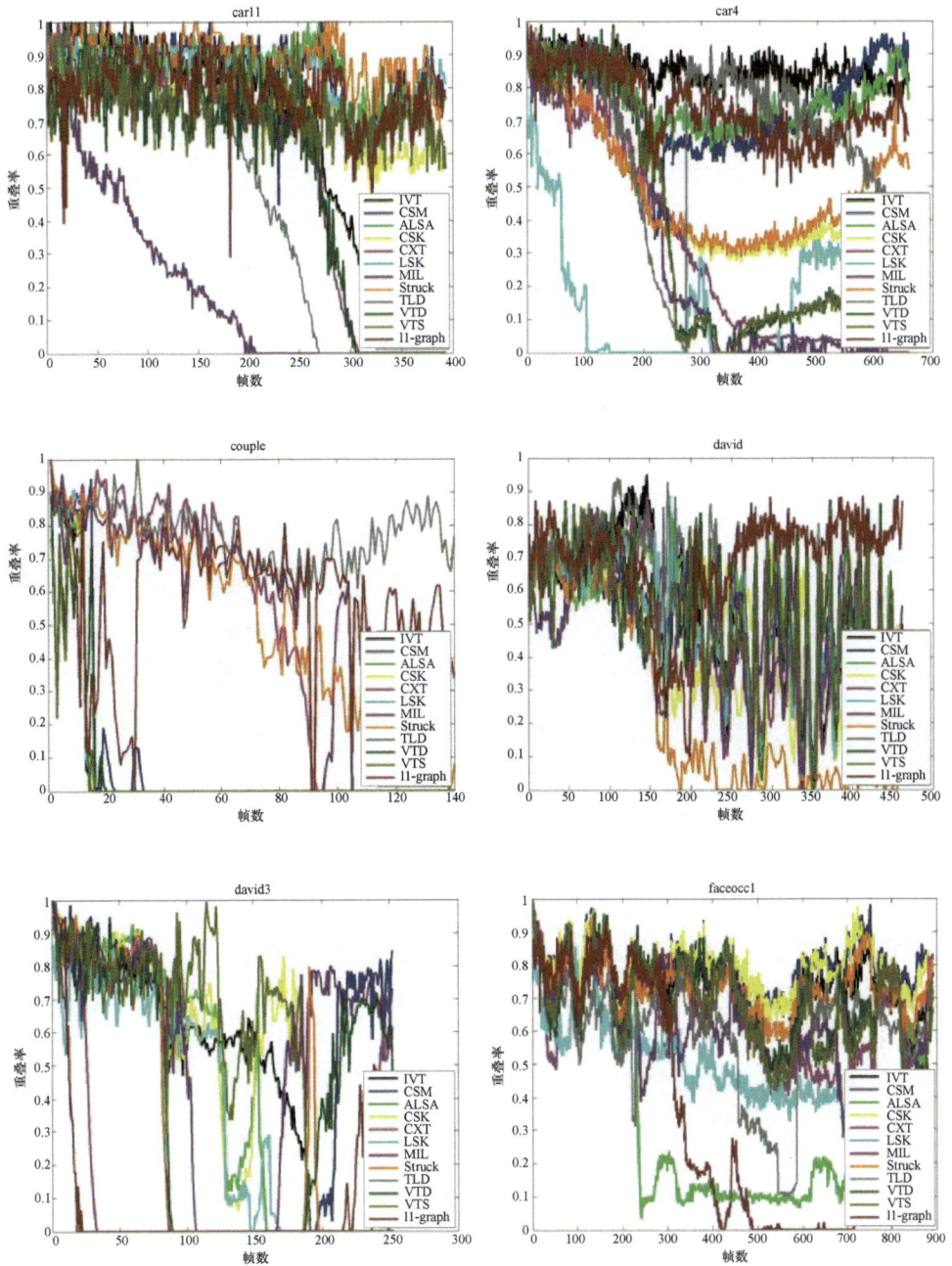

图 9-5   针对不同测试视频的重叠率曲线结果对比（续）

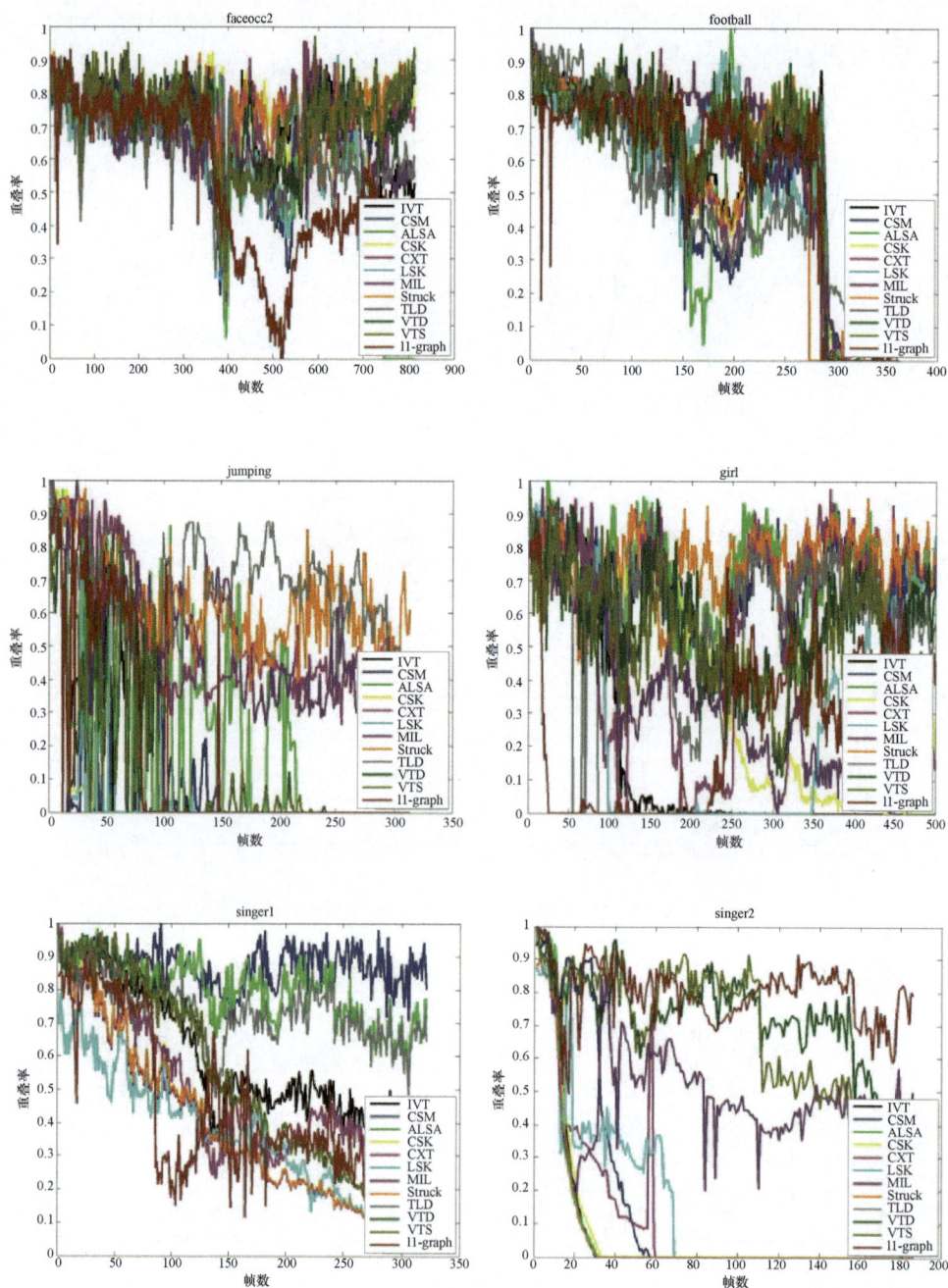

图 9-5　针对不同测试视频的重叠率曲线结果对比（续）

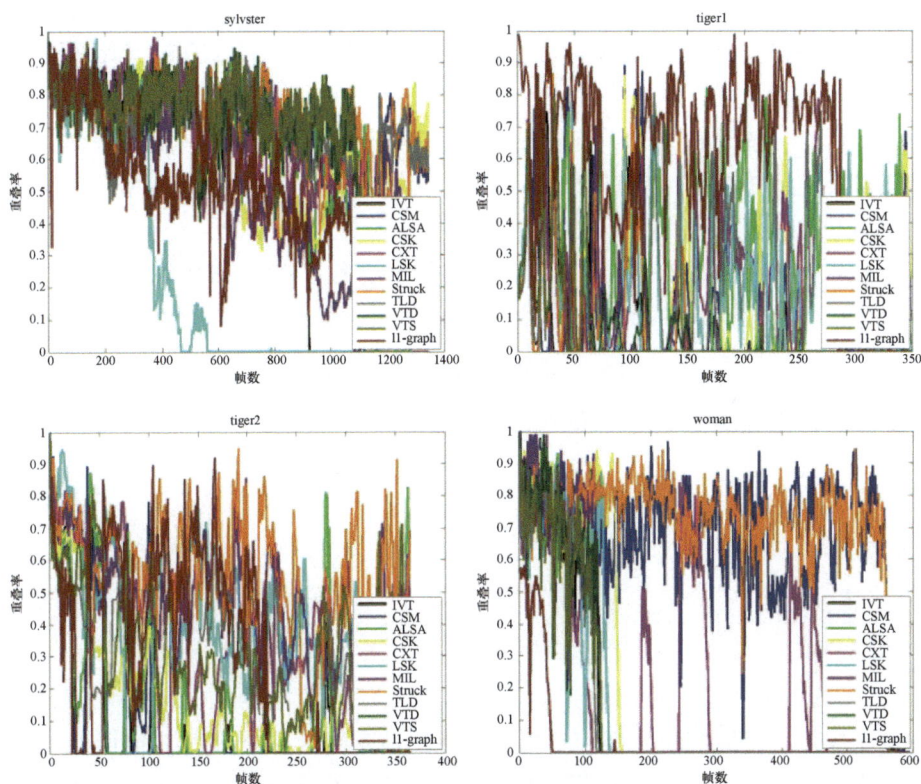

图 9-5　针对不同测试视频的重叠率曲线结果对比（续）

可以看出，本章的算法在 boy、car11、car4、couple、david、faceocc2、singer2、sylvster 序列中取得了不错的跟踪效果。不过在 animal、david3、faceocc1、football、girl、jumping、singer1、tiger1、tiger2、woman 序列中，跟踪效果有待提高。在 animal 序列中，从第 10 帧到第 17 帧，由于目标的快速运动及因此带来的运动模糊，导致算法误差较大。在 david3 序列中，算法跟踪效果很不理想，算法从一开始就偏离了目标。在 faceocc1 序列中，从第 286 帧开始，当目标被部分遮挡时，由于模板错误地将遮挡物作为目标的一部分进行更新，导致跟踪随遮挡物偏离了目标。在 david 序列中，由于目标（david 的头部）的平面外旋转导致跟踪器在第 150 帧到第 190 帧有部分偏离，不过当目标恢复初始状态时（david 转为正面时），跟踪器很快恢复了高精度的跟踪。在 football 序列中，从第 290 帧开始，当目标被另一相似物体遮挡时，本章的算法与其他方法一样都发生了比较大的偏差。在 girl 序列中，由于受相近物体的影响，本章的算法从第 17 帧开始就丢失了目标。在 jumping 序列中，由于目标的快速运动导致跟踪器从第 74 帧开始丢失了目标。在 singer1 序列中，由于受光照变化的影响，从第 87 帧开始算法丢失了目标。在 tiger1 序列中，从第 286 帧开始，算法错误地跟踪到一个相似的物体（台灯的白光和目标玩具虎的白色嘴唇相似）。由于同样的原因，在 tiger2 序列中也从第 220 帧开始丢失了目标。在 woman 序列中，算法表现比较差，从一开始就丢失了目标。

总体而言，基于 ℓ_1 图的半监督跟踪虽然较其他方法取得了一定的进展，但由于缺乏部件模型的帮助，空间分辨率较低，因此在处理遮挡情况和遇到相似物体时无法很好地进行跟踪。

实验在双核 2.5GHz、2GB 内存的平台上运行，运行环境为 Matlab 7.11。表9.5给出了不同序列的平均运行时间，可以看出，算法满足实时性要求。

表9-5　不同序列的平均运行时间　　　　　　　　　单位：帧/s

序列	woman	singer1	animal	david	singer2	boy	car4	football	faceocc1	faceocc2	jumping
平均运行时间	2.34	1.39	1.45	1.51	1.33	1.33	1.67	1.43	1.42	1.44	2.25

2. 定性比较

本章的算法跟踪结果以红色虚线框显示，如图 9-6 ~ 图 9-9 所示。

在 car11 序列中，一辆汽车在夜幕中行进，该序列的任务是从车的尾部跟踪该车，由于尾灯和夜幕中的街灯非常相似，使得前景和背景之间的对比度低，此外街灯的变化使得背景光照发生了较大变化，因此跟踪难度较大。由于受强灯光的影响，MIL 从第 40 帧开始就发生漂移直至跟踪失败。从第 206 帧开始，TLD 也丢失了目标。从第 275 帧开始，由于夜幕中的路灯与车尾灯具有较强的相似性，导致 VTD、VTS、IVT、CXT 都发生了偏离。最终，LSK、Struck、CSK 和本章算法能准确地跟踪目标。

图 9-6　car11 序列部分跟踪结果

在 car4 序列中，一辆黑色汽车在高速公路上行进。该序列的任务是从车的尾部跟踪该车，难度在于：一是汽车尺度的变化；二是汽车在经过桥下时由于大桥阴影和汽车颜色相混淆导致汽车的真实尺度难以准确跟踪。LSK 从第 70 帧开始丢失了目标。从第 172 帧开始，受大桥阴影的影响，CSK、Struck、TLD、MIL 陆续丢失了目标的尺寸。从第 197 帧开始，只有本章算法能准确地跟踪目标的尺寸。

图 9-7　car4 序列部分跟踪结果

在 couple 序列中，跟踪目标是一对并肩行走的行人。跟踪的困难来自尺度的变化、非刚性物体的形变、快速运动、复杂背景和平面外旋转。从第 16 帧开始，ALSA、CSK、LSK、CSM、IVT、VTD、VTS 就丢失了目标。从第 71 帧到第 88 帧，CXT 逐渐丢失了目标的尺寸并最终丢失了目标。在第 92 帧之后，仅有本章算法、TLD 正确地跟踪了目标，包括 MIL、Struck 在内的剩余算法都丢失了目标。

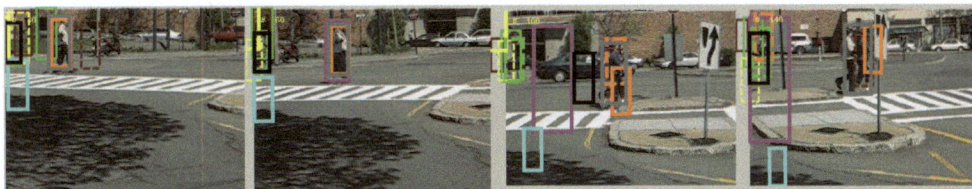

图 9-8　couple 序列部分跟踪结果

在 david 序列中，david 在室内行走。该序列的任务是跟踪 david 的头部，跟踪难度在于：一是目标尺寸的变化；二是目标发生了平面内和平面外旋转；三是目标外形发生了部分变化（david 摘下了眼镜）。从第 135 帧开始，在经历了平面外旋转后，Struck、CSK 丢失了目标，一些其他算法如 VTS、CXT 和 LSK 则发生了部分偏移。从第 234 帧到第 245 帧，当目标发生平面外旋转时，只有本章算法正确地跟踪了目标。

图 9-9　david 序列部分跟踪结果

9.5　小结

在基于图的半监督学习算法中，图的构建是非常重要的。考虑到 ℓ_1 图利用全局的上下文信息，而不是仅考虑成对欧式距离的特点，本章提出利用 ℓ_1 图引入基于图的半监督学习框架，以克服传统的图的构建方法在数据噪声鲁棒性、数据适应性和稀疏表示的判别性等方面的缺陷。算法通过融合目标的颜色和纹理两种特征，克服了光照变化、复杂背景等不利因素给目标跟踪带来的困难。算法首先从前几帧中收集代表目标的正样本和代表背景的负样本，并将其作为标记样本，并利用粒子滤波器随机采样候选区域作为未标记样本。然后在所有标记样本和未标记样本的基础上提取颜色和纹理特征，并构建 ℓ_1 图。接着利用基于 ℓ_1 图的半监督学习算法，并融合两种特征计算所有候选区域的匹配度，取其中匹配度最大的区域作为最终的跟踪结果。最后，用新的跟踪结果更新标记样本和 ℓ_1 图。

本章共进行了两组对比实验。第一组实验表明 ℓ_1 图比近邻图有更好的跟踪效果。第二组实验将本章的算法与其他主要目标跟踪算法进行定性和定量比较。对比实验表明，本章算法具有更高的鲁棒性。不足之处在于，本章算法时间复杂度稍高，在不区分部件条件下其实时性尚可接受，若引入部件模型，则导致本章算法实时性较差，因此本章算法的空间分辨率较低、在处理遮挡情况和遇到相似物体时无法很好地进行跟踪。

参考文献

[1] Celso A R D S, Solange O R, Gustavo E B. Influence of Graph Construction on Semi-supervised Learning [C]. European Conference on Prinples of Datamining and Knowledge Discovery, 2013: 160-175.

[2] Cheng B, Yang J, Yan S, et al. Learning with ℓ1-graph for image analysis [J]. IEEE Transactions on Image Processing, 2010, 19（4）: 858-866.

[3] Kotropoulos Y P C, Arce G R. ℓ_1-graph based music structure analysis [C]. International Society for Music Information Retrieval Conference, 2011: 495-500.

[4] Huang D, Shan C F, Ardabilian M, et al. Local Binary Patterns and Its Application to Facial Image Analysis: A Survey [J]. IEEE Transactions on Systems, Man, and Cybernetics—Part C: Applications and Reviews, 2011, 41（6）: 765-781.

第10章

基于多视图半监督协同训练的目标跟踪算法

10.1 引言

传统的判别式目标跟踪算法，一方面，由于采用"自学习"的模式在线更新分类器，使得跟踪器容易因为误差的积累而出现"漂移问题"；另一方面，目标和背景的不断变化导致很难获得足够的标记样本来准确建立目标和背景模型，从而影响目标跟踪的精度。

半监督分类方法不仅利用有限的标记样本，而且综合考虑包括标记样本和未标记样本在内的样本集的内在结构特征，从而提高在标记样本有限的情况下分类的准确率。在半监督学习中，如何选择有价值的未标记样本、减少噪声数据的进入是需要重点解决的问题。协同训练利用交叉学习的特性降低了噪声样本的引入概率，提高了分类的准确性，是半监督学习领域的重要分支之一。标准协同训练算法、Co-training 算法[1] 在两个充分冗余的视图上，利用有标记样本初始训练两个不同的分类器，再用这两个分类器分别对未标记样本进行分类，然后对每个分类器根据其分类结果挑选出若干置信度较高的未标记样本，并将其作为新的标记样本，加入另一个分类器的标记样本集中，并训练和更新该分类器。上述过程不断迭代，直到满足停止条件。文献 [2] 和文献 [3] 采用协同训练方式融合判别式和生成式目标跟踪算法，都只使用了颜色特征。文献 [4] 通过协同训练 boosting 跟踪器完成目标跟踪，虽然使用了颜色和纹理两种特征，但由于 boosting 分类器本身仍然采用监督训练的方式，并没有利用包含标记样本和未标记样本在内的样本集的内在结构特征，无法处理目标跟踪中标记样本有限的情况，导致单个分类器分类准确率较低，从而影响协同训练的效果。

本章提出一种结合颜色和纹理两种特征的半监督协同训练目标跟踪方法。首先，在前若干帧中利用跟踪结果收集表征目标的正样本和表征背景的负样本，分别提取样本集的颜色和纹理特征，构建两个充分冗余的视图。当新一帧到达时，以粒子滤波为模型，随机采样得到候选区域作为未标记样本。再在两个视图上利用基于图的半监督学习算法构建分类器，并计算未标记样本的置信度。其次，相互选择置信度低的未标记样本作为新的负类标记样本加入对方视图下的标记样本集，并对该视图的分类器进行更新。最后，不同视图的分类器独立计算未标记样本的相似度，并以其相似度熵为权值融合得到最终结果，将获得最高相似度的未标记样本作为跟踪结果。新的跟踪结果将更新正样本和负样本集合。

10.2　基于多视图半监督协同学习的目标跟踪

A. Blum 和 T. Mitchell[1]首先提出了最早的协同训练算法（Co-training 算法）。Co-training 算法假设数据集有两个充分冗余的视图，即每个属性集都满足以下两个条件：①每个属性集都可以描述该问题，也就是说，若训练样本数量足够，则在每个属性集上都能训练出一个强分类器；②在给定标记时，每个属性集的条件都独立于另一个属性集。A. Blum 和 T. Mitchell 认为，充分冗余视图的要求在不少任务中都可以满足，如网页分类问题、人的身份证号和面部特征等。在具有这类特征的数据集的任一视图上，均可利用一定的机器学习算法训练一个强分类器。标准协同训练算法在两个视图上，利用标记样本初步训练两个不同的分类器，然后用这两个分类器分别对未标记样本进行分类。在协同训练过程中，每个分类器从未标记样本中挑选出若干置信度较高的样本进行类标记，然后把标记后的样本加入另一个分类器的标记样本集中，使得对方能利用这些新的标记样本进行学习和更新。协同训练过程不断迭代，直到达到停止条件。

然而，在真实问题中，充分冗余视图的要求往往很难满足。许多研究者试图设计不需要充分冗余视图的协同训练算法。S. Goldman 和 Y. Zhou 使用不同的决策树算法，从同一属性集上训练两个不同的分类器，每个分类器都把样本空间分为多个等价类[5]。在协同训练过程中，每个分类器分别估计标记的置信度，并且将置信度最高的样本进行标记后，交给另一个分类器作为标记样本，以便对方进行学习更新。该过程反复进行，直到达到某个停止条件。在预测阶段，该算法先估计两个分类器对未见样本标记的置信度，然后选择置信度高的分类器进行预测。虽然 S. Goldman 和 Y. Zhou 的算法不再要求问题本身具有充分冗余视图，但对分类器种类有限制。此外，该算法在挑选未标记样本进行标记时，以及在选择分类器对未见样本进行预测时，频繁使用十倍交叉验证，导致算法时间复杂度太高。

Z. H. Zhou 和 M. Li 提出了一种既不要求充分冗余视图、也不要求不同类型分类器的 Tri-training 算法[6]。该算法首先在标记样本集上采用可放回随机采样方式获得三个有标记训练样本子集，然后在每个训练子集上产生一个分类器。在协同训练过程中，如果两个分类器对同一个未标记样本的分类相同，则认为该样本具有较高的标记置信度，并在标记后将其加入第三个分类器的标记样本集。在对未见样本进行识别时，Tri-training 算法不是挑选一个分类器来使用，而是使用集成学习中的简单投票法则，将三个分类器组成一个集成分类器对未见样本进行识别。

10.2.1　算法框架

基于多视图半监督协同学习目标跟踪算法框架如图 10-1 所示，该算法分为两个阶段：初始化阶段和在线跟踪阶段。在初始化阶段，利用其他简单的跟踪方法（如最近邻法）进行跟踪，并根据跟踪结果采集标记样本集，提取颜色和纹理特征，构建两个充分冗余的视图。在在线跟踪阶段，以基于图的半监督学习算法为基础，利用包括标记样本和未标记样本在内的样本集的内在结构训练单个分类器，再利用新标记的负类样本协同训练两个特征视图中的分类器，最后根据相似度熵融合不同分类器的跟踪结果，实现目标跟踪。

目标运动模型仍然以粒子滤波为基础。设第 t 帧中状态为 $s_t = (px_t, py_t, \theta_t, c_t, \beta_t, \phi_t)$，其中 $o_t = (px_t, py_t)$ 表示中心位置，θ_t 表示旋转角度，c_t 表示尺度因子，β_t 表示纵横比，ϕ_t 表示扭曲方向。

10.2.2　样本采集

设第 $t-1$ 帧中目标的状态为 $\hat{s}_{t-1}$，其位置为 $\hat{o}_{t-1}$，则 $\hat{s}_{t-1}$ 对应的子图像作为该帧唯一的正样本 $(I_{t-1}^+, +1)$。因此，从第 $t-m$ 帧开始到第 $t-1$ 帧可获取 m 个正样本构成正样本集 $I^+ = \{(I_i^+, +1)\}_{i=1}^m$。同时在第 $t-1$ 帧，以 $\hat{o}_{t-1}$ 为中心、内外径分别为 r 和 β 的环形区域内随机地提取 n 幅子图像作为代表背景的负样本，构成负样本集 $I^- = \{(I_i^-, -1)\}_{i=1}^n$。正样本集和负样本集共同构成了标记样本集 $I^L = I^+ \cup I^- = \{(I_i^L, y_i^L)\}_{i=1}^l$，$y_i^L \in \{+1, -1\}$，其中 $l = m + n$。对于第 t 帧，利用粒子滤波随机生成 n 个粒子 $s_t^{(i)}, i = 1, \cdots, N$，以 $s_a^{(i)}$ 为仿射变换参数采样候选区域得到未标记样本集 $I^U = \{I_i^u\}_{i=1}^N$。

10.2.3　多视图数据集的建立

本章提取图像的颜色和纹理特征，构建两个充分冗余的视图并进行协同训练。局部二值模式以其计算简单、效果好、具有旋转不变性等优点在图像纹理特征提取中得到广泛应用。局部二值模式算子通过将局部邻域内的像素点以中心像素点为阈值实现二值化，然后将二值化后的像素值乘以相应的像素点的权值，获得最后的局部二值模式值。对于每个标记或未标记样本 $I^i \in I = I^L \cup I^U, i = 1, \cdots, l+N$，提

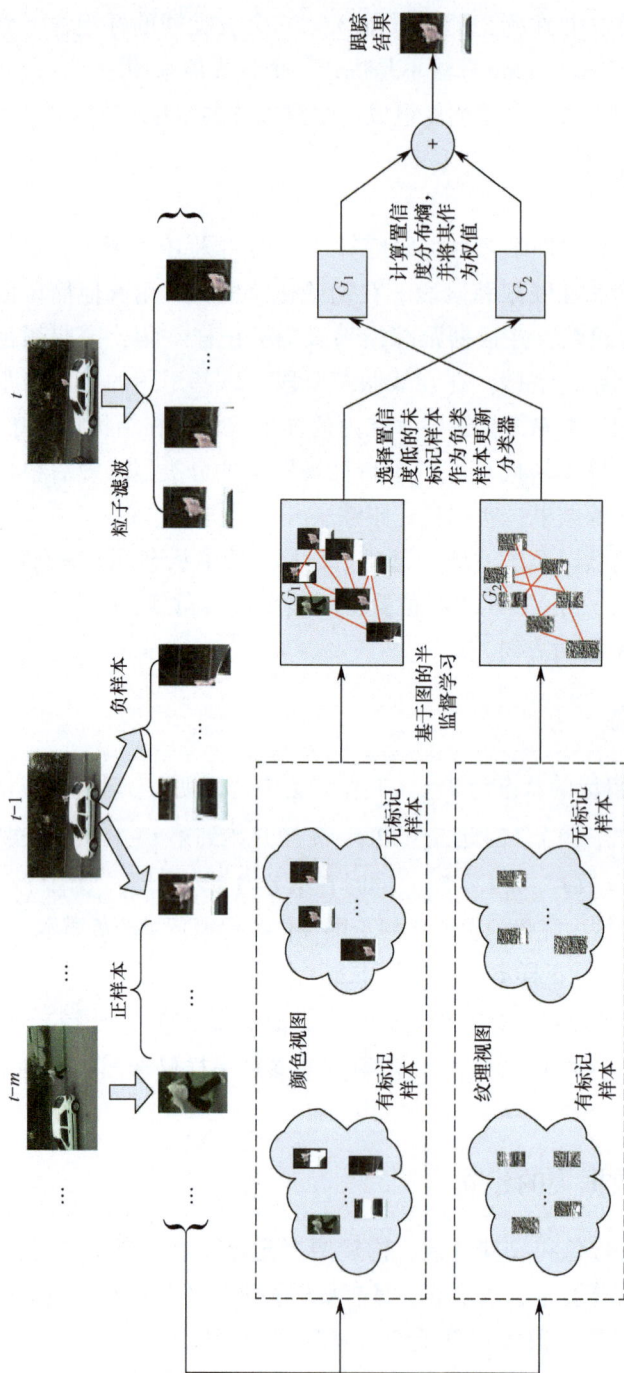

图10-1 基于多视图半监督协同学习目标跟踪算法框架

取它们的颜色和纹理特征，得到不同视图下的样本集，记作 $I_k = \{I_k^i\}_{i=1}^{l+N}, k=1,2$。

10.2.4　单视图下分类器的构建

基于图的半监督学习算法主要利用标记样本和未标记样本之间的相似度建立图结构，图的节点为标记样本和未标记样本，连接节点的边的权重表示样本间的相似度。基于图的半监督学习方法基于流形假设：在高维空间，一个很小的局部邻域内的数据点在低维投影空间应该是具有相似性质的，其标记也应该相似。不同的算法基于流形假设选择不同的损失函数和正则项，本章采用基于高斯随机场和调和函数的半监督学习方法构建单视图下的单个分类器。

为每个视图定义一个无向图 $G_k = (V_k, E_k), k = 1,2$，其中，$V_k = \{I_k^i\}_{i=1}^{l+N}$ 是节点的集合，每个节点对应一个样本，$E_k = \{e_k^{ij}\}_{i,j=1}^{l+N}$ 是边的集合，e_{ij} 是连接第 i 个节点和第 j 个节点的边，每一条边 e_{ij} 都与一个权值 w_{ij} 相连接。权值 w_{ij} 用来反映两个节点之间的相似或相异程度，通常用一个相似性函数如 RBF 核来定义。

$$w_{k,ij} = \exp(-\|I_k^i - I_k^j\|^2/\delta^2) \tag{10-1}$$

式中，$\delta = 1$ 为核函数窗宽。

对于每一张图 G_k，定义一个实值函数 $\boldsymbol{f}_k = [f_{1k}, \cdots, f_{lk}, \cdots, f_{(l+N)k}]^{\mathrm{T}} : V_k \to \mathbf{R}$。运用基于图的半监督分类方法可得：

$$\begin{cases} \min E(\boldsymbol{f}_k) = \dfrac{1}{2}\sum_{i,j} w_{k,ij}(f_{ik} - f_{jk})^2 = \dfrac{1}{2}\boldsymbol{f}_k^{\mathrm{T}}\boldsymbol{L}_k\boldsymbol{f}_k \\ \text{s. t.}\quad f_{ik} = y_{ik}^L, i = 1,\cdots,l \end{cases} \tag{10-2}$$

式中，$\boldsymbol{L}_k = \boldsymbol{D}_k - \boldsymbol{W}_k$ 是图 G_k 的 Laplacian 图，$\boldsymbol{D}_k$ 是图 G_k 的度，$\boldsymbol{W}_k = \{w_{k,ij}\}_{i,j=1}^{l+N}$ 是权值矩阵。将 $\boldsymbol{L}_k$ 从 l 行列 l 之后分解：$\boldsymbol{L}_k = \begin{bmatrix} \boldsymbol{L}_k^{\mathrm{LL}}, & \boldsymbol{L}_k^{\mathrm{LU}} \\ \boldsymbol{L}_k^{\mathrm{UL}}, & \boldsymbol{L}_k^{\mathrm{UU}} \end{bmatrix}$，类似地，$\boldsymbol{f}_k = [\boldsymbol{f}_k^L, \boldsymbol{f}_k^U]^{\mathrm{T}}$，其中 $\boldsymbol{f}_k^L = [f_{1k}, \cdots, f_{lk}]^{\mathrm{T}}$，$\boldsymbol{f}_k^U = [f_{(l+1)k}, \cdots, f_{(l+N)k}]^{\mathrm{T}}$。根据调和函数法，得式（10-2）的闭式解为：

$$\boldsymbol{f}_k^U = -(\boldsymbol{L}_k^{\mathrm{UU}})^{-1}\boldsymbol{L}_k^{\mathrm{LU}}\boldsymbol{f}_k^L \tag{10-3}$$

式中，$\boldsymbol{f}_k^U$ 表示在第 k 视图上未标记样本与标记样本之间的相似度。

10.2.5　基于负类的多视图协同训练

传统分类问题注重的是分类的正确率，允许个别未标记样本分类错误，而判别式目标跟踪常常以相似度最高的未标记样本作为被跟踪目标，一旦发生错误，可能引起后续跟踪过程中丢失目标。基于负类的多视图协同训练如图 10-2 所示。

如图 10-2（a）所示，在标准协同训练中，多个分类器先各自对未标记样本进行分类，然后将得分最高的若干样本及其标签（包括正样本和负样本）作为新的标记样本加入其他分类器的训练集中并重新训练和更新分类器。然而，在目标跟踪中，目的是寻找相似度最高的、标记为正的样本。因此，如果将得分最高的若干正样本都标记为正（或者说标记为目标），用于协同训练其他分类器，就无法找到相似度最高的标记为正的待识别样本，从而无法定位目标。针对这个问题，本章提出基于负类样本的多视图协同训练。如图 10-2（b）所示，各视图下的分类器分别计算未标记样本的相似度，之后仅将被标记为负类、相似度最低的若干未标记样本作为新的标记样本加入另一个视图的训练集中，用于更新该视图下的分类器。在两个视图上分别用包含标记样本和未标记样本的样本集 $I_k(k=1,2)$，采用基于图的半监督学习方法计算未标记样本的相似度 $\boldsymbol{f}_K^U$。根据 $\boldsymbol{f}_1^U$ 选择相似度最低的 M 个未标记样本作为负类样本加入视图 2 的标记样本集中，并更新图得到 G_2'。根据 $\boldsymbol{f}_2^U$ 选择相似度最低的 M 个未标记样本作为负类样本加入视图 1 的标记样本集中，并更新图得到 G_1'。根据新的 G_1' 和 G_2' 重新计算不同视图下未标记样本的相似度 $\boldsymbol{f}_k'$。

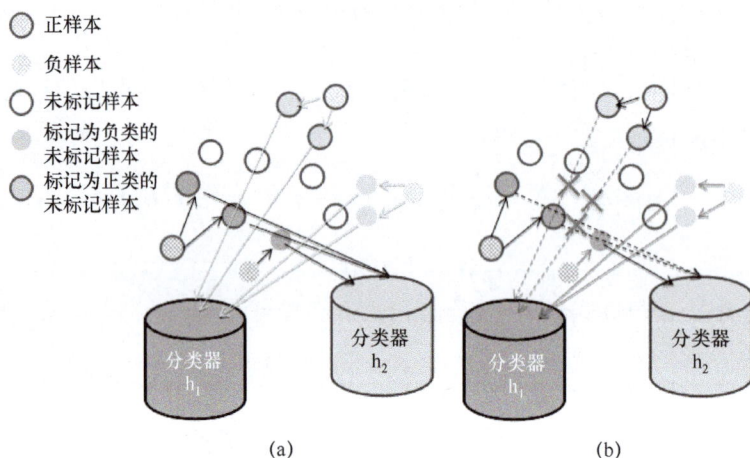

图 10-2　基于负类的多视图协同训练

10.2.6　分类器权重估计与目标定位

当分类器给出的未标记样本相似度分布较均匀时，说明该视图下分类器的判别力较弱，因而应该赋予较低的权值；反之，则应该给予较高的权值。本章采用相似度熵作为分类器的权值。设 $\boldsymbol{f}_k' = [f_{(l+1)k}', \cdots f_{(l+n)k}']^\mathrm{T}$ 为重新计算后不同分类器的相似度。相似度熵计算如下：

$$E_k = -\sum_{i=l+1}^{l+N} f_{ik}' \lg f_{ik}' \tag{10-4}$$

则分类器的权值等于

$$w_k^c = \frac{1/E_k}{\sum_k 1/E_k} \qquad (10\text{-}5)$$

最终，不同分类器融合后的跟踪结果为 $\hat{f} = \sum_k w_k^c f_k'$，并取得最高相似度的未标记样本作为跟踪的结果。

$$\hat{s}_t = \operatorname*{argmax}_{s_t^{(i)}} p(s_t^{(i)} \mid Z_{1:t}) \propto \operatorname*{argmax}_{s_t^{(i)}} \hat{f} \qquad (10\text{-}6)$$

10.2.7　图的更新

为了适应跟踪过程中目标和背景的动态变化，图结构必须定期更新。如前所述，合适的更新机制对于目标跟踪是非常重要的。为了防止错误更新，算法计算每帧结果和正样本的平均差值。当差值较大时，认为结果发生突变、遮挡或丢失，因此不更新样本集和图结构。

10.3　实验研究

10.3.1　定量比较

表 10-1、表 10-2 给出了各算法在不同序列下的平均中心位置误差和平均重叠率。可以看出，本章的算法在绝大部分的实验序列中都获得了较好的跟踪结果。

表 10-1　各算法在不同序列下的平均中心位置误差　　　　单位：像素

算法 序列	ALSA	CSK	CXT	IVT	LSK	MIL	CSM	Struck	TLD	VTD	VTS	本章算法
animal	160	4.97	6.75	183	98.8	101	104	5.27	98.8	135	221	5.65
boy	106	20.2	7.39	91.3	2.24	12.8	51.0	3.85	4.49	7.57	7.27	97.0
car11	1.54	3.23	16.5	8.43	1.29	43.5	1.30	0.96	27.5	16.5	2.87	2.87
car4	2.83	21.0	60.0	4.03	65.4	49.5	1.66	5.48	1.68	36.6	36.6	2.36
couple	123	144	41.8	123	129	34.5	110	11.3	2.54	104	90.9	12.9
david	14.9	21.4	14.6	14.4	17.7	17.7	15.5	49.6	13.5	16.4	15.9	56.4
david3	87.8	56.1	222	51.9	105	29.7	73.1	107	—	66.7	55.6	16.7
faceocc1	78.1	11.9	25.3	18.4	30.4	29.9	13.8	13.0	27.4	20.2	21.3	13.5
faceocc2	21.2	8.58	8.14	9.21	16.2	15.2	10.6	7.93	12.9	9.37	9.64	8.74
football	15.0	16.2	12.8	14.3	14.0	12.1	16.3	17.3	14.3	13.6	13.2	39.8
girl	3.28	19.3	11.0	22.5	29.3	13.7	2.60	2.57	9.79	8.60	8.60	184

（续表）

算法 序列	ALSA	CSK	CXT	IVT	LSK	MIL	CSM	Struck	TLD	VTD	VTS	本章算法
jumping	46.1	86.0	9.99	61.6	74.6	9.99	65.9	6.55	5.94	41.4	40.1	13.2
singer1	3.39	13.3	11.3	11.3	20.0	16.0	2.69	14.0	8.30	3.82	5.10	6.44
singer2	175	186	164	176	149	22.5	114	174	—	43.7	72.5	9.47
sylvster	15.2	9.92	14.8	34.2	68.4	15.2	7.97	6.30	7.31	19.6	19.4	83.0
tiger1	60.9	82.7	59.5	110	58.4	117	96.6	138	—	111	105	73.4
tiger2	85.8	59.6	41.4	105	43.8	27.2	141	21.6	—	40.9	40.9	44.8
woman	139	207	72.0	176	131	125	8.39	4.93	—	119	121	65.0
平均值	61.1	52.0	48.8	68.4	56.8	37.7	44.6	32.6	—	43.3	47.1	48.7

表 10-2 各算法在不同序列下的平均重叠率

算法 序列	ALSA	CSK	CXT	IVT	LSK	MIL	CSM	Struck	TLD	VTD	VTS	本章算法
animal	0.03	0.75	0.70	0.03	0.27	0.12	0.07	0.74	0.27	0.06	0.04	0.67
boy	0.37	0.66	0.54	0.26	0.80	0.49	0.38	0.76	0.66	0.63	0.64	0.23
car11	0.85	0.76	0.57	0.66	0.84	0.20	0.84	0.89	0.45	0.54	0.75	0.76
car4	0.76	0.47	0.31	0.85	0.16	0.26	0.89	0.75	0.90	0.37	0.37	0.89
couple	0.08	0.08	0.48	0.07	0.08	0.50	0.10	0.54	0.77	0.06	0.06	0.52
david	0.52	0.44	0.44	0.47	0.47	0.48	0.51	0.24	0.58	0.51	0.52	0.26
david3	0.43	0.50	0.12	0.48	0.36	0.54	0.40	0.29	—	0.40	0.54	0.52
faceocc1	0.32	0.79	0.64	0.73	0.48	0.60	0.78	0.79	0.58	0.68	0.67	0.78
faceocc2	0.61	0.73	0.71	0.69	0.59	0.63	0.69	0.74	0.62	0.71	0.72	0.68
football	0.53	0.55	0.54	0.56	0.54	0.59	0.48	0.53	0.49	0.56	0.59	0.48
girl	0.71	0.37	0.55	0.17	0.30	0.40	0.68	0.75	0.57	0.55	0.55	0.01
jumping	0.23	0.05	0.52	0.12	0.07	0.52	0.12	0.62	0.66	0.12	0.15	0.55
singer1	0.80	0.38	0.51	0.59	0.36	0.38	0.87	0.38	0.73	0.52	0.52	0.74
singer2	0.04	0.04	0.07	0.04	0.09	0.51	0.17	0.04	—	0.41	0.34	0.73
sylvster	0.59	0.63	0.60	0.52	0.23	0.53	0.69	0.72	0.67	0.62	0.63	0.03
tiger1	0.23	0.14	0.20	0.06	0.18	0.05	0.12	0.07	—	0.07	0.06	0.22
tiger2	0.15	0.17	0.36	0.09	0.35	0.46	0.09	0.54	—	0.30	0.30	0.39
woman	0.15	0.19	0.20	0.15	0.15	0.16	0.65	0.71	—	0.14	0.13	0.02
平均值	0.41	0.44	0.43	0.35	0.36	0.41	0.49	0.55	—	0.42	0.44	0.45

针对不同测试视频的跟踪误差曲线结果对比和重叠率曲线结果对比如图 10-3 和图 10-4所示（本章算法对应曲线标记为 CMST）。

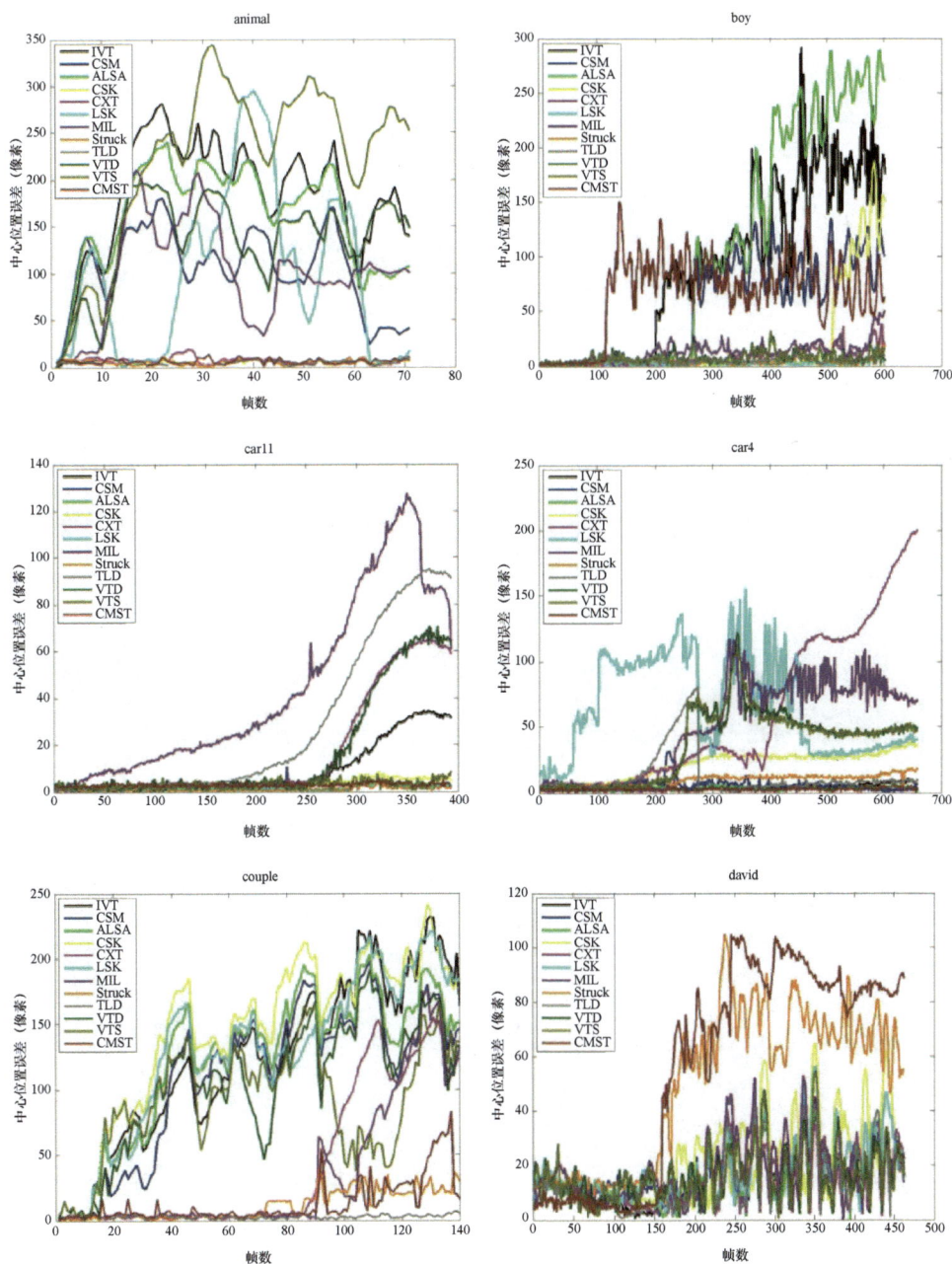

图 10-3　针对不同测试视频的跟踪误差曲线结果对比

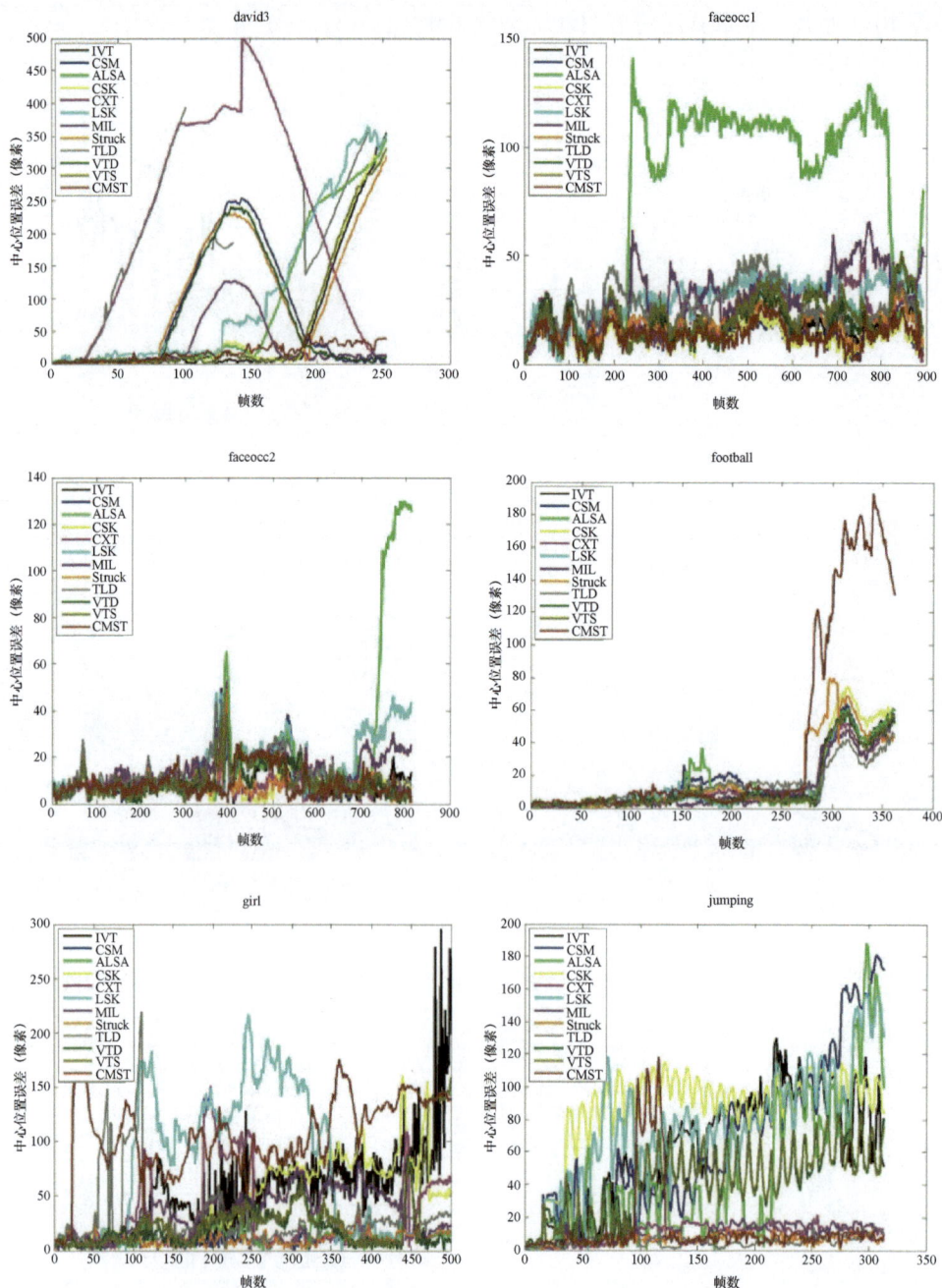

图 10-3　针对不同测试视频的跟踪误差曲线结果对比（续）

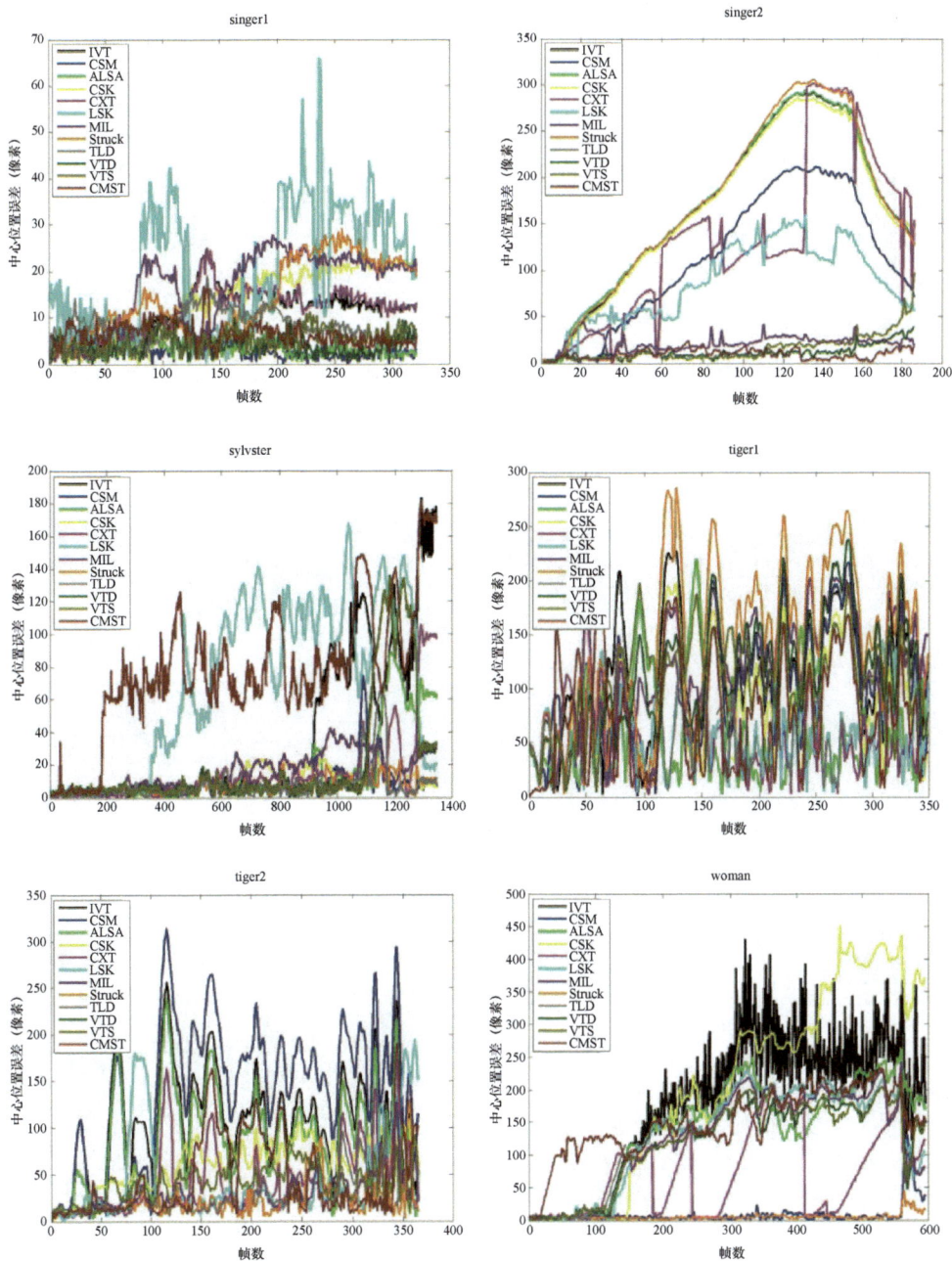

图 10-3　针对不同测试视频的跟踪误差曲线结果对比（续）

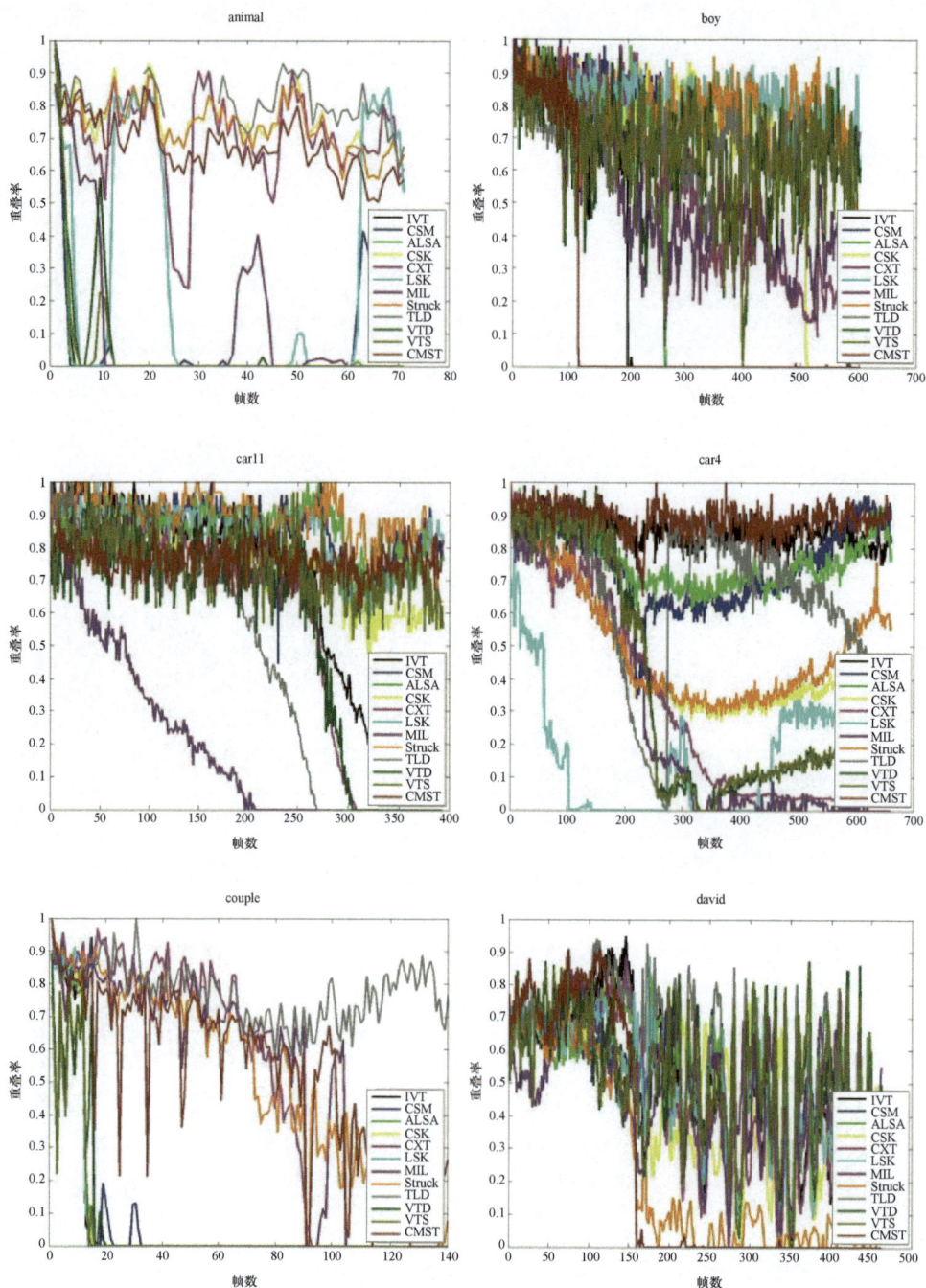

图 10-4　针对不同测试视频的重叠率曲线结果对比

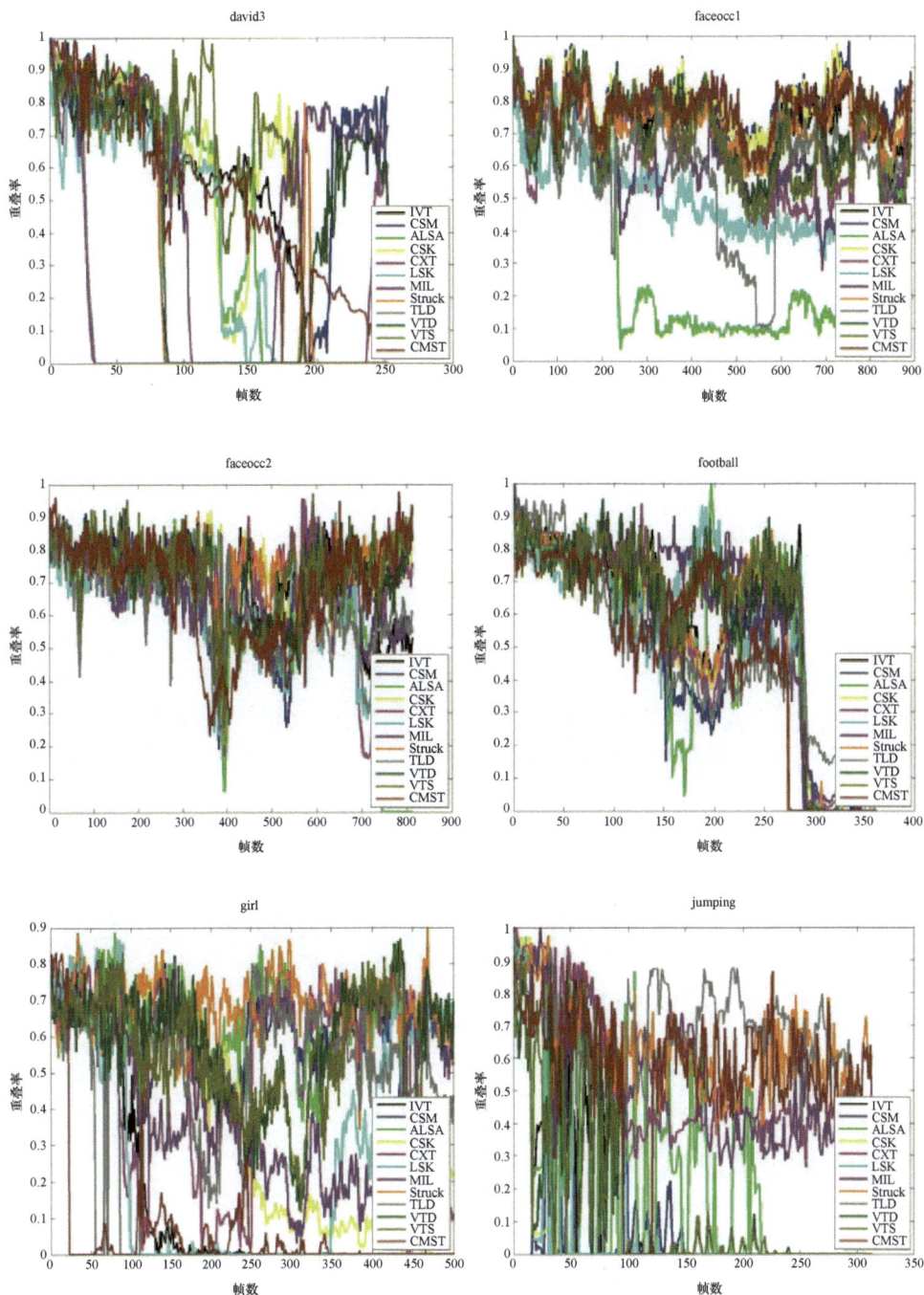

图 10-4　针对不同测试视频的重叠率曲线结果对比（续）

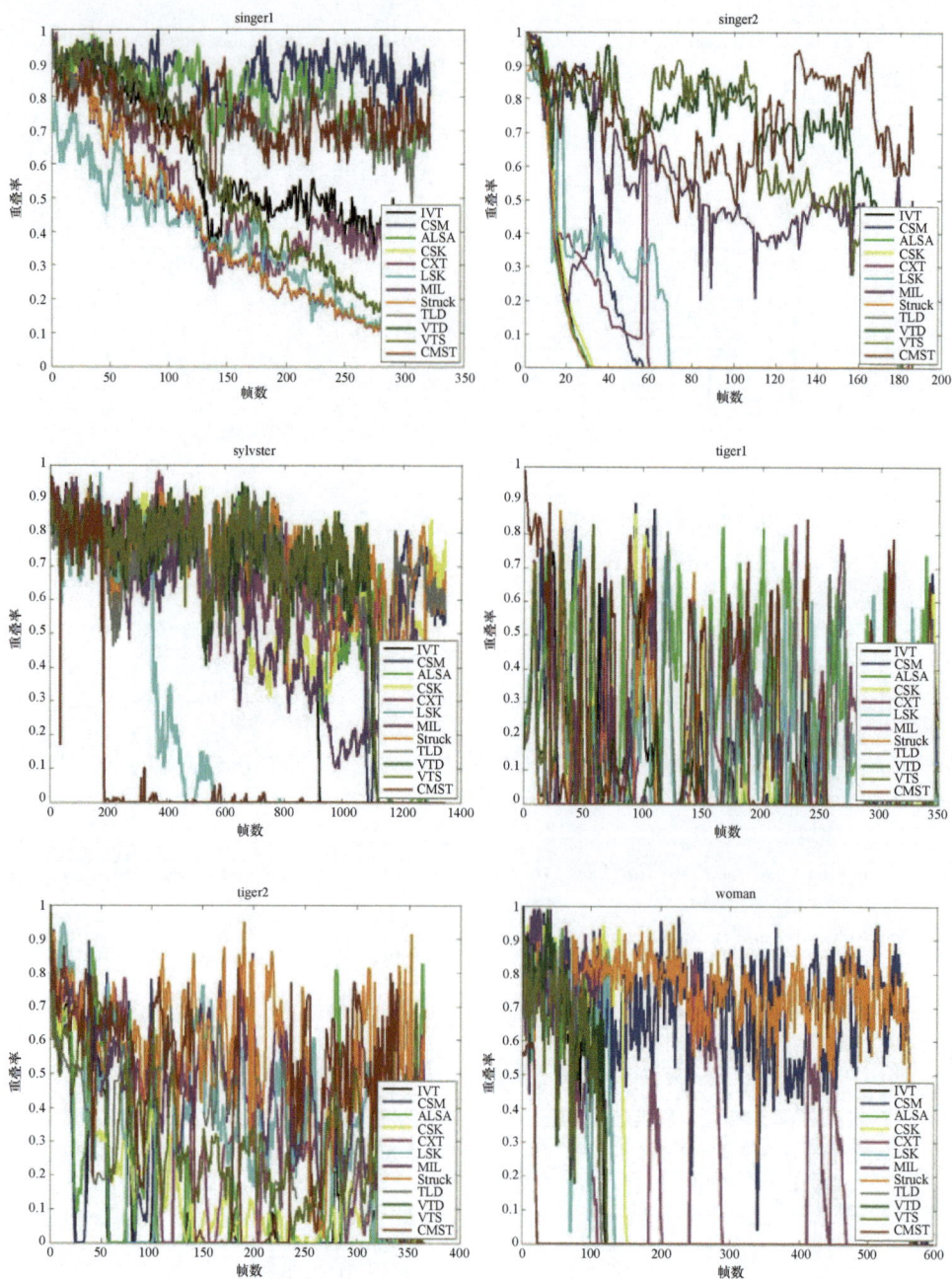

图 10-4　针对不同测试视频的重叠率曲线结果对比（续）

可以看出，本章的算法在 animal、car11、car4、couple、david3、faceocc1、faceocc2、jumping、singer1、singer2 序列中取得了不错的跟踪效果。不过在 boy、 david、football、girl、sylvster、tiger1、tiger2、woman 序列中，跟踪效果有待提高。在 boy 序列中，从第 113 帧开始，受目标的旋转和快速运动及运动模糊的影响，导致算法丢失了目标，并且没有再恢复。在 david 序列中，从第 158 帧开始，当目标发生平面内旋转时，算法丢失了目标。在 football 序列中，从第 278 帧开始，当目标（头盔）与另一相似物体发生碰撞且被遮挡时，本章的算法与其他算法一样都发生了比较大的偏差。在 girl 序列中，从第 23 帧开始，当目标受到相似物体的影响时，本章的算法偏离了目标。在 sylvster 序列中，由于前景与背景相似度比较大，导致本章的算法从第 200 帧开始就丢失了目标。在 tiger1 序列中，本章的算法与其他算法一样都发生了比较大的偏差。对于 tiger2 序列，当目标被遮挡时，由于新的跟踪结果（包含遮挡物体）不当更新了目标模板，使得算法多次定位到遮挡物体。这主要是因为本章的算法所采用的更新算法虽然采取了一定的措施防止目标模板被错误更新，但主要针对目标被突然遮挡或大幅改变的情况。在 tiger2 序列中，由于目标（玩具虎）逐渐被遮挡物（树叶）遮挡，导致本章的算法并没有判断，这种情况属于不当更新，从而多次错误定位到被遮挡物体（树叶），不过本章的算法仍然取得了比大多数其他算法更好的跟踪效果。在 woman 序列中，由于缺乏空间分辨率，与其他算法一样，当目标受到严重遮挡时，本章的算法丢失了目标。

总体而言，当两种特征相互印证时，本章算法的跟踪结果得到改善，如 david3 序列和 singer2 序列。然而本章算法的不足之处是，当其中一种特征区分能力较差时，跟踪结果不仅得不到改善，反而可能会比单一特征下的跟踪结果更差，本章的算法在一些背景与目标相似度较高的序列中跟踪效果比较差就是这个原因，如 sylvster 序列。

实验在双核 2.5GHz、2GB 内存的平台上运行，运行环境为 Matlab 7.11。表 10-3 给出了算法在几个序列的平均运行时间。由表 10-3 可以看出算法满足实时性要求。

表 10-3　算法在不同序列的平均运行时间　　　　　　单位：帧/s

序列	woman	singer1	animal	david	singer2	boy	car11	football	faceocc1	faceocc2	jumping	car4
平均运行时间	0.36	0.38	0.42	0.34	0.39	0.32	0.36	0.33	0.34	0.28	0.34	0.36

10.3.2　定性比较

本章的算法跟踪结果以红色虚线框显示，如图 10-5 ～ 图 10-8 所示。

在 animal 序列中，目标（一只幼年鹿）附近存在许多类似目标的其他物体

（其他鹿），同时伴随有快速运动带来的运动模糊，使得跟踪难度较大——大多数帧都存在由于快速运动导致的分辨率降低情况。大多数算法在跟踪开始后不久即丢失了目标。从第 6 帧开始，IVT、ALSA、SCM、LSK、MIL、VTD、VTS 都已经丢失了目标。从第 24 帧到第 29 帧，CXT 丢失了目标的尺度。最终，只有 CSK、Struck、TLD 和本章的算法始终正确地跟踪了目标。

图 10-5　animal 序列部分跟踪结果

在 singer1 序列中，跟踪的目标是一位穿白裙的女歌手，该序列的跟踪难度来自光照的变化和尺度的变化。从第 17 帧开始，随着目标尺度的逐渐减小，CSK、MIL、Struck 和 LSK 将部分背景错误地归入了目标，CXT 和 IVT 则仅跟踪了一部分目标。当背景光照条件发生变化时，目标与背景相互混淆，导致 VTD 和 VTS 丢失了目标尺度。最终，TLD、SCM、ALSA 取得了最好的尺度跟踪效果，本章的算法也取得了相对较好的结果。

图 10-6　singer1 序列部分跟踪结果

在 singer2 序列中，跟踪的目标是一位穿黑衣服的男歌手。由于目标所穿着的黑色衣服与舞台的黑色背景非常相近，导致很难将目标从背景中区分开来，此外背景中光照变化、尺度变化、非刚性变形等诸多干扰也给跟踪带来了困难。CSK、ALSA、Struck、MIL、LSK、CXT、IVT、TLD 从第 15 帧开始就丢失了目标。当背景光照发生变化时，SCM 也丢失了目标。最终 VTD、VTS 也丢失了目标，只有本章的算法始终准确地跟踪了目标。

图 10-7　singer2 序列部分跟踪结果

在 david3 序列中，目标（david）在路边来回行走，其间被路标牌和树木遮挡。其他影响跟踪的因素还包括目标的形变、平面外旋转，还有与目标衣着颜色相似的路面和树木。在第 31 帧，当目标被路牌遮挡时，CXT 和 TLD 首先丢失了目标。在第 89 帧，当目标被颜色相似的树木遮挡时，Struck、SCM 和 VTD 都丢失了目标。从第 101 帧开始，MIL 错误地定位到了外观相似的汽车车头。在第 161 帧，当目标发生平面外旋转（调头往回走）时，ASLA 和 LSK 丢失了目标。在第 192 帧，当目标第二次被相同的树木所遮挡时，剩余的 IVT、CSK 和 VTS 也都丢失了目标。最终，只有本章的算法成功跟踪了目标。

图 10-8　david3 序列部分跟踪结果

10.4　小结

在半监督学习中，如何选择有价值的未标记样本、减少噪声数据的引入是需要重点解决的问题。协同训练利用本身的特性在一定程度上降低了噪声样本的引入，提高了分类的准确性，是半监督学习领域的重要分支之一。本章将基于图的半监督学习方法嵌入多视图协同学习框架，提出一种结合颜色和纹理特征的半监督协同学习目标跟踪方法。首先，利用跟踪结果及粒子滤波收集的标记样本和未标记样本构建颜色和纹理两个充分冗余的视图。其次，相互选择置信度低的未标记样本作为新的负类样本协同训练，更新分类器。最后，算法展示了以相似度熵衡量不同视图下分类器的判别力，并作为权值融合两个分类器的跟踪结果，得到最终的跟踪结果。

实验证明本章算法有较强的鲁棒性，跟踪效果良好，满足实时性要求。与其他算法的定量和定性对比实验表明，该算法具有更高的鲁棒性，并且实时性较好。然而，本章算法也存在一些不足之处：当其中一种特征区分能力较差时，跟踪结果不仅得不到改善，反而可能会比单一特征下的跟踪结果更差。此外，该算法在实时性上的不足使其无法采用部件模型来提高空间分辨率。在未来的工作中，一是可考虑融入目标的光流等运动特征；二是进一步考虑改进特征融合的方式。

参考文献

［1］ Blum A, Mitchell T. Combining labeled and unlabeled data with co-training ［C］. ACM confer-ence on Computational learning theory, 1998：92-100.

［2］ Leistner C, Godec M, Saffari A, et al. On-Line Multi-view Forests for Tracking ［J］. Pattern Recognition, 2010：493-502.

［3］ Dinh T B, Medioni G. Co-training framework of generative and discriminative trackers with partial occlusion handling ［C］. IEEE Workshop on Applications of Computer Vision, 2011：642-649.

［4］ 陈思, 苏松志, 李绍滋, 等. 基于在线半监督 boosting 的协同训练目标跟踪算法 ［J］. 电子与信息学报, 2014 (4)：888-895.

［5］ Goldman S, Zhou Y. Enhancing supervised learning with unlabeled data ［C］. International Conference on Machine Learning, 2000：327-334.

［6］ Zhou Z H, Li M. Tri-training：Exploiting unlabeled data using three classifiers ［J］. IEEE Trans-actions on Knowledge and Data Engineering, 2005, 17 (11)：1529-1541.

第11章
基于图的目标跟踪算法在无人机对地（海）面目标视频跟踪中的应用

11.1　引言

　　无人机是一种重要的机器人，随着技术水平的提高，无人机已广泛应用于各个军事领域，包括情报侦察、通信中继、搜救和火力打击等。在无人机的很多应用中都包含目标跟踪任务，如作战中对高机动目标的跟踪、搜救中对被救人员的跟踪等。在复杂环境中，控制无人机跟踪移动目标是一项具有挑战性的任务。

11.2　无人机对地（海）面目标视频跟踪的特点

　　与传统的视频目标跟踪相比，无人机对地（海）面目标视频跟踪具有更大的难度和挑战性。这些难点主要体现在以下几个方面。

　　（1）目标尺寸更小、更模糊。无人机的飞行高度存在较大差异，战略无人机飞行高度在12000m以上。对地目标跟踪主要用于无人机对地（海）面目标进行攻击，然而即使是遂行对地（海）攻击任务的战术无人机，其飞行高度也有几百米的距离。这么远的距离使得无人机对地（海）面目标的成像往往尺寸比较小，也导致目标特征不明显，较通常的视频目标跟踪应用中的目标更难以区分。

　　（2）无人机视场不稳定。与地（海）面移动或固定的视频采集装置拍摄角度比较稳定或缓慢变化不同，由于无人机距目标有一定的距离，再加上移动速度快，以及操作手或环境的细微变化，会导致无人机的视场发生较大变化。现有的绝大多数视频跟踪算法都采用局部寻优的方式，这种方式的优点是避免在整个视场寻找目标，提高了处理速度，然而其缺点也很明显，就是当目标发生快速大范围运动时很容易丢失目标。

　　（3）目标变化更频繁。视场不稳定除了引起目标在视场内的大幅运动，由于采集角度或距离的频繁变化，还容易导致目标发生尺度改变、平面内旋转、平面外旋转、非刚体形变、遮挡等变化。这些因素本身就是视频跟踪的难题，这也使得无人机对地（海）面目标视频跟踪较常规的视频目标跟踪更困难。

（4）无人机成像方式较多。由于无人机搭载可见光、红外相机或合成孔径雷达等多种传感器，因此对一个目标可以有许多不同的特征加以利用，通过多特征融合，可以有效提高无人机视频目标跟踪的精度。

11.3　无人机对地（海）面目标视频跟踪实验

11.3.1　实验数据库

为了比较各种算法在无人机对地（海）面目标视频跟踪应用中的性能，本章采集了 13 段具有不同特点的无人机拍摄的地（海）面目标的视频。这些视频有的是可见光成像，有的是红外成像，由于无法获取对同一目标的可见光和红外成像，所以没有考虑两种特征融合的算法。无人机对地（海）面目标跟踪实验测试视频如图 11-1 所示。

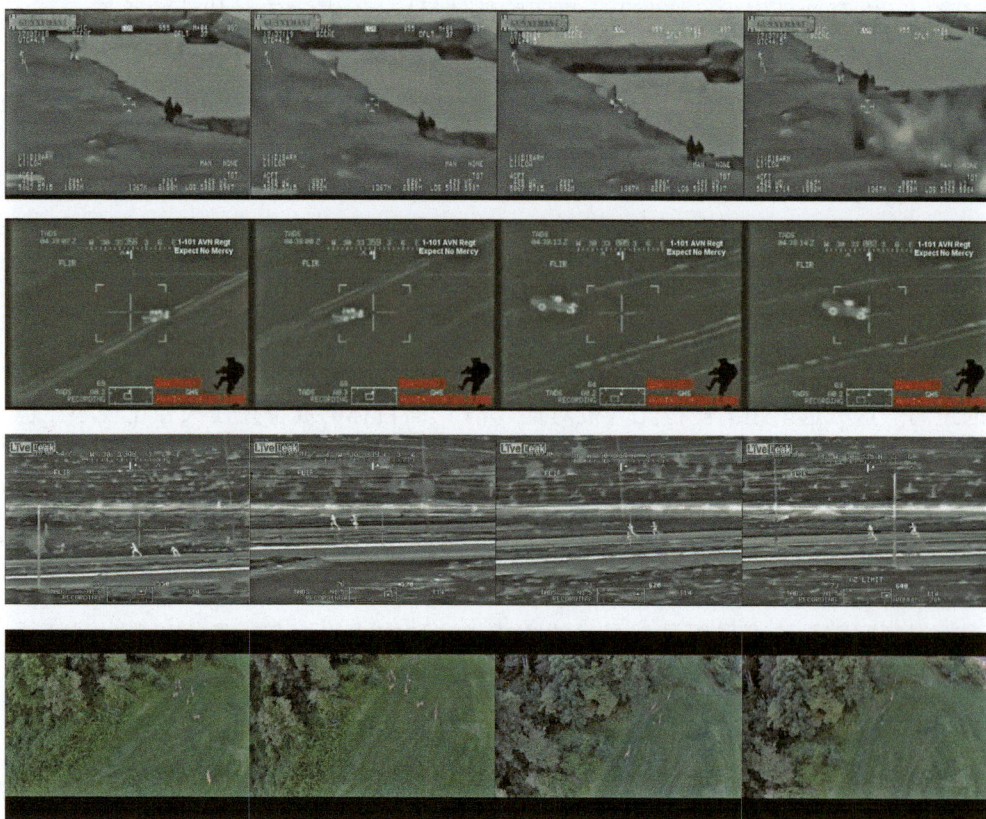

图 11-1　无人机对地（海）面目标跟踪实验测试视频

图 11-1　无人机对地（海）面目标跟踪实验测试视频（续）

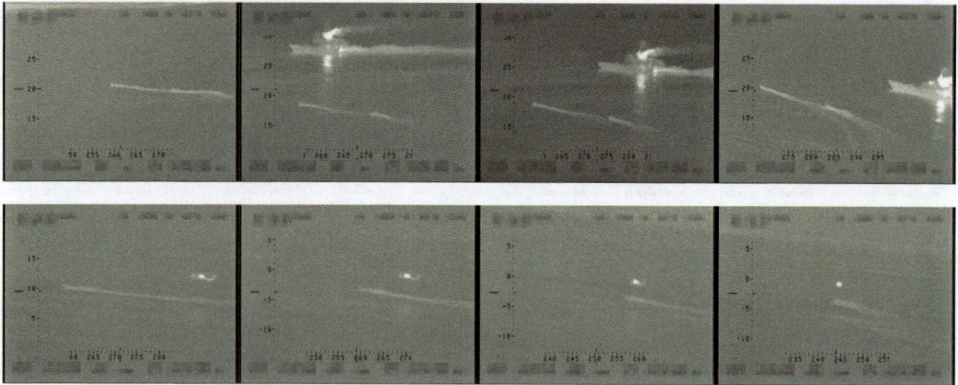

图 11-1　无人机对地（海）面目标跟踪实验测试视频（续）

表 11-1 描述了 13 段无人机拍摄的地（海）面目标视频的特点。

表 11-1　不同序列的特点

序列	特点	成像类型	视频长度（帧）	目标类型
UAV1	低分辨率、背景复杂、运动模糊	红外	415	地面目标
UAV2	尺度变化、平面外旋转	红外	292	地面目标
UAV3	低分辨率、形变、遮挡、复杂背景、相似物体	红外	500	地面目标
UAV4	相似物体、形变、平面外旋转	可见光	170	地面目标
UAV5	复杂背景、平面内旋转、遮挡、相似物体	红外	531	地面目标
UAV6	低分辨率、形变、目标变换	可见光	335	地面目标
UAV7	低分辨率、低区分度背景、形变	可见光	227	地面目标
UAV8	尺度变化、遮挡、平面内旋转	红外	407	地面目标
UAV9	低分辨率、遮挡、相似物体、形变	红外	449	海面目标
UAV10	低分辨率、相似物体、平面外旋转	红外	144	海面目标
UAV11	低分辨率、相似物体	红外	261	海面目标
UAV12	低分辨率、复杂背景、视场变化	红外	171	海面目标
UAV13	低分辨率、尺度变化、光照变化	红外	500	海天线目标

在 UAV1 序列中，无人机跟踪一名恐怖分子（跟踪目标），该目标的衣着和背景具有一定的相似性，且目标较小（25 像素 × 45 像素）、分辨率较低。从第 110 帧到第 123 帧，由于摄像机的快速移动，造成目标出现了一定程度的模糊。

在 UAV2 序列中，无人机跟踪一辆行驶中的汽车（跟踪目标）。从第 24 帧开始，该目标向右转弯，使目标的外观逐渐发生了变化，并且随着目标与无人机的逐步靠近，目标尺度不断变大。从第 268 帧开始到结束，由于摄像机焦点的快速移动，导致目标的位置发生大幅变化。

在 UAV3 序列中，无人机跟踪两名跑步者中的一名。跟踪的难度来自三个方面：一是由于速度较快，目标不断发生运动模糊；二是目标在跑动过程中不时被路边的其他物体遮挡；三是当两名跑步者相互靠近时，另一名跑步者容易给目标造成混淆。

在 UAV4 序列中，无人机跟踪一只跑动过程中的野生鹿。一方面，由于目标运动导致目标发生形变；另一方面，从第 44 帧开始，当被跟踪的鹿进入鹿群时，其他鹿和被跟踪目标外形相似，且相互靠近。这两方面的因素都导致跟踪变得困难。

在 UAV5 序列中，无人机跟踪一辆被追踪的汽车。一是目标与周围物体具有较大的相似性，都呈现黑色；二是目标在转弯的过程中，以及由于摄像机角度的变化，都导致目标发生平面内旋转；三是由于目标与摄像机距离的变化导致尺度发生变化；四是目标在运动过程中被周围的物体遮挡，而且这些物体常常与目标呈现相同的颜色。这些因素都导致跟踪变得困难。

在 UAV6 序列中，无人机跟踪一名恐怖分子。该名恐怖分子快速穿过一片空地，进入停在路边的汽车中。该视频跟踪的难度在于：目标分辨率较低；目标运动带来的非刚体形变；目标本身的快速运动以及无人机视场的移动导致目标位置的不连续变化。

在 UAV7 序列中，无人机跟踪一名跑动中的男子。该男子迅速穿过道路并向路边的草地跑去。首先，由于是红外视频，道路和男子本身呈现出非常相近的颜色（灰色），使得目标与背景很难区分。其次，草地和道路呈现相反的颜色（草地接近黑色），使背景之间表现出突然的变化，增加了跟踪的难度。此外，目标的非刚性形变及快速变化也是导致目标容易丢失的重要因素。

在 UAV8 序列中，无人机跟踪一名戏水的市民。跟踪的主要困难在于：一是随着目标和无人机之间距离的增加，目标的尺寸越来越小；二是在目标附近有许多相似的物体——同样都是戏水的市民，而且都带着游泳圈，具有很强的迷惑性；三是由于水流的作用，目标不停地发生平面内旋转；四是从第 245 帧开始，该目标被部分遮挡，也给跟踪带来了一定的困难。

在 UAV9 序列中，无人机跟踪一群恐怖分子。由于分辨率很低和形变等因素，导致跟踪较为困难。

在 UAV10 序列中，无人机跟踪两艘在海面上行进的小艇。序列中存在目标较小、尺度变化、平面外旋转等不利因素，由于小艇行进过程中形成的浪花与小艇有一定的相似性，同时会遮挡目标，因此给准确跟踪目标带来一定困难。

在 UAV11 序列中，无人机也是在跟踪两艘在海面上行进的小艇，不过相对于

UAV9 序列，目标的尺寸相对较大，但仍然存在平面外旋转等不利于跟踪的因素。此外，从第 150 帧到第 180 帧，由于两艘相似的小艇相互靠近，也使跟踪目标变得困难。

在 UAV12 序列中，被跟踪的目标（一艘小艇）尺寸非常小（30 像素 ×11 像素）。小艇行进所产生的浪花与小艇外形具有很大的相似性，容易导致跟踪错误。该序列中无人机视场的大幅变化使得目标运动连续性较差，也给跟踪带来了困难。

在 UAV13 序列中，无人机跟踪一架在海面上飞行的直升机。该目标随其与无人机之间距离的变化而产生尺度变化，特别是当直升机距离无人机较远时，直升机的分辨率变得很低，随后在强光的作用下目标更难以辨认。

11.3.2　实验结果

这里比较了本书提出的四种跟踪算法——基于图的半监督跟踪算法、基于 ℓ_1 图的半监督跟踪算法、基于最小生成树的目标跟踪算法和基于多视图协同学习的半监督跟踪算法，以及能获得开源代码的 8 种公开算法，即 SCM、ALSA、IVT、L2RLS、TIP、WMIL、CT、CSK。

1. 定量比较

表 11-2、表 11-3 和表 11-4 给出了不同算法在各序列中的跟踪性能——平均中心位置误差、平均重叠率和平均运行时间。由实验结果可以看出，本书的四种算法取得了较好的跟踪效果。从平均中心位置误差和平均重叠率来看，本书提出的四种算法分别在 11 种算法中排第 1、第 4、第 5、第 8。总体来看，基于图的半监督学习算法（MPG）、ALSA 和 SCM 跟踪效果最好，但 SCM 实时性较差，ALSA 的实时性最好；基于 ℓ_1 图的算法（L1G）、基于最小生成树的算法（MST）、CT 和 WMIL 跟踪效果次之；IVT、基于多视图协同学习的算法（CMG）、L2RLS、TIP 等跟踪效果较差。从跟踪的结果看，由于视频序列大多是红外视频，其颜色特征鉴别能力较弱。正如第 5 章所总结的，在协同学习中，单个特征的区分能力较弱可能会降低识别的正确率，导致 CMG 跟踪性能较差。此外，MST 由于只使用了颜色特征，且采用仅考虑目标本身特征单类分类器的建模方法，而无人机视频序列距离目标太远会导致目标的细微特征不明显，从而使得该算法的跟踪效果不佳。L1G 和 MPG 都采用了纹理特征作为颜色特征的补充，并通过半监督学习提高了算法的准确性，特别是 MPG 使用了基于部件的模型，提高了算法的空间分辨率，更大幅提高了算法的跟踪准确性。

针对不同测试视频的跟踪误差曲线结果对比和重叠率曲线结果对比，如图 11-2 和图 11-3 所示。

表 11-2　不同算法在各序列中的平均中心位置误差　　　单位：像素

算法 序列	MST	CMG	L1G	MPG	SCM	ALSA	IVT	L2RLS	TIP	WMIL	CT	CSK
UAV1	22.2	8.73	11.8	7.16	4.73	4.39	25.6	32.0	60.9	73.6	7.67	8.61
UAV2	3.98	8.72	27.4	3.22	5.02	6.47	5.17	2.71	6.08	12.6	11.9	6.77
UAV3	72.6	210	11.1	6.61	7.91	7.02	254	250	5.75	40.6	153	5.45
UAV4	39.8	93.6	13.0	9.62	9.11	4.80	136	146	203	10.2	7.49	106
UAV5	39.6	206	34.5	23.8	141	136	212	307	114	139	138	96.5
UAV6	14.6	80.3	5.52	3.77	5.45	4.91	28.8	7.72	110	4.91	4.89	32.0
UAV7	97.0	113	161	102	102	105	151	131	96.1	80.8	91.1	117
UAV8	92.3	104	88.8	5.67	8.12	12.0	139	129	104	98.1	109	8.87
UAV9	7.89	37.0	11.9	9.91	14.3	11.1	35.2	42.3	151	16.3	14.4	8.27
UAV10	2.70	8.18	6.12	4.22	3.01	3.44	4.27	4.51	133	12.3	9.81	3.56
UAV11	91.7	92.6	54.33	37.2	21.0	6.93	91.8	87.4	158	87.4	90.4	165
UAV12	47.5	50.5	12.8	18.4	12.4	32.2	34.6	16.2	131	18.1	13.8	57.7
UAV13	6.98	51.9	8.85	4.07	3.64	5.02	127	107	186	9.93	16.8	3.72
平均值	41.5	81.9	34.4	18.1	26.0	26.1	95.7	97.1	112	46.4	51.4	47.7

表 11-3　不同算法在各序列中的平均重叠率

算法 序列	MST	CMG	L1G	MPG	SCM	ALSA	IVT	L2RLS	TIP	WMIL	CT	CSK
UAV1	0.28	0.62	0.50	0.65	0.74	0.74	0.41	0.36	0.19	0.02	0.59	0.58
UAV2	0.64	0.53	0.06	0.65	0.66	0.50	0.59	0.66	0.6	0.49	0.49	0.50
UAV3	0.15	0.06	0.43	0.54	0.49	0.52	0.01	0.01	0.54	0.22	0.13	0.57
UAV4	0.40	0.07	0.40	0.50	0.58	0.63	0.01	0.01	0.06	0.52	0.48	0.13
UAV5	0.51	0.19	0.41	0.23	0.08	0.07	0.09	0.08	0.01	0.23	0.24	0.28
UAV6	0.33	0.09	0.47	0.57	0.49	0.52	0.29	0.49	0.01	0.49	0.50	0.21
UAV7	0.17	0.06	0.03	0.16	0.15	0.23	0.01	0.25	0.12	0.23	0.22	0.11
UAV8	0.33	0.37	0.40	0.75	0.70	0.61	0.13	0.25	0.38	0.30	0.30	0.54
UAV9	0.45	0.30	0.38	0.45	0.42	0.43	0.29	0.24	0.02	0.41	0.42	0.45
UAV10	0.73	0.55	0.53	0.67	0.71	0.70	0.64	0.64	0.01	0.39	0.38	0.69
UAV11	0.73	0.55	0.53	0.67	0.43	0.54	0.34	0.20	0.02	0.20	0.22	0.13
UAV12	0.35	0.11	0.13	0.43	0.54	0.47	0.36	0.49	0.01	0.45	0.48	0.21
UAV13	0.35	0.29	0.41	0.43	0.56	0.56	0.01	0.01	0.01	0.45	0.37	0.55
平均值	0.42	0.29	0.36	0.52	0.50	0.50	0.24	0.28	0.15	0.34	0.37	0.39

表 11-4 不同算法在各序列中的平均运算时间 单位：帧/s

算法 序列	MST	CMG	L1G	MPG	SCM	ALSA	IVT	L2RLS	TIP	WMIL	CT	CSK
UAV1	1.46	0.34	0.89	0.34	0.14	1.23	5.62	5.20	0.005	8.41	8.72	503
UAV2	1.44	0.27	0.75	0.40	0.14	1.44	10.4	5.05	0.006	9.12	9.75	316
UAV3	1.51	0.39	0.98	0.31	0.13	0.79	9.54	5.21	0.003	6.859	7.63	710
UAV4	1.44	0.38	1.01	0.41	0.10	0.61	12.0	5.16	0.01	5.196	6.02	525
UAV5	1.42	0.33	0.65	0.50	0.26	1.11	10.4	4.67	0.001	6.033	5.56	213
UAV6	1.44	0.32	0.63	0.46	0.16	0.70	13.0	5.18	0.005	12.22	10.8	670
UAV7	1.48	0.35	0.98	0.45	0.13	0.60	12.8	4.83	0.009	6.638	5.96	496
UAV8	1.12	0.33	0.52	0.44	0.20	0.68	9.34	3.51	0.003	2.841	1.92	96.7
UAV9	1.38	0.33	0.68	0.44	0.20	1.15	11.2	4.50	0.003	6.96	7.16	238
UAV10	1.69	0.37	0.91	0.44	0.20	1.88	12.3	4.63	0.014	8.62	7.92	760
UAV11	1.70	0.35	0.85	0.47	0.23	1.71	12.6	4.41	0.004	8.57	7.65	138
UAV12	1.71	0.37	0.90	0.43	0.16	1.35	12.8	4.48	0.011	8.78	8.79	834
UAV13	1.68	0.34	0.87	0.43	0.14	1.11	12.4	4.45	0.004	9.11	8.03	318
平均值	1.50	0.34	0.82	0.42	0.17	1.10	11.1	4.71	0.006	7.64	7.38	448

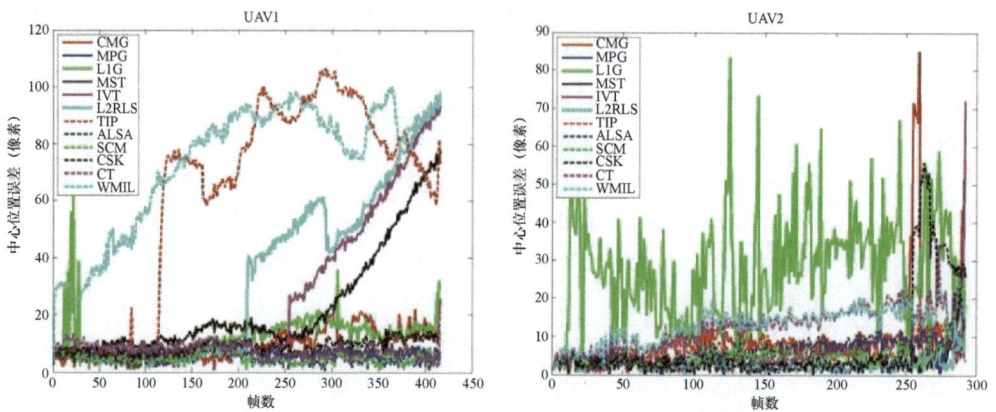

图 11-2 针对不同测试视频的跟踪误差曲线结果对比

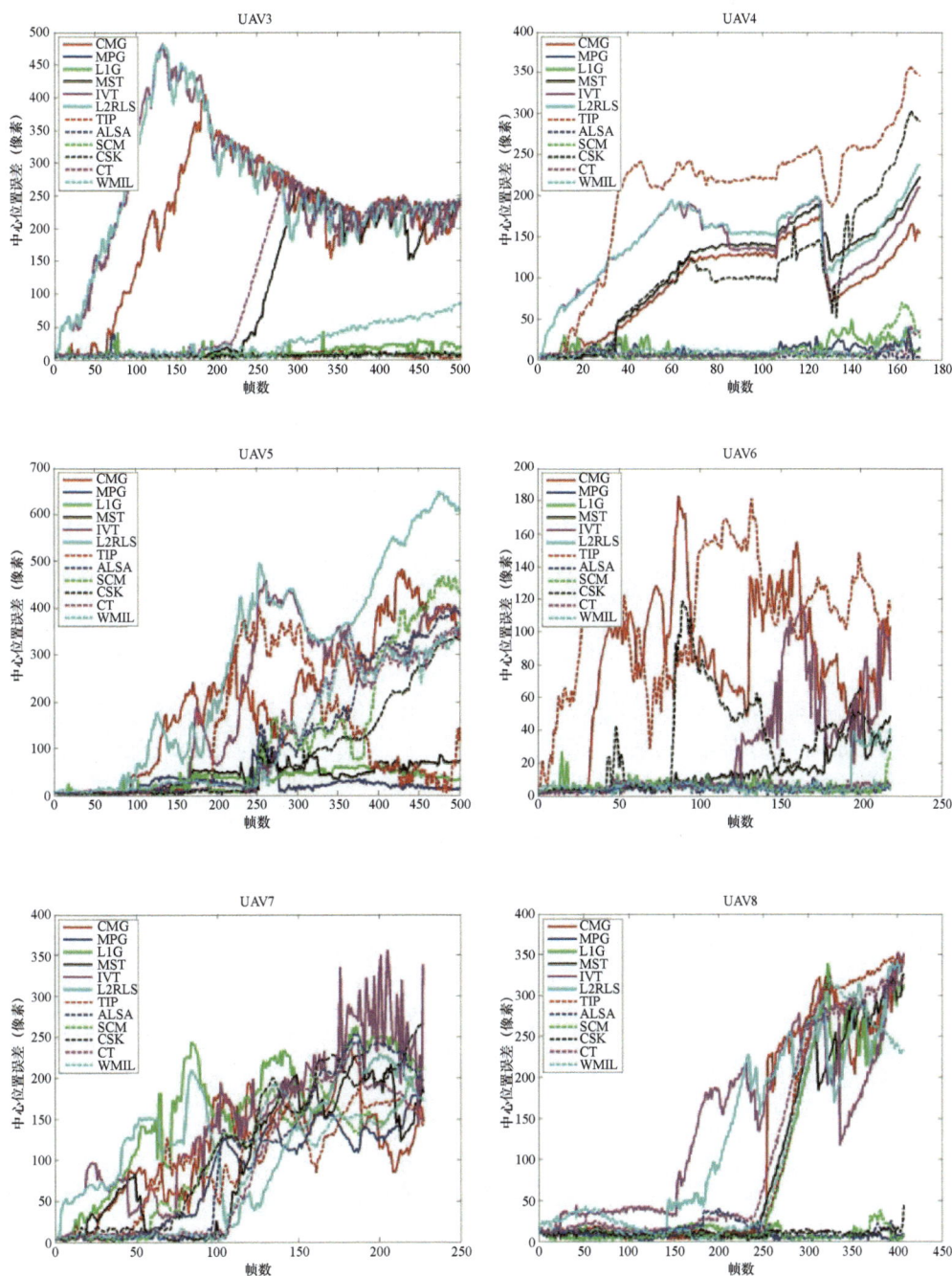

图 11-2　针对不同测试视频的跟踪误差曲线结果对比（续）

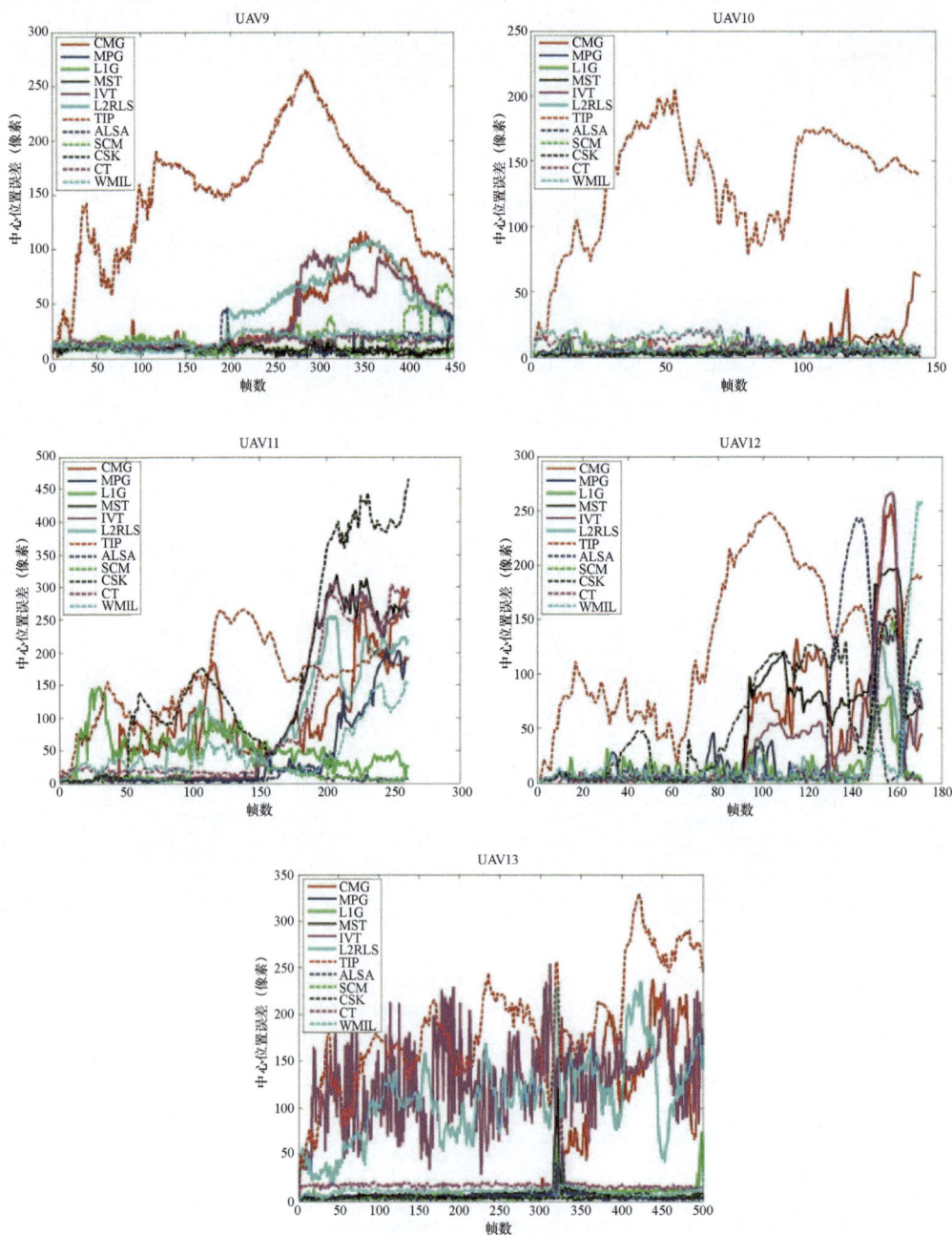

图 11-2　针对不同测试视频的跟踪误差曲线结果对比（续）

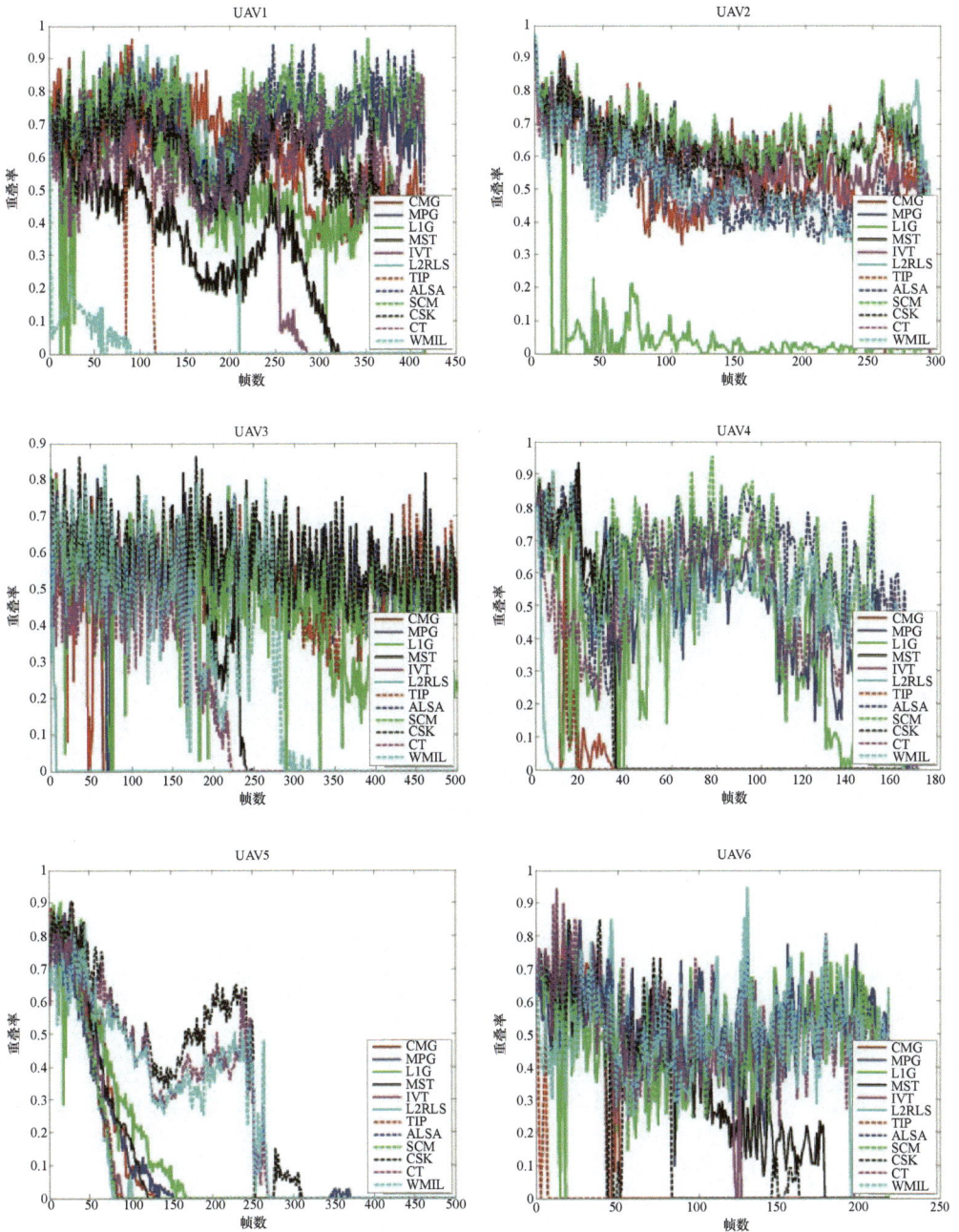

图 11-3 针对不同测试视频的重叠率曲线结果对比

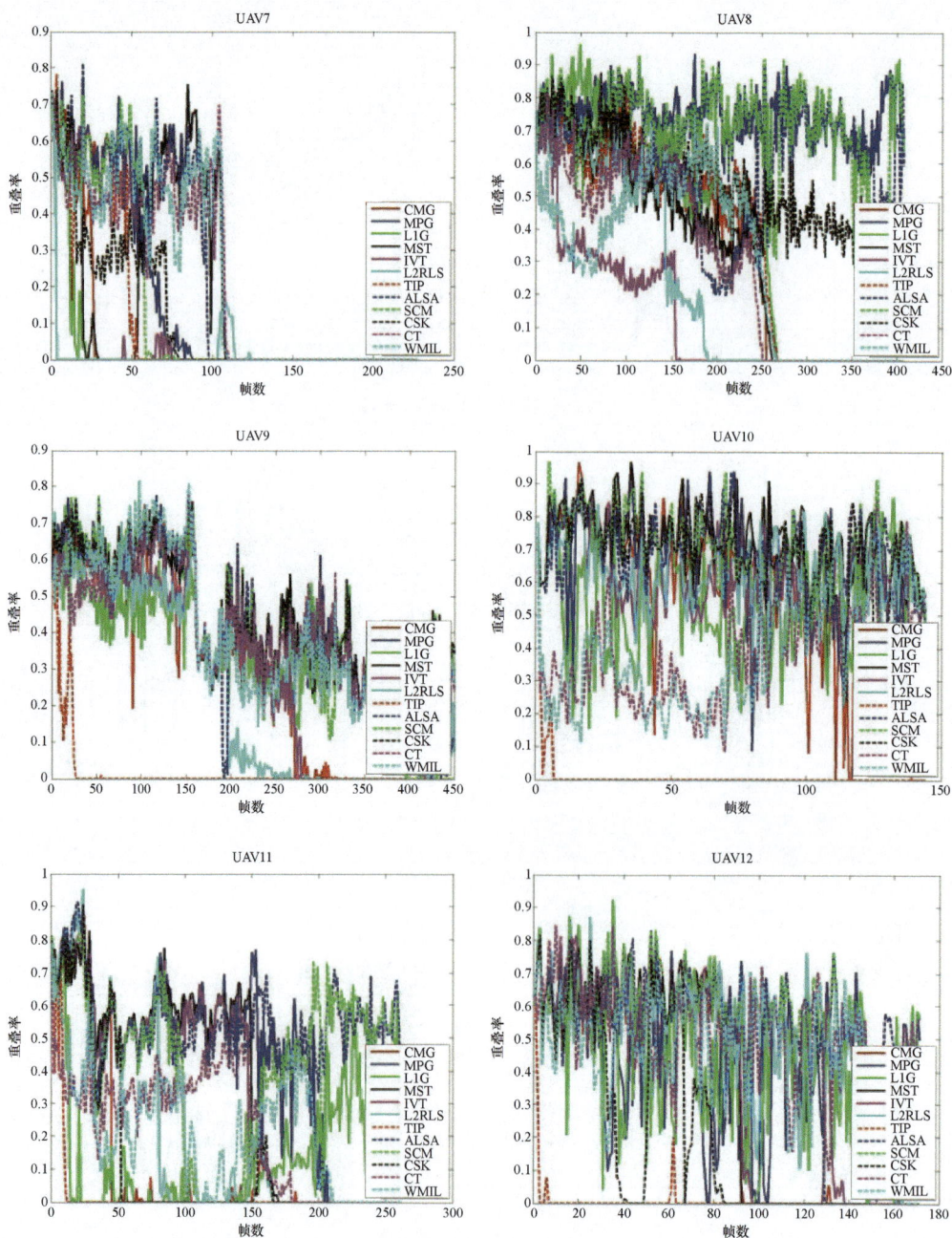

图 11-3　针对不同测试视频的重叠率曲线结果对比（续）

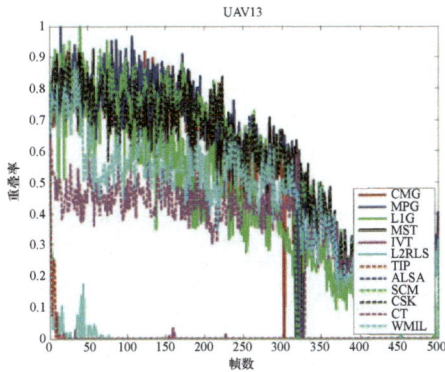

图 11-3　针对不同测试视频的重叠率曲线结果对比（续）

2．定性比较

在以下结果显示中，基于图的半监督跟踪算法结果显示为深蓝色实线框，基于 ℓ_1 图的半监督跟踪算法显示为浅绿色实线框，基于最小生成树的目标跟踪算法显示为黄色实线框，基于多视图协同学习的半监督跟踪算法显示为红色实线框。

UAV1：在第 20 帧，WMIL 首先丢失了目标。由于无人机的运动导致视场快速变化，从而引起目标的快速运动，也使得 TIP 从第 110 帧开始丢失了目标。随后，CMG、MST、IVT 和 TIP 也分别丢失了目标，其他算法都能较好地跟踪目标，如图 11-4 所示。

图 11-4　UAV1 序列部分跟踪结果

UAV2：从第 13 帧和第 46 帧开始，L1G、ALSA、WMIL 分别丢失了目标。虽然其他算法都较好地跟踪了目标的位置，但 CSK 和 CT 都丢失了目标的尺寸，如图 11-5 所示。

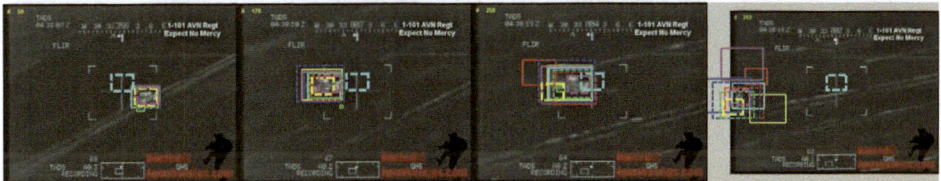

图 11-5　UAV2 序列部分跟踪结果

UAV3：由于目标小、细微特征不明显，加之颜色特征可鉴别性差，导致 L2RLS、WMIL 和 IVT 从一开始（第 4 帧）就丢失了目标。随后当目标遇到遮挡（第 68 帧）时，MST 和 CMG 也陆续丢失了目标。由于长期偏离目标，导致 CT 最终在第 222 帧丢失了目标，如图 11-6 所示。

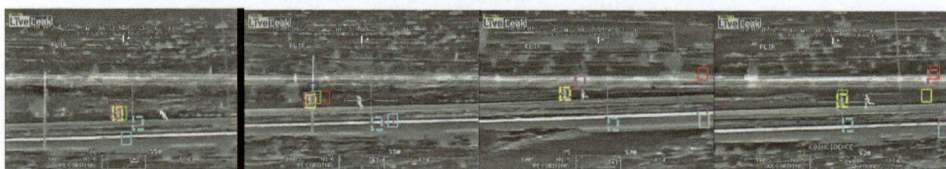

图 11-6　UAV3 序列部分跟踪结果

UAV4：由于目标小、分辨率低，L2RLS、WMIL、IVT、CMG、TIP、CSK、MST、SCM、L1G 陆续丢失了目标。最终只有 ALSA、MPG 始终较好地跟踪了目标，如图 11-7 所示。

图 11-7　UAV4 序列部分跟踪结果

UAV5：WMIL 从第 4 帧开始就丢失了目标。随后由于目标发生平面内旋转（无人机拍摄角度变化），L2RLS、CMG 和 IVT 从第 112 帧开始陆续丢失了目标。在第 196 帧，TIP 错误地跟踪到了与目标相似度较高的背景（暗色的路边场地），从而丢失了目标。特别是从第 243 帧到第 268 帧，当目标经过树木被完全遮挡时，所有跟踪器都丢失了目标，最终只有 MPG 利用长期训练样本所保留的目标稳定特征在第 278 帧恢复了对目标的正确跟踪，并且一直正确地跟踪目标直至序列结束，如图 11-8 所示。

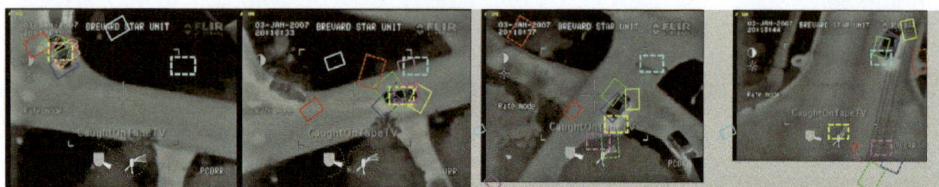

图 11- 8　UAV5 序列部分跟踪结果

UAV6：由于目标分辨率低、模糊，TIP、WMIL、CMG、CSK、IVT、MST 陆续丢失了目标。当目标进入具有相似外形的背景区域时，L2RLS、SCM 也丢失了目标，最终只有 L1G、CT、ASLA 和 MPG 准确地跟踪了目标，如图 11-9 所示。

图 11-9　UAV6 序列部分跟踪结果

UAV7：跟踪刚开始，L2RLS 和 WMIL 就丢失了目标。在第 14 帧，当目标进入与其相似的背景区域时，L1G 丢失了目标。在第 25 帧和第 46 帧，由于背景的突然大幅变化，导致 MST 和 IVT 相继丢失了目标。在第 55 帧，由于背景与目标具有较大的相似性，SCM 也错误地定位到了背景区域，致使目标丢失。从第 73 帧开始，除了 ASLA 和 CT，其他算法都丢失了目标。在第 100 帧时，所有的算法都跟丢了目标，如图 11-10 所示。

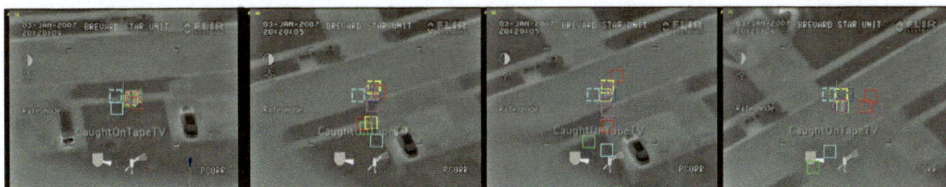

图 11-10　UAV7 序列部分跟踪结果

UAV8：由于目标发生平面内旋转，WMIL、IVT 和 L2RLS 首先丢失了目标。从第 238 帧开始，当目标被遮挡时，只有 SCM、ASLA、MPG 和 CSK 准确跟踪了目标，但 CSK 丢失了目标的尺寸，如图 11-11 所示。

图 11-11　UAV8 序列部分跟踪结果

UAV9：从第 29 帧开始，由于目标分辨率低，TIP 和 WMIL 首先丢失了目标。在第 198 帧，L2RLS 跟踪到了另一个相似目标。随后，从第 284 帧开始，IVT 和 CMG、ASLA、SCM 也陆续偏离了目标，如图 11-12 所示。

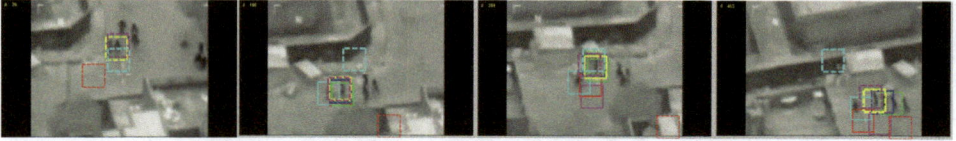

图 11-12　UAV9 序列部分跟踪结果

UAV10：由于目标小、分辨率低，从第 5 帧开始，ASLA 和 TIP 首先丢失了目标。到第 137 帧时，CMG 也丢失了目标。其他算法都较好地跟踪了目标，如图 11-13 所示。

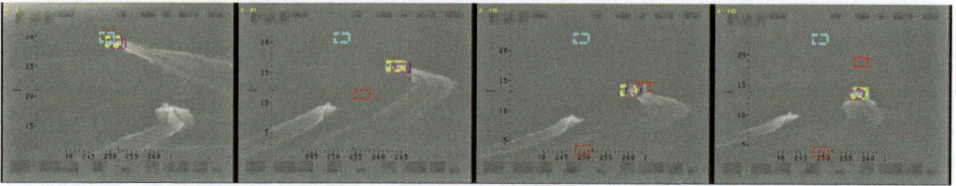

图 11-13　UAV10 序列部分跟踪结果

UAV11：由于目标和背景中的浪花有很大的相似性，在跟踪开始后不久，从第 6 帧开始，WMIL、CT、TIP 和 L1G 都陆续丢失了目标。由于类似的原因，CSK 和 L2RLS 分别于第 45 帧和第 89 帧开始跟踪到了错误的位置。从第 156 帧开始，当两艘小艇相互靠近后，只有 ASLA、SCM 和 MPG 正确地跟踪了目标。不过遗憾的是，在第 205 帧，当目标一部分运动到视场外时，MPG 也丢失了目标，如图 11-14 所示。

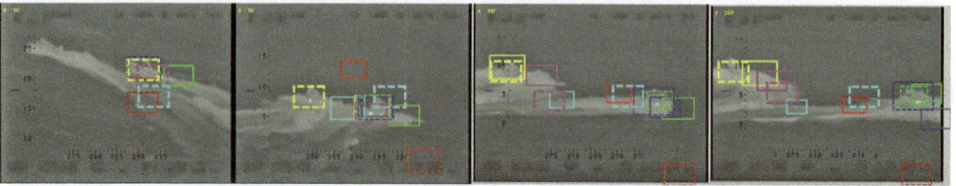

图 11-14　UAV11 序列部分跟踪结果

UAV12：由于目标尺寸小、可分辨率差，WMIL、TIP 从第 6 帧开始就丢失目标。从第 93 帧开始，MST、IVT 和 CSK 错误地跟踪到了与目标相似的船尾流。在第 127 帧，ALSA 由于无人机视场的快速变化丢失了目标，同样的原因导致从第 148 帧开始其他算法也都丢失了目标，如图 11-15 所示。

UAV13：从第 4 帧开始，TIP、WMIL、L2RLS 和 IVT 很快就丢失了目标。在第 316 帧，由于目标快速运动，MST、ASLA、L1G 和 SCM 几乎同时丢失了目标，只有 CT、CSK 和 MPG 能自始至终准确地跟踪目标，如图 11-16 所示。

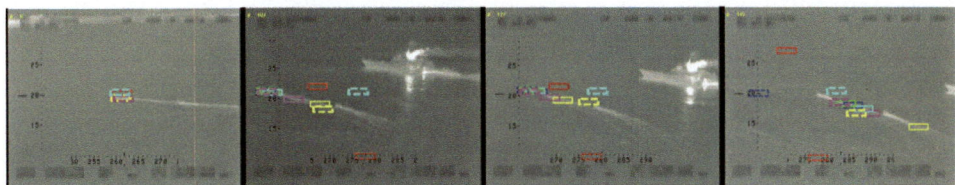

图 11-15　UAV12 序列部分跟踪结果

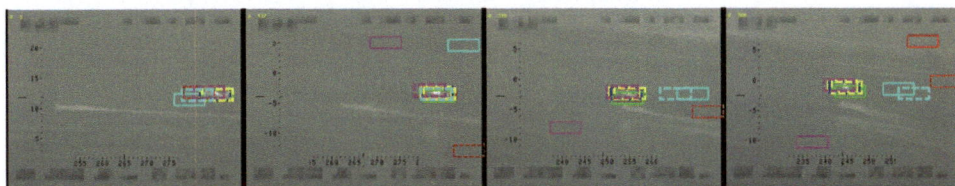

图 11-16　UAV13 序列部分跟踪结果

11.4　小结

　　情报侦察和目标指示是无人机的两大基本任务，而对地（海）面目标跟踪是确保这两项任务顺利完成的最重要功能之一。本章分析了无人机对地（海）面视频目标跟踪的特点。与传统视频跟踪相比，无人机视频目标跟踪具有平台机动性强、与目标距离远等特点，导致目标和背景变化速度较快、目标尺寸小、细微特征不明显，给目标跟踪带来更多困难。不过由于无人机多搭载有多种任务载荷（如红外、可见光和合成孔径雷达等），因此非常适合通过多特征融合的方式来提高跟踪效率。本章利用 13 段无人机对地（海）面目标跟踪视频来检验算法的有效性。这些视频既包含陆地目标、海面目标，又包含海天线的空中目标。成像方式既包括红外成像，又包括可见光成像。进行比较的算法包括本书提出的四种跟踪算法，以及能获得开源代码的 8 种公开算法。从实验结果看，本书的四种算法都取得了较好的跟踪效果。总体而言，由于无人机视频中目标细微特征不明显，而单类分类器和生成式方法只考虑目标信息，导致跟踪效果不佳。通过半监督学习、部件模型和多特征融合的模式可以提高跟踪效果。值得注意的是，如果不恰当地融合多个特征，可能会导致跟踪准确度降低。

参考文献

［1］Zhong W, Lu H, Yang M H. Object Tracking via Sparsity-based Collaborative Model ［C］. IEEE International Conference on Computer Vision and Pattern Recognition, 2012：1838-1845.

［2］Jia X, Lu H, Yang M H. Visual tracking via adaptive structural local sparse appearance model ［C］. IEEE International Conference on Computer Vision and Pattern Recognition, 2012：1822-1829.

［3］Ross D, Lim J, Lin R S, et al. Incremental learning for robust visual tracking ［J］. International Journal of Computer Vision, 2008, 77（1）：125-141.

［4］Xiao Z, Lu H, Wang D. L2-RLS-Based Object Tracking ［J］. IEEE Transactions on Circuits & Systems for Video Technology, 2014, 24（8）：1301-1309.

［5］Zhuang B, Lu H, Xiao Z, et al. Visual tracking via discriminative sparse similarity map ［J］. IEEE Transactions on Image Processing, 2014, 23（4）：1872-81.

［6］Zhang K, Song H. Real-time visual tracking via online weighted multiple instance learning ［J］. Pattern Recognition, 2013, 46（1）：397-411.

［7］Zhang K, Zhang L, Yang M H. Real-Time Compressive Tracking ［C］. European Conference on Computer Vision, 2012：864-877.

［8］Henriques F, Caseiro R, Martins P, et al. Exploiting the Circulant Structure of Tracking-by-Detection with Kernels ［C］. European Conference on Computer Vision, 2012：702-715.